Für Mathilde und Sibylle

Ursula A. J. Becher

Geschichte
des modernen Lebensstils

Ursula A. J. Becher

Geschichte des modernen Lebensstils

Essen – Wohnen – Freizeit – Reisen

Verlag C. H. Beck München

CIP-Titelaufnahme der Deutschen Bibliothek

Becher, Ursula A. J.:
Geschichte des modernen Lebensstils : Essen,
Wohnen, Freizeit, Reisen / Ursula A. J. Becher. –
München : Beck, 1990
ISBN 3 406 34445 3

ISBN 3 406 34445 3

© C. H. Beck'sche Verlagsbuchhandlung (Oscar Beck), München 1990
Satz und Druck: Appl, Wemding
Printed in Germany

Inhalt

Vorbemerkung   9

Einleitung   11

I. Entstehung des modernen Lebensstils   19

   1. Voraussetzungen: Von der ständischen Gesellschaft zur
      Industriegesellschaft   19

   2. Kulturelle Normen, Orientierungen, Verhaltensformen
      1800–1985   38

II. Ausdrucksformen des Lebensstils   72

   1. Ernährung   72

Innovationen: Kaffee, das bürgerliche Getränk 77 – Formen
der Eßkultur 84 – Der Speiseplan im 19. Jahrhundert 87 –
Neuorientierungen: Das Programm der Lebensreformbewegung 93 – Hungern und Überfluß 96 – Schnellimbiß 98 –
Die Kneipe 104 – Neue Küche und neue Geselligkeit 106

   2. Wohnen   108

Entwicklungstrends vor der Industrialisierung 110 – Leben im
Biedermeier 116 – Die Metropole: Straßen und Plätze 123 –
Wohnen in der Klassengesellschaft 126 – Die Sammler 132 –
Aufbruch zu neuem Wohnen 138 – Bunker und Einfamilien-
haus 143 – Alternative Wohnformen 147

   3. Freizeit   153

Einsamkeit und Geselligkeit 156 – Die Innenwelt der bürgerlichen Familie 164 – Feste und Feiern 169 – Freizeit und Mas-

senkultur 175 – Sport 179 – Medien der Freizeitkultur 186 –
Freizeitgesellschaft 194

4. Reisen 196
Die „Entdeckung des Reisens" im 18. Jahrhundert 198 – Motive 204 – Raumerfahrungen 206 – Vom Badekarren zum
Strandkorb 214 – Sommerfrische 218 – Die organisierte Freizeit: „Kraft durch Freude" 219 – Massentourismus und Individualität 221

III. Konsumgesellschaft und Lebensstil – einige Anmerkungen . . 225

Abkürzungen 234

Anmerkungen 235

Auswahlbibliographie 257

Vorbemerkung

Der Entwicklung von Lebensformen vom 18. Jahrhundert bis in die Gegenwart nachzugehen, ist ein faszinierendes und gewagtes Unternehmen. Es wurde von Hans-Ulrich Wehler angeregt, dem ich für sein Vertrauen und seine Unterstützung herzlich danke. Eine Darstellung von Lebensstilen in der heutigen Zeit und gar von Entwicklungstrends kann nicht geschrieben werden, ohne die Ergebnisse empirischer Sozialforschung einzubeziehen. Ich bin meinem Kollegen Heiner Meulemann dankbar für seinen freundschaftlichen Rat auf diesem Feld der Sozialwissenschaft.

Es versteht sich von selbst, daß eine Geschichte des modernen Lebensstils den großen Entwicklungslinien folgen mußte. Essen, Wohnen, Freizeit, Reisen – das können selbst wieder Themen eigener Geschichtsdarstellungen sein. Sie werden in diesem Buch als Ausdrucksformen untersucht. In einer solchen Perspektive läßt die Vielfalt der Erscheinungen eine Struktur erkennen – den modernen Lebensstil.

Einleitung

In seiner Untersuchung zu „Lebensstil und Sozialstruktur" spottet der amerikanische Soziologe Michael E. Sobel über den ausufernden Gebrauch des Wortes „lifestyle" in der amerikanischen Öffentlichkeit: Sozialwissenschaftler, Journalisten, alle möglichen Leute benutzten diesen Begriff für alle möglichen Dinge, die sie gerade interessierten, sei es Mode, Zen-Buddhismus oder französische Küche.[1] Ähnliche Erfahrungen macht wohl jeder bei der Lektüre, und sie sind nicht dazu angetan, zu einem Buch über diesen Gegenstand zu ermutigen. Wie könnte ein solch diffuser Begriff mit seiner unübersehbaren Bedeutungsvielfalt ein Suchbegriff sein, mit dessen Hilfe aus der Fülle vergangenen Geschehens Ereignisse und Zusammenhänge auszuwählen und plausibel zu verbinden wären, um eine Geschichte zu erzählen, die Geschichte des modernen Lebensstils in Deutschland? So wie es aussieht, ist der Begriff denkbar unscharf, und es scheint mehr oder minder willkürlich, welche Themen berücksichtigt werden müssen. Ist es trotz dieser Schwierigkeiten möglich, den Begriff „Lebensstil" so klar zu definieren, daß er zu einem tauglichen Arbeitsinstrument für die historische Analyse wird?

Bei einer ersten Untersuchung des Wortgebrauchs zeigt sich, daß Lebensstil weitgehend der Freizeitsphäre zugeordnet wird. Beispiele für einen bestimmten Lebensstil sind etwa die Wahl bestimmter Speisen und Getränke, Wohnungseinrichtungen, Mode – sie gehören dem Privatleben zu. Es verwundert nicht, daß die Freizeitforschung sich des Lebensstilkonzepts bedient, um es als Bezugsrahmen zur Interpretation einzelner Erhebungsdaten zu verwenden. Die Entfaltung dieses Konzepts führte bald zu der Frage, ob die Begriffe Freizeit und Lebensstil nicht dasselbe meinten.[2] Wenn beide Begriffe tatsächlich austauschbar sind und die Geschichte des Lebensstils mit einer Geschichte des Freizeitverhaltens identisch ist, würde damit ein Bereich rekonstruiert, der von der Geschichtswissenschaft wenig oder gar nicht behandelt wurde, und es könnte nützlich und auch reizvoll sein, sich einer vernachlässigten Thematik anzunehmen.

Und dennoch befriedigt diese Vorstellung nicht, weil Lebensstil in diesem Verständnis einen sehr beschränkten Bereich historischer Erfahrung in den Blick rückt. Politik, Wirtschaft, Gesellschaft, Kultur – von diesen Dimensionen, die das Feld historischer Erfahrung bilden, kämen allein kulturelle Orientierungen in Betracht, ohne daß der innere

Zusammenhang mit den Bedingungen der Herrschaft, der wirtschaftlichen Tätigkeit und der sozialen Ordnung, auch nur angedeutet würde. Auch wenn die Hoffnung auf Totalerklärung illusionär ist, ist es unerläßlich, nach einem Suchbegriff mit möglichst großer Erklärungskraft zu fahnden.[3] Eine der frühen Deutungen des Lebensstilbegriffs stammt von Max Weber. Er verwendet diesen Begriff in seiner Unterscheidung von Klassen, Ständen und Parteien.[4] Während die Klassen ökonomisch bestimmt und Parteien auf politische Macht bezogen sind, beschreiben die Stände eine soziale Ordnung. Als „ständische Lage" bezeichnet Weber „jede typische Komponente des Lebensschicksals, welche durch eine spezifische, positive oder negative, soziale Einschätzung der EHRE bedingt ist, die sich an irgendeine gemeinsame Eigenschaft knüpft". Dieser ständischen Ehre wird der einzelne durch eine bestimmte „Lebensführung" gerecht. In dieser Fassung taucht der Begriff Lebensstil erstmals auf. Die Lebensführung wird durch „Konventionen" geregelt. Als standesgemäße Lebensführung sind bestimmte Handlungen erlaubt, andere verpönt. Und nicht allein die Handlungen müssen bestimmten Exklusivitätsregeln entsprechen, diese erstrecken sich darüber hinaus auf Eß- und Trinkkultur, Geschmacksrichtungen und ästhetische Praxis bis zu Begrüßungsritus und Partnerwahl. Diese bis in subtile Verästelungen reichenden Konventionen, diese Ritualisierungen, führen zu einer „Stilisierung" des Lebens. Während der Begriff „Lebensführung" mehr den Akteur oder eine Gruppe von Handelnden im Auge hat, beschreibt „Stilisierung des Lebens" die ritualisierten Handlungen. Beide Begriffe in ihrer unterschiedlichen Sichtweise sind wichtig und aussagekräftig, um den Bedeutungsumfang des Wortes „Lebensstil" zu erfassen. Beiden Perspektiven werden wir weiter folgen müssen.

In Max Webers Erläuterung zu seinen Begriffen Lebensführung und Stilisierung des Lebens als Ausdruck der ständischen Lage werden von den Dimensionen der historischen Erfahrung zwei thematisiert: der soziale und der kulturelle Bereich. Die Lebensführung entspricht der sozialen Ordnung und äußert sich in kulturellen Orientierungen. Aber „die Möglichkeit ständischer Lebensführung pflegt naturgemäß ökonomisch mitbestimmt zu sein". Andererseits haben ständisch-soziale Interessen Auswirkungen auf politisches Handeln: Sie werden in der politischen Auseinandersetzung vertreten. Insoweit wird Lebensstil zu einem Schlüsselbegriff, der alle Bereiche historischer Erfahrung, wenn auch in unterschiedlichem Maße, tangiert. Während soziale und kulturelle Erfahrungen als Orientierungsmuster in den Lebensstil unmittelbar eingehen und ihn entscheidend prägen, sind ökonomische Ursachen durch Beruf, Status, Einkommen anwesend, wirkt Politik im Maß der Freiheit, das sie gewährt oder vorenthält, auf das Leben jedes einzelnen ein. Vom Kulturbegriff her läßt sich der theoretische Kontext, in den der jeweilige Lebensstil einbezogen ist, am ehesten deuten. „Kultur" meint ja sehr viel mehr als die Bereiche, die die traditionelle Geistesgeschichte untersucht. Sie „setzt sich letztlich aus all jenen Gegenständen, Handlungen, Beziehungen, Sprachstrukturen, Redeweisen zusammen, die das Selbstverständnis berühren und definieren, die Freude oder Schmerz zum Ausdruck bringen und Möglichkeiten bieten, den gewöhnlichen und außergewöhnlichen Ereignissen des Lebens Bedeutsamkeit zu verleihen."[5] Kultur zeigt sich uns als eine Sprache, in der Erfahrungen des menschlichen Lebens eine Deutung finden, Erfahrungen von Macht und Ohnmacht, Wohlstand und Armut, Freude und Schmerz.

Um den inneren Zusammenhang solcher Erfahrungen der individuellen Subjekte und der sie umgebenden objektiven Strukturen herzustellen, hat Pierre Bourdieu hilfreiche Unterscheidungen getroffen. Vor allem die Einführung des Habitus als zentralen Schlüsselbegriff hat die Diskussion bereichert. Mit Habitus meint er Dispositionen, die auf ein System verinnerlichter Wahrnehmungs- und Handlungsmuster zurückgehen, die allen Mitgliedern einer Gruppe oder Klasse gemeinsam sind. Sie stammen also aus der objektiven Realität sozialer Strukturen, sind aber von den Individuen aufgenommen, verarbeitet, gelernt, internalisiert. Vermittelt werden sie durch kulturelle Symbole – die Arten, wie Menschen miteinander umgehen, sich begrüßen oder abwenden, aufeinander zugehen oder die Gesten des anderen abwarten, – die eine Matrix von Beziehungen bilden, die gelesen und verstanden wird, wenn die Bedeutungen der Symbole bekannt und verstanden worden sind. In den Habitus sind historische Erfahrungen eingeschrieben.[6] Durch Erfahrungen wurde gelernt. Entstanden ist ein „System verinnerlichter Muster . . ., die es erlauben, alle typischen Gedanken, Wahrnehmungen und Handlungen einer Kultur zu erzeugen – und nur diese."[7] Zwar ist es das Individuum, das über diese Wahrnehmungs- und Handlungsmuster verfügt, aber es spricht immer die Sprache der Kultur, die es erlernt hat, bleibt eingebunden in die objektiven Strukturen einer sozialen Realität. Die Sozialisation wird zur Einübung und zum Erwerb des Habitus. Der jeweilige Lebensstil ist sein Ausdruck. In „den Eigenschaften (und Objektivationen von Eigentum), mit denen sich die Einzelnen wie die Gruppen umgeben – Häuser, Möbel, Gemälde, Bücher, Autos, Spirituosen, Zigaretten, Parfums, Kleidung – und in den Praktiken, mit denen sie ihr Anderssein dokumentieren, in sportlichen Betätigungen, den Spielen, den kulturellen Ablenkungen – ist Systematik nur, weil sie in der ursprünglichen synthetischen Einheit des Habitus vorliegt, dem einheitsstiftenden Erzeugungsprinzip aller Formen von Praxis."[8] Statt der wahllosen Aufzählung aller möglichen Inhalte und Ausdrucksformen von Lebensstil steht bei Bourdieu eine systematische Formel, die die Auswahl bestimmter Inhalte und Ausdrucksformen steuert. Die Wahl der Gegenstände – ob Möbel oder Käsesorten – und der Praktiken – ob Fußball- oder Cellospiel – entspricht bestimmten Neigungen und Präferenzen, die einem einheitlichen Prinzip entspringen. Die Geschichte des Lebensstils muß ihre Entstehung untersuchen, ihre Generierung (nach Bourdieu) aufgrund einer klassenspezifischen Konditionierung. Da Lernen ein lebenslanger Prozeß ist, bleibt zu fragen, ob die durch Lernen erworbenen Dispositionen nicht auch durch Lernen wieder aufgebrochen, gleichsam verflüssigt werden können. Wenn diese Frage nach der Entstehung des Prinzips, das die Strategien der Lebenspraxis steuert, in dieser Phase der Überlegungen offenbleiben muß, ist doch inzwischen in anderer Hinsicht größere Klarheit gewonnen: Lebensstil ist ein System kohärenter Ausdrucksformen und Orientierungsmuster.[9] Der Beobachter kann diese Handlungen oder Handlungsfolgen als typisch für eine soziale Gruppe oder gar für eine Kultur erkennen. „Ein sehr begrenzter Satz von Dispositionen erzeugt eine nahezu unendliche Zahl von Handlungen, denen man nachträglich ihre Stilähnlichkeiten ansieht, ohne daß man sie immer vorhersehen könnte."[10] Diese Eigenschaft ist es, die eine Untersuchung von Lebensstilen ermöglicht. Indem man herausragende Bereiche der Lebenspraxis beschreibt, müßte man auf eine Einheitlichkeit aufmerksam werden, die immer wieder, in welchem Bereich auch immer, deutlich wird. Wenn das Prinzip selbst, das diese Handlungen steuert, bei einem deskriptiven Vorgehen theoretisch nicht voll geklärt ist, müßte es – bei der Beschreibung der kulturellen Muster – von mehreren Seiten eingekreist und dadurch faßbarer werden. Untersucht man etwa das Freizeitverhalten als Teil des Alltagslebens, wird man sehr schnell bemerken, wie stark die Arbeit – eine belastende oder eine befriedigende Arbeitssituation – das Verhalten der Menschen in ihrer Freizeit prägt. Das ist nur ein Hinweis darauf, wie wenig Ausdrucksformen von Lebensstil ohne ihre Einbettung in den ökonomischen und sozialen Lebenszusammenhang der Menschen geschrieben und gedeutet werden können. Die Gefahr jedoch, beobachtbares Verhalten allein als Antwort auf Klassenlernen zu erklären und dabei die individuellen Spielräume zu verkennen, wird gebannt, sobald man die Redewendung „Stil haben" ernst nimmt. „ ‚Stil zu haben' ... bedeutet fähig zu sein, bewußt für andere und auch für das eigene Selbstbild eine einheitliche Interpretation anzubieten und zu inszenieren. Für das Mitglied einer ‚signifikanten' Gruppe heißt dies, fähig zu sein, die Interpretation und Präsentation der eigenen Gruppe exemplarisch am Einzelfall (den man selbst zu inszenieren hat) darzustellen."[11]

Bei der Beschreibung der Ausdrucksformen des Lebensstils ist daher immer auch der Stilwille der einzelnen, der sozialen Gruppen zu berücksichtigen. Das bedeutet aber auch, daß die Ausdrucksformen des Lebensstils auf die kulturellen Normen bezogen werden, die den Stilwillen inhaltlich bestimmen.

In diesem Buch geht es jedoch nicht allein darum, Lebensstile zu beschreiben, sondern es geht um die Geschichte von Lebensstilen. Man kann vermuten, daß sich Lebensstile mit der Veränderung von Lebenssituationen wandeln. Es scheint so, daß sich besonders in Umbruchphasen bestimmte Lebensstile schneller als kulturelle Wertsysteme ausbreiten.[12] Das liegt daran, daß in Zeiten raschen sozialen Wandels die symbolischen Formen, die den neuen Sozialstrukturen gemäß sind und die in ihnen ihre Legitimation finden, noch keine allgemeine Anerkennung gefunden haben. Ältere und neue kulturelle Formen stehen unvermittelt nebeneinander.[13] Hinzu kommt, daß in Zeiten, in denen der Wandel sehr stark empfunden wird – wie etwa in den 1980er Jahren –, der Stilbegriff eine neue Qualität erhält, denn: „Wenn Systeme sich auflösen, die Integrationsfähigkeit also wieder auf kleine Einheiten und das einzelne Subjekt zurückverlagert wird, scheint der Stilbegriff stets besonders gefragt zu sein."[14] Man flüchtet gleichsam in das Spiel von Inszenierung und Ritualisierung und findet darin eine Entlastung vom Leidensdruck, den die Einsamkeit der Autonomie auf das Subjekt ausüben kann. Einen Stil zu haben und ihn mit anderen zu teilen, ist wie eine Maske, hinter der man sich verbirgt. Im Stil gewinnt man eine Distanz zur eigenen Subjektivität. Solche Überlegungen verweisen auf Bedeutungszusammenhänge, die hier nicht im einzelnen erörtert werden können, aber in der historischen Darstellung implizit anwesend sind. Die historische Rekonstruktion muß sich darauf beschränken, Lebensstile in ihrem Wandel zu untersuchen, und das heißt, Kontinuitäten und Brüche in der Vermittlung symbolischer Formen aufzudecken. Auf diese Weise wird man eine Abfolge verschiedener Lebensformen und Lebensstile beobachten können.

Im Begriff „moderner Lebensstil" ist bereits die Hypothese enthalten, es gebe einen einheitlichen Stil, der sich zu einem bestimmten Zeitpunkt herausbildet und der sich, trotz aller Wandlungen im einzelnen, als eine identifizierbare Konfiguration durchhält. Diesen Lebensstil zeichnet seine Eigenschaft „modern" zu sein aus. Der Begriff „modern" enthält sowohl eine zeitliche Zuordnung als auch eine inhaltliche Aussage. Die nachfolgende Darstellung berührt beide Bedeutungen. Doch weckt der Begriff „modern" Assoziationen, auf die einleitend verwiesen werden soll, weil sie die Besonderheit dieses Lebensstils bereits andeuten.

Das Programm der Moderne, ohne das diese Geschichte nicht geschrieben werden könnte, war erst möglich, nachdem die Moderne als eigenständiger Epochenbegriff denkbar wurde. Er entstand im Anschluß und in der verarbeitenden Deutung der berühmten „Querelle des Anciens et des Modernes". In dieser Auseinandersetzung mit den Verfechtern der uneinholbaren Autorität der klassischen Antike setzte sich die Auffassung der „Modernes" durch, die die überzeitliche Gültigkeit des antiken Vorbilds wirkungsvoll bestritten und an ihre Stelle mit der Betonung des eigenständigen Charakters einer jeden Epoche auch ihre Überlegenheit konstatierten. Waren sie, die Modernen, den Alten nicht an Erfahrungen und Kenntnissen überlegen und stünden nun auf einem „Gipfelpunkt aller bisherigen Erfahrungen der Menschheit"?[15] Mit dem Begriff und dem Bewußtsein der Modernen wurde in Deutschland im 18. Jahrhundert etwas Neues proklamiert. Da die Autorität überzeitlicher (zunächst noch: ästhetischer) Normen aufgehoben war, war es der jeweiligen Gesellschaft überlassen, sich über die Normen zu verständigen, die für sie gelten sollten. Mit großem Selbstbewußtsein nahm man am Ende des 18. Jahrhunderts die Freiheit wahr, die Hegel mit dem Begriff „Subjektivität" „als das Prinzip der neuen Zeit" erkannte.[16] Dieses bewegende Prinzip der Moderne wurde freilich nicht nur erkannt und in einem philosophischen Konzept entworfen, es entsprach dem Zeitbewußtsein der Epoche. Moderne wurde erfahren als eine außerordentliche Dynamik der Entwicklung, in der sich die verfestigten und als „ewig" gedachten Strukturen auflösten.[17]

Die Wandlungen des Begriffes „modern" spiegeln freilich die veränderten Zeiterfahrungen wider. Dem Selbstbewußtsein, das die Freisetzung aus dem Gehäuse der Traditionen ausgelöst hatte, gesellte sich bald im 19. Jahrhundert ein Krisenbewußtsein zu. „Modern" als das zeitlich Neue, Jüngere konnte nicht schon deshalb als eine qualitative Steigerung des Vergangenen gelten. Möglicherweise war es lediglich den hochgestellten Maßstäben einer früheren Epoche nicht mehr gewachsen. Die ungeheure technische und wirtschaftliche Entfaltung der Kräfte im Kapitalismus war oft mit einer Verarmung des moralischen und sozialen Wertbewußtseins verbunden. Der Wechsel eines bisweilen übersteigerten Selbstgefühls mit dem depressiven Gefühl von Krise und Niedergang charakterisiert die mentale Struktur der Epoche und hat ihre Auswirkungen in den Lebensformen, die den Lebensstil ausmachen.

Es wundert nicht, daß den Erstarrungen der Gegenwart als Folge ihres Niederganges immer wieder unter dem Schlagwort der Moderne das Neue, Junge, noch nicht Ausgelebte, Zukunftsträchtige entgegengestellt wurde, vom „Jungen Deutschland" angefangen bis zu den Schlagworten gegen Ende des Jahrhunderts. „Modern sei der Poet", dichtete

Arno Holz und reihte sich damit in die „freie literarische Vereinigung"
ein, als deren Exponent der Literaturhistoriker Eugen Wolff 1846 „die
Moderne" kreiert hatte.[18] In ihren Thesen definierten diese Literaten ihr
Programm der Moderne: „Unsere Literatur soll ihrem Wesen, ihrem
Gehalte nach eine Moderne sein; sie ist geboren aus einer trotz allen
Widerstreits täglich mehr an Boden gewinnenden Weltanschauung, die
ein Ergebnis der deutschen idealistischen Philosophie, der siegreich die
Geheimnisse der Natur entschleiernden Naturwissenschaft und der alle
Kräfte aufrüttelnden, die Materie umwandelnden, alle Klüfte überbrük-
kenden, technischen Kulturarbeit ist. Diese Weltanschauung ist eine
humane im reinen Sinne des Wortes und sie macht sich geltend
zunächst und vor allem in der Neugestaltung der menschlichen Gesellschaft, wie sie unsere Zeit von verschiedenen Seiten her anbahnt."[19]
    Der Veränderungswille, den diese Proklamation enthält, war von
allem Anfang an mit dem Programm der Moderne verbunden. Er hat
sich in der Gegenwart zu einem „Anarchismus der Stile und Denkrich-
tungen" potenziert, dem eine gewisse Beliebigkeit innewohnt.[20] Man
sieht darin ein Signum der Postmoderne, die an die Stelle einer
erschöpften und obsolet gewordenen Moderne getreten sei. Es fragt
sich nur – und dieses Buch will dieser Frage nachgehen –, ob die freie
Verfügung über kulturelle Muster und das Vorhandensein alternativer
Lebensformen tatsächlich einen „postmodernen" Lebensstil charakterisieren oder nicht vielmehr das Programm der Moderne, so wie es die
Aufklärung des 18. Jahrhunderts formulierte, zu einem vorläufigen
Abschluß bringen.
    Diese Frage enthält einen leitenden Gesichtspunkt für die Rekon-
struktion einer Geschichte des modernen Lebensstils. In einem ersten
Kapitel wird diese Geschichte in ihren Grundlagen nachgezeichnet. Die
nachfolgende Darstellung der einzelnen Bereiche, die Ausdrucksformen
des Lebensstils sind, ist immer in diesen grundsätzlichen Kontext zu
sehen, der im ersten Kapitel skizziert wird.
    Auf einige Schwierigkeiten sei vorab hingewiesen: Will man verschie-
dene Lebensweisen einer Epoche als identifizierbaren *Lebensstil* lesen,
wird man sich an den jeweils dominanten Formen orientieren müssen.
Was als „dominant" zu gelten habe, läßt sich nicht einfach mit „mehr-
heitlich" gleichsetzen; neue Entwicklungen werden zunächst von einer
Avantgarde aufgegriffen und ausgebildet, bevor sie zum vorherrschenden Typus werden, neben dem ältere Lebensweisen noch lange bestehen
können. So kann es nicht zweifelhaft sein, daß „moderner Lebensstil"
aus der urbanen Lebensweise hervorgeht und sich weitgehend in der
Auseinandersetzung mit städtischen und dann industriell bestimmten
Lebensbedingungen entwickelt. Diese „Geschichte des modernen

Lebensstils" orientiert sich an diesen Entwicklungen, ungeachtet der Tatsache, daß Deutschland noch lange Zeit ein agrarisches Land gewesen ist und infolgedessen die bäuerliche Lebensweise lange erhalten blieb. Erst im 20. Jahrhundert geriet sie allmählich in den Sog städtischer Lebensformen. Ein ähnliches Problem stellt sich bei der Rekonstruktion der Nachkriegsgeschichte, bei der die DDR ausgeklammert bleibt. Ich rechtfertige diese Einschränkung damit, daß die technischökonomische Entwicklung Veränderungen in der Lebensweise hervorgebracht hat, mit denen sich zuerst die Deutschen in der Bundesrepublik auseinandersetzen mußten. Was „moderner Lebensstil" unter den Bedingungen der letzten vierzig Jahre heißt, war daher in der Bundesrepublik am ehesten zu studieren.

Daß der gegenwärtige Meinungsstreit um die Beurteilung der Moderne in einer „Geschichte des modernen Lebensstils" nicht ohne Einfluß geblieben ist, ist wohl unvermeidlich. Ich hoffe jedoch, die Wertgesichtspunkte jeweils ausreichend expliziert zu haben, die meine Darstellung geleitet haben.

I. Entstehung des modernen Lebensstils

1. Voraussetzungen: Von der ständischen Gesellschaft zur Industriegesellschaft

Lebensstile bilden sich auf der Grundlage spezifischer Lebensbedingungen heraus: Die politischen Verhältnisse beschreiben die Freiheitsräume, in denen eine Vielfalt von Lebensformen möglich ist oder aber Uniformität erzwungen wird. Die materiellen Voraussetzungen der Existenz – der Zustand der uns umgebenden Lebenswelt, das Ausmaß der Versorgung der Menschen mit lebenswichtigen Gütern zu ihrer Erhaltung und zur Daseinsvorsorge oder zur Befriedigung von Konsumbedürfnissen, die über den notwendigen Bedarf hinausgehen – bestimmen Einstellungen und Verhaltensformen. Das gilt für den Bereich der wirtschaftlichen Tätigkeit insgesamt: Die Art und Weise, wie das wirtschaftliche Leben in Produktionsformen und Arbeitsorganisation geregelt wird, greift in das Leben des einzelnen ein, ordnet seinen Tageslauf, eröffnet ihm Handlungsräume zu eigenständiger, selbstbestimmter Berufsausübung und damit auch zur Lebensgestaltung oder enthält sie ihm vor. Die Art des Umgangs der Menschen miteinander ist sicher nicht allein, aber doch in starkem Maße von solchen elementaren Lebensbedingungen geprägt, denen sie weitgehend unterworfen sind. Ebenso können die sozialen Beziehungen nur im Zusammenhang mit der politischen und wirtschaftlichen Organisation angemessen gedeutet werden. Der Grad gesellschaftlicher Differenzierung – eine hierarchische Ordnung nach Ständen, ein scharfer Klassenantagonismus oder eine Tendenz zur Nivellierung ehemals starrer sozialer Abgrenzungen – spiegelt sich in der Ausbildung und Entwicklung von Lebensstilen wider, die je nach sozialer Gruppe unterschiedlich ausgeprägt sein können oder aber, in einer Gruppe entstanden, von anderen sozialen Gruppen übernommen werden, so daß der Eindruck eines einheitlichen Lebensstils entsteht, der für eine Gesellschaft zu einer bestimmten Zeit charakteristisch ist.

Wenn aber auch einleuchtend ist, daß die materiellen Lebensbedingungen den jeweiligen Lebensstil beeinflussen, sind es die materiellen Faktoren doch nicht allein, die ihn hervorbringen. Geltende Normen, Interessen, Wertsetzungen, persönliche Einstellungen sind wesentliche Voraussetzungen und Antriebe für die Ausbildung und spezifische

Gestaltung von Lebensstilen. Diese eher immateriellen Faktoren sind
zwar in ihrer relativ eigenständigen Bedeutung zu untersuchen, gehen
sie doch nicht lediglich auf in einer reinen Ableitung aus dem materiellen Dasein, aber sie sind dennoch nicht unabhängig, abgelöst und iso-
liert von den politischen und ökonomischen Gegebenheiten der jeweiligen Gesellschaft zu begreifen, die ihrerseits von ihnen beeinflußt sind.
Politik, Wirtschaft, Gesellschaft und Kultur entsprechen den Bereichen
historischer Erfahrung. Sie in ihrer zeitlichen Entwicklung von der sich
allmählich auflösenden Ständegesellschaft des Alten Reiches über die
entstehende und sich durchsetzende Industriegesellschaft des 19. Jahrhunderts zu einer – mit nachindustriell oder postmodern sehr ungenau
bezeichneten – in Veränderung begriffenen Gesellschaft der Gegenwart
zu verfolgen, heißt, eine Folie auszubreiten, auf der die Geschichte des
modernen Lebensstils in Deutschland geschrieben werden kann. Die
Wendung zur Moderne – und damit die Entwicklung eines modernen
Lebensstils – ist nicht ursächlich an die Entstehung und Durchsetzung
der Industriegesellschaft geknüpft. Zahlreiche Befunde haben uns
gelehrt, das letzte Drittel des 18. Jahrhunderts als den Zeitraum anzusehen, in dem der eigentliche Wandlungsprozeß in der ständischen Gesellschaft stattfindet, der sich in die Entwicklungsformen des 19. Jahrhunderts hinein erstreckt.[1] Noch scheint die politische Ordnung des Alten
Reiches nicht erschüttert zu sein. Sie bildet trotz ihrer komplizierten
Struktur die selbstverständliche Voraussetzung des öffentlichen
Lebens.[2] Die Reichsverfassung galt vielen Staatsrechtslehrern, die in
ihren Schriften auch politische Ziele verfolgten, als Grundlage einer
gerechten Ordnung. Deutschland könne ein glückseliger Staat sein,
erklärte Johann Jacob Moser, wenn Kaiser und Reichsstände die
Reichsverfassung beachten wollten und ihre Möglichkeiten nutzten.[3]
Andere Reichspublizisten, die der aktuellen Politik kritischer gegen-
überstanden, wie etwa Friedrich Carl von Moser, waren doch von der
Entwicklungsfähigkeit des Reiches überzeugt. Selbst jene, die wie der
Göttinger Staatsrechtslehrer und Publizist August Ludwig von Schlözer,
die Französische Revolution als Akt der Befreiung von staatlicher Willkür emphatisch begrüßten, wollten sie dennoch nicht auf das Alte
Reich übertragen wissen.[4] Nicht die politische Ordnung des Alten Reiches war es, die sich im letzten Drittel des 18. Jahrhunderts auflöste und
den Weg freimachte zur Entstehung eines staatlichen Systems, dem man
etwas Neues hätte zusprechen können. Nicht im Bereich der politischen
Tatsachen ist der Wandel offenkundig, er ist vielmehr, sehr viel tiefer
liegend, als Veränderung des Bewußtseins, von Einstellungen und Verhaltensformen, der Mentalitäten konstatierbar.

Reinhard Koselleck hat diesen Wandel als „Auflösung der alten und die Entstehung der modernen Welt" in den Bedeutungsverschiebungen der politisch-sozialen Sprache aufgespürt. Seit der Mitte des Jahrhunderts stellt er tiefgreifende Veränderungen im Sinngehalt politisch-sozialer Begriffe fest, die offenbar eine gewandelte Wirklichkeit benennen. Worte wie „Demokratie", „Revolution", „Republik" oder „Geschichte" weisen eine signifikante Bedeutungsveränderung auf, die einen ihr zugrundeliegenden Transformationsprozeß anzeigen.

Während die traditionelle Ständegesellschaft offenbar unbeeindruckt und unerschüttert fortbesteht, zeigt sich auf der Ebene der verwendeten Sprache – in den semantischen Verschiebungen althergebrachter wie in der Schöpfung neuer Begriffe –, daß diese Gesellschaft sich in ihrer Tiefenstruktur zu wandeln beginnt. Koselleck hat die Ergebnisse dieser begriffsgeschichtlichen Analyse mit den Stichworten Demokratisierung, Verzeitlichung, Ideologisierbarkeit und Politisierung benannt. Alle diese Befunde weisen auf einen Erfahrungswandel hin. Begriffe, die sich jahrhundertelang auf den jeweiligen Stand bezogen, lösen sich aus dieser Gebundenheit und werden frei verfügbar für den wachsenden Kreis der Gebildeten, die sich nicht mehr ständisch definierten. Andere Begriffe – etwa Republik, in aristotelischer Bedeutung die Bezeichnung einer bestimmten Herrschaftsform – benennen nun Zielvorstellungen politischer Praxis, ebenso wie sich der Kreis der Betroffenen, die meinen, politisch handeln zu müssen, ausdehnt und dies auch sprachlich in einer stärkeren Politisierung zu erkennen gibt. Die Tendenz zur Bildung von Kollektivsingularen – aus den Geschichten wird nun allgemein die Geschichte – zeigt, daß sich die bunte Vielfalt anschaulicher Lebensformen zunehmend verflüchtigt zugunsten einer Abstraktheit, die Eindeutigkeit und Einförmigkeit markiert.[5]

Solche Anzeichen für einen tieferliegenden Wandel sind aber nicht allein in der politisch-sozialen Sprache auszumachen, die neue, neuzeitliche Erfahrungen spiegelt. Die Veränderungen reichen tiefer in den persönlichen Bereich der Menschen hinein und liegen auch dort quer zu den tradierten Gesellschaftsformen, die den Rahmen und die Grenze für die Ausgestaltung des persönlichen Lebens bilden. Die Tendenz zur Individualisierung hebt den einzelnen aus seinen sozialen, ständischen Zuordnungen hervor und macht auf die Unangemessenheit bestehender gesellschaftlicher Differenzierungen aufmerksam. Auch wenn sich die ständische Ordnung noch eine Weile erhält und in gewissen Residuen, so in den agrarisch bestimmten Gebieten, noch lange überdauert, werden doch Auflösungserscheinungen im letzten Drittel des 18. Jahrhunderts deutlich: An die Stelle der primär ständischen Zugehörigkeit tritt ansatzweise die Selbstdefinition des Individuums.

Diese Wendung zur Individualisierung wird in einer verstärkten

Selbstbezogenheit, in der Neigung zu Selbstwahrnehmung und Selbstinterpretation, deutlich.[6] Zwar kann sich diese Selbstbeobachtung als Flucht vor der komplizierter gewordenen Umwelt in eine empfindsame Innerlichkeit und in passiver Selbstbeschränkung äußern,[7] beherrschender und verbreiteter jedoch ist das in der Rückwendung auf sich selbst gewonnene gestärkte Selbstbewußtsein, das in die Welt ausgreifen will. Das Fernste soll erforscht und dem eigenen Daseinsgefühl anverwandelt werden. Dieser Wunsch wird in einer vermehrten Reisetätigkeit sichtbar, die sowohl Folge als auch Anlaß der Entwicklung eines neuen Raum- und Zeitgefühls ist. Aber nicht nur der unmittelbare Vorgang des Reisens selbst mit seiner Erfahrung des Fremden und Unvertrauten ist es, der das Hochgefühl der Selbststeigerung hervorbringt, die Reisenden legen auch großen Wert darauf, über das, was sie gesehen und erlebt haben, zu berichten. Erst in der Niederschrift wird ihnen das Fremde vertraut, in der Mitteilung an die Leser wird die bloße Selbstgenügsamkeit durchbrochen und das ehemals Ferne in die Nähe der Kommunikation eingeholt.[8]

Doch Welterfahrung und Weltgewinn werden nicht allein durch die unmittelbare Anschauung erreicht. Die außerordentliche, vielfach bezeugte Lesefreude, von zeitgenössischen Kritikern als „Lesewut" und „Lesesucht" gegeißelt, war ebenso eine Weise des Ausgreifens in die Welt aus der Enge der eigenen Beschränkung. Wenn auch der Grad der Alphabetisierung der Bevölkerung in engen Grenzen blieb,[9] ist doch eine Zunahme der Lesefähigkeit nicht zu verkennen. Auch die Veränderung der Lesegewohnheiten – nicht mehr die wiederholte intensive Lektüre derselben Bücher, sondern das extensive Lesen neuer Bücher – führte zu einer Verbreitung neuer Ideen, zu einer Vergrößerung und Differenzierung des Publikums und zu entwickelteren Diskursformen. Denn die neuen Lesegewohnheiten verlangten nach entsprechenden Formen literarischer Produktion und Distribution. Aus rudimentären Formen entstand ein literarischer Markt.[10] Eine Fülle von neu erschienenen Zeitschriften diskutierte die Normen und Werte einer bürgerlichen Gesellschaft und stimmte das Bewußtsein des Publikums auf Veränderungen ein.

Weltgewinn durch Lektüre, Überwindung der engen Schranken ständischer Zugehörigkeit – sie wurden durch Geselligkeitsformen erreicht, die sich um gemeinsame Lektüre bildeten. Lesegesellschaften ermöglichten nicht nur einem größeren Kreis von Menschen, die die teueren Bücher nicht hätten erwerben können, die Lektüre neu erschienener Werke. Sie waren auch der Ort des Gesprächs und der Auseinandersetzung mit den Thesen der Autoren.[11] Die Art des Umgangs miteinander unterschied sich von tradierten Formen. Im Jahre 1783 wurden in

Aschaffenburg Lesegesellschaften erwähnt, „welche eigens der Geist einer republikanischen Verfassung beleben" müsse.[12] Dieser „republikanische Geist" zeigte sich in den Zusammenkünften: Die exklusiven Standesgrenzen waren aufgelockert, wenn nicht sogar aufgehoben. Alle Mitglieder waren gleichberechtigt, wählten ihren Vorstand, stimmten über die Anschaffung der Bücher ab. So bildeten sich in der Ständegesellschaft des Alten Reiches Geselligkeitsformen heraus, in denen neue Formen des Umgangs eingeübt und Regeln politischer Praxis erprobt werden konnten.[13] Um die Begründung politischer Praxis ging es auch bei einer anderen Entwicklung, die sich gegen Ende des 18. Jahrhunderts deutlich abzeichnet: der Systematisierung des Wissens.

Es ist jene Zeit, in der sich neue Wissenschaften, wie etwa die Ethnologie, herausbilden und sich andere, wie die Philologie und die Geschichte, als Wissenschaften institutionalisieren, indem sie ihre theoretischen Grundlagen explizieren und ihre methodische Kompetenz steigern. Eine wissenschaftliche Historie trat mit einem gesteigerten Anspruch in der bürgerlichen Gesellschaft auf: Die Ergebnisse ihrer Forschung konnten aufgrund ihrer rationalen Begründungsfähigkeit mit Gewicht in die öffentliche Diskussion eingebracht werden und als generelle Einsicht politisches Handeln anregen. Das setzte freilich eine starke Verzahnung von Theorie und Praxis im Denken der Aufklärung voraus. Ihre Geschichtsschreibung bezog alle Bereiche menschlicher Tätigkeit als Gegenstand der Untersuchung und Darstellung ein, verfolgte stärker ihre strukturellen Beziehungen und Entwicklungen als das Detail und wollte über die historische Individualität hinaus zur Generalisierung des konkreten Falls, aus der der Leser für sich selbst handlungsrelevante Schlußfolgerungen ziehen konnte.[14]

So zeigen sich beide Entwicklungstendenzen – die Neigung zur Individualisierung und die Hoffnung auf eine Systematisierung des Wissens – als zwei Seiten ein und desselben Befundes: Das Wissen wird durch stärkere Strukturierung dem Individuum verfügbar gemacht, das sich nicht mehr an traditionell vorgegebenen Normen orientieren, sondern aufgrund eigener Erkenntnis begründet entscheiden will.

Ein solcher Wandel in den Einstellungen zu sich selbst und zur Welt ist für die Entwicklung eines modernen Lebensstils von grundlegender Bedeutung gewesen. Daher müssen wir davon ausgehen, daß seine Grundlagen nicht mit der Entstehung der Industriegesellschaft gegeben sind, sondern bereits im 18. Jahrhundert, im Prozeß der sich allmählich auflösenden Ständegesellschaft, gesucht werden müssen.

Wenn man die Geschichte des modernen Lebensstils schreibt, ist die Perspektive naturgemäß auf die Momente der Veränderung gerichtet:

Man will das Unterscheidende, das Neue erfassen, um Entwicklungen rekonstruieren zu können, die modernen Lebensstil ausmachen. Bei diesem Vorgehen kann es leicht geschehen, daß die beharrenden Elemente ausgeblendet werden. Es kann aber nicht zweifelhaft sein, daß sich unterhalb eines dominierenden Lebensstils divergierende Einstellungen und Gewohnheiten durchhalten. Solche Residuen alter, überkommener Lebensformen finden sich in bestimmten sozialen Schichten, als regionale Besonderheiten und als fortlebende Traditionen in agrarwirtschaftlich geprägten ländlichen Gesellschaften. An solche überkommenen Gewohnheiten, die von Veränderungen kaum berührt erscheinen, kann in der Darstellung der sich ausbildenden und verallgemeinernden Lebensstile nicht jeweils erinnert werden. Man muß sich jedoch ihre Fortexistenz, die teilweise bis in die Gegenwart andauert, bewußt halten. Manche dieser Traditionen stammen noch aus der ständisch geordneten Welt des Alten Reiches. Sie in groben Zügen in Erinnerung zu rufen, heißt einmal die Ausgangslage zu beschreiben, auf deren Hintergrund sich neue Einstellungen und Lebensformen ausbilden, und zugleich die strukturellen Bedingungen zu benennen, die für die traditionellen Verhaltensformen prägend gewesen sind.

Dabei zeigt sich die Herausbildung der neuzeitlichen Moderne als eine Versachlichung ehemals persönlicher Zuordnung, als ein Prozeß der Rationalisierung, wie ihn Max Weber gedeutet hat. Die größere Konkretheit und Buntheit der mittelalterlichen Lebensformen spiegelten freilich die bedrohte Lebenssituation der Menschen wider, die von ihrer Geburt an „von Wechselfällen und Vergessen, Krankheit und Tod bedroht" waren, „daß sie sich als Wanderer unterwegs empfanden".[15] Das Leben des einzelnen war kurz und bedrängt. In seiner Gefährdung durch Naturkatastrophen, Krankheit und materielle Not konnte man nicht wagen, es als einzelner zu leben. Der Gedanke des autonom lebenden, entscheidenden, handelnden Individuums war denn auch dem Verständnis des mittelalterlichen Menschen fern. Er suchte Halt in der Kontinuität der Überlieferung, in der das einzelne Leben beschlossen war, und Zuflucht in der stützenden und schützenden Gemeinschaft.

„Im Bereich des zeitlichen Ablaufs zwischen Geburt und Tod suchten herkömmliche Verhaltensweisen wenigstens eine gewisse Dauer zu stiften, die jedoch selten über vorläufige Sicherung elementarster Bedürfnisse und Interessen hinauskam. Sicherheit gewährte im Grunde doch nur das tägliche Zusammenleben von Menschen, die einander persönlich kannten und ihre Bedürfnisse und Wünsche nicht einzeln verfolgten; in solchen familiären Gruppen lebten Männer und Frauen, Kinder und Greise zusammen, am Festtag und am Werktag, in der Arbeitszeit und am Feierabend. Was derartige überschaubare und umfassende

Gruppen verbürgen konnten, war nicht viel mehr als der Augenblick, der intensiv und gesellig ausgelebt wurde. Für alles weitere war im zeitlichen Sektor die Hinwendung zu dem ewigen und allmächtigen Gott oder den heilenden Kräften der Natur besonders dringlich."[16]

Unter den Gemeinschaften, die den einzelnen auffangen und ihm einen festen Ort zuweisen, ist der Stand, in den man hineingeboren ist, die wesentliche politisch-soziale Einheit, die den einzelnen in seiner Zugehörigkeit definiert und ihm ganz bestimmte, seinem Stand entsprechende Verhaltensweisen vorschreibt. Daraus ergibt sich, daß Lebensstile sich nicht abheben können von ständisch vorgeschriebenen und geprägten Lebensweisen. Im überschaubaren Raum des Lebens, wo Menschen verschiedener Stände miteinander umgehen und sich im Spannungsverhältnis von Herrschaft und Knechtschaft bewegen,[17] ging es sehr viel bunter, vielfältiger und lebendiger zu, als es die spätere Rekonstruktion, die niemals das einzelne allein, sondern strukturelle Beziehungen herausfinden muß, erscheinen läßt. Um die Fülle mittelalterlichen Lebens zur Anschauung zu bringen, genügt es nicht, sie allein auf die ihr zugrundliegende ständische Ordnung zurückzuführen. Die notwendige Abstraktion der begrifflichen Deutung legt die Vorstellung einer Einförmigkeit nahe, die es in der Realität der mittelalterlichen Welt in dieser Eindeutigkeit nicht gegeben hat. Die Tendenz zu einer solchen Einförmigkeit wird in der frühneuzeitlichen Entwicklung als Prozeß der Rationalisierung im fürstlichen Territorialstaat als unterscheidbares Kennzeichen deutlich. Die sozialen Zuordnungen, die zuvor als persönliche Beziehungen anschaulich waren, wurden nun versachlicht und institutionalisiert. Der neuzeitliche, nach rationellen Gesichtspunkten organisierte, bürokratische, effizient arbeitende fürstliche Verwaltungsstaat hat nicht allein den politischen Rahmen vorgegeben, in dem sich das Leben der Bürger gestalten konnte, sondern auch Normen des gesellschaftlichen Handelns gesetzt, die bis in unsere Gegenwart hinein wirksam sind und die politische Kultur in Deutschland geprägt haben.

Die Tendenzen des deutschen Territorialstaates waren schon im 16. Jahrhundert sichtbar, aber erst im Zeitalter des Absolutismus waren die Instrumente verfügbar, die ihre Verwirklichung ermöglichten. Mit „Landes- und Polizeyordnungen" hatte schon der frühmoderne Staat weite Bereiche des menschlichen Zusammenlebens zu reglementieren gesucht, um die Ernährung der Bevölkerung zu sichern, die Finanzkraft des Staates zu erhöhen, die Rechtsprechung zu vereinheitlichen, den rechten Glauben zu befördern, den Frieden zu sichern. „Absolutismus ist in der Praxis zunächst Zentralisierung der staatlichen Gewalt mit dem Ziel gewesen, die Kräfte des Landes zu erschließen und zu nutzen."[18] Absolutistische Herrschaft wurde daher vornehmlich im Ausbau einer zentralen und mehr oder minder effizienten Verwaltungsorganisation sichtbar. Wenn sie aber auch in den meisten deutschen Territorialstaaten höchstens in Ansätzen und oft nur in steriler Nachahmung gelang, hatte ihre effiziente Konkretisierung in Preußen eine weithin wirkende Kraft. Hier führte ein Staatswesen vor, daß machtpolitische Steigerung und der innere Ausbau des Landes zugleich möglich seien und durch das Handeln der staatlichen Gewalt selbst – also „von oben" – geschaffen werden konnten. Die Tradition des aufgeklärten Absolutismus hat sich tief in das Bewußtsein der Deutschen eingeprägt und Erwartungen und Verhaltensweisen begünstigt, die auf die Entwicklung von Lebensstilen nicht ohne Einfluß geblieben sind. Nicht die bürgerliche Gesellschaft selbst ist es, die ihre Normen, Erwartungen und Forderungen durch eigenständige politische Praxis verwirklicht; es ist der Staat, der notwendige Reformen, die aus dem Widerspruch von obsolet gewordenen Zuständen und neuaufbrechenden Bedürfnissen unabweisbar geworden sind, einleitet und durchführt. Die Reformwünsche des Bürgertums, in öffentlicher Diskussion artikuliert und entwickelt, werden nicht selbsttätig realisiert, sondern von der Regierung des aufgeklärten Monarchen aufgegriffen und nach eigenem Gutdünken weitergeführt. Dabei war das staatliche Handeln oft mehr von der Aufgabe aktueller Krisenbewältigung bestimmt als von langfristigen Überlegungen gesellschaftlicher Reform. Freilich konnte das Bürgertum seine abwartende passive Haltung vor sich selbst durch den Einfluß legitimieren, den es über die Beamten auf das staatliche Handeln ausübte. Zweifellos hat ein reformwilliges und reformbewußtes Beamtentum die Tätigkeit des Staates erfolgreich bestimmt. Für die politische Kultur einer Gesellschaft ist es aber nicht unwichtig, wenn sie ihren Gestaltungswillen an die vermittelnden Instanzen der Bürokratie abtritt, statt ihn selbst wahrzunehmen. Die Erwartung, in Notfällen von staatlicher Fürsorge geschützt zu sein, erzeugt eine bestimmte Haltung der Obrigkeit gegenüber, die auch durch den Unmut über staatliche Reglementierung und Gängelung nicht wesentlich tangiert wird. Eine Freisetzung der Person oder gesellschaftlicher Gruppen zur Entwicklung von eigenständigen Lebensstilen konnte leicht als Widerstandshaltung verkannt werden.

Diese Disposition der bürgerlichen Gesellschaft gegenüber dem Staat hatte Folgen für den speziellen Bereich bürgerlicher Tätigkeit, die Wirtschaft. Auch hier zeigte sich die Abhängigkeit der werdenden Unternehmer von staatlichen Vorgaben, Privilegien und Monopolen, und mühsam brachte bürgerliche Initiative im 18. Jahrhundert die wirtschaftliche Entwicklung in Manufakturen und ersten Fabriken in Gang.

So besteht die Avantgarde, das eigentlich dynamische Element der bürgerlichen Gesellschaft am Ende des Alten Reiches aus einzelnen Unternehmern, mehr aber aus der wachsenden Zahl der Gebildeten, außer einer Vielzahl von Schriftstellern ohne rechtes Auskommen aus den Beamten, die über ihr Amt, das sie im Sinne der Aufklärung erfüllen wollen, an Staat und Kirche gebunden sind. Durch diese Gebildeten wurde die ständische Gesellschaft dynamisiert und tendenziell aufgebrochen. Sie lebten in ihrer „Gelehrtenrepublik" quer zur Ständeordnung und verwiesen dadurch auf eine künftige Gesellschaft, die nach anderen Ordnungsprinzipien differenziert sein würde. Anstöße zu einer solchen Entwicklung gingen von wirtschaftlichen Veränderungen aus, die neue Produktionsformen erzwangen, das Verhältnis von Leben und Arbeit tiefgreifend berührten und die Organisation der Arbeit grundlegend neu gestalteten, so daß sich auf dieser gewandelten Struktur des materiellen Lebens Produktionsformen und Arbeitsweisen durchsetzten, denen auch ein veränderter Lebensstil entsprechen mußte.

Sozusagen als Vorspiel der wirtschaftlichen Umgestaltung ist die Protoindustrialisierung anzusehen, als „Industrialisierung vor der Industrialisierung".[19] Die gewerbliche Warenproduktion auf dem Lande wurde von großer Bedeutung für den überregionalen und internationalen Markt. Ihre innovative Wirkung für eine grundlegende Änderung von Produktionsweise und Arbeitsstil war aber äußerst begrenzt. Ihre Organisationsform als ländliche Familienwirtschaft setzte im Grunde die Tradition des „ganzen Hauses" (Otto Brunner) fort. Das Ziel der familienwirtschaftlichen Produzenten war auf die Versorgung der Familien, nicht auf die Erzeugung von Mehrwert gerichtet. „Die Familienwirtschaft bleibt ein vorkapitalistisches Reservat auch noch unter kapitalistischen Produktionsverhältnissen."[20] Auch für die Entwicklung eines neuen Lebensstils war die familienwirtschaftlich organisierte gewerbliche Warenproduktion unerheblich. Sie setzte die alte Tradition einer von der häuslichen Sphäre ungeschiedenen Arbeitswelt fort, eine Form der wirtschaftlichen Tätigkeit, die die Familien unter dem Druck der Verleger bis zur Selbstausbeutung steigerten. Obgleich sich Formen von Heimarbeit in geringem Umfang bis in die Gegenwart erhalten haben, gingen die Erfordernisse der industriellen Entwicklung über diese Form der Arbeitsorganisation hinaus.

Die eigentliche Umwälzung, die das Verhältnis von Leben und Arbeit grundlegend neu bestimmte, kündigte sich in den Manufakturen an und wurde dann in der industriellen Produktionsform auf kapitalistischer Grundlage dominant. Es ist im Zusammenhang unserer Überlegungen sinnvoll, die Manufakturen gesondert zu erwähnen. An ihnen als der Vorform der neuen industriellen Arbeitsorganisation lassen sich die Probleme studieren, die für die Menschen mit dieser grundlegenden Veränderung ihres Lebens verbunden waren.[21] Was als Anpassungsschwierigkeiten verharmlost wurde, war vielmehr ein elementarer Widerstand gegen die Entfremdung des Menschen von seinen natürlichen Lebensrhythmen. Diesem manifesten Widerstand, in den neugegründeten Manufakturen zu arbeiten, begegnete die Obrigkeit, die mit dieser Einrichtung die Armut und Unterbeschäftigung der ländlichen Bevölkerung beheben und ganz im Sinne der Aufklärung deren sittliche Verbesserung bewirken wollte, mit Zwangsmaßnahmen. Häufig mußte sie auf die Insassen von Strafanstalten zurückgreifen, weil sich auf freiwilliger Grundlage keine Arbeitskräfte rekrutieren ließen.

Neu an der Arbeitsorganisation der Manufakturen war die Trennung von Arbeit und häuslicher Sphäre und die Herauslösung des Arbeiters aus seiner Bindung an eine Zunft oder eine Grundherrschaft. Ungebunden, ungeschützt, vereinzelt fühlte er sich auf die Rolle des Lohnempfängers reduziert[22] und der Willkür ausgesetzt. Die Arbeitsform in der Manufaktur und stärker noch die industrielle Arbeit in der Fabrik griffen tief in den Lebensrhythmus der Menschen ein, die ihr unterworfen waren. Hatte sich bisher die Arbeit am Wechsel der Jahreszeiten, dem Wetter, den natürlichen Bedingungen der Natur, den Neigungen der Menschen orientiert, wurde sie nun von mechanischer Regelmäßigkeit bestimmt. „Industrie bringt die Tyrannei der Uhr mit sich, die das Tempo bestimmende Maschine und das komplexe, zeitlich genau aufeinander abgestimmte Ineinandergreifen der Arbeitsgänge: das Bemessen des Lebens nicht nach Jahreszeiten („Michaelizeit" oder „Fastenzeit") oder wenigstens nach Wochen und Tagen, sondern nach Minuten, und vor allem eine mechanische Regelmäßigkeit der Arbeit, die allen Neigungen menschlicher Existenz widerstreitet."[23]

Was sich in dieser Übergangsphase der Arbeitsorganisation ankündigt, wird in der sich um die Mitte des 19. Jahrhunderts in Deutschland allmählich durchsetzenden Industriegesellschaft allgemein. Die Tendenz zur Rationalisierung der Lebensverhältnisse erfaßte alle Bevölkerungsgruppen, wenn auch in unterschiedlichem Maße. Sie ist selbst auf dem Lande festzustellen, wenn sie dort auch mehr die traditionellen Orientierungen der Menschen überlagerte als sie tiefgreifend zu verändern. Bis zur Mitte des 19. Jahrhunderts war die agrarische Struktur Deutschlands vorherrschend. Das wurde in den Wirtschaftskrisen von 1816/17 und 1846/47 deutlich, die vorwiegend „Krisen alten Typs" waren, das heißt, die schlechten Getreideernten führten zu Ernährungskrisen und Hungerunruhen, die sich am Vorabend der Revolution auch zu offenem sozialen Protest ausweiteten. Es war die typische Verlaufsform ökonomischer Krisen der vorindustriellen Gesellschaft: Sie nahmen rasch die

Gestalt von Hungersnöten an, und wo sie sich zu Aufständen entwik-
kelten, waren sie in erster Linie Hungerrevolten, die kein anderes Ziel
verfolgten als das, die Ernährungs- und Versorgungskrise der Bevölkerung zu beheben.[24]

Diese zugrundeliegende Ernährungskrise hatte natürliche Ursachen:
Die schlechten Ernten waren die Folge von Klimaschwankungen und
wechselnden Wetterbedingungen. Im Laufe des Jahrhunderts trat die
Bedeutung dieser Faktoren zurück. Nicht mehr die natürlichen Bedingungen der ländlichen Arbeit waren entscheidend für die Versorgung
der ständig steigenden Bevölkerung. Der Markt war es, der den wirtschaftlichen Austausch regelte. Die Marktverhältnisse wurden aber
zunehmend durch die industrielle Entwicklung bestimmt. Wirtschaftliche Krisen, die in regelmäßigen Abständen wiederkehrten, waren nicht
mehr Hungerkrisen wegen Mißernten, sondern Folgen von Konjunkturschwankungen. Konjunkturen und Krisen prägten die industrielle
Gesellschaft,[25] verlief doch der Prozeß wirtschaftlichen Wachstums
nicht kontinuierlich fortschreitend, sondern höchst ungleichmäßig:
Phasen beschleunigten Wachstums wurden immer wieder von Perioden
der Rezession oder gar der Stagnation unterbrochen, die von den Zeitgenossen als krisenhafte Erscheinungen wahrgenommen wurden,
obgleich der ökonomische Wachstumsvorgang insgesamt nicht immer
wesentlich beeinträchtigt worden ist. Der Rhythmus der Konjunktur-
entwicklung stellt sich dem Betrachter als nahezu regelmäßige Abfolge
von Auf- und Abschwungphasen dar, die von Wirtschaftswissenschaft-
lern als Trendperiode oder „lange Wellen" dargestellt worden sind.[26]

Auch wenn es schwierig ist, die Geschichte der deutschen Industrialisierung in ihrem unterschiedlichen Verlauf in eine solche systematische
Betrachtung einzubeziehen, erscheint es sinnvoll, von einer einheitlichen
Periode von 1845/1850 bis 1873 auszugehen, der Phase nämlich, in der
sich Deutschland zur Industriegesellschaft ausbildet und seine ökonomische Entwicklung als fortschreitendes Wachstum begreift.[27] Es ist
eine Phase, in der die Überzeugung vom unbegrenzten Fortschritt das
Lebensgefühl vieler Menschen bestimmte. Was sich ihrem zielstrebigen
Gestaltungswillen widersetzte, war eine Herausforderung mehr, die es
anzunehmen und mit Kreativität und Erfindungsgeist zu bestehen galt.
Hatte menschliches Genie nicht ehemals todbringende Krankheiten
besiegt, die chemischen Mittel gefunden, die landwirtschaftliche Produktion zu steigern und dadurch die drückenden Hungerkrisen zu
beheben, die technischen Möglichkeiten zur ökonomischen Expansion
in bis dahin ungeahntem Ausmaß erweitert? So ist das vorherrschende
Lebensgefühl von Optimismus und Zukunftsgewißheit geprägt und auf
Weltgestaltung hin angelegt. Realismus ist der Schlüsselbegriff, der in

verschiedenen Bereichen der menschlichen Tätigkeit Perspektive und methodischen Zugriff benennt. Ob Wissenschaft oder Kunst – die präzise Erfassung und zutreffende Deutung der Wirklichkeit als Tatsächlichkeit stehen im Vordergrund jeder Bemühung. Realismus meint aber auch Konzentration auf das jeweils Machbare, um greifbare Ergebnisse zu erzielen, und ist in diesem Verständnis eine Absage an alle Utopien und theoretischen Entwürfe zur Beschreibung von Handlungszielen. Als Forderung nach Realpolitik artikulierte sich diese Zeitströmung im Bereich politischer Praxis.[28]

In dieser Phase wirtschaftlichen Aufschwungs und optimistischen Daseinsgefühls empfand man den Wechsel der Abhängigkeit von den natürlichen Lebensbedingungen der vorindustriellen Gesellschaft zur Abhängigkeit von den Konjunkturen des Marktes der Industriegesellschaft als Fortschritt in der Beherrschung der Natur. War man den Naturgewalten schutzlos ausgeliefert gewesen und hatte man Mißernten als gottgewolltes Schicksal hinnehmen müssen, schien es in dieser Aufschwungphase so, als könne man durch zielgerichtete Arbeit, genaue Erfassung der ökonomischen Gesetze und ihre adäquate Anwendung zur Beherrschung des Marktes und durch eine gezielte Wirtschaftspolitik die Konjunktur regeln und das verbleibende Risiko kalkulieren. Das bedeutete eine außerordentliche Steigerung der Rationalität und Intellektualität: Mit Hilfe der Vernunft sollten die Wagnisse sowohl des Lebens wie des Marktes bestanden und überwunden werden; die Hoffnung auf die Kraft der Vernunft bestimmte Lebensanschauung und Daseinsgefühl. Als sich diese Hoffnung nicht erfüllte, der Markt sich nicht in dieser Weise als beherrschbar erwies, die Abhängigkeit von Konjunkturschwankungen als reale Not in Erscheinung trat, brachen in der Krisenstimmung alle möglichen Irrationalismen auf. Die Widersprüche in der Gesellschaft des 19. Jahrhunderts zwischen Vernunft und Unvernunft, Rationalität und Irrationalität waren lange verdeckt, um bei den Schwankungen der materiellen Lebensgrundlage dominant zu werden.

Die einzelnen sozialen Gruppen wurden in unterschiedlichem Maße von diesen Entwicklungen betroffen, wie ja auch das Bürgertum, das dieser Epoche vielfach den Namen gegeben hat,[29] keine monolithische Einheit darstellte. Die Handwerker exemplarisch auszuwählen, um die Auswirkungen der strukturellen Veränderungen an ihnen deutlich zu machen, ist freilich naheliegend, waren sie doch die Träger der gewerblichen Produktion und dadurch dem ökonomischen Wandel in besonderem Maße ausgesetzt. An ihnen lassen sich Art und das Ausmaß der Anpassungsprobleme in der Industriegesellschaft eindrucksvoll studieren.

Lebens- und Arbeitsform der Handwerker waren über Jahrhunderte hinweg gleich geblieben: Ihre Arbeitsorganisation war der Kleinbetrieb, den der Meister mit wenigen Gesellen und Lehrlingen führte, die miteinander eine patriarchalische Hausgemeinschaft bildeten. Arbeitswelt und Wohnung waren noch nicht getrennt, sondern bildeten eine Einheit, in der die häusliche Sphäre jener der Arbeit analog strukturiert war. Der Meister leitete, beaufsichtigte, kontrollierte die Angehörigen seines Hauses, seine Familie wie seine Mitarbeiter. Und dieser Kosmos war zudem geschützt durch die Zunftverfassung mit ihren Privilegien, die Unzünftige ausschloß und ausgrenzte. Die Gesellen konnten ihre unübersehbare Abhängigkeit leichter ertragen, da sie temporär war, konnten sie sich doch als zukünftige Meister betrachten.[30]

Die neue Zeit – das war für die Handwerksgesellen zu allererst die bittere Erkenntnis, daß ihnen diese selbstverständliche Zukunftsperspektive beruflicher Selbständigkeit genommen war und sie in ein soziales Dilemma gerieten, auf das sie ihre Lebensanschauung und Handlungsnormen nicht vorbereitet hatten. „Durch den Abbau der Zunftverfassung, durch Proletarisierung der Kleinmeister in den übersetzten handwerklichen Berufen, durch das Entstehen einer Arbeitgebermentalität unter den Meistern, die ihre Betriebe vergrößerten, durch den Übergang zahlreicher Produzenten zum bürgerlich-kapitalistischen Unternehmertum, durch die Abwanderung des Nachwuchses in die großstädtischen Angestellten- und Beamtenberufe, durch die darin ausgedrückte Abneigung gegen beschwerende und beschmutzende Handarbeit, durch die Konkurrenz der industriellen Produktion, der industriellen Arbeiterschaft und des Großbetriebs verlor das Handwerk seine mittelständische Geschlossenheit."[31]

Die Beispiele bürgerlichen Aufstiegs galten nur für eine Minderheit dieser Handwerker, die aus eigener Kraft zu Unternehmern wurden. Ihre Zahl war zu gering, ihre Leistung häufig zu exzeptionell, um das Bewußtsein dieser sozialen Gruppe nachhaltig zu prägen. Die Mehrheit beklagte, daß sie schutzlos einer undurchschauten und daher unbegriffenen Ökonomie ausgeliefert und um ihre Existenz gebracht worden war. Zwischen den Unternehmern und den unzünftigen, proletarisierten Arbeitern fühlten sie sich heimatlos, ohne einen gesicherten Ort in der industriellen Gesellschaft. Hatte man sich doch immer abgesetzt von unzünftigen Arbeitern und die Berufsehre mit der Zugehörigkeit zur Zunft verbunden und hochgehalten, sah man sich plötzlich in der Gefahr, in ein verachtetes soziales Niemandsland abzusinken und beruflich wie sozial deklassiert zu sein. Jene unter ihnen, die ihre Situation hellsichtig erkannten, die „intelligenten Entwurzelten", bei denen sich „politische Aufklärung mit sozialer Desperation" verbanden, fanden

wohl zu politischer Praxis und waren auch Träger der Revolution von
1848 gewesen.[32] Verbreitet und folgenreich war diese Haltung durchaus.
Für diejenigen, deren politisches Bewußtsein geschärft war, fand sich in
der entstehenden Arbeiterbewegung ein neues Selbstgefühl und die
Basis einer offensiven politischen Praxis. Für die anderen, die Mehrheit
wohl, waren der verlorene Schutz ihrer Existenz, die schwierige Einübung in einen Individualismus, der ihnen fremd war, die Last der Einsamkeit drückend. Hier war der Nährboden für eine Mittelstandsideo-
logie, die sich, obgleich defensiv eingestellt, immer wieder zu Wort
meldete und die Entwicklung der deutschen Gesellschaft gefährlich
belastete. Die Unangepaßtheit dieser sozialen Gruppe machte aus ihr
nicht gerade die Protagonistin eines neuen Lebensstils. Andererseits war
die Rückwärtsgewandtheit ihres Denkens, die Verklärung der vorindustriellen Welt, ein Moment der Beharrung, in dem sich Lebensgewohnheiten strukturell verdichteten, die unterhalb eines expliziten modernen
Lebensstils weiterhin wirksam blieben.

Für die Ausbreitung des spezifisch modernen Lebensstils waren die
Gruppen des Bürgertums wesentlich, die sich als Bildungsbürgertum
oder als Bourgeoisie formierten. Eine Voraussetzung ihres Erfolgs war
die Fähigkeit, als Einzelpersonen zu agieren und Einfluß auszuüben.[33]
Dazu war es nötig, sich selbst als Individuum zu akzeptieren und die
darin liegende Vereinzelung auszuhalten und die persönliche Unabhängigkeit als Chance zur Selbstverwirklichung zu begreifen.

Die Möglichkeit dazu schuf die neue bürgerliche Gesellschaft, die
auf dem Prinzip von Arbeit und Konkurrenz beruhte. Sie riß die Individuen aus der Geborgenheit des „ganzen Hauses", in dem sie geschützt,
aber zugleich auch gebunden waren, und anerkannte sie als selbständige Personen.[34] Immer hat Freisetzung diesen zweifachen Aspekt: Verlust an Schutz und Geborgenheit einerseits und das Wagnis der Unabhängigkeit. Der Bourgeoisie ist es weitgehend gelungen, die Chancen
auszunutzen, die ihr in der bürgerlichen Gesellschaft geboten wurden.

In sozialer Hinsicht definierten sich diese Bürger als oberer Mittelstand in Abgrenzung zu Ober- und Unterschicht. Dennoch waren die
Übergänge fließend, und es fällt schwer, die innere Differenzierung dieses Mittelstandes genau zu entschlüsseln und die Kriterien der Zugehörigkeit zu ihm jeweils exakt zu bestimmen. Was diese Bürger verband,
war ein gewisser Wohlstand als Grundlage einer gesicherten materiellen
Existenz. In ihrer beruflichen Tätigkeit unterschieden sich diese Unternehmer, Geschäftsleute, Haus- und Grundbesitzer von Angehörigen
freier Berufe und den höheren Beamten.[35]

Ihre Abgrenzung zur aristokratischen Oberschicht war durch juristi-
sche Bestimmungen und durch Herkommen geregelt. Sie ging in der

zweiten Hälfte des 19. Jahrhunderts sowohl von einem spezifisch bürgerlichen Selbstverständnis aus, das sich gegen die normsetzende Kraft des Adels behauptete, als auch von diesem Adel selbst. Dieser betonte seine Exklusivität umso mehr, als er bestrebt sein mußte, sich gegen ein expansives Bürgertum abzuschirmen, dessen zunehmende wirtschaftliche Bedeutung soziale Prämierung und politischen Einfluß forderte. Gab es Industrielle, die auf eine standesgemäße, nämlich bürgerliche Lebensführung Wert legten, neigte doch bald mancher Bürgerliche dazu, den aristokratischen Lebensstil nachzuahmen. Da es dem Bürgertum in Deutschland nicht gelang, den gesellschaftlichen Status des Adels zu erreichen, wich es gleichsam kompensatorisch in die Imitation seiner Lebensweise aus. Die Wohnkultur etwa – die schloßartigen Anlagen, die Krupp und andere Industrielle als Wohnhäuser für ihre Familien einrichteten – ist ein Beleg für eine „Feudalisierung" des Bürgertums, das sich an den Normen des Adels orientierte und seine Lebensart nachahmte, ohne eigenständige Lebensformen zu entwickeln und selber in die Gesellschaft hinein stilbildend zu wirken. Von daher ist es problematisch, diese Bourgeoisie, die den wirtschaftlichen Expansionsprozeß vorantreibt und der eigentliche Träger der Entwicklung ist, ohne Einschränkung als führenden Vertreter des modernen Lebensstils anzusehen. Und dennoch ist die Entwicklung des modernen Lebensstils ohne sie nicht zu denken.

Die Abgrenzung des bürgerlichen Mittelstandes zu den Unterschichten war, besonders auch in ökonomischer Hinsicht, sehr deutlich akzentuiert. An seinem unteren Rand duldete er den selbständigen Handwerksmeister und kleinen Ladenbesitzer, die bei günstigem Konjunkturverlauf und Fleiß in die bürgerliche Gesellschaft aufzusteigen hofften. Die bürgerliche liberale Ideologie von der Kraft des Tüchtigen war dazu geeignet, die Grenzen zumindest zum unteren Mittelstand hin zu öffnen. So lange die wirtschaftliche Entwicklung die euphorische Überzeugung vom unaufhaltsamen Wachstum zu bestätigen schien, bedeutete Fortschritt auch die Integration von immer mehr Tüchtigen in die bürgerliche Gesellschaft. Die Politik des Zensuswahlrechts, an der die Liberalen trotz des Widerspruchs zu ihrem Ideal der Staatsbürgergesellschaft festhielten, wurde mit der Überzeugung begründet, daß mit dem unaufhaltsamen Fortschritt der Wohlstand immer breiterer Bevölkerungsgruppen und damit auch die Zahl der aktiven Staatsbürger zunehme, bis sich das Problem mangelnder Partizipation von selbst aufhebe. Auf dieser ideologischen Grundlage wurde der Untüchtige, Leistungsschwache zur Unperson, der moralischer Verurteilung anheimfiel und nur als Objekt bürgerlicher Fürsorge Beachtung fand.

Derart abgegrenzt von der aristokratischen Oberschicht und den proletarisierten städtischen und ländlichen Unterschichten konnte das wirtschaftlich erfolgreiche Bürgertum zur prägenden Kraft der sozioökonomischen Entwicklung werden und hätte damit zugleich einen spezifischen Lebensstil ausbilden können. Gerade aber zu der Zeit, als es dazu in der Lage gewesen wäre – in den beiden letzten Jahrzehnten des 19. Jahrhunderts – zerfiel es als homogene Schicht: eine Konsequenz ökonomischer und damit auch sozialer Veränderungen. Die zweite Phase der Industrialisierung mit ihren technologischen Innovationen und neuen Industrien begünstigte die Bildung von Großkonzernen und führte zu einer Konzentration wirtschaftlicher Macht. In sozialer Hinsicht bedeutete diese Entwicklung die Aufspaltung des Bürgertums in eine kleine Gruppe von Großunternehmern und die breite Schicht des bürgerlichen Mittelstandes, der sich seinerseits in seiner Binnenstruktur differenzierte und nach seinem Selbstverständnis, seiner sozialen Einschätzung und seiner Zukunftserwartung unterschied. Unter diesen Gruppierungen, zu denen Beamte, Kaufleute, Handwerker gehörten, ragten die Angestellten als eine Schicht heraus, die erst mit der Hochindustrialisierung entstanden war und sich im Zuge der Bürokratisierung und Kommerzialisierung vermehrt hatte. Die Angestellten, als Kaufleute und Techniker, als Aufsichts- und Büropersonal in Industrie und im Bergbau, in der Verwaltung und bei Freiberuflern tätig, bildeten selbst wieder keine homogene Schicht, sondern unterschieden sich in ihrer Tätigkeit, nach ihrer Funktion, ihrer Bildung und ihrem Einkommen wie in ihrer rechtlichen Situation. Mit den mittleren und unteren Schichten der öffentlichen Beamtenschaft bildeten sie den „neuen Mittelstand", ein Begriff, der sich zunehmend im allgemeinen Sprachgebrauch durchsetzte.[36] Wenn das Großbürgertum dazu neigte, „adlige" Lebensformen aufzunehmen und ihnen zu folgen und daher weniger geneigt war, der Entstehung neuer, der historischen Entwicklung gemäßere Lebensweisen zu entwickeln, spricht vieles dafür, daß – zumindest im 20. Jahrhundert – der „neue Mittelstand", erweitert um vergleichbare, nicht eindeutig zuzuordnende Gruppen aus dem ehemaligen Bildungsbürgertum, Intellektuelle und Künstler, für die Ausprägung des zeitgemäßen Lebensstils verantwortlich gewesen ist. Eine genauere Untersuchung in den einzelnen Sektoren, in denen Lebensstil deutlich wird, muß freilich diese Hypothese überprüfen. Für den Bereich der Mode und ihrer Ausbreitung in der Gesellschaft jedenfalls hat René König diesen Beweis zu führen versucht. „Früher waren die Oberklassen immer die Pioniere und Vorläufer der Mode. Sie waren die ersten, die sie aufgriffen und auch die ersten, die sie ablegten. Das hat sich total verändert. Das Bedürfnis nach Neuheiten macht sich heute vor allem im Zentrum der Mittelklassen bemerkbar. Von da aus strahlen die Einflüsse in zwei entgegengesetzte Richtungen, nach oben und nach unten, d. h. daß vielleicht noch immer die leichte Phasenverschiebung in der Mode besteht, nur hat sie sich neuerlich verlagert. Heute sind es vor allem die Oberklassen, die den Mittelklassen mit einer gewissen Reserve und einer gewissen Verspätung folgen. Die Unterklassen warten manchmal auch eine gewisse Zeit, bis sie sich an die allgemeine Bewegung anpassen ..."[37]

Der Tendenz des neuen Mittelstandes, sich nicht nur gegen die proletarisierten Unterschichten, sondern auch gegen die Arbeiterschaft abzugrenzen – dies war ein einheitlicher Zug dieser im übrigen uneinheitlichen Schicht –, hat in Bereichen der Arbeiterschaft als Äquivalent die Eigenständigkeit gefördert. Zwar gab es unter Arbeitern auch Aufstiegshoffnungen, die eine Angleichung an die Orientierungsmuster des Mittelstandes begünstigten. Für die Mehrheit der organisierten und klassenbewußten Arbeiterschaft galt das jedoch nicht: Sie bildeten einen eigenen Lebensstil aus, der sich im Lebensentwurf, in Karriereerwartung und Konsumverhalten von dem die Gesellschaft dominierenden unterschied. Wenn wir vom modernen Lebensstil sprechen, so müssen wir bis weit ins 20. Jahrhundert hinein im Auge behalten, daß darunter vorindustrielle, agrarisch handwerkliche Lebensformen fortdauern und Elemente der Volkskultur und spezifische Weisen der Arbeiterkultur wirksam sind, die kaum in die noch weitgehend bürgerliche Gesellschaft ausstrahlen und von daher keine Chance haben, zur dominierenden Form der Lebensführung dieser Epoche zu werden.

Waren also neben einem vorherrschenden, „modernen", vor allem vom Mittelstand ausgehenden Lebensstil noch andere Weisen der Lebensführung vorhanden, wurde die Tendenz zur Auflösung eines einheitlichen Lebensstils und zur Diffusion von Lebensstilen im Laufe des 20. Jahrhunderts evident. War diese Tendenz in den berühmten 20er Jahren des Jahrhunderts offenkundig geworden, in denen Intellektuelle und Künstler die Auflösung des Realismus als Kunstform auch ostentativ in der Lebensform ausdrückten, so wurde sie durch die offizielle Reglementierung eines einheitlichen Lebensstils während des Nationalsozialismus nurmehr überdeckt. Die zunächst von Ralf Dahrendorf vertretene und dann von David Schoenbaum entwickelte These,[38] die nationalsozialistische Herrschaft habe trotz ihrer rückwärts gewandten Ideologie eine Modernisierung Deutschlands herbeigeführt, ist zwar nicht unbestritten geblieben,[39] unbestreitbar ist aber, „daß der Nationalsozialismus einer unter den deutschen Bedingungen besonders tiefgreifenden Modernisierungskrise entsprang und nur vor ihrem Hintergrund seine spezifische politische Dynamik entwickeln konnte."[40]

Das totalitäre Regime des Dritten Reiches mit seiner verordneten Weltanschauung ließ keinen Raum für eine Entwicklung vielfältiger Lebensformen. Erst die Katastrophe des Zweiten Weltkriegs und der ersten Nachkriegsjahre hat die Residuen einer vormodernen Welt und Bewußtseinshaltung hinweggeräumt. Das pluralistische politische System, das sich in der Bundesrepublik durchsetzte, war nur mehr eine Rahmenbedingung, unter der sich vielfältige Lebensweisen ausbilden konnten, nicht mehr eine Instanz, die einen einheitlichen Lebensstil einforderte und sanktionierte. Der Staat hat weitgehend seine das Leben der Bürger normierende Funktion eingebüßt. Wenn auch die Gesetze eine solche Bedeutung haben, wirkt doch die Notwendigkeit für die politischen Parteien, die Zustimmung der Wahlbürger zu erhalten, mäßigend auf eine Gesetzgebungspraxis zurück, die vermeidet, den Konflikt mit den in der Gesellschaft dominanten Wertvorstellungen zu suchen. Das ist deutlich bei den Fragen zu beobachten, die das Privatleben der Bürger in besonderem Maße berühren. Selbst konservative Regierungen zögern daher, Normen der Ehe- und Sexualmoral durchzusetzen, die der Wirklichkeit des gelebten Lebens der großen Mehrheit der Bürger widersprechen. Dieses Verhalten des Staates ist Ausdruck eines Bewußtseinswandels, der sich in Deutschland ebenso wie in vergleichbaren Industriegesellschaften in den letzten 50 Jahren vollzogen hat und der mit einer tiefgreifenden Veränderung tragender Wertvorstellungen einherging. Nicht nur der Staat hat seine Legitimationsprobleme, da es „keine administrative Erzeugung von Sinn" geben kann.[41] Auch andere Institutionen wie etwa die Kirchen, die jahrhundertelang die Sinnfrage zu lösen schienen, haben an normgebender und wertorientierender Kraft eingebüßt. Der Prozeß der Säkularisierung ist zu einem Ende gekommen, die Autonomie des Individuums, von der Aufklärung des 18. Jahrhunderts proklamiert, scheint sich in der Praxis weitgehend durchgesetzt zu haben, und dies zu einem Zeitpunkt, in der die Aufklärung als Prinzip der Moderne aus der Perspektive einer „Postmoderne" heftig kritisiert wird.[42]

Die stärkere Individualisierung der persönlichen Entscheidung hat auch zu einer Vielfalt von Lebensstilen geführt, gemäß der Verschiedenheit der Wertvorstellungen, auf die sich die Menschen beziehen, wenn auch der Betrachter diese Vielfalt von Lebensstilen zu einigen dominanten Tendenzen bündeln kann. Diese Entwicklung freilich ist nicht allein auf mentale Faktoren zurückzuführen, sondern kann nur innerhalb eines gesellschaftlichen Prozesses gedeutet werden und muß in Beziehung gesetzt werden zu Veränderungen innerhalb der Industriegesellschaft selbst. Diese werden als so erheblich angesehen, daß man zu einer eigenen Epochenbestimmung seine Zuflucht nimmt und die gegenwärtige

Gesellschaft als „nachindustrielle Gesellschaft" bezeichnet hat.[43] Daniel Bell hat diesem Begriff drei Komponenten zugeschrieben: „auf wirtschaftlichem Gebiet, die Verlagerung von der Güterproduktion auf Dienstleistungen; in der Technologie, die zentrale Stellung der neuen, wissenschaftlich fundierten Industrien; und im soziologischen Bereich die Entstehung neuer technischer Eliten und eines neuen Schichtungsprinzips."[44] Diese Entwicklung zu einer Dienstleistungsgesellschaft ist noch nicht abgeschlossen, die Schaffung neuer Industrien auf der Basis einer hochentwickelten Technologie, die bezeichnenderweise in den Landschaften Deutschlands stattfindet, die von der ersten Industrialisierung nahezu unberührt geblieben waren, kann die Krise der hergebrachten Industriegesellschaft nicht verdecken. Das bezeugt nicht allein der Niedergang der alten Industrien, die zu den Pionieren der entstehenden Industrialisierung gehört haben: der Stahlindustrie und des Bergbaus; die Ideologie des ungehemmten wirtschaftlichen Wachstums, die von jeher mit der kapitalistischen Wirtschaftsordnung verbunden war, wurde von der ökologischen Krise, der Gefährdung der Natur und der materiellen Ressourcen, die das Überleben der Menschheit sichern, ad absurdum geführt. Die gravierende Arbeitslosigkeit, die die Krise der Industriegesellschaft dokumentiert, hat zudem zu einer Veränderung des Lebensstils einer großen Anzahl arbeitsloser Menschen geführt, die, in ihren Zukunftserwartungen getäuscht, ihr Konsumverhalten ändern mußten.

Noch läßt sich nicht voraussagen, welche Auswirkungen die Veränderungen des von der neuen Technologie bestimmten Arbeitsstils auf die Menschen und ihre Lebensführung haben werden. Die Arbeit am Bildschirm könnte eine Vereinzelung des einzelnen Arbeitenden mit sich bringen, zumal eine Verlagerung der Arbeitsorganisation auf Heimarbeit nicht ausgeschlossen ist. Die schwere und gefahrvolle Arbeit in der alten Industrie hatte eine gewisse Solidarität unter den Arbeitern notwendig gemacht. Die neue Arbeitsstruktur könnte eine Veränderung dieses Kommunikationsstils zur Folge haben, die auf die Gesellschaft nicht ohne Auswirkung bliebe.

Freilich lassen sich die Folgen einer Entwicklung, die wir jetzt erst in Umrissen wahrnehmen, noch nicht abschätzen. Vielleicht lassen sich konkrete Vorstellungen bei der Untersuchung der einzelnen Elemente des Lebensstils entwerfen.

2. Kulturelle Normen, Orientierungen, Verhaltensformen 1800–1985

Wenn auch politische, ökonomische und soziale Existenzbedingungen
den Lebensstil einer Gesellschaft bestimmen, läßt er sich doch nicht
allein als eine bloße Ableitung aus solchen Bedingungen erklären. Er ist
immer Ausdruck bestimmter persönlicher Wertvorstellungen und kultureller Normen, die sich im Rahmen einer bestimmten Gesellschaft
herausbilden. Dabei werden Orientierungen weitgehend von kulturellen
Normen bestimmt. Dem Wandel dieser Normen und ihrer Orientierungskraft für die Lebensgestaltung der Menschen zwischen 1800 und
der Gegenwart soll nun in diesem Kapitel nachgegangen werden.

Am Beginn dieser Epoche steht die berühmte Definition Kants in seiner Beantwortung der Frage aus der Berlinischen Monatsschrift von
1783: „Was ist Aufklärung?" „AUFKLÄRUNG ist der Ausgang des
Menschen aus seiner selbstverschuldeten Unmündigkeit. Unmündigkeit
ist das Unvermögen, sich seines Verstandes ohne Leitung eines anderen
zu bedienen. Selbstverschuldet ist diese Unmündigkeit, wenn die Ursache derselben nicht im Mangel des Verstandes, sondern der Entschlie-
ßung und des Muthes liegt, sich seiner ohne Leitung eines anderen zu
bedienen. Sapere aude, Habe Muth, dich deines eigenen Verstandes zu
bedienen! ist also der Wahlspruch der Aufklärung."[1]

Dieses Programm leitete die deutsche Moderne ein. Es meinte die
Absage an die blinde Befolgung vorgeschriebener und nicht überprüfter
Handlungsregeln, bedeutete letztlich die Auflösung geschlossener Welt-
bilder und setzte den Menschen frei zu selbstgewähltem, von der Ver-
nunft bestimmtem Handeln. Es ließ sich als Begründung für eine freie
Wahl von Lebensstilen verstehen. Freilich hat dieses Programm eine
Entwicklung angestoßen, die in der Gegenwart erst zu einem vorläufigen Abschluß gelangt ist. Denn dieses Programm war anspruchsvoll:
Die individuelle Autonomie, die es verkündete, mehr noch: die es vom
Menschen als Vernunftwesen forderte, war ohne ein hohes Maß von
Einsamkeit nicht zu verwirklichen, bedeutete sie doch nicht allein persönliche Entscheidungsfreiheit, sondern auch den Verlust an Bindungen,
die die Menschen mit einer gewissen Einengung doch auch getragen
und gehalten hatten. Die Schwierigkeiten mit der philosophisch begrün-
deten, aber lebenspraktisch schwer durchzuhaltenden Autonomie des
Individuums – das Dilemma zwischen einsamer Selbstbestimmung und
entlastender Geborgenheit in traditionellen Ordnungen – sind an der
wechselnden Bedeutung der Religion und ihrer Orientierungskraft für
die Lebenspraxis der Menschen abzulesen. Während der Säkularisie-
rungsprozeß als universale Erscheinung sozusagen unterschwellig die

Epoche bestimmt, treten seine Folgen eher unmerklich auf. Mochte auch die Aufklärungsphilosophie zunächst nicht ohne Einfluß auf Denkweisen und Überzeugungen des Bildungsbürgertums gewesen sein, so ist doch, beginnend mit der Rückwendung der Romantik ins Mittelalter und möglicherweise durch die krisenhaften Entwicklungen der Industriegesellschaft unterstützt, während des 19. Jahrhunderts die religiöse Bindung, vor allem des Bürgertums, unbestritten. Sie verliert erst in der zweiten Hälfte des 20. Jahrhunderts an Orientierungsbedeutung für eine immer größere Zahl von Menschen. Erst jetzt scheint die Säkularisierung tatsächlich eine allgemeine Erscheinung geworden zu sein. Sie entspricht der Erfahrung, daß geschlossene Weltdeutungen an Überzeugungskraft eingebüßt haben, und bestätigt die Entwicklung, in der Menschen Orientierungsmuster, Handlungsnormen, wie auch Lebensstile frei auswählen.

Die Position des Individualismus, in der Definition der Aufklärung begründet und seit den 60er Jahren des 20. Jahrhunderts weit verbreitet, hat sich im 19. Jahrhundert vor allem in der Form einer spezifisch bürgerlichen Leistungsethik durchgesetzt, die die kapitalistische Arbeitsorganisation und als ihre Konsequenz die Industriegesellschaft hervorbrachte. Betrachtet man das 19. Jahrhundert insgesamt unter dem leitenden Gesichtspunkt vorfindbarer Lebensstile, erscheint es viel einheitlicher, als es dem Individualismus entsprochen hätte, wie er zu Beginn formuliert worden war. Der vorherrschende Lebensstil ist bürgerlich und städtisch. Er wird weitgehend durch die Anpassung an bürgerliche Normen, deren Einhaltung durch soziale Kontrolle gesichert wird, durchgesetzt. Was das im einzelnen bedeutet, ist noch zu klären. Bei dem Versuch, die Vielfalt der Aspekte und Befunde zu einer Gesamtansicht zu bündeln und die Entwicklungslinien über den Zeitraum von 1800 bis zur Gegenwart nachzuzeichnen, zeigen sich sehr lange dauernde, bis weit ins 20. Jahrhundert hineinreichende Einstellungen. Ihre Analyse zeigt eine bemerkenswerte Dichotomie als Besonderheit der mentalen Disposition in dieser Epoche: Der Fortschrittsoptimismus und die Euphorie im Bewußtsein eines ungehemmten und nicht endenden ökonomischen Wachstums, begleitet von dem expansiven Ausgreifen der Europäer in neue Räume und ihre Aneignung der Welt sind in den Wertorientierungen und Verhaltensweisen der Menschen begleitet gewesen von einem deutlichen Rückzug aus dieser Welt in die Beschaulichkeit der privaten Innenwelt. Dieser auffallende Zug der Abwendung von außen nach innen, die Flucht in die Intimität bürgerlichen und familiären Lebens tritt nicht erst in den 70er Jahren des 19. Jahrhunderts auf, als die Wirtschaftskrise der „großen Depression" die optimistischen Hoffnungen dämpfte und erschütterte; – sie ist bereits zu Beginn der Epoche angelegt. Die Welt des Biedermeier erscheint geradezu als Beschreibung der Einstellungen und Werthaltungen, von denen hier die Rede ist. Diese Welt jedoch, die später weithin als friedliches Idyll rezipiert wurde, verdeckte nur oberflächlich die Erschütterungen, die sich in ihrem Inneren vorbereiteten.[2] Es waren Erschütterungen, die vom Modernisierungsprozeß ausgingen und von den Menschen als Bedrohung ihrer Welt empfunden wurden. Eine Lebensordnung, deren dauerhafte Geltung als selbstverständlich angenommen worden war, weil sie offenbar seit jeher bestanden hatte, schien in Frage gestellt und in ihrer Existenz bedroht. Eine verlorene Welt ... Der Schmerz über den Verlust des Vertrauten und die Furcht vor dem Unbekannten waren gleichermaßen wirksam. Andererseits war die Idylle gestört, unbrauchbar, bedrückend. Man litt unter ihrer dumpfen Enge und sann auf Flucht.

Die Geschichte des 19. Jahrhunderts ist in diesem Sinne eine Geschichte von Fluchtbewegungen. Man verläßt das Land, das keine Heimat mehr bietet. Politische Verfolgung der radikalen und demokratisch gesinnten Studenten, die Niederlage der Revolution von 1848 waren Erfahrungen politischer Ohnmacht, die die Auswanderung als einzige Lösung erscheinen ließen. Das „Auswanderungslied" von August Heinrich Hoffmann von Fallersleben gibt ihre schmerzvollen Gefühle und ihre Hoffnungen wieder.

Auswanderungslied
9. Oktober 1846

Unsere Fürsten hatten viel versprochen,
Doch das Halten schien nicht ihre Pflicht.
Haben *wir* denn nun so viel verbrochen,
Daß *sie* hielten ihr Versprechen nicht?

Schlimmer wird es jetzt von Tag zu Tage,
Schweigen ist nur unser einzig Recht:
Untertanen ziemet keine Klage,
Und gehorchen muß dem Herrn der Knecht.

Unsre Brüder werden ausgewiesen,
Mehr als alles Recht gilt Polizei.
Heute trifft es jenen, morgen diesen,
Jeder, jeder Deutsch' ist vogelfrei.

Deutsche Freiheit lebet nur im Liede,
Deutsches Recht es ist ein Märchen nur,

Deutschlands Wohlfahrt ist ein langer Friede –
Voll von lauter Willkür und Zensur.

Darum ziehn wir aus dem Vaterlande,
Kehren nun und nimmermehr zurück,
Suchen Freiheit uns am fremden Strande –
Freiheit ist nur Leben, ist nur Glück.[3]

Aber nicht allein politische Gründe waren für den Entschluß zur Auswanderung entscheidend. Viele Bauernsöhne und Handwerksgesellen
sahen in Amerika die Möglichkeiten einer neuen lebenswerten Existenz.
Wenn auch eher die wagemutigen unter ihnen zu einer solchen Entscheidung bereit waren, so schien Amerika auch anderen Unzufriede-
nen den Traum eines neuen Lebens vorzuspiegeln, auch wenn sie eher
ängstlich zurückfragten, ob dieser Traum auch der Wirklichkeit entsprach: „ich wollte mir wohl auch wünschen, bei dir zu sein, wenn ich
nur wüßte, ob ich dort mehr erhalte als hier, daß ich das Brot dort geru-
higer essen kann als hier, dann wollte ich alles verlassen und wollte dir
nachkommen. Darüber schreibe mir diesen wieder, lieber Bruder ...“[4]
War die Auswanderung auch die radikale Entscheidung zur Flucht, war
sie dennoch kein bestimmendes Zeichen der Epoche, blieb sie doch trotz
der wachsenden Zahl der Emigranten in den 50er Jahren auf eine Minderheit beschränkt. Trotzdem waren Fluchtgedanken ein beherrschendes
Moment im Bewußtsein der Zeitgenossen. Diese Gedanken freilich führten zu subtileren Formen des Rückzugs aus der gegebenen Welt.

„Die bürgerlichen Fluchtbewegungen des 19. Jahrhunderts sind ein
wichtiger Indikator des Ausmaßes subjektiven Leidens an der sich
modernisierenden Gesellschaft. Sie betrifft besonders jene Gruppen, die
die Träger dieses Modernisierungsprozesses sind.“[5] Diese Fluchtbewegungen nahmen verschiedene Ausdrucksformen an. Der drängende
Wunsch, aus der Enge des beschränkten Daseins zu entfliehen, wird als
ein Fernweh besungen, das sich bisweilen nur gedanklich vollzieht.
Goethe gibt diesen unklaren Gefühlen der Sehnsucht eine sprachliche
Gestalt in den berühmten Versen:

„Kennst du das Land, wo die Zitronen blühn,
Im dunkeln Laub die Goldorangen glühn,
Ein sanfter Wind vom blauen Himmel weht,
Die Myrte still und hoch der Lorbeer steht,
Kennst du es wohl?
Dahin! Dahin
Möcht ich mit dir, o mein Geliebter ziehn.“[6]

Italien war ein frühes Land der Sehnsucht, ein bevorzugtes Ziel bürgerlicher Bildungsreisen. Im verfallenen Griechenland unter osmanischer
Herrschaft suchte die philhellenische Begeisterung nach Spuren der ein-
stigen antiken Größe. Die Orientbegeisterung lockte zu neuen Zielen.
Reisen in ferne Länder sollten die Enge der heimatlichen Region sprengen und die Welt zu neuen Erfahrungsräumen öffnen.

   Aber nicht allein ferne Länder waren es, nach denen sich die an ihrer
Welt leidenden Menschen sehnten, ihre Fluchtträume bewegten sich
auch in der Zeit. Der Rückzug in die Vergangenheit hatte freilich eine
doppelte Bedeutung: Er konnte eine Abwendung von der heillosen
Gegenwart sein, um sich an der Vorstellung der noch nicht gespaltenen
Vergangenheit als Gegenwelt ästhetisch zu berauschen: In dieser Weise
hatte die Geschichte einen hohen Stellenwert im Bildungsbürgertum,
das in den vielen Neugründungen historischer Vereine ein vorwiegend
ästhetisches Interesse befriedigte. Die intensive Zuwendung zur Vergangenheit geschah aber auch in der Absicht, durch eine präzise Rekonstruktion vergangener Erfahrungen auf die eigene Gegenwart bildend
zu wirken. Die Geschichtsschreibung realisiert diese Aufgabe, indem sie
„das Erforschte in dem Gedanken der großen geschichtlichen Kontinuität (faßt), nach seiner für die Gegenwart lehrhaften Bedeutung".[7] Der
Bürger, der sich an und durch Geschichte bildet, tut dies, indem er sich
in die Bewegung der historischen Entwicklung hineinnehmen läßt. Der
Historiker erleichtert ihm diese Versenkung durch eine Geschichtsdar-
stellung, die vergangenes Leben vergegenwärtigt, der Leser findet in
diesem geistigen Akt seinen Ort in der großen historischen Kontinuität.

   Lassen sich die Etablierung und Durchsetzung der Geschichtswissenschaft als akademische Disziplin und ihre dominierende öffentliche
Wirksamkeit auch nicht als bloße Fluchtbewegung deuten, da sie ihre
Gegenwartsbedeutung stets betont hat, ist der Historismus als Geistes-
haltung und Stilprinzip symptomatisch für den rückwärts gewandten
Geist der Epoche, und in dieser Hinsicht hat er stilbildend gewirkt. Das
zeigt sich besonders eindeutig in der Architektur. Sie begegnet der Herausforderung der Industrialisierung nicht durch die Erfindung und
Durchsetzung autochthoner Gestaltungsformen. Sie nimmt das umwälzend Neue der technisch-ökonomischen Entwicklung nicht produktiv
in den eigenen Schaffensprozeß auf. Ganz im Gegenteil: Man weicht in
eine Collage unterschiedlicher Stilmittel aus und gefällt sich in einem
merkwürdigen Historismus, in dem man, ganz unhistorisch, vergangene
Baustile, ungeachtet ihres Entwicklungszusammenhangs, in einem einzigen Bauwerk miteinander verbindet. So entstehen Zweckbauten wie
Bahnhöfe, Markthallen oder Fabrikgebäude als Zitate einer Vergangen-

heit, die ihre Verwendung noch gar nicht kannte. Die Trennung der prunkvollen historisierenden Außenansicht von der Funktion des Gebäudes selbst läßt die Gestaltung oft seltsam leer und hohl erscheinen. Statt die Herausforderung der Gegenwart anzunehmen, floh man in eine Vergangenheit, die doch die Antworten für diese Gegenwart nicht geben konnte. „Deshalb hat die historistisch gewordene Architektur auch der Eigendynamik des Wirtschaftswachstums, der Mobilisierung der großstädtischen Lebensverhältnisse, dem sozialen Elend der Massen nicht viel mehr entgegenzusetzen, als die Flucht in den Triumph von Geist und Bildung über die (verkleideten) materiellen Grundlagen".[8]

Die Flucht in eine, von der alltäglichen Lebenswelt abgehobene, scheinbar allein geistbestimmte Bildungswelt verdeckte die realen Klassenantagonismen der Industriegesellschaft. In der harmonischen Welt des Geistes schien versöhnt, was in der brutalen Wirklichkeit ganz unversöhnt war. Es schien so, als sei eine ehemals heile Welt durch den Einbruch der Industrie zerstört worden. Aus diesem Grunde wurde die Industrie als etwas Fremdes stigmatisiert und von der Kunst scharf getrennt. Die Flucht in die historistische Verkleidung erhält in diesem Kontext eine weitere Erklärung: „Die Freude an der historischen Kostümierung gründet auch in den Spannungen zwischen einer verspäteten, sich aber ungemein rasch vollziehenden Industrialisierung und einer vorindustriell geprägten psychischen Disposition."[9] Daher zog man auch die handwerklich gestalteten Gebrauchsgegenstände industriell gefertigten Produkten vor, die zudem mit dem Odium des billigen Massenartikels belastet waren. Die Konsumorientierungen gerade derjenigen bürgerlichen Schichten, die den modernen Lebensstil repräsentieren und dominieren, sind bis weit ins 20. Jahrhundert hinein von derartigen vorindustriellen Einstellungen bestimmt gewesen und sind es in ihrer elitären Avantgarde in der Gegenwart immer noch oder aufs neue.

Die auf Verschleierung einer unerwünschten und nicht aufgearbeiteten, dichotomisch zerrissenen gesellschaftlichen Wirklichkeit zielende psychische Disposition zeigte sich auch in anderen Formen: in einer Flucht in Scheinwelten der Maskerade, des Theaters, des Festtrubels. War die Maskerade schon von ihrer ursprünglichen Bedeutung her auf die Inszenierung von Gegenwelten angelegt, so lag in ihr doch auch ein spielerischer Umgang mit der Wirklichkeit, die gerade durch ästhetische Verkehrung ihren Schrecken verlieren konnte. Zugleich aber bot sie dem Bedürfnis nach Flucht aus bedrängender Realität eine althergebrachte Form und einen symbolischen Ausdruck. In gleicher Weise hatte die Vorliebe für Feste auch eine psychosoziale Bedeutung, konnte sie doch als Entlastung von Leidensdruck erfahren werden. Daneben waren Feste Ausdruck von Geselligkeit, die sich vielfältige Formen sucht. Schon im 18. Jahrhundert, mit der Entstehung der Moderne, ist der Zug zur Bildung von Gesellschaften unübersehbar. Auf die Förderung des Gemeinwohls gerichtete Patriotische Gesellschaften,[10] landwirtschaftliche Gesellschaften oder auch Lesegesellschaften eröffneten der bürgerlichen Tätigkeit Raum und neue Ausdrucksformen.[11] In ihrer Frühzeit sind diese Gesellschaften, unabhängig von ihrem inhaltlichen Gründungszweck, von politischer Bedeutung, denn in diesen im Grunde vorpolitischen Formen übt ein von der Teilhabe an der Herrschaft ausgeschlossenes Bürgertum politische Praxis ein. Die in der ständischen Gesellschaft vorgegebenen Zuordnungen eines jeden waren in vielen dieser Gesellschaften aufgehoben oder hatten zumindest ihre praktische Relevanz verloren. Die meisten Lesegesellschaften gaben sich eine Satzung, nach der jedes Mitglied gleichberechtigt an allen Entscheidungen der Gesellschaft mitwirkte. Solche Umgangsformen waren in der politischen Gesellschaft des alten Reiches ungewöhnlich und antizipierten in ihren demokratischen Modalitäten eine politische Ordnung, deren Realisierungschancen noch ganz ungewiß waren.[12]

Dieser politische Impetus ging in den Vereinsbildungen des 19. Jahrhunderts weitgehend verloren, aber der Wunsch nach Geselligkeit blieb unvermindert und prägte das Freizeitverhalten des Bürgertums und der entstehenden Arbeiterschaft. Wenn wir die Gestaltung der Freizeit, in der sich Lebensstile besonders signifikant äußern, auch noch genauer untersuchen müssen, kann doch bereits in dieser ersten Annäherung für das Bürgertum des 19. Jahrhunderts eine eher ästhetisch bestimmte Gestaltung seiner Freizeit festgestellt werden. Man bevorzugt Vereine, die sich mit Geist und Bildung beschäftigen und aus dieser Verbindung ein besonderes Prestige ableiten. Auch hier, wie schon in ihren kulturellen Objektivationen, gelingt es diesem Bürgertum am ehesten, sich über Kategorien von Geist und Bildung zu verständigen und in einer so verstandenen geistbestimmten Existenz ihren Platz zu finden. Am Ende des Jahrhunderts hat freilich ein allgemeines Krisenbewußtsein die Tendenz zur Ästhetisierung noch verstärkt und aufs neue Scheinwelten inszeniert, die ihre Herkunft aus der politisch-gesellschaftlichen Wirklichkeit des 19. Jahrhunderts kaum noch verrieten.[13]

Die Neigung zur Dekadenz, die sich im Fin de siècle spiegelt, die Spaltung in eine hochmütig verworfene gesunde Normalität und eine geadelte, gebrochene, übersteigerte Sensitivität, wie sie – beispielhaft für ein Zeitgefühl – Thomas Mann in seinen frühen Werken darstellte, kann den Blick darauf verstellen, daß bereits am Beginn der bürgerlichen Epoche am Ende des 18. Jahrhunderts die Flucht in die Melancholie ein verbreitetes, beherrschendes Krankheitssymptom der Moderne gewesen ist.

Diesen Befund hat Wolf Lepenies auf die erzwungene Passivität des deutschen Bürgertums zurückgeführt, das in den Machtstrukturen des 18. Jahrhunderts keinen eigenständigen, selbstbestimmten Platz gefunden habe. So ausgeschlossen von tätiger Weltgestaltung zog es sich auf sich selbst in seine Innenwelt zurück. Und die Folge dieser Fluchtbewegung: „Erzwungene Hypertrophie der Reflexions-Sphäre, Ausschluß von der realen Machtausübung und der daraus resultierende Druck zur Rechtfertigung der eigenen Situation erzeugen Weltschmerz, Melancholie, Hypochondrie."[14]

Auch wenn sich gegen diese These mit Recht einwenden läßt, daß die zahlreichen Fürstendiener – die bürgerliche Beamtenelite – obwohl auch in ihrer politischen und sozialen Stellung von der Gunst des jeweiligen Herrschers abhängig und daher latent gefährdet, in den einzelnen Territorien progressive Vorstellungen verwirklichen konnten, besonders dann, wenn der Fürst kein großes Interesse für die Regierungstätigkeit aufbrachte – hat diese Deutung der Melancholie etwas Bestechendes.[15] Sie versucht, einem unbestreitbaren Befund – der Melancholie – eine umfassendere Erklärung zu geben durch den Rückbezug auf den sozialen Kontext. Mehr als die objektiven Gegebenheiten waren es die verbreiteten Überzeugungen, von der politischen Praxis ausgeschlossen und auf sich selbst beschränkt zu sein, die das Bewußtsein des Bürgertums prägten. Vor diesem Hintergrund erscheint Melancholie als subjektive Befindlichkeit, die sich in einer extremen Ichbezogenheit artikuliert. Ihre Ambivalenz kommt in einem Ausspruch Johann Gottlieb Fichtes zur Sprache: „Ich will lieben, ich will mich in Teilnahme verlieren, mich freuen und mich betrüben. Der höchste Gegenstand dieser Teilnahme für mich bin ich selbst."[16]

Die Entdeckung des Ich als eines autonomen Handlungssubjekts hat etwas Befreiendes, das Energien weckt und neue Praxisfelder öffnet. Die Freude an dieser neu gefundenen Kraft, das Leben selbst zu gestalten und die engen Grenzen traditioneller Lebensregeln zu durchbrechen, findet sich in manchen der zahlreichen Autobiographien, die nun erscheinen und dieses Zeitgefühl dokumentieren.[17] Diese Konzentration auf das eigene Ich hat aber auch die gegenteilige Wirkung gehabt: Die intensive Selbstbeobachtung hatte eine gesteigerte Sensitivität zur Folge und damit die Tendenz, sich in sich selbst zu verlieren und das eigene Leben als Krankengeschichte zu deuten.[18] In solchen Momenten wird Autonomie nicht als Befreiung zur schöpferischen Weltgestaltung erlebt, sondern als Freisetzung aus einer vormaligen Geborgenheit in eine leere, bedrohliche Welt. Wird diese Freisetzung in die persönliche

Autonomie leidvoll als Einsamkeit empfunden, reagieren diese Menschen in der Regel auf zweifache unterschiedliche Weise: Entweder ziehen sie sich in die eigene Innerlichkeit zurück und pflegen dort ihre melancholische Grundstimmung, oder aber sie streben aus ihrer Einsamkeit hinaus und suchen in der Freundschaft mit Gleichgesinnten eine seelische Stabilisierung.

Die erste Haltung – der Rückzug in die eigene Innerlichkeit – ist oft mit einem neuen Verhältnis zur Natur verbunden, die als Spiegel des eigenen Selbst erlebt wird. „Mit der Entdeckung der Natur als einem der Gesellschaft entgegenzusetzenden Prinzip melancholischer Flucht beginnen Innerlichkeit und Natur einander zu ergänzen: Einsamkeit als Verhaltensform der Innerlichkeit läßt sich nur in der Natur realisieren."[19] Nachdem die Natur durch ihre fortgeschrittene Beherrschbarkeit durch den Menschen ihre Bedrohlichkeit verloren hat, ist sie nicht mehr das ganz Andere, das Widerstehende, sondern wird zusehends vertraut. Diese Erfahrung spricht Ludwig Tieck in einem Brief an A. F. Bernhardi aus: „... und die ganze Natur ist dem Menschen, wenn er poetisch gestimmt ist, nur ein Spiegel, worin er nichts als sich selbst wiederfindet."[20] Es handelt sich also nicht um Naturerkenntnis, sondern um eine neue Form der Unterwerfung der Natur, die der melancholische Betrachter sich anverwandelt und ihrer Eigenexistenz beraubt.

Auch die andere Verhaltensweise, durch Freundschaften aus dem Käfig des eigenen Selbst auszubrechen und dadurch das melancholische Leiden an der Einsamkeit zu lindern, ist nur oberflächlich von der ersten unterschieden: Auch hier vermag der Freund keine eigenständige Existenz zu erlangen, immer wird er auf den Einsamen zurückbezogen, ist nur wichtig und wesentlich als Anlaß der Gefühle, die er erregt. Schiller drückt diesen Charakter der Freundschaft sehr präzise aus: „Aber was ist die Freundschaft oder platonische Liebe denn anders als eine wollüstige Verwechslung der Wesen? Oder die Anschauung unserer selbst in einem anderen Glase? – Liebe, mein Freund, das große unfehlbare Band der empfindenden Schöpfung, ist zuletzt nur ein glücklicher Betrug – erschrecken, entglühen, zerschmelzen wir für das fremde, uns ewig nie eigen werdende Geschöpf? Gewiß nicht. Wir erleiden jenes alles nur für uns, für das Ich, dessen Spiegel jenes Geschöpf ist ... Freundschaft und platonische Liebe sind nur eine Verwechslung eines fremden Wesens mit dem unsrigen, nur eine heftige Begehrung seiner Eigenschaften ... wir führen uns durch neue Lagen und Bahnen, wir brechen uns auf anderen Flächen, wir sehen uns unter anderen Farben, wir leiden für uns unter andern Leibern."[21] Mag Freundschaft auch von anderen mehr als Austausch von Gedanken und Gefühlen verstanden worden sein – von Rahel Varnhagen gibt es Äußerungen, die diesen

Aspekt stärker hervorheben –, fiel es offenbar vielen Menschen schwer, diesen Weg aus dem Ghetto ihrer Ichbezogenheit zu finden.

Symptomatisch dafür ist das Medium, das für den Freundschaftskult ein beliebtes Ausdrucksmittel war: der Brief. Er ist ein Medium, das seinem Wesen nach dem Austausch dienen soll. Ende des 18. Jahrhunderts wird das Briefeschreiben zu einer Leidenschaft. Aber auch hier ist das Du, an das diese Briefe gerichtet werden, häufig nur ein Vorwand für die Mitteilung eigener Gefühle, ein stiller, immer teilnahmevoller Zuhörer, der Leser, den man sich wünscht.

Wenn wir die Melancholie als Zeitgefühl im Zusammenhang sehen mit der Entstehung der Moderne im 18. Jahrhundert, bedeutet das nicht, daß sich diese Krankheitssymptome im 19. Jahrhundert ganz verlieren, aber sie haben andere Ursachen und nehmen andere Erscheinungsformen an. Melancholie tritt hier vornehmlich als Leiden an Modernisierung auf und reflektiert Schwierigkeiten in der Anpassung an die veränderte, nämlich moderne Gesellschaft mit ihren Forderungen an Arbeitshaltung und Lebensführung. Die Wertschätzung der Arbeit und einer rigorosen Leistungsethik als Norm und Richtschnur des Lebens, das Konkurrenzverhalten als Motor der gesellschaftlichen Entwicklung verlangten einen Lebensstil, dem man sich höchstens durch Verweigerung entziehen konnte. So entstanden Gegenbilder zum herrschenden und offiziell sanktionierten Typus, in denen durch Verweigerungsgeste und die ostentativ dargebotene, unübliche Lebensweise die private Revolte demonstriert wurde.

Der Lebensstil des Dandy und ebenso der des Flaneur dokumentiert und zelebriert bis in die entlegenen Kleinigkeiten des Alltäglichen hinein, das dadurch partiell negiert oder überhöht wird, seinen Widerspruch gegen die herrschenden Konventionen. Beide sind die äußersten Gegenpole zur Arbeitsamkeit und Ernsthaftigkeit des braven Bürgers. Auf den ersten Blick ist es besonders der Flaneur, dessen Lebensweise den Bürger empören muß. Während dieser seine Tage zwischen Kontor und Familienleben aufteilt und hier wie dort seine Pflichten zu erfüllen sucht, geht der Flaneur offenbar ziellos durch die Straßen, die seine eigentliche Heimat sind. „Die Straße wird zur Wohnung für den Flaneur, der zwischen Häuserfronten sowie der Bürger in seinen vier Wänden zu Hause ist."[22] Aus seinen Beobachtungen setzt er Bilder zusammen, die seine innere Leere überdecken, und findet darin ein „unfehlbares Heilmittel gegen die Langeweile" (Benjamin). Denn Langeweile, Ennui sind verbreitete Empfindungen, in die sich die alte Melancholie eingeschlichen hat. Langeweile statt der emsigen Betriebsamkeit, die eine bürgerliche Lebensweise auszeichnen soll, ist Widerspruch gegen die Bürgerwelt schlechthin. Langeweile, Ennui sind dem Flaneur und dem Dandy gemeinsam. Der Dandy freilich hat sein Interesse ganz auf die Inszenierung seines Lebens, auf seine ästhetische Stilisierung gerichtet.

Charles Baudelaire, der sich in diesem Typus wiederfand, hat ihn aus eigener Kenntnis heraus zutreffend charakterisiert: „Der Mann mit Geld und Muße, der trotz einer gewissen Blasiertheit keine andere Beschäftigung kennt, als den Wettlauf nach dem Glück; der im Luxus aufgewachsen ist und von Jugend an gewohnt ist, daß ihm andere gehorchen; kurz – der Mann, der keinen anderen Beruf hat, als den der Eleganz, dieser Mann wird immer und überall durch ein scharf umrissenes Profil ganz besonderer Art hervorstechen." Und an anderer Stelle: „Diese Menschen haben keine andere Lebensaufgabe als die, in ihrer Person die Idee des Schönen zu verwirklichen, ihren Passionen zu leben, Gefühl zu haben und nachzudenken."[23] Mit dieser Charakteristik hat Baudelaire das extreme Gegenbild zur ernsten, arbeitsamen, pflichtbewußten, sparsam-knappen Bürgerexistenz gezeichnet. Glück, Wohlleben und Muße – sie bildeten Ideal und Ziel des Dandy. Nicht immer ging von dieser Muße der Impuls zur schöpferischen Gestaltung hervor – wo sie es tat, hatte das ihr innewohnende spielerische Moment wiederum mehr eine das bürgerliche Ethos negierende Bedeutung: Obgleich sich viele Künstler mit den Idealen des Dandy identifizierten, lag doch das künstlerische Werk nicht unbedingt in der Absicht des Dandy. Seine Kreativität erschöpfte sich überwiegend in der Inszenierung seines Lebens und in der Wirkung, die eine solche Stilisierung ergab. Durch seine ausgesuchte Eleganz und Extravaganz suchte der Dandy sich selbst darzustellen und dem Kult um das eigene Ich zu frönen. Zugleich war diese Repräsentanz seiner Distinguiertheit ein „Protest gegen die Routine und Trivialität des bürgerlichen Lebens."[24]

Dieser Protest freilich, obgleich er sich in der Öffentlichkeit abspielte, blieb mehr oder minder privat. Schon die gewollte forcierte Exklusivität, in der sich der Dandy gefiel, machte aus dem dargestellten Typus eher eine Kultfigur als ein nachahmenswertes Modell für den Lebensstil in einer Industriegesellschaft. Betrachtet man ihn unter der Perspektive der gesellschaftlichen Entwicklung, wird deutlich, daß er in seiner mangelnden Angepaßtheit der Typus einer Übergangsperiode ist, wie ihn bereits Baudelaire beschrieben hat: „Das Dandytum tritt besonders in den Übergangsperioden auf, in denen die Demokratie noch nicht allmächtig, die Aristokratie erst teilweise wankend geworden und diskreditiert ist."[25] Lenkt man den Blick mehr auf den privaten Charakter seiner Revolte, ist er Teil einer universalen Entwicklung zur Privatheit, die als ein Phänomen langer Dauer seit der Frühen Neuzeit zu beobachten ist.

Wenn mit Flaneur und Dandy zwei Varianten männlicher Lebensstile benannt sind, die auf ihre Weise auf die Modernisierung der Industriegesellschaft antworten, fragt es sich, ob es ebenso spezifische Lebensstile von Frauen gibt, mit denen sie auf den sozialen Wandel reagieren. Betrachtet man jedoch solche Typisierungen, wie sie in der Literatur genannt werden – beispielsweise „Femme fatale – Vamp – Blaustrumpf"[26] – wird deutlich, daß es sich in allen drei Fällen um Fremdzuschreibungen handelt. Diese Figuren sind nicht Spielarten realer weiblicher Existenz, in ihnen spricht sich nicht das Selbstverständnis von Frauen aus. „Femme fatale", „Vamp", „Blaustrumpf" sind Zuordnungen, wie sie Männer im 19. Jahrhundert getroffen haben, und sie sagen mehr aus über die Männerphantasien in dieser Epoche als über die realen Bedingungen weiblicher Existenz. So ist die „Femme fatale" vornehmlich eine literarische Figur, in der die männlichen Autoren ihre Angst vor dem Emanzipationsanspruch der Frauen abwehren, während die abwertende Bezeichnung „Blaustrumpf" verhindern sollte, daß Frauen ihren Bildungsanspruch einlösten.[27] In keinem Fall aber handelt es sich um spezifisch eigene, von Frauen entwickelte und praktizierte Lebensstile.

Melancholie aus der Erfahrung eines raschen sozialen Wandels, für den adäquate Deutungsmuster fehlten, Leiden an der sich verändernden Welt, Inszenierungen exklusiver Lebensweisen, die gegen die Anforderungen der Modernisierung gesetzt wurden – das waren, wenn auch verbreitete, so doch höchst private, individuelle Antworten auf die Entwicklung zur Industriegesellschaft. Der Rückzug in die Privatheit freilich ist nicht neu, sondern ein Element in einem längeren Entwicklungsprozeß, der im 19. Jahrhundert eine besondere Akzentuierung erfuhr.[28]

Dieser Rückzug in die private Welt entspricht der Tendenz zur Individualisierung. Angeregt durch das reformierte Christentum, das dem einzelnen auferlegte, sein individuelles Heil zu suchen und deshalb um die Gnade des persönlichen Gottes zu ringen, verbreiteten sich Ausdrucksformen der Frömmigkeit, die ganz auf die Subjektivität des einzelnen Christen bezogen waren. Auch wenn die Gemeinde als gemeinsamer Ort der religiösen Praxis nicht aufgegeben wurde, war es doch der einzelne, der – etwa im Pietismus – auf sein Erweckungserlebnis hin lebte, seine seelischen Regungen aufmerksam wahrnahm und sein Gewissen qualvoll erforschte, um sich seiner göttlichen Erwählung zu vergewissern. Die Gemeinde verband die einzelnen erweckten und erlösten Christen, aber in ihr blieben sie immer die einzelnen, die um ihr individuelles Heil besorgt waren. Dieser Rückzug in die Welt des Privaten ist in vielen anderen Lebensbereichen nachzuweisen: Immer handelt es sich um Tätigkeiten, die ursprünglich ohne Bedenken in der Öffentlichkeit ausgeführt, nun aber fremden Blicken verborgen wurden. Norbert Elias hat gezeigt, wie sich im Prozeß der Zivilisation die Schamgrenze verschiebt und körperliche Verrichtungen tabuisiert werden, denen man sich zuvor ganz unbefangen und vor aller Augen hingegeben hatte. Neuere Untersuchungen haben nachgewiesen, wie sich im Laufe des 18. Jahrhunderts die Empfindungen derart verfeinerten, daß gewisse Gerüche, die man bisher kaum wahrgenommen hatte, nun als ganz unerträglich empfunden wurden.[29] Ein neu erwachtes Bewußtsein für private und öffentliche Hygiene ist in diesem Zusammenhang zu sehen.

Individualisierung und das Verlangen nach Privatheit zeigen sich auch in einer neuen Aufteilung der Wohnung: Viele kleine Zimmer erlauben eher den Rückzug aus dem Familienleben in die eigene Lebenswelt, in der man sich privaten Vorlieben widmen kann. Eine dieser beliebten Beschäftigungen war die private Lektüre. Zwar hörte das Vorlesen im großen Kreis nicht gänzlich auf, aber die erfolgreiche Alphabetisierung ermöglichte nun vielen, sich auf die eigene Lektüre zurückzuziehen. „Reflektion in der Vereinzelung" hat Philippe Ariès diese Erscheinung charakterisiert.[30]

Diese Betonung der Privatheit und die Individualisierung als beherrschendes Moment der Entwicklung waren Innovationen, die am Ende des 18. Jahrhunderts deutlich geworden waren. Wenn auch Wolf Lepenies Recht haben mag, der im 19. Jahrhundert vornehmlich „melancholische Einzelgänger" sieht,[31] fällt bei einer genaueren Betrachtung auf, daß es nicht so sehr der einzelne ist, der der modernisierten Gesellschaft gegenübersteht, sondern vielmehr die Familie. Man kann den Eindruck gewinnen, als sei der Prozeß der Individualisierung partiell zurückgenommen worden zugunsten der Integration des einzelnen in die bürgerliche Familie. Von der bisweilen als unerträglich empfundenen Arbeitswelt schottet man sich in der privaten, familiären Innenwelt ab.

Um diese Rolle übernehmen zu können, mußte die Familie freilich einen tiefgreifenden Funktionswandel erfahren: Denn im herkömmlichen Verständnis war sie in ihrer juristischen, ökonomischen und theologischen Bedeutung bestimmt. Keiner dieser drei Diskurse über die Ehe hatte die Intimisierung der Gefühlsbeziehung vorbereitet, die nun – um die Wende zum 19. Jahrhundert – zur allgemeinen Norm wurde und ein Ideal beschrieb, dem die Ehe gerecht werden sollte. Im juristischen Verständnis stellte die Ehe einen Vertrag dar, der den Erhalt der Familie sichern sollte. Die wechselseitige Unterstützung der Eheleute diente der materiellen Sicherstellung – alles Bestimmungen, deren Verwirklichung auf eine Gefühlsbeziehung des Paares zueinander nicht angewiesen war. Auch im theologischen Diskurs über die Ehe gehörte die Liebe eher in den Bereich der Metapher. Katechismus und geistliche Schriften warnten beständig vor den Gefahren der „natürlichen" oder auch einer „übermäßigen" Liebe und banden sie an ihre übernatürliche Bestimmung.[32] Philosophie und Literatur folgten diesem Verständnis weitgehend. So konnte etwa Kant in seiner Rechtslehre die Ehe als Institution definieren, ohne das Wort Liebe überhaupt zu nennen. Das traditionelle Verständnis der Ehe entsprach der Formel: „Eheliche Liebe im alten Sinne war ein Verhaltensgebot *aufgrund* der Eheschließung und nicht unbedingt die Fortsetzung einer innigen Zuneigung, auf der eine Ehe errichtet wurde."[33]

Damit aus dieser nüchternen, spröden, pragmatischen, geradezu asketisch gedachten Institution ein Zufluchtsort werden konnte, an dem die Frustrationen des Arbeitslebens durch emotionale Zuwendung gelindert oder gar aufgehoben werden konnten, ein von der Öffentlichkeit abgeschirmter Ort der Intimität, mußte sich etwas gänzlich Neues im Bewußtsein der Menschen vollzogen haben. Die allgemeine Sensibilisierung, der Versuch, die neu empfundene Einsamkeit zu überwinden, haben ihre Wirkung auf die menschlichen Beziehungen nicht verfehlt und so auch auf Dauer nicht die traditionelle Form des Zusammenlebens in der Ehe aussparen können. Ehe und Liebe werden zu Synonymen. „Die Liebe wird zum Grund der Ehe, die Ehe zum immer wieder neu Verdienen der Liebe."[34]

Diese Veränderung im Verständnis der Ehe ging auf das Konzept der romantischen Liebe zurück, das die Intensivierung der Gefühlsbeziehungen einschloß. Die Glückserwartungen waren bisweilen so hoch, daß Enttäuschungen nicht ausbleiben konnten. So war die Ehe wie jede andere intensivere Beziehung ein Versuch, sich einem erträumten Ideal anzunähern, und endete allzu oft in Melancholie. Beispiele für diese leidvoll erlebte Diskrepanz zwischen der Intensität des eigenen Gefühls und der eher spröden Wirklichkeit finden sich zahlreich vor allem in der autobiographischen Literatur.

Eine Voraussetzung für die veränderte Gestalt der Ehe war eine Neubestimmung der Rolle der Sexualität. Die Unterscheidung von sinnlicher und unsinnlicher Liebe, die Ablehnung der als tierisch abgewerteten Sexualität wurden spätestens in der Epoche des Sturm und Drang aufgegeben.[35] Damit war der Weg zu einer nicht entfremdeten Beziehung von Mann und Frau geöffnet.

Daß aber die bürgerliche Familie des 19. Jahrhunderts ihr Leitbild so unvollkommen verwirklichte, lag an Rollenzuweisungen, die ihr in der sozio-ökonomischen Ordnung zukamen. Sie hatte weitgehend Funktionen verloren, die sie in der Ordnung des Alten Reiches ausgeübt hatte. Im Zuge der Industrialisierung und der ihr folgenden Veränderung von

Produktions- und Arbeitsformen wurde die wirtschaftliche Produktion völlig ausgelagert und die Familie auf ihre private Sphäre beschränkt. Die Proklamation und allmähliche Durchsetzung der allgemeinen Schulpflicht entzog ihr zudem wichtige Funktionen im Bereich der Kindererziehung,[36] so daß sie immer mehr auf sich selbst zurückgeworfen wurde.

In diesem Zusammenhang wurden auch die Geschlechterrollen neu definiert. Das romantische Konzept der Liebe hätte eine Gleichwertigkeit der beiden Liebenden, eben von Mann und Frau, bewirken können. Dazu kam es aber in der Realität nicht,[37] weil die von der Industriegesellschaft geforderte Arbeitsteilung bis in die Familie hinein wirksam war.

Während der Mann seine Funktion in der Außenwelt ausübte – als Berufstätiger in der Arbeitswelt, als Mann in der Öffentlichkeit – war die Frau auf die Innenwelt von Familie und Haushalt konzentriert und darin beschränkt. Daß eine große Zahl von Männern beruflich in abhängiger Stellung tätig und von der politischen Mitsprache weitgehend ausgeschaltet war, ändert an dieser prinzipiellen Rollenverteilung nichts, verstärkte indessen den Druck auf die heilsamen kompensatorischen Wirkungen des Familienlebens. Die Frau ihrerseits war auf einen Haushalt beschränkt, der immer mehr Funktionen verloren hatte. Vergleicht man die Haushaltsbücher zwischen 1760 und 1830, sehen wir eine ständige Reduzierung der Aufgabenfelder, bis schließlich nur noch der Konsum übrigbleibt. Während etwa die Frau Rat Goethe eine umfangreiche Vorratswirtschaft betrieb, die Güter selbst herstellte und weiterverarbeitete, dazu einem großen Haus vorstand und auch in der Freizeitgestaltung und der Repräsentation in der Öffentlichkeit engagiert war, ist der bürgerliche Haushalt um die Jahrhundertmitte um diese Aufgaben gebracht und die Frau nunmehr auf die Rolle der Verbraucherin eingeschränkt.[38]

Der geringe Handlungsspielraum, den die bürgerliche Gesellschaft des 19. Jahrhunderts der Frau im Unterschied zum Mann zubilligte, ihr Ausschluß aus dem öffentlichen Leben, verlangte zu ihrer Legitimierung eine ideologische Grundlage. Sie wurde in Aussagen zum Wesen der Frau formuliert, das vom Wesen des Mannes grundverschieden sei. Mit einer solchen Fixierung der Geschlechtsrollen ließ sich die Beschränkung der Frau auf die familiäre Innenwelt als ihrem Wesen angemessen begründen. „Das hier entwickelte Ehe- und Familienmodell, das sich dem neuen politischen Klima der Restaurationszeit anpaßte, griff auf die strikte geschlechtsspezifische Rollen- und Charakterdifferenzierung der vorromantischen Epoche zurück, ohne jedoch die aufgeklärt-naturrechtlichen Folgerungen mitzuübernehmen."[39]

Da nach einem solchen Verständnis die Natur und die Sittlichkeit die Rolle der Frau bestimmten, mußte sie diesen Charakter in sich ausbilden, wollte sie nicht als unnatürlich oder unsittlich gelten. Ihr Wesen und ihre diesem Wesen entsprechende Lebensform ergänzen das auf öffentliche Tätigkeit gerichtete Leben des Mannes. Erst durch diese Ergänzung erscheint das Leben des Mannes erträglich. Die kritische Sicht der männlichen Existenz in der bürgerlichen Gesellschaft, wie sie in den Definitionen der zeitgenössischen Literatur durchscheint, zielt nicht darauf, diese Lebensform zu verändern, die ganz im Gegenteil für die Herrschaftsstabilisierung unerläßlich war. Sie wurde durch solche Charakterisierungen nur in ihrem Wert unterstrichen, wie auch die Herausarbeitung des weiblichen Geschlechtscharakters etwas Einschränkendes hat.

„Ohne Weib wäre für jede feinfühlende Seele das heutige Leben nicht zu ertragen", schreibt Gervinus 1853; denn es ist das Weib, „das in der neuen Zeit die poetische Seite der Gesellschaft bildet . . ., weil das Weib heute, wie einst der griechische Bürger, den gemeinen Berührungen des Lebens entzogen, weil es den Einwirkungen des Rangsinnes, den Verderbnissen durch niedrige Beschäftigung, der Unruhe und Gewissenlosigkeit der Erwerbssucht nicht ausgesetzt, und weil von Natur schon das Weib mehr als der Mann gemacht ist, mit der höchsten geselligen Ausbildung den Sinn für Natürlichkeit und die ursprüngliche Einfalt des Menschen zu vereinen."[40] So wie die Betonung der Mühsal in der Beschreibung der männlichen Lebensform nicht den Sinn hatte, eine Änderung herbeizuführen, sondern sie als Wesensaussage festzuschreiben und damit die gesellschaftliche Rollenverteilung zu begründen, diente auch die Poetisierung des weiblichen Wesens nicht dazu, die Bedeutung der Frau im öffentlichen Leben zu markieren und ihre realen Handlungsmöglichkeiten zu erweitern. In der Gesellschaft trat die Frau als Gattin auf und repräsentierte den erreichten Wohlstand ihres Mannes. Über die Repräsentanz hinaus fehlte ihr die Möglichkeit, ihre eigentliche Persönlichkeit mit ihren Begabungen einzubringen. Das wurde auch nicht von ihr erwartet.

Um diese Rollenzuschreibungen von Mann und Frau in der bürgerlichen Gesellschaft durchzusetzen und ihnen dauerhafte Geltung zu verschaffen, war auch eine Disziplinierung der Sexualität notwendig. Sie war auf die Ehe beschränkt und dort an den Fortpflanzungszweck gebunden. Die Rollenzuschreibung aufgrund der Geschlechtscharaktere wirkte sich auch hier aus. Wenn aber auch als sicher gelten kann, daß die bürgerliche Gesellschaft des 19. Jahrhunderts der Frau keine sexuelle Selbstbestimmung einräumte und die sprichwörtliche bürgerliche Doppelmoral allein dem Manne galt, ist doch nicht zu übersehen, daß die Disziplinierung der Sexualität Frau und Mann band und daß Übertretungen dieser moralischen Gebote oft von quälerischen Selbstvorwürfen begleitet waren.

Um dieses System auf Dauer zu stellen, war es notwendig, mit der Konditionierung im frühen Kindesalter zu beginnen. Diese erzieherische Aufgabe fiel in der Regel der Mutter zu, auch wenn sie im Einzelfall bezahltes Dienstpersonal mit der Beaufsichtigung der Kinder betraute. Ihre Aufgabe fügt sich in eine Entwicklung ein, die man „Entdeckung der Kindheit" (Philippe Ariès) genannt hat. Sie ist an die Intimisierung des Familienlebens gebunden. Erst die Abschottung nach außen, der Rückzug in die familiäre Intimität intensivieren die Gefühlsbeziehungen zwischen den Familienmitgliedern und so auch das Interesse und die Sorgfalt, mit denen die Eltern nun ihren Kindern begegnen. Die Wohnungen zur Biedermeierzeit, die eigene Kinderstuben vorsahen, spiegeln diese neue Entwicklung.[41] Daß „Kinderstube" zur Metapher für eine bürgerliche Erziehung wurde, weist freilich auf den konditionierenden Zweck der Sozialisation hin. Die Entdeckung der Kindheit war nicht gleichbedeutend mit ihrer Befreiung. Zu Beginn des 20. Jahrhunderts erst begannen Pädagogen, das „Jahrhundert des Kindes"[42] zu proklamieren und eine kindgemäße Lebensführung zu fordern. Die Entdeckung der Kindheit hat freilich noch eine andere Dimension, die mit der Intimisierung des Familienlebens verbunden ist. So wie das Wesen der Frau in diesem Zusammenhang poetisiert wird, erhält auch das Kind eine ideale Zuschreibung: Reinheit, Unberührtheit, Offenheit für die noch unbegrenzten Möglichkeiten des Lebens sind Attribute, mit denen die Literatur das Kind bedenkt. Der enttäuschte Intellektuelle erträumt die Existenz des Kindes als Gegenwelt zur eigenen Zerrissenheit, zu seiner mühseligen Existenz das Gegenbild des noch nicht entfremdeten Lebens.[43]

Diese Tendenz war in der Ideologie der bürgerlichen Familie angelegt, und sie verstärkte sich in dem Maße, in dem die krisenhafte Entwicklung der Industriegesellschaft das Bewußtsein der allgemeinen Entfremdung verallgemeinerte. Je unheiler die Außenwelt, um so heiler mußte die Innenwelt sich erweisen, um ihre kompensatorische Wirkung entfalten zu können. Da die Familie diesen übersteigerten Ansprüchen nicht entsprechen konnte und von dem ihr zugeschriebenen Ideal als Institution überfordert war, neigte sie dazu, die Innenstrukturen zu verfestigen.

Gegen den Druck, der von Familie und Schule ausging, gegen die Indoktrinierung, Unbeweglichkeit der Verhältnisse, Tabuisierung natürlicher Regungen, haben die jungen Menschen lange nicht aufbegehrt, sondern sie eher widerwillig durchlitten. Die zeitgenössische Dichtung gibt Zeugnis davon und erscheint, wenn sie Erinnerungen an Kindheit und Jugend wiedergibt, eine einzige Kranken- und Leidensgeschichte zu sein. Der kleine Hanno Buddenbrook, geradezu erdrückt von den Anforderungen, die Familie und Schule an ihn stellen und die seinem Wesen und seinen Neigungen äußerlich bleiben, durch den Zwang dieser Konditionierung seiner selbst entfremdet, verunsichert und verletzlich in der gespannten Atmosphäre seines Elternhauses, fühlt sich am Ende, ein Letzter, Spätgeborener. Eher unbewußt, spielerisch, beendet er die lange Reihe seiner Ahnen im Familienbuch mit einem sorgfältig gezogenen Strich unter seinem Namen und Geburtsdatum und weiß auf die Vorhaltungen seines Vaters nur zu antworten: „Ich glaubte ... ich glaubte ... es käme nichts mehr ..."[44] Der Hurra-Patriotismus, den die wilhelminische Propaganda zu verbreiten suchte, wurde von den sensiblen, aufmerksamen Beobachtern als ein Menetekel der Endzeit gedeutet. Zukunft konnten sie dieser Gesellschaft nicht abgewinnen.

Die Gegenwart empfanden sie als unerträglich in ihrer dumpfen, unnatürlichen Verklemmung. „Aber in dieser ungesund stickigen, mit parfümierter Schwüle durchsättigten Luft sind wir aufgewachsen. Diese unehrliche und unpsychologische Moral des Verschweigens und Versteckens war es, die wie ein Alp auf unserer Jugend gelastet hat ..." Und diesen belastenden Druck benennt Stefan Zweig an anderer Stelle seiner Lebensbeschreibung als „hysterische Überreiztheit dieser Vorvätermoral", die nur darauf bedacht war, die Wirklichkeiten des Lebens zu verdecken.[45] Und er beschreibt die Mode der Zeit als „unnatürlich, unhygienisch, unpraktisch", aber in dieser Weise als völlig kongenialen Ausdruck der herrschenden Moral: „Schon die Männermode der hohen steifen Kragen, der Vatermörder, die jede lockere Bewegung unmöglich machten, der schwarzen schweifwedelnden Bratenröcke und der an Ofenröhren erinnernden Zylinderhüte fordert zu Heiterkeit heraus, aber wie erst die ‚Dame' von einst in ihrer mühseligen und gewaltsamen, ihrer in jeder Einzelheit die Natur vergewaltigenden Aufmachung in der Mitte des Körpers wie eine Wespe abgeschnürt durch ein Korsett aus Fischbein, den Unterkörper wiederum weit aufgebauscht zu einer riesigen Glocke, den Hals hochverschlossen bis an das Kinn, die Füße bedeckt bis fast an die Zehen, das Haar mit unzähligen Löckchen und Schnecken und Flechten aufgetürmt unter einem majestätisch schwankendem Hutungetüm, die Hände selbst im heißesten Sommer in Handschuhe gestülpt, wirkt dies heute längst historische Wesen ‚Dame' trotz des Parfüms, das seine Nähe umwölkte, trotz des Schmucks, mit dem es beladen war, und der kostbarsten Spitzen, der Rüschen und Behänge als ein unseliges Wesen von bedauernswerter Hilflosigkeit. Auf den ersten Blick wird man gewahr, daß eine Frau, einmal in eine Toilette verpanzert wie ein Ritter in seine Rüstung, nicht mehr frei, schwunghaft und grazil sich bewegen konnte, daß jede Bewegung, jede Geste und in weiterer Auswirkung ihr ganzes Gehabe in solchem Kostüm künstlich, unnatürlich, widernatürlich werden mußte. ... je mehr eine Frau als ‚Dame' wirken sollte, um so weniger durften ihre natürlichen Formen erkennbar sein; im Grunde diente die Mode mit diesem ihrem absichtlichen Leitsatz doch nur gehorsam der allgemeinen Moraltendenz der Zeit, deren Hauptsorge das Verdecken und Verstekken war."[46]

Wider diesen bürgerlichen wilhelministischen Lebensstil formierten sich um die Jahrhundertwende vielfältige Gegenbewegungen, die durch eine gemeinsame kulturkritische Grundstimmung und ein gemeinsames Ziel verbunden waren: der ungesunden, stickigen Künstlichkeit die Natur zurückzugewinnen. Was konnte das bedeuten? Lebensformen, die sich parallel zur Wachstumsphase der Industriegesellschaft und unter ihrem Einfluß herausgebildet hatten, sollten als Fehlentwicklungen zurückgenommen werden, heillose Entfremdung und Zerrissenheit sollten wieder in natürlicher Harmonie aufgehen. Dazu war es nötig, das Ghetto der bürgerlichen Familie zu sprengen, die Geschlechtsrollen neu zu definieren, Körperlichkeit zurückzugewinnen und die Erziehungsnormen und die Erziehungspraxis an den natürlichen Fähigkeiten und Neigungen des Kindes zu orientieren. Unter dem Banner der „Natürlichkeit" gegen die „Künstlichkeit" und „Unnatürlichkeit" der bestehenden Verhältnisse zu rebellieren, war freilich so neu nicht: Ebenso hatte das Bürgertum zu Beginn der Moderne am Ende des 18. Jahrhunderts gegen den Feudalismus gestritten, und zur selben Zeit hatte Johann Heinrich Pestalozzi auf die natürlichen Bedingungen des kindlichen Lernens aufmerksam gemacht. Diese Analogien ergeben sich daraus, daß jede Reformbewegung von einem Ursprungsmythos gekennzeichnet ist: Veränderungen zum Besseren erhofft sich eine jede von der Rückbesinnung auf den reinen Ursprung, von dem alles ausgegangen ist. Ein solcher Vergleich darf aber nicht den Blick darauf verstellen, daß sich die Reformbewegung um die Jahrhundertwende gegen spezifische Beschwernisse richtete. Sie trat zuerst und besonders eindrucksvoll als Jugendbewegung auf. Das wundert nicht, denn wie der kleine Hanno Buddenbrook und der junge Stefan Zweig zeigten, litten junge Menschen besonders intensiv an den erstarrten Lebensformen, die ihnen aufgezwungen waren. So wurde die deutsche Jugendbewegung zunächst hauptsächlich von großstädtischen Gymnasiasten getragen. Ein wesentlicher Impuls ging von dem im Jahre 1896 am Gymnasium Berlin-Steglitz gegründeten „Wandervogel" aus.[47]

Die Anfänge waren freilich bescheiden, und niemand hätte wohl zu

dieser Zeit die Prognose gewagt, daß sich aus diesen ersten Gruppenbildungen heraus eine Massenbewegung entwickeln könnte, der im Jahre
1927 40 Prozent der Jugendlichen, in Verbänden organisiert, angehören
würden.[48] Am Gymnasium Berlin-Steglitz begannen einige Schülergrup-
pen, die freiwillig Stenographieunterricht nahmen, unter der Leitung
wenig älterer Führer zu wandern.[49] Im Jahre 1901 kam es zu einer organisatorischen Bindung unter dem Namen „Wandervogel, Ausschuß für
Schülerfahrten". Daß sich von allem Anfang an verschiedene Strömungen in dieser Bewegung verbanden, ist an den Abspaltungen und neuen
Zusammenschlüssen zu sehen. Während Berliner Gruppen einen neuen
Stil der „Fahrt" in Abgrenzung von bürgerlichen Wandervereinen entwickelten, hatte die zeitgleiche Gründung von Hamburger Oberschü-
lern eine Gegenstruktur der traditionellen studentischen Verbindungen
zum Ziel: Die Freischaren, die aus diesen ersten Gruppenbildungen hervorgingen, verpflichteten sich zur Abstinenz von Alkohol und Nikotin
und wollten ein neues, lebensreformerisch geprägtes, jugendliches
Gemeinschaftsleben erproben.

Ein antizivilisatorischer Affekt war all diesen Bünden eigen, der
Wunsch, zum natürlichen, einfachen Leben zurückzukehren. Diesem
Ziel versuchte man auf vielfältige Weise näherzukommen. Eine Veränderung der Nahrungsgewohnheiten gehörte dazu. Mit dem Verzicht auf
Alkohol und Nikotin war die Rückkehr zu einer gesunden Ernährung,
oft auf vegetarischer Basis, verbunden. Statt der von Stefan Zweig
beschriebenen, den Körper einengenden und verbergenden Kleidung
wurden nun weite, fallende Kleider aus weichem Tuch für die Mädchen
üblich, die freie körperliche Bewegung ermöglichten. Ebenso war die
Fahrtenkluft der Jungen auf die Bewegung in freier Natur bei Wind
und Wetter abgestellt. In der körperlichen Bewegung, bei Sport, Spiel
und Tanz wurde ein neues Gefühl für die eigene Körperlichkeit wiederentdeckt. In künstlerischen Ausdrucksformen – in der Musik und in
einfachen bildnerischen Formen – wurden Möglichkeiten erprobt, das
eigene Lebensgefühl sich selbst und anderen zu vermitteln.

Wichtiger aber als die einzelnen Ausdrucksweisen war das zugrundeliegende Gemeinschaftserlebnis, das sich in ihnen aussprach. Dieses
Gruppengefühl war um so intensiver, als es die eigene Erfahrung der
Natur gegen die Entfremdung der Großstädte im Industriezeitalter
setzte, in denen diese jungen Menschen in ihrer überwiegenden Mehrzahl lebten.

„Die Mehrzahl der Zeitgenossen, in Großstädten zusammengesperrt
und von Jugend auf gewöhnt an rauchende Schlote, Getöse des Stra-
ßenlärms und taghelle Nächte, hat keinen Maßstab mehr für die
Schönheit der Landschaft, glaubt schon, Natur zu sehen beim Anblick

eines Kartoffelfeldes und findet auch höhere Ansprüche befriedigt, wenn in den mageren Chausseebäumen einige Stare und Spatzen zwitschern. Rührt aber doch einmal vom Klingen und Duften deutscher Landschaft, wie sie noch vor etwa siebzig Jahren war, aus Wort und Bild jener Tage ein Hauch die verödeten Seelen an, so gibt es alsbald wieder wetterfeste Phrasen genug von ‚wirtschaftlicher Entwicklung‘, Erfordernissen des ‚Nutzens‘, unvermeidlichen Nöten des kulturellen Prozesses, um den mahnenden Vorwurf zu bannen."[50]

Gegen diese Entfremdungserfahrungen argumentieren die jugendlichen Wortführer mit dem Kriterium der „Menschen-Natur" und den edlen Zwecken des „Menschseins": „Loskommen will man von der alle Menschen-Natur beleidigenden, ja niedertretenden einseitigen Richtung auf Entfaltung äußerer Techniken, die sich ‚Kultur‘ nennen, die aber diesen hohen Namen so lange offenbar nicht verdienen, als über den bloßen Mitteln der allein edle Zweck: Der Zweck des Menschseins, aus den Augen gelassen, ja tausendfach vereitelt wird. Loskommen möchte man von der Gleißnerei einer verschrobenen, tief ungeselligen Geselligkeit, von den hohl gewordenen, des Sachgrundes entbehrenden Formen und Konventionen eines verkünstelten ‚Lebens‘, in dem alles echte Leben zu ersticken droht; abwerfen die aufgelegte Schminke, den verstellenden Schein alles unechten Sichgehabens und Verkehrens; wieder zurechtbiegen all die Verkrümmungen, an denen das heutige Leben des einzelnen wie der Gesamtheit offenbar leidet."[51] Diesen Fehlentwicklungen der industriellen Zivilisation setzt die Jugendbewegung einen eigenen Lebensstil entgegen: ein freies Gemeinschaftsleben nach den Bedürfnissen der Jugendlichen, die es trugen; ohne Beeinflussung und Bevormundung von außen. Michael Mitterauer macht mit Recht darauf aufmerksam, daß mit diesen Prinzipien zentrale Grundgedanken des bürgerlichen Vereinswesens aufgegriffen wurden, freilich auf jüngere Altersstufen bezogen, als es ursprünglich vorgesehen war.[52] Für die Neugestaltung des jugendlichen Gemeinschaftslebens war die Jugendbewegung innovativ: Sie machte Ernst damit, der erstarrten, verkrusteten bürgerlichen Erwachsenenwelt eine eigenständige, autonome, „andere" Jugendwelt entgegenzustellen. Dieses Verständnis sprach die Einigungsformel vom Hohen Meißner aus. Dort fand im Jahre 1913, parallel und in symbolträchtiger Absetzung von der vom offiziellen Deutschland veranstalteten Jahrhundertfeier der Leipziger Völkerschlacht von 1813 der Tag der Freideutschen Jugend statt, die große, in der Erinnerung der Teilnehmer später oft verklärte Begegnung der vielen Gruppen der deutschen Jugendbewegung. Was sie verband, war mehr eine gefühlsmäßige Übereinstimmung als ein klares inhaltliches Programm. Auf die berühmte „Formel" vom Hohen Meißner konnten sich freilich alle einigen. Sie lautete: „Die Freideutsche Jugend will aus eigener Bestimmung, vor eigener Verantwortung, mit innerer Wahrhaftigkeit ihr Leben gestalten. Für diese innere Freiheit tritt sie unter allen Umständen geschlossen ein."[53]

So wenig sich aus dieser Formel auch ihre konkrete Ausgestaltung in der Realität der Jugendbewegung ergibt, ihre programmatische Abkehr von den Verhältnissen der bürgerlichen Gesellschaft war in diesen Worten unmißverständlich ausgedrückt. Und diese Absage betraf im besonderen das Ghetto der auf sich selbst bezogenen bürgerlichen Familie, so wie sie in der herrschenden Ideologie beschrieben worden war. In ihr hatte es für die jungen Menschen keinen Raum gegeben für ein eigenes, selbstbestimmtes Leben. Jung sein war im Gegenteil gleichbedeutend mit Unreife und Unfertigkeit und wurde daher gering geachtet. Die Jugendbewegung setzte dagegen die Jugend in ihre Rechte ein, erklärte das Alter nicht mehr für einen Vorzug, sondern für etwas Vergangenes, Abgelebtes und band alle Zukunftshoffnungen an dieses Jungsein. Die Bedeutung, die sie der Jugend, und d. h. sich selbst und der Losung „aus eigener Bestimmung", zusprach, wurde konkret in ihrer Gruppenstruktur und ihrem Gemeinschaftsleben. Nicht mehr Erwachsene: Lehrer, Offiziere, Geistliche sollten eine institutionalisierte Autorität in dieser Jugendbewegung ausüben dürfen, sondern die Jugendgruppen wurden von Jugendlichen geleitet, die aus ihren eigenen Reihen kamen und – vor allem in der Frühzeit der bündischen Jugend – oft wenig älter als die waren, die sie zu führen hatten.

Die Jugendbewegung hatte mit dieser selbstbestimmten Gruppenstruktur zugleich zwei Elemente der bürgerlichen Familie in Frage gestellt: Die jungen Menschen verließen ihre in der Familie vorgeschriebenen Rollen zugunsten neuer, eigener Selbstzuschreibungen; zum anderen hatte das Gemeinschaftsleben in der Jugendgruppe nichts mehr gemein mit einem auf der väterlichen Autorität basierenden Familiensystem.

Wie sah es nun mit einem anderen Eckpfeiler der bürgerlichen Familie, der Bestimmung der Geschlechtsrollen, aus? Hat die Jugendbewegung mit den herkömmlichen Stereotypen vom Wesen von Mann und Frau gebrochen und einem gleichberechtigten Zusammenleben der Geschlechter einen Weg geöffnet?

Die Voraussetzungen dazu waren günstig. Der neue Wanderstil begeisterte die Mädchen, wenn sie auch zu Beginn große Schwierigkeiten hatten, diesen Stil zu leben. Im Jahre 1911/12 gab es unter den im Verband „Deutsche Wandervögel" organisierten 17 800 Mitgliedern 2300 Mädchen. Gegenüber dem Vorjahr hatte sich ihre Zahl vervierfacht.[54] Vieles sprach dafür, daß sich aus diesem Engagement ein neues

Gemeinschaftsgefühl von Jungen und Mädchen als Jugend entwickeln würde. Dazu ist es aber, von Ansätzen abgesehen, nicht gekommen. Die Rolle der Mädchen in der Jugendbewegung war sehr bald umstritten. Sollten sie gemeinsam mit den Jungen auf Fahrt gehen, wie diese sportlichen Leistungsanforderungen unterworfen sein? Oder sollte man ihren Bewegungsdrang nicht doch lieber auf Reigen und Tanz beschränken?

Prominente Wortführer des „Wandervogel" wollten wohl Mädchen das Wandern zugestehen, stellten sich aber strikt gegen ein gemeinsames Gruppenleben von Jungen und Mädchen mit dem bezeichnenden Argument: „Die Buben verweichlichen, der ganze Schneid und Elan . . . geht verloren, und was ein rechter Bub ist, fühlt sich in fortwährender Mädchengesellschaft bedrückt und eingeengt. Die Mädchen dagegen verbengeln und verwildern . . ."[55] Die stereotypen Geschlechtsrollen wirkten auch in der bündischen Jugend. Sie wurden noch besonders akzentuiert durch einen „neuen Männlichkeitsmythos", der sich in der Jugendbewegung herausbildete und sich einerseits in einem rauhen Fahrtenstil und bewußt überzogenen Anforderungen an die körperliche Leistungsfähigkeit niederschlug und zum anderen in der „charakteristischen Führerpersönlichkeit" stilisierte.[56] Das Ideal der männlichen Gruppenfreundschaft sah man bei einer Teilnahme der Mädchen durch mögliche Paarbeziehungen gestört.[57] So behielt die Jugendbewegung einen männerbündischen Zug, der ihr eine Neuformulierung und Neugestaltung des Verhältnisses der Geschlechter zueinander erschwerte. Wenn die Jugendbewegung auch in dieser Hinsicht nicht innovativ war, war sie doch für viele Mädchen dennoch von befreiender Wirkung. Sie gewannen in den Gruppen Gleichgesinnter an Kraft und Selbstgefühl, um neue und eigene Lebenswege einzuschlagen. Nicht die inhaltliche Programmatik, die Ausstrahlungskraft der Jugendbewegung hatte die Lebensweise dieser Mädchen verändert, so wie sie auch auf die jungen Menschen wirkte, die nicht in ihren Gruppen organisiert waren. Man könnte daraus folgern, sie habe stilbildend gewirkt. Die Frage muß sich anschließen: War es ein „moderner" Lebensstil, den die Jugendbewegung ausbildete, d. h. ein Lebensstil, der der Industriegesellschaft entsprach, die die ökonomisch-sozialen Rahmenbedingungen definierte, unter denen sich das Leben abspielte?

Liest man Reden, Berichte, Erzählungen aus diesem Kreis, so fällt auf, wie beherrschend und offenbar berauschend ein gemeinsames Gefühlserlebnis gewesen ist: Dem rationellen Verhalten, auf dem das Wirtschaftsleben in einer Industriegesellschaft ruht, setzte man das Erlebnis in der Natur, der körperlichen Bewegung, das wiederentdeckte Volkslied entgegen. Gegen die offenliegenden politischen und sozialen Mißstände protestierte man nicht mit politischen Zielen und politischer

Tat, die eine rationale Analyse der gegenwärtigen Verhältnisse vorausgesetzt hätten.

Freilich treffen diese Feststellungen nur die bürgerliche Jugendbewegung. Neben ihr hatte sich eine Arbeiterjugendbewegung herausgebildet, die einer politischen Programmatik folgte und auf eine konkrete Verbesserung der Arbeits- und Lebensbedingungen der Bevölkerung hinarbeitete. Für sie war auch die Mitgliedschaft von Mädchen kein Problem.[58] Aber für die Ausbildung des Lebensstils insgesamt waren sie schon deshalb nicht wirksam, weil den jungen Arbeitern nur eine sehr begrenzte Freizeit blieb, die sie sich zudem mühsam erkämpfen mußten, so daß nicht sie, sondern die bürgerliche Jugendbewegung viel stärker die Art der Freizeitaktivität und von daher den Stil des Gemeinschaftslebens prägte.

War dieser Lebensstil schon stark emotional-erlebnishaft bestimmt, war auch die Rezeption historischer Erfahrungen, wie sie in der bürgerlichen Jugendbewegung gepflegt wurde, sehr einseitig-altertümelnd. In der ästhetischen Zuwendung zur Vergangenheit unterschied sie sich nicht von der bürgerlichen Gesellschaft, aus der sie hervorgegangen war. Nun waren es ganz bestimmte Elemente einer vergangenen Welt, die sie in ihrer jugendlichen Welt wieder aufleben ließen: so das mittelalterliche Scholarenwesen, das man romantisch verklärte. Man nannte sich „Fahrende Schüler" oder „Kunden", titulierte die Führer „Bachanten" und „Oberbachanten". Hinzu kam ein altdeutsch-eigenbrötlerischer Zug, der sich gut in die Ideologie des „deutschen Sonderweges" einpaßte, die sich von der westeuropäischen Zivilisation abhob, der die Industriegesellschaft zu verdanken war. „Die Wiederverknüpfung von Land und Stadt, die Auferweckung untergegangener Formen altdeutschen Daseins, ein Dürer-Dasein, eine Butzenfenstersicht, eine gotisch-barocke Brüderlichkeit aller mit allen, eine Reduktion der über ihre Ufer tretenden Zivilisation auf ihre Ausgangslage: Die Schäden der Industrialisierung sollten eingeschränkt, die gefälschten Lustbarkeiten der Großstädte sollten durch echte, harmlos-liebenswerte ersetzt, das Leben selbst sollte geheiligt und in einem sinngemäß erneuerten Gottesdienst zum obersten der Güter erklärt werden."[59]

Die Jugendbewegung war mit einer Reihe anderer Reformbewegungen verbunden, die alle das gemeinsame Ziel verfolgten, aus den Fehlentwicklungen der bürgerlichen Gesellschaft auszubrechen und neue Wege einzuschlagen: Die niederdrückende Erziehungswirklichkeit in den Schulen, die die junge Generation auf eine Ideologie hinbog, statt ihr freie Entwicklungsmöglichkeiten zum selbstbestimmten Denken und Empfinden zu öffnen, sollte von der Reformpädagogik aufgebrochen werden, und ihre Vorstellungen wurden in den Landerziehungsheimen von Gustav Wyneken, Hermann Lietz und Paul Geheeb erprobt, die bis heute wegweisend geblieben sind. Die Lebensreformbewegung suchte das einfache, gesunde Leben zu verwirklichen. Der Werkbund und das Bauhaus wollten eine menschenwürdige Umwelt schaffen, und zweifellos sind hier Formen gefunden worden, die einer Industriegesellschaft gemäß sind.

In dem Maße, in dem diesem Reformwillen eine Distanzierung von einer unbefriedigenden Gegenwart gelang, durch die Freiräume zur eigenen Lebensgestaltung geöffnet wurden, hat er innovativ und stilbildend gewirkt. Die Jugendbewegung hat auf ihre Weise dazu beigetragen. In dem Maße jedoch, in dem ihr eigenes Programm lediglich „Jugend" hieß, verfehlte sie diesen Anspruch.

Diese merkwürdige Ambivalenz, die die deutsche Jugendbewegung ausmacht, hat einer, den ihr Lebensstil eine Zeitlang faszinierte, Klaus Mann, so charakterisiert: „Die prahlerische Selbstverherrlichung der Jugend als idealistisch-revolutionäres Programm, die Etablierung einer bestimmten biologischen Phase als autonome Lebensform: Nur in Deutschland war dergleichen möglich. Wie unverwechselbar, wie *gefährlich* deutsch ist die Mischung aus Systematik und Verschwommenheit, aus revolutionärem Elan und bösartigem Obskurantismus, die wir für die Jugendbewegung charakteristisch finden! Ohne Frage, die romantische Rebellion gegen unsere mechanisierte Epoche enthielt zukunftsträchtige, wahrhaft progressive Elemente; gleichzeitig aber barg sie auch den Keim des Unheils."[60]

In diesem erinnernden Rückblick bindet Klaus Mann seine Erfahrungen und Beurteilungen der deutschen Jugendbewegung in den Verlaufsprozeß der deutschen Geschichte ein und erkennt in ihr Vorformen von Denkweisen und Verhaltensformen, die sich später im Nationalsozialismus voll entwickeln sollten. Daß die nationalsozialistische Staatsjugend in weiten Bereichen nahtlos an Traditionen der bündischen Jugend anknüpfen konnte, ist vielfach bemerkt worden.[61] Hatte der unübersehbare Zug zum Irrationalismus, der überzogene rauschhafte Erlebnis- und Gefühlskult die Mentalität vieler Jugendlicher vorbereitet und empfänglich gemacht für den Mythos des Nationalsozialismus, waren auch die Verhaltensformen entwickelt, die die Hitlerjugend bei ihren Veranstaltungen so spektakulär in Szene setzte. Das Ritual der Großveranstaltung war bereits in der Zwischenkriegszeit beliebt, die insgesamt eine Militarisierung der zunächst noch eher anarchisch-individuellen Gemeinschaftsformen brachte.[62] „Fackelzüge, Staffettenläufe und Sprechchöre sind neue Ausdrucksformen dieser Zeit" (Mitterauer) und haben für das Selbstgefühl dieser vom Krieg desorientierten Jugend eine große Bedeutung. Militärische Lebensformen werden nachgeahmt, und nicht mehr die „Horde" geht auf Fahrt, sondern eine Kolonne disziplinierter Jugendlicher marschiert mit ihren Fahnen zu Großveranstaltungen oder zum Großlager.

Die geringe Substanz des „Jugend"-Begriffs hatte keine Abwehrmöglichkeit gegenüber der Depravierung der frühen Reform- und Protestbewegung, als die die Freideutsche Jugend einmal angetreten war. Andererseits brachte der Nationalsozialismus in dieser Hinsicht auch nichts wesentlich Neues, sondern eher eine Systematisierung von Ansätzen, die in der bündischen Jugend bestanden. Insoweit ist keine stilbildende Kraft von ihm ausgegangen, und es wäre zu fragen, ob er zur Entwicklung eines modernen Lebensstils überhaupt etwas beigetragen hat.

Die Politik der Gleichschaltung, die sich nicht auf den politischen Bereich im engeren Sinne beschränkte, sondern ihrer Intention nach alle Lebensbereiche erfaßte, normierte und sanktionierte einen weitgehend einheitlichen Lebensstil – und nahm darin längst vergangene und überwunden geglaubte Ansätze absolutistischer Herrschaft wieder auf. Auch die Wertvorstellungen selbst, die dieser Politik zugrunde lagen und die der Nationalsozialismus als verbindliche Weltanschauung propagierte, waren anachronistisch. Was den Zeitgenossen revolutionär erschien und ja auch mit revolutionärer Rhetorik ausgerufen wurde, war im Grunde ein antimoderner und antibürgerlicher Affekt, der sich vehement gegen all das wandte, was sich als moderner Lebensstil ausgebildet hatte. Die Errungenschaften der bürgerlichen Freiheitsbewegungen, die auf der Anerkennung individueller Freiheitsrechte gründeten, wurden zurückgenommen, wobei die nationalsozialistische Propaganda deren unheilvolle Ambivalenz geschickt ausnutzte: Die Industriegesellschaft, die, ein Produkt der Moderne, ohne den bürgerlichen Individualismus nicht zu denken war, hatte eben nicht allen persönliche Freiheit beschert, sondern wurde – verstärkt in der Zwischenkriegszeit – ganz im Gegenteil als Anonymisierung und als Verschwinden des einzelnen in einer undurchschaubaren und bedrohlichen Masse erfahren. Dagegen sollte die Familie als Element einer „natürlichen" Ordnung gesetzt werden. Die bürgerliche Familie freilich, die ihre Attraktivität längst eingebüßt und ihre geringe Konsistenz gerade erst gezeigt hatte, konnte schwerlich als Zielvorstellung dienen. Das Ideal, das die nationalsozialistische Ideologie propagierte und durchzusetzen suchte, war die bäuerliche Familie, die ihre Herkunft aus der germanischen Sippe bewahrt habe. Da sie die natürliche Ordnung verkörpern sollte, mußten die historischen Entwicklungsformen des menschlichen Zusammenlebens, die diesem Ideal nicht entsprachen, als unnatürlich und verfehlt hingestellt werden. Das galt besonders für die Geschlechterbeziehungen, die

Gleichberechtigung der Frau und die Bewertung der Sexualität, wie sie in den Reformen der Weimarer Republik in Ansätzen verwirklicht worden waren. An die Stelle der Gleichberechtigung von Mann und Frau trat die „natürliche Ungleichheit" der Geschlechter. Die Frau wurde auf ihre Funktion im Haushalt und bei der Aufzucht der kleinen Kinder beschränkt – die Erziehung der größeren Kinder, besonders der Jungen, sollte dem Staat überlassen sein, der in seinen Ordensburgen ein heroisches Männergeschlecht heranbilden wollte. Denn die Frau zählte nur in dem Maße, in dem sie diesem Ideal dienstbar sein konnte. Hitler hatte diese Aufgabe der Frau bereits in seinem Buch „Mein Kampf" formuliert: „Nicht im ehrbaren Spießbürger oder der tugendsamen alten Jungfer sieht (der völkische Staat) sein Menschheitsideal, sondern in der trotzigen Verkörperung der männlichen Kraft und in Weibern, die wieder Männer zur Welt zu bringen vermögen."[63] Mann und Frau waren ihre Aufgaben vorgeschrieben: „Nur den politisch tätigen und arbeitenden Vater als Autorität und die haushaltende und gebärende Mutter sah die gewünschte Rollenverteilung vor."[64]

Der Krieg war es, der die Durchsetzung dieses autoritären Familienideals verhinderte: Viele Familien wurden zerstört. Die ideologisch begründete einseitige Beschränkung der Frau auf ihre Rolle als Hausfrau und Mutter ließ sich in der Notsituation des Krieges nicht aufrechterhalten.

Als alleinige Ernährerin und Erzieherin ihrer Kinder mußte sie sehr viel mehr leisten, als ihr aufgetragen war. In weit höherem Maße als zuvor wurde sie berufstätig[65] und nahm qualifizierte Arbeitsplätze ein, die die zur Front einberufenen Männer verlassen hatten. Die Frauen, die sich nun in ihrem Beruf bewähren konnten und Handlungsmöglichkeiten erfuhren, die ihnen zuvor verschlossen waren und an die sie nicht zu denken gewagt hätten, gewannen ein neues Selbstbewußtsein.[66]

Dieses Beispiel ist charakteristisch für die unbeabsichtigte, aber faktisch modernisierende Wirkung des Nationalsozialismus.[67] Trotz einer antimodernistischen, vielfach vorindustriellen Ideologie wirkten die Erfordernisse einer industriellen Wirtschaft und die Versorgungsschwierigkeiten des Krieges langfristig modernisierend. Das gilt auch für die Privatsphäre. Manche Entwicklungen in den fünfziger Jahren lassen sich in die dreißiger und vierziger Jahre zurückverfolgen: Veränderungen im Freizeitverhalten, die für den Lebensstil der fünfziger Jahre konstitutiv sind, haben hier ihre Vorformen. Die vermehrte Nutzung der Medien ist etwa vorgeprägt in der Verbreitung des Volksempfängers. Der Anstieg und die Art des Tourismus, die erst in der Form organisierter Reisen einer breiten Bevölkerung Ferien in fremden Ländern ermöglichte, konnte auf die KdF-Reisen als eines freilich bescheidenen Anfangs zurückblicken.

Freilich hat sich erst in den fünfziger und sechziger Jahren die Modernisierung in vielen Bereichen deutlich gezeigt und die Mentalität eines größeren Teils der Bevölkerung geprägt. Wie in manch anderer Hinsicht ist auch für die Veränderungen in der Lebensführung das Jahr 1968 eine gewisse Zäsur. Für eine Periodisierung der Nachkriegsentwicklung unter der leitenden Hinsicht der Entwicklung von Lebensstilen ist eine erste Phase bis zum Ende der sechziger Jahre und eine zweite bis zur unmittelbaren Gegenwart hin zu verfolgen.

Wenn auch in diesem ganzen Zeitraum signifikante Veränderungen festzustellen sind, erscheint uns heute, daß die fünfziger und frühen sechziger Jahre gerade in der Privatsphäre, deren Gestaltung den jeweiligen Lebensstil prägt, nicht modernisierend gewirkt haben: Ganz im Gegenteil, es ist die Zeit, in der die alte bürgerliche Familie restauriert wird mit ihrer klassischen Rollenverteilung. „Die alte muffige Welt, die Vorkriegsbürgerwelt, die wurde still und unaufhaltsam wieder aufgebaut, als sei nichts gewesen ... man konnte weitermachen", schreibt Luise Rinser in ihren Erinnerungen.[68] Die ideologische Vorbereitung dieser Restauration eines alten Familienmodells verlief nach klassischem Muster: Die Familie mußte als Bollwerk gegen die Gefährdungen der Zeit dienen – eine Argumentation, die in den Gedanken des Soziologen Helmut Schelsky von 1951 deutlich wird. „Das von uns allenthalben festgestellte Rückstreben der Frau und zugleich des Mannes in das Leben der familiären Gruppe gründet sich zum großen Teil gerade in dem Bemühen, den Lebensbereich der Individualität und Person vor der Seelenlosigkeit und Nivellierung der gesamtgesellschaftlichen Lebens- und Arbeitsbedingungen zu retten, und das heißt doch, daß die Ziele, die die Frauenemanzipation ursprünglich mit dem Zugang der Frau zu dem außerfamiliären Berufsleben verfolgte, in der gewandelten Gesellschaftsverfassung gerade nur noch innerhalb der Familie zu erreichen sind."[69]

Dieser Rückzug der Frau in die Familie und die Übernahme ihrer traditionellen Rolle als Hausfrau und Mutter wurde nicht nur allgemein propagiert,[70] sondern von den Frauen auch weitgehend befolgt. Viele von ihnen, die in den Kriegsjahren mit wachsendem Selbstbewußtsein die Arbeitsplätze der an die Front einberufenen Männer eingenommen hatten, vergaßen wohl nicht, daß sie ihre neugewonnene Chance der Not des Krieges und damit einer Ausnahmesituation verdankten. Als diese Bedingungen nicht mehr gegeben waren, als die Männer in die Betriebe zurückkehrten, gingen die Frauen mehr oder minder klaglos nach Hause zurück. Viel spricht freilich dafür, daß sie sich nach der großen Kräfteanspannung, die ihnen als alleinige Verantwortliche für ihre Familie Kriegs- und unmittelbare Nachkriegszeit abverlangt hatten, nach Ruhe und Entlastung sehnten.[71] Die wirtschaftliche Lage der Bundesrepublik zu Beginn der fünfziger Jahre, das geringe Angebot an Arbeitsplätzen begünstigten die Restauration der alten familiären Rollenmuster. Wie sehr der Staat an dieser Entwicklung interessiert war, ist an seiner aktiven Familienpolitik abzulesen. Im Jahre 1953 wurde ein eigenes Familienministerium gegründet und von einem engagierten, konservativen Katholiken besetzt. Die Familie sollte durch die Politik des Staates geschützt und unterstützt werden. Das Leitbild war die Mehr-Kinder-Familie, und zu ihrer gedeihlichen Entwicklung hatte die Mutter ihre traditionelle Rolle im Haus einzunehmen. Familienbeihilfen sollten der Frau den Verzicht auf eine eigene Erwerbstätigkeit erleichtern.[72]

Auch die Sozialisation der Kinder, und in besonderem Maße der Mädchen, war darauf gerichtet, nach dem Zusammenbruch aller Werte die alten Werte wieder als Handlungsnormen im Bewußtsein zu verankern. Anpassung war das leitende Prinzip der Kindererziehung, und das hieß auch: Anpassung an die alten Rollenstereotype der typisch männlichen und typisch weiblichen Wesensmerkmale, aus denen sich die unterschiedliche Stellung von Frau und Mann in Familie und Gesellschaft ergab.[73]

Und dennoch: Alle Bemühungen von Politik, Indoktrinierung, Erziehung waren doch nur von begrenzter Wirksamkeit und konnten nicht darüber hinwegtäuschen, daß es eine ins Wanken geratene Ordnung war, die man mit aller Macht aufrechterhalten wollte. Die Regierungspolitik, die zum Schutz der Familie die Scheidung erschwert hatte, konnte den Anstieg der Scheidungsquote nicht verhindern.[74] Trotz aller Bemühungen, die Frau auf ihre familiäre Aufgabe zu beschränken, stieg die Zahl der berufstätigen Frauen kontinuierlich an. Waren im Jahre 1950 44,4% aller Frauen zwischen 15 und 60 Jahren erwerbstätig gewesen, so waren es 1980 52,9%. Besonders signifikant ist in diesem Zusammenhang der Anstieg der verheirateten Frauen, die einer Erwerbstätigkeit nachgingen, von 26,4% im Jahre 1950 auf 48,3% im Jahre 1980.[75] Zu den ökonomischen Motiven, eine Berufstätigkeit aufzunehmen und auch als Mutter durchzuhalten, traten sehr bald eher psychologische. Die gestiegenen Konsumbedürfnisse waren lange Zeit für die meisten Familien nur zu befriedigen, wenn Mann und Frau zum Familieneinkommen beitrugen. Der Arbeitskräftebedarf in den sechziger Jahren wirkte sich dabei günstig auf die Erwerbstätigkeit von Frauen aus. Hinzu kamen größere Erwartungen an persönliche Freiräume und Handlungsmöglichkeiten, die Frauen in einer Berufstätigkeit zu finden hofften. Die Chancen auf Verwirklichung dieser Erwartung stiegen mit der besseren Schulbildung. Die Zahl der Mädchen, die das Gymnasium und die Universität besuchten, nahm kontinuierlich zu, und damit vergrößerten sich auch ihre Chancen, einen Beruf auszuüben, der ihren Wünschen entsprach. Das wiederum hatte Rückwirkungen auf ihr Verhalten in der Familie, in der sie eine partnerschaftliche Ehe anstrebten, auf die Erziehung der Kinder, die sich von den traditionellen Wertvorstellungen entfernte, und auf ihre Lebensführung, ihre Bedürfnisse, Interessen, Verhaltensformen. Zu dem verstärkten Selbstbewußtsein der Frauen, das keineswegs mit einer Entfremdung von den Männern verbunden sein muß, – demoskopische Umfragen zeigen im Gegenteil eine intensivere Beziehung von Männern und Frauen[76] – hat auch die Frauenbewegung beigetragen, die zunächst von Frauen entwickelt und getragen wurde, die im Sinne eines traditionellen Familienmodells mit stereotypen Rollenzuweisungen sozialisiert worden waren – auch ein Beleg für die nur begrenzte Wirkung der Restauration.

Statt des patriarchalischen Familienmodells wurden zunehmend neue Formen des Zusammenlebens erprobt. Während bisweilen vorschnell Familienfeindschaft, Anarchie und Sittenverfall befürchtet wurden, zeigte sich in Wirklichkeit lediglich eine Ablehnung des traditionellen patriarchalischen Familienmusters. Andererseits freilich zeigen diese freien Formen des Zusammenlebens eine deutliche Mentalitätsverschiebung: War früher die Ehe eine öffentlich sanktionierte Institution gewesen, verzichtet man nun auf eine solche gesellschaftliche Sanktionierung, weil das Zusammenleben als eine private Beziehung gilt, die öffentliche Kontrolle abweise. Insoweit sind solche Beziehungen, wenn sie auch heute weitgehend gesellschaftlich akzeptiert sind, ein weiterer Ausdruck des gesamtgesellschaftlichen Entwicklungsprozesses zur Privatheit. In diesem neu definierten privaten Innenraum leben die Partner gleichberechtigt und selbständig miteinander. Die Erwartungen an die Intensität der partnerschaftlichen und emotionalen Beziehung sind sehr hoch, sehr viel höher als in der traditionellen Ehe, die immer auch und oft vorwiegend eine Versorgungseinrichtung gewesen war. Diese Entwicklung zu einer stärkeren Intensivierung ist nicht auf eheähnliche Beziehungen beschränkt geblieben, sondern hat sich auch auf die Ehe übertragen.[77] Die starke Gefühlsintensität, die man in der Beziehung vom anderen Partner erwartet, bedingt ein hohes Maß an Verletzlichkeit. Das Scheitern von Beziehungen ist daher nicht ein Beleg dafür, daß Ehen leichtfertig geschlossen und leichtfertig aufgegeben werden, sondern beweist eher, wie schwierig es ist, solch hohe Ansprüche zu verwirklichen, auch wenn sie dem eigenen Bewußtseinsstand entsprechen.[78]

Während wir in diesem privaten Bereich langfristig und auf den

gesamten Zeitraum bezogen tiefgreifende Veränderungen feststellen
können, obwohl in den fünfziger und frühen sechziger Jahren Politik
und öffentliche Meinung auf eine Restaurierung traditioneller familiä-
rer Verhältnisse gedrängt hatten, war neben dem Bedürfnis nach Selbst-
vergewisserung durch den Rückzug in die Vergangenheit eine starke
Identifikation mit der Moderne, mit Modernität lebendig. Diese beiden
sich im Grunde widersprechenden psychosozialen Phänomene – die
Rückwendung zur Vergangenheit und zugleich der Wunsch, durch die
Betonung des Modernen die Zukunft nicht zu verpassen – hatten vermutlich dieselbe Wurzel: die Unfähigkeit, sich mit der jüngsten Vergangenheit, den Erfahrungen der nationalsozialistischen Herrschaft und
dem Zusammenbruch des Reiches ernsthaft auseinanderzusetzen, „die
Unfähigkeit zu trauern" (Mitscherlich). Die Identifikation mit Modernität war zugleich eine solche mit Amerika, das die moderne Zeit exemplarisch verkörperte.

Indem man in Deutschland danach strebte, den amerikanischen
Lebensstil aufzunehmen und möglichst getreu nachzuahmen, fiel es
leicht, die jüngste Vergangenheit aus dem Bewußtsein zu verdrängen:
Man war ein Teil der westlichen, der modernen Welt und unterschied
sich nicht mehr von ihr. Und so nahm man durch diese Identifikation
auch teil an ihrer „neuen Schönheit, dem neuen Optimismus, dem
neuen Mythos".[79] Dieser moderne Lebensstil konkretisierte sich im
Konsum. Nach den schweren Entbehrungen von Kriegs- und Nachkriegszeit waren Wohlstand und hoher Lebensstandard die dominierenden Zielvorstellungen. Der Mythos der Warenwelt beherrschte die sich
ausbildende Konsumgesellschaft. Gebrauchsgüter wie Kühlschrank,
Waschmaschine, Küchengeräte, Staubsauger und vor allem das Automobil wurden zu Statussymbolen einer Mittelstandsgesellschaft, die
ihre innere Ordnung durch neue Unterscheidungsmerkmale zu finden
suchte. Durch den hohen Status dieser Konsumgüter wurden immer
mehr Menschen angeregt, sie zu erwerben. Noch ein anderer Umstand
beeinflußte das Konsumverhalten: Da Modernität das Lebensgefühl
bestimmte, die Gestaltung der Gebrauchsgüter und ihre Darstellung in
der Werbung ganz unter dem Leitbild des modernen Designs standen,
war die rasche Veralterung der Modelle eingeplant. Was 1950 modern
war, mußte nach wenigen Jahren schon überholt sein. Durch solche
Wertungen wurde die Nachfrage nach dem jeweils neuesten und daher
„modernen" Objekt gesteigert. Der Erfinder der Pop-Art, der englische
Maler Richard Hamilton, hat diesen Zusammenhang im Jahre 1960 auf
die Formel gebracht: „In den frühen fünfziger Jahren wurde klar, daß
die Produktion an sich kein Problem mehr darstellt. Es geht nur darum,
den Verbrauch so zu steuern, daß er den Bedürfnissen der Produktion

entspricht. Und der ist nicht nur hoch, er muß auch ständig gesteigert werden."[80]

Freilich war das Einkommen der meisten Bundesbürger in den fünfziger Jahren noch niedrig. Daher war es notwendig, dem potentiellen Käufer zu suggerieren, daß seine Konsumwünsche realistisch und ihre Realisierung erreichbar seien. Die Werbung vermittelte den Eindruck, daß Luxus zu erschwinglichen Preisen zu haben sei. Abzahlungsgeschäfte und Kreditangebote taten ein übriges, um Kunden vom Kauf des Produktes zu überzeugen. Außer den Hausfrauen und Autofahrern entdeckte die Werbung immer mehr die Jugendlichen als Zielgruppe. Mit Jugend und Jugendlichkeit ließ sich das moderne Lebensgefühl am ehesten verbinden, und daher fand es in Elementen der Jugendwelt seinen symbolischen Ausdruck.

Die starke Identifikation mit materiellen Werten trat Ende der sechziger Jahre zurück. Wenn man diesen Wandel in den Einstellungen und Werthaltungen auf das Jahr 1968 datiert, so ist das ungenau: Zwar ist der kulturrevolutionäre Aufbruch der Studentenbewegung ein sinnfälliger Ausdruck dieser Bewegung, die – das zeigen demoskopische Langzeitstudien – schon vorher begonnen hatte. „Weit entfernt davon, Avantgarde zu sein, war sie (= die studentische Protestbewegung) ein Kind des Zeitgeistes; weit entfernt davon, elitär zu sein, war sie – ohne es richtig zu bemerken – populär."[81] Immer mehr Menschen stellten sich sehr radikale Fragen nach dem „rechten Leben": Nach welchen Werten sollten sie ihre private Lebensführung ausrichten, nachdem sich die traditionellen Werte als brüchig erwiesen hatten? War ein ungehemmtes Wirtschaftswachstum, auf dem bisher der Wohlstand der Industriegesellschaften beruht hatte, noch vertretbar, da doch die Ausbeutung der Natur immer deutlicher ihre schlimmen Folgen zeigte? War Konsum tatsächlich ein so hohes Ziel, daß man seine Arbeitskraft ganz in seinen Dienst stellte? Sollten nicht an dessen Stelle ein erfülltes Leben, persönliche Entfaltung, solidarische Tugenden treten?

Demoskopische Umfragen belegen, daß viele Menschen solche Fragen stellten und für sich selbst auf eine andere Weise als bisher beantworteten. Erfülltes Leben – das hieß für die meisten Menschen: ein selbstbestimmtes Leben. Religiöse Orientierung spielte bei der inhaltlichen Bestimmung kaum eine Rolle. Auch berufliche Motive haben an Bedeutung verloren. Dagegen ist der Bereich der Freizeit und des Privatlebens wichtig geworden, den man am ehesten nach eigenen Vorstellungen gestalten kann. Dieses eigene Leben wird gegen die Entfremdung einer blinden Warenwelt gesetzt, gegen die Zerstörung der Natur, gegen die Herrschaft des Menschen über den Menschen. Nach der Identifikation mit der Konsumgesellschaft werden nun die immateriellen Werte betont.[82] Erklärungen für diese Einstellungsänderungen sind oft versucht worden, ohne daß sie ganz befriedigen. Sicher spielt die Bildungsexpansion eine gewisse Rolle. Mehr Bildung eröffnet in der Regel Handlungsräume und ermutigt zu größerer Selbständigkeit in der Lebensführung. Möglicherweise hat auch das Fernsehen, das 1970 zu fast jedem Haushalt gehörte, zur Destruierung alter Vorstellungen und durch die Verarbeitung einer frühen nichtgeahnten Vielfalt von Informationen auch zur Entstehung neuer Leitbilder beigetragen. Nicht zuletzt die ökonomische Entwicklung war für diesen Wandel entscheidend. Zweifellos war eine gewisse Sättigung der Konsumbedürfnisse erreicht. Bei steigendem materiellen Wohlstand neigen die Menschen dazu, die immateriellen Werte stärker zu betonen. Steigen die Löhne, achten die Arbeitnehmer stärker darauf, daß die Arbeit selbst befriedigender organisiert wird oder daß ihre Freizeit zunimmt, statt noch eine weitere Lohnsteigerung zu erwarten.[83] Diese Faktoren werden für die Einstellungsänderungen, die wir in den sechziger Jahren feststellen können, nicht ohne Bedeutung gewesen sein.

Noch ist nicht deutlich zu erkennen und noch weniger exakt zu belegen, wie sich die Krise der Industriegesellschaft, die sich Ende der siebziger Jahre abzeichnete, auf die Einstellungen der Bevölkerung ausgewirkt hat. Die große Arbeitslosigkeit und die Beengtheit des Arbeitsmarktes beeinträchtigen das Lebensgefühl, und da das Einkommen, das dem einzelnen zur Verfügung steht, die materielle Grundlage für die Ausgestaltung seines Lebensstils darstellt, müßten die Veränderungen auf dem Arbeitsmarkt Auswirkungen auf den Lebensstil und die Einstellungen der Bevölkerung haben. Merkwürdigerweise ist das kaum der Fall, und es kann nur verwundern, daß die Gesellschaft die anhaltend hohe Arbeitslosigkeit so gelassen hinnimmt. Obgleich die Arbeitsplatzsicherheit von der Bevölkerung als hohes Gut geschätzt wird, fühlt sich eine Mehrheit von den negativen Tendenzen des Arbeitsmarktes nicht tangiert. Im Jahre 1984 hielten 85% der Angestellten, Arbeiter und Auszubildenden ihren Arbeitsplatz für sicher und fürchteten weder Arbeitslosigkeit noch die Notwendigkeit eines Stellenwechsels.[84] Diese Zahlen ändern sich mit dem Grad der Betroffenheit: Arbeitnehmer, die schon einmal arbeitslos waren, fürchten auch eher um die Sicherheit ihres gegenwärtigen Arbeitsplatzes. Daß die Zufriedenheit mit der Arbeit zugenommen hat, verwundert nicht, noch weniger, daß die Wichtigkeit der Arbeit hochgeschätzt wird. Ihr wird der gleiche Rang wie der Freizeit eingeräumt. Doch werden andere Hypothesen aus den Umfrageergebnissen nicht bestätigt. So hätte man vermuten können, daß durch die Beengtheit des Arbeitsmarktes und das hohe Arbeitsplatzrisiko die Entwicklung zu einer Identifikation mit postmateriellen

Werten, die in den siebziger Jahren offenkundig waren, durch materialistische Einstellungen abgelöst worden wäre. Das aber ist nicht der Fall. Wenn auch die Einstellungen zur Arbeit nach dem jeweiligen Bildungsniveau variieren, werden neue Arbeitswerte, wie die Möglichkeit zur Selbstgestaltung der Arbeit, vertreten.[85]

Dennoch kann man nicht übersehen, wie stark Politik und öffentliche Meinung einen Typus favorisieren, der jung, leistungsorientiert und leistungsstark, sein Leben und seine Arbeit selbständig meistert und keine öffentliche Hilfe nötig hat. Was diesem Bilde widerspricht: Krankheit und Behinderung, Alter und Tod, Tatsachen also, mit denen ein jeder eines Tages konfrontiert sein wird, werden weitgehend aus dem Bewußtsein verdrängt. Wenn man die Entwicklung der Werthaltungen und Einstellungen seit 1800 bis in die jüngste Gegenwart verfolgt, kann man darin eine gewisse Konsequenz aus der Autonomievorstellung der Aufklärung erblicken, die sich bis heute durchgehalten hat. Läßt man sich dagegen auf die historischen Erfahrungen in dieser Epoche ein und fragt sich, was aus ihnen historisch zu lernen wäre oder hätte gelernt werden können, wird man dieses Ergebnis als unzulänglich betrachten müssen.

II. Ausdrucksformen des Lebensstils

1. Ernährung

Deutschland ist bis ins 19. Jahrhundert hinein immer wieder von Hungerkrisen betroffen worden. Fragen der Ernährung – von der Bestellung der Böden über neue Nahrungsmittel bis zur Versorgungswirtschaft – sind daher immer wichtige Themen der praktischen Politik und der Hausväterliteratur gewesen. Die Existenzsicherung der Bevölkerung, ihre ausreichende Versorgung mit Nahrungsmitteln, hat die Bedingungen für Lebensweise und Lebensformen gesetzt, die sich auf dieser Grundlage entwickeln konnten. Außer diesen materiellen Voraussetzungen haben ständische und religiöse Normen die Ernährungsweise geregelt. Die Ungleichheit in der hierarchisch gegliederten feudalen Gesellschaft, die als natürlich und gottgewollt angenommen wurde, setzte sich auch in konkreten Vorschriften eines standesgemäßen Verhaltens fort. So wurde in der frühneuzeitlichen Ständegesellschaft genau vorgeschrieben, wie etwa Hochzeitsfeiern in den einzelnen Ständen abgehalten werden sollten. Die Dauer der Feier, die Zahl der geladenen Gäste, die Abfolge der Festlichkeit, die Tischordnung und die Mahlzeit wurden genau geregelt. Man wollte verhindern, daß die unteren Stände mit den oberen in der Prachtentfaltung wetteiferten. Die Ordnung der Stadt Herford von 1670 trifft z. B. folgende Regelungen für die Speisenfolge: „Den beiden höheren Ständen sind Potthast, Schweinefleisch oder Wildbret, Reis, Speck und Würste, Senffleisch, frische Fische und Braten erlaubt; der dritte und vierte Stand habe sich mit Potthast, Reis, Senffleisch mit Butter und Käse zu begnügen. Bier ist allein dem ersten Stand zugestanden; nur dieser und die nachfolgende Sozialgruppe dürfen bei der musikalischen Umrahmung auch Trompeten aufspielen lassen, wenn auch nur bei den ersten drei Ehrentänzen. Selbst die Entlohnung des Kochs und seines Küchenjungen wird ständisch gestaffelt: die beiden ersten Stände haben zwei Taler Lohn zu zahlen; beim dritten sind es eineinhalb Taler. Der vierte Stand gibt nur noch einen halben Taler."[1]

Solche Normierungen verlieren am Ende des 18. Jahrhunderts an Wirksamkeit. Auch in diesem Bereich wird es den Menschen freigestellt, selbst zu wählen, was sie essen und wie sie ihre Mahlzeiten halten wollen. Ihre Nahrungsgewohnheiten wurden nun durch Geschmackskriterien und durch das jeweilige Einkommen geregelt, das den Konsum ermöglichte oder auch begrenzte. Das ist die Voraussetzung der Entwicklung eines modernen Lebensstils im Bereich der Ernährung.

Das Beispiel der Stadtordnung von Herford zeigt freilich auch, daß Ernährung immer mehr meint als bloße Nahrung. Eine jede Gesellschaft entwickelt eine spezifische Eß- und Trinkkultur, und wenn wir den Lebensstil der modernen Gesellschaft untersuchen wollen, so ist es die Kultur des Essens und Trinkens, der unsere Aufmerksamkeit zu gelten hat. Sie wird von vielfältigen Elementen bestimmt. Die Lust am Essen und Trinken, die mit der Befriedigung der Sinne einhergeht, entspricht nicht lediglich der Nahrungsaufnahme. Auge, Geruchs- und Geschmackssinn zugleich werden von einem wohl zusammengestellten Mahl auf angenehmste Weise angesprochen. Das Mahl als die eigentliche Form der Eßkultur schließt Geselligkeit ein. Es ist eine soziale Form, in der sich Menschen zu einer gemeinsamen Handlung, nämlich dem Essen und Trinken, miteinander verbinden. Aus der Bestimmung des Mahles als einer geselligen Veranstaltung ergeben sich Folgerungen: das Mahl verlangt eine Form, es vollzieht sich nach Regeln. Nur dann ist gesichert, daß alle Teilnehmer des Mahles zu ihrem Recht kommen. Der Zeitpunkt und die Reihenfolge der Mahlzeiten, aber auch der Aufbau des einzelnen Mahles werden geregelt.[2] Die Art, wie man sich bei Tisch benimmt und Speisen und Getränke zu sich nimmt, wandelt sich im Laufe der Zeit. Sie läßt sich mit den wechselnden Vorstellungen darüber erklären, wie man angenehm und genußvoll speist. Haben sich solche Vorstellungen zu einer Konvention verdichtet, soll die Einhaltung dieser Regeln allen Teilnehmern des Mahles einen angenehmen Genuß verschaffen, der durch einen Bruch der Konvention, durch ein auffallendes und unübliches Verhalten irritiert würde. Eine solche Konvention ist am Ende des 18. Jahrhunderts ausgebildet und für den modernen Lebensstil bestimmend – „der Grundstock dessen, was in der zivilisierten Gesellschaft im Verkehr der Menschen gefordert wird, und was als verboten gilt, der Standard der Eßtechnik, die Art, wie Messer, Gabel, Löffel, Teller, Serviette und die übrigen Eßgeräte zu gebrauchen sind, das alles bleibt in den wesentlichen Punkten unverändert."[3]

Dazu gehörte das getrennte Zubereiten und Servieren der Speisen. Statt wie vorher meist aus einer gemeinsamen Schüssel zu essen, erhielt nun ein jeder sein eigenes Tischgedeck. Diese Verhaltensänderung war Ausdruck der allgemeinen Entwicklungstendenz zu einer stärkeren Individualisierung, zugleich aber auch einer Veränderung der Nahrungsgewohnheiten. Wenn man Suppen und Gemüsebrei bevorzugte, bot sich das Essen mit Löffeln aus einer gemeinsamen Schüssel an. Eine Mahlzeit mit Gemüse, Salaten, Fleisch und Kartoffeln dagegen mußte

getrennt serviert werden. Das Beispiel verweist auf regionale Differenzierungen: In der ländlichen Bevölkerung hielt man sehr lange, in den
südlichen Regionen bis weit ins 20. Jahrhundert hinein, an den alten
Bräuchen fest, denn die Mehrbelastungen durch das benötigte Geschirr
und den Arbeitsaufwand für die Hausfrau, die bei der Feldarbeit beansprucht wurde, waren zu hoch. Dagegen hatten das städtische Bürgertum und die verstädterten Regionen, besonders in West- und Norddeutschland, die „modernen" Tischsitten angenommen, jene Schichten
also, die den modernen Lebensstil trugen und repräsentierten.[4]

Versucht man die Eß- und Trinkkultur einer Gesellschaft zu einem
bestimmten Zeitpunkt zu beschreiben, scheint sie auf den ersten Blick
recht einheitlich. Pierre Bourdieu dagegen hat uns auf die „feinen
Unterschiede" aufmerksam gemacht, die sich in den Eß- und Trinkge-
wohnheiten der verschiedenen sozialen Gruppen auffinden lassen: „Die
Eß- und Trinkkultur ist sicher einer der wenigen Bereiche, wo die unteren Schichten der Bevölkerung in einen expliziten Gegensatz zur legiti-
men Lebensart stehen. Der neuen Verhaltensmaxime der Mäßigung um
der Schlankheit willen, deren Grad der Anerkennung mit steigender
sozialer Stufenleiter wächst, setzt der Bauer und nicht zuletzt der
Arbeiter seine ‚Moral des guten Lebens' gegenüber. Einer, der gut zu
leben vermag: das ist nicht nur, wer gut essen und trinken mag. Das ist
der, dem es gegeben ist, in eine generöse und ‚familiäre', will heißen in
eine schlichte und freie Beziehung zu treten, die durch gemeinschaftli-
ches Essen und Trinken begünstigt wird, in der alle Zurückhaltung und
alles Zögern, Ausweis der Distanz durch die Weigerung, sich beteiligen
und gehenzulassen, wie von selbst verschwindet."[5]

Bourdieu hat diese Unterscheidungen aus der Beobachtung der französischen Gesellschaft der Gegenwart gewonnen. Sie lassen keine gene-
rellen Schlußfolgerungen zu; dennoch wird an diesem Beispiel klar, daß
sich unter dem Begriff „Ernährung" ein sehr komplexer Zusammenhang verbirgt. Bestimmte Nahrungspräferenzen sind offenbar abhängig
von einer bestimmten Lebensart, in der sich Vorstellungen vom richti-
gen und guten Leben äußern. Daß diese Auffassungen variieren, zeigt
sich besonders kraß an einem anderen Beispiel.

In den Oberamtsbeschreibungen des Königreichs Württemberg aus
dem 19. Jahrhundert beschreiben die Berichterstatter das Ernährungsverhalten der ländlichen Bevölkerung. Sie beklagen die geringe Kochkunst und wundern sich über die Bevorzugung schwerverdaulicher
Speisen und die großen Mengen von Nahrungsmitteln, die die Menschen verzehren. Beliebt ist ein „rauhes Brot", ein nicht gut durchgebak-
kenes, aus Dinkel, Hafer und Linsen bestehendes Backwerk, das „trotz
der Schwerverdaulichkeit" geschätzt wird. Kartoffeln werden reichlich

verzehrt: „da werden Ladungen verfrachtet, die ein städtischer Magen als Diätfehler betrachten würde." Die Berichterstatter fanden für dieses ihnen fremd erscheinende Verhalten keine rechte Erklärung. Mit einem gewissen Hochmut sahen sie auf die beharrenden Eßgewohnheiten einer ländlichen Bevölkerung herab, die offenbar die Entwicklung zu einer verfeinerten Tischkultur verpaßt hatte.

Es fragt sich nur – und in der ethnologischen Nahrungsforschung werden solche Fragen gestellt –, ob solche Verhaltensunterschiede nicht auf grundsätzlichere Differenzen in den Einstellungen und Wertvorstellungen zurückgehen und deshalb mit einem Verfehlen des Zivilisationsprozesses nichts zu tun haben. Die Nahrungsgewohnheiten der württembergischen Landbevölkerung, die den bürgerlichen Berichterstattern so befremdlich erschienen, hätten danach mit der lustvoll erlebten Empfindung der Sättigung zu tun, die erst bei „Vollwerden und Vollsein" von ihnen erfahren wurde. Dann erst hatten die Menschen das Gefühl, stark zu sein und neue Kräfte gewonnen zu haben.[6] Angehörige der Oberschicht lehnten dagegen fettreiche und belastende Nahrung ab, weil für sie ein Gefühl des „Vollseins" als „Völlegefühl" und nicht als positive Empfindung erfahren wurde.

Auch die Einstellung zu einzelnen Nahrungsmitteln ist für den Beobachter oft irrational und ihr Wandel schwer erklärbar. Ein Beispiel für eine solche Veränderung der Präferenz stellt die Haltung des wohlhabenden Bürgertums zur Kartoffel dar.

Als die Kartoffel um 1680 zuerst im sächsischen Vogtland und in der Pfalz angebaut wurde, linderte sie die Hungersnot. Als Not- und Armenspeise, ja sogar als Viehfutter konnte sie nur ein geringes gesellschaftliches Ansehen beanspruchen. Sie blieb lange die Kost der armen Leute, der Tagelöhner, Nebenerwerbsbauern und Heimarbeiter. Das städtische Bürgertum nahm diese Feldfrucht nicht in seinen Speisezettel auf. Das änderte sich im späten 18. Jahrhundert, als es nach den Getreidemißernten von 1771/72 die Kartoffel war, die die Bevölkerung aus der ärgsten Nahrungsnot rettete. Aber auch jetzt hatte sich die Kartoffel nur als Notspeise erwiesen. Wenn es auch zu dieser Zeit gelungen war, die wohlhabenden Bauern und das Bürgertum von der Wichtigkeit und Notwendigkeit des Kartoffelanbaus zu überzeugen, war damit die Anerkennung der Kartoffel als Bestandteil der bürgerlichen Küche noch nicht selbstverständlich. Sie gelang erst durch verfeinernde Zubereitungsarten, durch die das Bürgertum die Kartoffel aus ihrer Rolle als Armeleutekost befreite und als schmackhafte Besonderheit für den eigenen Speisezettel gewann. Begnügten sich die Armen mit einfachen Pellkartoffeln, so servierten Bürger nun Kartoffelklöße oder bereiteten einen Kartoffelauflauf zu.[7] Erst als es gelungen war, die bestehenden

sozialen Differenzierungen in den Ernährungsgewohnheiten durchzuhalten, indem man die Kartoffel durch die Methoden der Kochkunst
veredelte, konnte der Siegeszug der Kartoffel als Element der bürgerlichen Küche beginnen.

Die „Karriere" der Kartoffel belegt eindringlich, daß die Nahrungsgewohnheiten nicht auf konstanten Geschmacksrichtungen beruhen,
sondern wandelbaren komplexen Einstellungen unterliegen. Ihnen kommen wir am ehesten auf die Spur, wenn wir das Mahl als „ein struktu-
riertes soziales Ereignis" analysieren.[8] Über Ernährung kann man nur
sinnvoll sprechen, wenn man die Zeichen zu entziffern sucht, die auf
die zugrundeliegenden sozialen und kulturellen Orientierungen, die
sozialen Lebenswelten der Essenden, verweisen.

Die Beamten, die über die Nahrungsgewohnheiten der ländlichen
Bevölkerung Württembergs verwundert berichteten, sind ein Beispiel
für derartige Differenzierungen. Die Unterschiede erklären sich daraus,
daß Menschen lernen, wie sie ihre Bedürfnisse auf angemessene Weise
befriedigen können, und sie lernen dies in der Regel dadurch, daß sie
die Werte, Normen, Konventionen aufnehmen, die ihnen von ihrer kulturellen Umwelt vermittelt werden. „Es sind die Normen und Konventionen der Gesellschaft, die z. B. bestimmen, was als Nahrungsmittel
angesehen wird und was bzw. wie es bei welchem Anlaß gegessen
wird."[9] Die späte Anerkennung der Kartoffel als Bestandteil der bürgerlichen Küche ist Ausdruck veränderter Wertentscheidungen. Sie sind
auch an den kulturellen Techniken abzulesen, wie Speisen zubereitet
und verzehrt werden. Und schließlich ist Ernährung abhängig von der
sozialen Situation, in der sie sich vollzieht: abhängig von Tagesordnung
und Jahreslauf, abhängig von der jeweils institutionellen Bedeutung als
Arbeits- oder Festessen und vom Raum, in dem gegessen wird: So ist es
sicher nicht unerheblich, ob die Mahlzeit zu Hause in der „guten
Stube", in einem Restaurant oder an einer Imbißbude an der Straßen-
ecke gehalten wird. Das handlungstheoretische Modell, das Ulrich
Tolksdorf vorgeschlagen hat und das auf die Kurzformel gebracht werden kann: „wer was (‚Nahrungsmittel') wie (‚kulturelle Technik') wann
(‚soziale Zeit') und wo (‚sozialer Raum') ißt",[10] kann uns die Aufgabe
erleichtern, den Zusammenhang von Ernährung und Lebensstil zu
erkennen.

Innovationen: Kaffee, das bürgerliche Getränk

Die tiefgreifende Veränderung in den Nahrungsgewohnheiten der deutschen Bevölkerung am Ende des 18. Jahrhunderts war vor allem der Innovation durch neue Nahrungsmittel zu danken. Außer der Kartoffel waren das Warmgetränke, Weißbrot und andere Backwaren aus Weizenmehl und der Zucker als Ferment der Änderung. Untersucht man den Wandel genauer, entdeckt man schnell, daß er sehr viel mehr umfaßt als eine neu erwachte Vorliebe für bestimmte Speisen: Die Mahlzeit selbst veränderte sich, neue soziale Räume wurden eröffnet, neue Kommunikationsstile entwickelt, und auch die kulturellen Techniken blieben nicht unberührt.

Verfolgen wir diesen Entwicklungsprozeß zunächst beim Kaffee. Im Laufe des 18. Jahrhunderts wurden Getränke bekannt, die anders als die bisher üblichen, Wein und Bier, warm getrunken wurden. Dadurch veränderten sich auch die Geselligkeitsformen, bei denen diese Warmgetränke genossen wurden. Die drei Warmgetränke Kaffee, Tee und Schokolade verbreiteten sich in den europäischen Ländern und den sozialen Schichten uneinheitlich. Die Trinkschokolade galt als so kostbar, daß sie auf höfische Kreise beschränkt blieb.[11] Nachdem sie im 17. Jahrhundert am spanischen Hof eingeführt war, wurde sie später auch am französischen Hof heimisch. Von hier aus wird sie zum bevorzugten Getränk der europäischen Aristokratie. Darstellungen von Pietro Longhi und Nicholas Lancret schildern das Schokoladenfrühstück, das im Bett oder zumindest im Boudoir eingenommen wurde, und diese Bilder vermitteln uns den Eindruck eines müßigen, luxuriösen, im Wohlleben weich dahinfließenden Lebensstils.[12] Die Schokolade blieb ein Statussymbol der romanischen Aristokratie und versank mit dem Ancien Régime. Erst im 19. Jahrhundert wurde sie durch neue Verfahren als Kakao verbürgerlicht und in die Rolle des Kindergetränks abgedrängt.

Sehr viel wirkungsvoller verbreitete sich der Kaffee als Getränk der bürgerlichen Welt, und in dieser Funktion sollte er den modernen Lebensstil nachhaltig prägen. Das zeigte sich bereits darin, daß er den bisher üblichen Alkoholgenuß ablöste. Zuvor waren Bier und Wein bereits am frühen Morgen getrunken worden. Selbst der preußische König Friedrich II. sagte von sich, er habe in seiner Jugend zum Frühstück stets eine Biersuppe zu sich genommen. Gegen die vernebelnde, einschläfernde Wirkung der alkoholischen Getränke wurde nun der Kaffee als der große Ernüchterer gesetzt. Diese Wirkung verlieh dem Kaffee den Charakter eines Symbolgetränks der bürgerlichen Leistungsgesellschaft. „Die in alkoholischer Benebelung dahin dämmernde

Menschheit wird mit Hilfe des Kaffees zu bürgerlicher Vernunft und Geschäftigkeit erweckt – so lautet der Tenor der Kaffeepropaganda im 17. Jahrhundert."[13] Dem englischen Beispiel folgt der Kontinent ein Jahrhundert später. Jules Michelet rühmte vor allem die hellsichtige Klarheit als Folge der Ernüchterung: „Der Kaffee, das nüchterne Getränk, mächtige Nahrung des Gehirns, die, anders als die Spirituosen, die Reinheit und die Helligkeit steigert; der Kaffee, der die Wolken der Einbildungskraft und ihre trübe Schwere vertreibt; der die Wirklichkeit der Dinge jäh mit dem Blitz der Wahrheit erleuchtet . . ."[14]

Die Wirkung des Kaffees, die Konzentrationsfähigkeit des Menschen zu erhöhen und zugleich zu schärfen und seine Aufmerksamkeit künstlich wachzuhalten, mußte dieses Getränk zum bevorzugten Anreger der bürgerlichen Gesellschaft prädestinieren. Aus dieser Funktion erklärt sich, daß die eifrigsten Kaffeetrinker zunächst Bürger waren, Mitglieder der Mittelschichten, die als Kaufleute und Unternehmer, als Techniker und Wissenschaftler zur Avantgarde der entstehenden Industriegesellschaft gehörten. Der soziale Ort, an dem sie sich zum Kaffeegenuß versammelten, war das Kaffeehaus. Hier ließ sich am leichtesten das Angenehme mit dem Nützlichen verbinden: Bei Kaffee besprach man die Angelegenheiten des öffentlichen und geschäftlichen Lebens. Seine ursprüngliche Bedeutung, Kaffee-Ausschank zu sein, verlor das Kaffeehaus nicht, aber es erweiterte sie zu einem Zentrum der Kommunikation, zu einem Ort der bürgerlichen Öffentlichkeit.

Ein englisches Gedicht beschreibt die Regeln, die den Umgang im Kaffeehaus bestimmen sollen:

„Der Eintritt ist frei, doch zunächst bitte
beachtet folgende Regeln des Anstands.
Zu allererst sind vornehme Herren und gewerbetreibende Bürger
gleichermaßen willkommen
und sollen ohne weiteres beieinandersitzen:
Niemand soll hier auf seinen Vorrang bedacht sein,
sondern den nächsten freien Platz einnehmen:
Auch niemand vor einem Höherstehenden aufstehen
und ihm seinen Platz anbieten;
. . .
wer einen Streit anfängt
muß jedem der Anwesenden zur Strafe einen ausgeben
dasselbe gilt für den, der so weit geht
seinem Freund mit Kaffee zuzutrinken;
lautstarke Auseinandersetzungen sollen vermieden werden
und trübsinnige Liebhaber haben hier keinen Platz,

sondern alle sollen angeregt sich unterhalten, allerdings nicht zu angeregt."[15]

Das Gedicht beschreibt den sozialen Charakter des Kaffeehauses, seine Offenheit und Geschlossenheit gleichermaßen. Zunächst ist es offen: Statt der ständischen Schranken setzt es einen anderen, neuen kommunikativen Stil. Die hierarchischen Unterschiede der feudalen Gesellschaft sollen in diesem Raum keine Wirkung haben. Ein jeder tritt als Gleicher unter Gleichen auf, unabhängig davon, welchen Rang er in der Ständegesellschaft einnimmt. Insoweit spiegelt das Kaffeehaus die „Struktur der bürgerlichen Öffentlichkeit" (Habermas) wider. Zugleich ist dieser soziale Ort geschlossen, er grenzt sich nach unten ab – nur „vornehme Herren und gewerbetreibende Bürger" sind willkommen – und er schließt wie selbstverständlich die Frauen aus, die sich denn auch gegen die Existenz und die Herrschaft der Kaffeehäuser als Ausdruck patriarchalischer Verhältnisse wehrten. Die „angeregte Unterhaltung" betraf alle Gegenstände von öffentlichem Interesse: Themen aus Politik, Kommerz, Literatur und Kultur. Nicht nur die Gegenstände der Unterhaltung entschieden über die politische Bedeutung dieser Diskussion, die Bedeutung lag im Kommunikationsstil selbst, durch den und in dem sich eine bürgerliche Öffentlichkeit ihrer eigenen Sache bemächtigte.

War die berühmte Urform der Kaffeehäuser Lloyd's Coffeehouse in der Towerstreet – nachgeahmt vom Hamburger Kaffeehaus –, eine allgemeine Nachrichtenbörse, in der die Journalisten der Moralischen Wochenschriften ihre Redaktion unterhielten, hatte das Wiener Kaffeehaus bis ins 20. Jahrhundert hinein Literaten und Schriftsteller zu ständigen Gästen, die – wie Peter Altenberg oder Karl Kraus – ihre Arbeiten an den kleinen Tischchen, eine Tasse Kaffee vor sich, verfaßten. Der Schüler Stefan Zweig nannte das Kaffeehaus „unsere beste Bildungsstätte für alles Neue". „Um dies zu verstehen, muß man wissen, daß das Wiener Kaffeehaus eine Institution besonderer Art darstellt, die mit keiner ähnlichen der Welt zu vergleichen ist. Es ist eigentlich eine Art demokratischer, jedem für eine billige Schale Kaffee zugänglicher Klub, wo jeder Gast für diesen kleinen Obulus stundenlang sitzen, diskutieren, schreiben, Karten spielen, seine Post empfangen und vor allem eine unbegrenzte Zahl von Zeitungen und Zeitschriften konsumieren kann. In einem besseren Wiener Kaffeehaus lagen alle Wiener Zeitungen auf und nicht nur die Wiener, sondern die des ganzen Deutschen Reiches und die französischen und englischen und italienischen und amerikanischen, dazu sämtliche wichtigen literarischen und künstlerischen Revuen der Welt, der ‚Mercure de France' nicht minder als die ‚Neue Rundschau', der ‚Studio' und das ‚Burlington Magazine'. So wußten wir alles, was in der Welt vorging, aus erster Hand, wir erfuhren von jedem Buch, das erschien, von jeder Aufführung, wo immer sie stattfand, und verglichen in allen Zeitungen die Kritiken; nichts hat vielleicht so viel zur intellektuellen Beweglichkeit und internationalen Orientierung des Österreichers beigetragen, als daß er sich im Kaffeehaus über alle Vorgänge der Welt so umfassend orientieren und sie zugleich im freundschaftlichen Kreise diskutieren konnte. Täglich saßen wir dort stundenlang, und nichts entging uns. Denn wir verfolgten dank der Kollektivität unserer Interessen den orbis pictus der künstlerischen Geschehnisse nicht mit zwei, sondern mit zwanzig und vierzig Augen; was der eine übersah, bemerkte für ihn der andere, und da wir uns kindisch protzig mit einem fast sportlichen Ehrgeiz unablässig in unserem Wissen des Neuesten und Allerneuesten überbieten wollten, so befanden wir uns eigentlich in einer Art ständiger Eifersucht auf Sensationen."[16]

Wenn auch das Wiener Kaffeehaus im 20. Jahrhundert eine besondere Institution war, so hatte es doch von seinem Ursprung im 17. und besonders im 18. Jahrhundert den Charakter der Öffentlichkeit bewahrt. Der Kaffee war zunächst ein öffentliches Getränk, bevor er in die Atmosphäre der privaten Häuslichkeit Eingang fand.

Wolfgang Schivelbusch hat in seiner Geschichte der Genußmittel („Das Paradies, der Geschmack und die Vernunft") hierin ein spezifisch deutsches Phänomen sehen wollen. Statt der bürgerlichen Öffentlichkeit des englischen Kaffeehauses habe sich der Kaffeegenuß in Deutschland in der häuslichen Beschaulichkeit abgespielt. Der Kaffee war ein Symbolgetränk für die Machtstellung der westlichen Nationen gewesen, und im Kaffee habe sich das deutsche Bürgertum ein Stückchen Weltläufigkeit aneignen wollen, dessen Fehlen ihm schmerzlich bewußt geworden sei. „Dieser deutschen Neigung, durch Nachahmung bestimmter symbolischer Formen westlicher Zivilisation teilzuhaben an der Weltgeschichte, von der man real ausgeschlossen ist, entspricht auf der andren Seite die Veränderung dieser Formen, gewissermaßen ihre Eindeutschung bis zur Unkenntlichkeit. So wird der Kaffee aus einem Symbol für Öffentlichkeit, Aktivität, Geschäftigkeit usw. zu einem Symbol des Familienlebens und der häuslichen Beschaulichkeit."[17]

Zwar finden sich in der zeitgenössischen Literatur und Kunst Belege für eine solche Deutung. Die Idyllen von Heinrich Voß und Gemälde aus der Welt des Biedermeier zeichnen eine eng abgeschlossene Welt, in der der Kaffee die familiäre Idylle vervollständigt und bestätigt. Wenn man aber die Kulturgeschichte des Kaffees weiterverfolgt und seine regionale und soziale Verbreitung untersucht, differenziert sich das Bild, und der soziale Raum öffnet und erweitert sich in neue Geselligkeitsformen hinein.

Die Eingliederung des Kaffees in die alltäglichen Genußmittel voll-zog sich rasch: um 1720 wurden Kaffee und Tee üblicherweise in den bürgerlichen Familien Nord- und Mitteldeutschlands getrunken. Um die Mitte des Jahrhunderts wurde der Kaffee auch in den Dörfern „das tägliche Getränk der Armen wie der Bemittelten".[18] Die rasche Verbrei-tung des Getränks rief die Regierungen auf den Plan, die den Konsum durch Reglementierungen eindämmen wollten. Ähnlich den ständischen Kleiderordnungen wollte man ein Kaffeeverbot durchsetzen, von dem allein „Standespersonen" ausgenommen werden sollten.[19] Wie radikal man solche Verfügungen durchzusetzen gewillt war, zeigt eine bischöf-lich-hildesheimische Verordnung von 1780, die anordnete: „Alle Töpfe, vornehmend Tassen und gemeinen Schälchen, Mühlen, Brennmaschi-nen, kurz alles, zu welchem das Beiwort Kaffee gesetzt werden kann, soll zerstört und zertrümmert werden, damit dessen Andenken unter unsren Mitgenossen vernichtet sei. Wer sich untersteht, Bohnen zu ver-kaufen, dem wird der ganze Vorrat konfisziert, und wer sich wieder Saufgeschirr dazu anschafft, kommt in den Karren."[20]

Die Verbote waren auf Dauer gesehen unwirksam, sie hatten eher eine entgegengesetzte Wirkung: Denn daß ein Genußmittel, an dem sich Adelige delektierten, dem eigenen Konsum entzogen war, reizte gerade zur Übertretung des Verbots, und so stellte Christian Wilhelm Dohm in einem Bericht über die Kaffeegesetzgebung in den einzelnen deutschen Staaten im Jahre 1777 abschließend fest: „Der Geschmack hat über die Vernunft, die Mode über die Gesetze gesiegt." Die Gebiete vom Mittel-und Niederrhein bis nach Brandenburg, in denen Kaffeeverbote bestan-den, waren auch jene mit der größten Ausbreitung des Kaffeekonsums, so daß der Gedanke aufkommt, die Verbotspraxis habe indirekt die Ausbreitung des Kaffeetrinkens gefördert.[21]

Die Verbreitung des Kaffeegenusses wurde aber noch durch einen weiteren Umstand unterstützt. Sehr bald kamen Kaffeesurrogate auf. Die Kaffeebohnen, die England aus seinen Kolonien wohlfeil einführte, mußten in Deutschland teuer bezahlt werden. Einen regelmäßigen Genuß konnten sich daher nur Wohlhabende leisten. Mit Hilfe des Kaf-fee-Ersatzes konnten auch einfachere Bevölkerungsschichten an der Mode des Kaffeetrinkens teilnehmen und sich den echten Genuß für besondere Festtage aufsparen. Die Herstellung des Ersatzkaffees aus der Zichorienwurzel wurde in großem Stil unternommen, und ihr Produkt fand im 19. Jahrhundert regen Absatz. Schon 1756 freilich war das Ver-fahren bekannt und wurde mit folgenden, aufschlußreichen Worten angepriesen: „Nachricht von der Cichorienwurzel oder Hindläuffte item Wegwart zum Coffee zu gebrauchen, daß er ebenso wohlschmeckend als der ordentliche aussiehet und riechet, dabey aber weyt gesünder ist."[22]

Zu Beginn des 19. Jahrhunderts ist der Kaffeegenuß weit verbreitet und Teil des bürgerlichen Lebensstils. Zwar nehmen das Kleinbürgertum und die Unterschichten überwiegend über Surrogate am allgemeinen Kaffeegenuß teil, aber die Übergänge waren fließend. Noch in den Kriegszeiten des 20. Jahrhunderts mußte der Ersatzkaffee ein Bedürfnis stillen, das der Bohnenkaffee in Friedenszeiten gewährt hatte. Mit dem steigenden und verbreiteten Wohlstand und einer erweiterten sozialen Nivellierung nach dem Zweiten Weltkrieg traten die Unterschiede im Kaffeekonsum zurück, das Wort „Bohnenkaffee", das diese Differenz markiert hatte, verschwand aus dem allgemeinen Wortschatz, und wenn heute Kaffee-Ersatz gewählt wird, so geschieht das meist aus gesundheitlichen Überlegungen.

Die erstaunliche Verbreitung des Kaffees und seine dauerhafte Durchsetzung in der deutschen Eß- und Trinkkultur erklären sich dadurch, „daß der Kaffee (auch in seinen Surrogatformen) wichtige psychosoziale Bedürfnisse des Menschen besser befriedigt. Er regt nicht nur alle Sinnesorgane an, sondern trägt zugleich zum Vergnügen, zur Entspannung und vor allem zur mitmenschlichen Kommunikation bei."[23]

In der Tat hat die Einführung des Kaffees den Stil der Mahlzeiten und die Art des geselligen Umgangs verändert. Das betrifft zunächst die häuslichen Mahlzeiten, den Frühstücks- und Nachmittagskaffee, die sich in ihrer Funktion unterscheiden. Das Frühstück eröffnet den Tag. Der Kaffee hat hier die Aufgabe, den noch Schläfrigen aufzuwecken und in den Arbeitstag einzustimmen. Im 19. Jahrhundert trat noch die Morgenzeitung hinzu: der Bürger nahm die neuesten Nachrichten auf, bevor er seine Tagesarbeit begann. Der Nachmittagskaffee hatte eine ganz andere Funktion: Er diente und dient der Entspannung und dem geselligen Umgang.

Schon im 18. Jahrhundert hatte sich die nachmittägliche Kaffeemahlzeit zur Besuchsmahlzeit, der „Caffé-Visite" (Wiegelmann), entwickelt. Bald darauf entstand daraus das „Kaffeekränzchen", das vornehmlich von Frauen gepflegt wurde. Sie, die das Kaffeehaus ausgeschlossen hatte, schufen sich in ihrer häuslichen Sphäre einen geselligen Ort. War das Kaffeehaus ein Synonym gewesen für die bürgerliche Öffentlichkeit, in der die Bürger ihre eigene Sache verhandelten, geriet das Kaffeekränzchen zu einem zurückgezogenen Winkel der Privatheit. Insoweit spiegelten Kaffeehaus und Kaffeekränzchen die gesellschaftliche Wirklichkeit mit ihrer scharfen geschlechtsspezifischen Rollenverteilung exakt wider. Auch daß das Kaffeekränzchen höhnisch verlacht, ein Gegenstand der Lustspiele und zu einer Karikatur des Kaffeehauses wurde, entspricht dem gesellschaftlichen Selbstverständnis der Zeit. Das

Kaffeekränzchen als „tägliche oder wöchentliche Zusammenkunft einiger vertrauter Frauenzimmer" – so definiert es ein „Frauenzimmerlexikon" – war der allgemeinen Kontrolle entzogen, es war und blieb Sache der Frauen und konnte daher in der patriarchalisch bestimmten Gesellschaft nichts anderes als eine unbedeutende Angelegenheit geschwätziger Frauen sein, die ihren „Kaffeeklatsch" abhielten.

Analog der Verbreitung des Kaffees in allen sozialen Schichten entstanden spezifische Vertriebsformen, die die breite Bevölkerung bedienten. Eine dieser Formen stellte die Volkskaffeehallen-Bewegung im 19. Jahrhundert dar. Sie ging von einer christlichen Mäßigkeitsbewegung aus, die in das breite Spektrum bürgerlicher Sozialreform gehörte. Ziel dieser Bewegung war es, in vielen Städten Volkskaffeehallen einzurichten, um dort in Verbindung mit einfachen Speisen billigen Kaffee – es handelte sich um Malzkaffee – auszuschenken. Das ermöglichte den Arbeitern, ein warmes Getränk mit an ihren Arbeitsplatz zu nehmen. Dazu benutzten sie Emaillekannen, die sie mit Tüchern umwickelten, um das Getränk länger warmzuhalten.[24]

Denn der Kaffee nahm nun in der industriellen Arbeitswelt einen wichtigen Platz ein. Schon bei den Heimarbeitern auf dem Lande hatte man bemerkt, daß sie es liebten, die lange Monotonie ihres Arbeitstages durch gelegentlichen Kaffeegenuß zu unterbrechen. Nun erhielt die Kaffeepause einen festen Platz im industriellen Arbeitsalltag. Die Kaffeemahlzeit war schnell zubereitet. Sie schaffte einen angenehmen und anregenden Zeitvertreib mit Kollegen auch in einer sehr kurzen Zeitspanne. Diese kleinen Kaffeepausen unterbrachen den monotonen Arbeitstag durch eine gesellige Abwechslung und steigerten durch ihre anregende Wirkung die Arbeitskraft und Konzentrationsfähigkeit.

Die Geschichte des Kaffeekonsums beschreibt so die Entwicklung zur bürgerlich-industriellen Gesellschaft. War der Kaffeegenuß im 18. Jahrhundert zunächst nur von der höfischen Oberschicht und dem wohlhabenden Bürgertum goutiert und haftete ihm zunächst die Reputation vornehmer Geselligkeit an, diente er schließlich am Ende des 19. Jahrhunderts zur anregenden, kurzzeitigen Unterbrechung des anstrengenden monotonen industriellen Arbeitsalltags.

Der Kaffee freilich revolutionierte die herkömmlichen Nahrungsgewohnheiten noch auf eine andere Weise: er machte eine Umgestaltung der Mahlzeiten, bei denen er getrunken wurde, notwendig: Frühstück, Nachmittagskaffee und Kaffeepause am Arbeitsplatz. Zuvor hatten die ländliche Bevölkerung und auch das Bürgertum überwiegend Suppen oder Breie zu sich genommen. Am Nachmittag aß man in Norddeutschland schon vereinzelt Brotspeisen zu Milch, Bier und Most.[25] Nun ging man bei den Mahlzeiten am Vor- und Nachmittag zu Brot über. Das traf sich gut mit dem Aufkommen einer weiteren Innovation: dem Weißbrot und den Backwaren aus Weizenmehl. Die Brote wurden mit Butter, Obstmus oder Marmelade bestrichen. Marmelade als Brotaufstrich verbreitete sich sehr rasch, und um die Mitte des 19. Jahrhunderts war die Kaffee-Butterbrot-Mahlzeit in Sachsen und Thüringen das universale Tagesgericht, das nicht allein am Morgen und Nachmittag, sondern auch am Mittag verzehrt wurde.[26]

Außer der Bequemlichkeit durch den geringen Zeitaufwand bei der Zubereitung war der Zuckergehalt ein Grund für die veränderte Nahrungspräferenz. Der Kaffee galt als bitter und wurde daher gesüßt getrunken. „Der gesüßte Kaffee zusammen mit dem Marmeladenbrot verknüpfte Geschmackserfahrungen und -bedeutungen, die ihm zu einer herausragenden Stellung auf dem Speisezettel verhalfen. Dem Kaffee und dem Zucker haftete der begehrenswerte Geschmack des gesellig Vornehmen an, der selbst noch in den Surrogaten Zichorienbrühe und Sirup, dem bei der Zuckerherstellung anfallenden Reststoff, gefunden werden konnte."[27]

Auch der Zucker war zunächst den Mahlzeiten der höfischen Gesellschaft vorbehalten gewesen und wurde sehr rasch von den anderen Bevölkerungsschichten übernommen und auch in der Kaffeepause des Fabrikalltags heimisch. Dazu trug sicher bei, daß der teuere Rohzucker, der als Luxusartikel von den Plantagen der karibischen Inselwelt eingeführt werden mußte, im 19. Jahrhundert in Europa durch den Rübenzucker ersetzt und dadurch verbilligt wurde. Und bald hatte der Zucker seine Reputation gewandelt: Die Erinnerung an den höfischen Umgang verlor sich, ohne daß er darum als Massenkonsumartikel an Achtung verlor. Er war nun ein „Symbol für die moderne Industriewelt" und wurde mit Modernisierung und fortschrittlicher Entwicklung in Verbindung gebracht.[28]

Diese ausgeprägte Vorliebe der Bevölkerung der Industriegesellschaft für den süßen Geschmack war nicht eine bloße Nachahmung von Verhaltensweisen der Oberschicht. Sie war anders und besser begründet: Die Unterschichten, denen die Erfahrung des Hungers vertraut war, schätzten sehr bald die rasch sättigende Wirkung des Zuckers. Für sie war der Zucker ein rascher und nachhaltiger Energiespender.

Formen der Eßkultur

Kaffee, Backwaren aus Weizenmehl, Zucker mit all seinen Verwendungsarten – das waren neue Nahrungsmittel, die die Ernährungsgewohnheiten der Bevölkerung nachhaltig veränderten. Dieser Wandel war zu Beginn der Industrialisierung in den ersten Jahrzehnten des

19. Jahrhunderts abgeschlossen. Da diese Innovationen im Bereich der Ernährung den modernen Lebensstil beeinflußten, ist es sinnvoll, die Situation der beginnenden Industriegesellschaft genauer zu analysieren. Wer nahm die veränderten Nahrungsgewohnheiten auf? Wie veränderten sich unter ihrem Einfluß die kulturellen Techniken und die sozialen Räume, in denen Mahlzeiten stattfanden?

Die erstaunliche Tatsache, daß die neuen Nahrungsgewohnheiten sehr bald von allen Bevölkerungsschichten – mit einer leichten zeitlichen Verzögerung in den ländlichen Gebieten – angenommen wurden, könnte den Blick auf den differenzierten Prozeß der Verhaltensänderung verdecken. Alle drei Nahrungsinnovationen – Kaffee, Backwaren, Zucker – waren zuerst in der traditionellen Oberschicht heimisch, bevor sie zum Bestandteil der allgemeinen Volksnahrung wurden. Wie kam es zu dieser raschen Verbreitung der ehemals als exklusiv geltenden Speisen?

Zwei Bewegungen haben zu dieser Entwicklung geführt: eine Bewegung von oben nach unten und eine zweite, die sich in den Unterschichten selbst vollzog. Ein deutlicher Impuls zur Veränderung ging von der höfischen Gesellschaft aus. Sie hatte im 17. Jahrhundert am Hof Ludwigs XIV. einen Kulminationspunkt ihrer inneren Entwicklung erlebt und wurde als Stilmodell von den übrigen europäischen Fürstenhöfen übernommen. In Deutschland hat die höfische Gesellschaft im 18. Jahrhundert eine glanzvolle Entfaltung erfahren, die in das Bürgertum hinein stilbildend wirkte. Das Faszinierende der adeligen Lebensweise regte zur Nachahmung an. Da die höfische Gesellschaft bestrebt war, sich durch ihre Lebensweise von den übrigen Ständen abzuheben, trieb sie ihren Lebensstil mit immer neuen Verfeinerungen und luxuriösen Details zu einer gesteigerten Exklusivität. Die jeweils niedrigeren Stände reagierten darauf mit erneuten Versuchen zur Imitation. Dadurch wurde der Prozeß der Nachahmung und der kulturellen und sozialen Differenzierung aufs neue angeregt.[29] In Zeiten steigenden Wohlstandes wurden diese Prestigegüter von den Mittelschichten übernommen.

Andere Innovationen fanden in den Unterschichten statt und dienten dort zur Behebung einer aktuellen Notsituation. In der Frühphase der Industrialisierung war das Heer der Tagelöhner, der Heim- und Manufakturarbeiter seinen bisherigen Nahrungsgrundlagen entfremdet. Ihnen fehlte die Möglichkeit der bäuerlichen Selbstversorgung, die in der ländlichen Gesellschaft seit Jahrhunderten die Lebensgrundlage gebildet hatte. Sie mußten die nötigen Lebensmittel von ihrem kargen Lohn erwerben und konnten wegen ihrer geringen Mittel keine eigene Mahlzeitenkultur entwickeln. Aus ihrer Existenz heraus adaptierten sie zwei Neuerungen aus der Nahrungsentwicklung des 18. Jahrhunderts: den Kaffee und die Kartoffel.

Dieses Beispiel bestätigt eine Beobachtung, die behutsame Verallge-
meinerungen erlaubt: Bei der Entwicklung der Nahrungsgewohnheiten
erweisen sich die Ober- und Unterschichten als die innovativsten. Sie
sind am ehesten bereit, wenn auch aus unterschiedlichen Motiven,
Neuerungen zu akzeptieren. Dagegen verhalten sich die Mittelschichten
– Bauern, Handwerker, Kleinbürger – in der Regel sehr viel abwarten-
der und konservativer.[30]

Die beginnende Industriegesellschaft findet neben den neuen Nahrungsmitteln auch kulturelle Techniken vor, die den Verzehr dieser
Nahrungsmittel regeln. Die Getränke Kaffee und Tee verlangen ein
besonderes Tischgeschirr, das für diese Getränke eigens entwickelt
wurde. Kanne, Tasse, Untertasse, Milchgießer, Zuckerdose, Löffel – sie
stellen eine Einheit dar, die dem Kaffee- oder Teetrinken zu einer stim-
mungsvollen Inszenierung verhalf. Die Anordnung dieser Geräte auf
dem Tisch, die Zubereitung von Kaffee oder Tee, das Ausgießen des
Getränks, die Zugaben von Milch oder Zucker entsprechen den individuellen Vorlieben der Gäste, die Art und Weise, wie man die Tasse zum
Munde führt und wieder auf die Untertasse abstellt, den Löffel bewegt
– alle diese Bewegungen orchestrieren sich zu einem Repertoire von
Gesten, die zur Inszenierung und Darstellung der Mahlzeit gehören. Die
Tasse war ursprünglich in China gebräuchlich. In Europa erhält sie
einen Henkel und als weitere Ergänzung die Untertasse. Der Henkel
sollte den Trinkenden vor der Hitze des Getränks schützen, die Untertasse sollte das Getränk abkühlen, das man deshalb in die Untertasse
gab und aus der Untertasse trank. Diese ursprünglichen Bedeutungen
gerieten in Vergessenheit, Tasse mit Untertasse jedoch gehörten bald
zum Kaffee-Ritual und gaben reiche Möglichkeiten der Handhabung.
Ob man die Tasse auf der Untertasse balancierte, welche Bewegungen
man mit Händen und Fingern vollführte – all diese Gesten waren
Rituale einer ästhetischen Inszenierung. Kaffee oder Tee als Besuchsmahlzeit – sie wurde von solchen Ritualen geprägt.[31] Diese Entwicklung der kulturellen Techniken bei der Übernahme der neuen Warmgetränke in die Mahlzeiten der bürgerlichen Gesellschaft fügt sich ein in
den umfassenderen Zusammenhang der Tischsitten dieser Zeit, die der
Tendenz zunehmender Verfeinerung folgt. Das Tischtuch, die Ordnung
der Eßgeräte, das Falten der Serviette – sie waren Elemente des französischen Eßluxus des 17. Jahrhunderts, die von der bürgerlichen Gesellschaft übernommen worden waren. Man folgte ihren Regeln um so
genauer, da die Verfeinerung der Eßkunst und der Tischsitten als Ausdruck kultureller Vervollkommnung galt. Diese Eßkultur fand ihren
Niederschlag in den folgenden Bemerkungen eines zeitgenössischen
Beobachters: „Wie die Hausfrau beim Eintritt der Gäste ihr Lächeln

über alle universell gleiten läßt und doch individuell abschattiert, wie der Hausherr der ersten Dame den Arm reicht, sie zu Tisch zu geleiten, und die anderen Paare ‚rangmäßig‘ folgen, bis die Hausfrau mit dem ersten Herrn die Reihe schließt – all das ist von größtem Belang.“[32]

Die Vorschriften für das Benehmen bei Tisch zeigen, wie ausgefeilt die Etikette am Ende des 18. Jahrhunderts geworden war. Die Entwicklung der Tischsitten war bestimmt von einer betonten Regelhaftigkeit und Ritualisierung der Verhaltensweisen. Die Zubereitung der Speisen, ihre Präsentation bei Tisch, ihr Verzehr waren Teil einer ästhetischen Inszenierung und gehorchten den Regeln der Kunst. Gewiß war es eine kleine Oberschicht, die die Ausbildung der Eßkultur dominierte. Ihr Bemühen, am Beispiel exklusiver Tischsitten die eigene gesellschaftliche Distinktion zu wahren, gelang jedoch nicht, sondern die übrigen sozialen Schichten übernahmen rasch die neuen Standards. Den Kochbüchern des 19. Jahrhunderts läßt sich entnehmen, daß die verfeinerten Tischsitten zu Beginn des 19. Jahrhunderts in breitem Umfang vom Bürgertum aufgenommen worden sind. Am Ende des 19. Jahrhunderts hat dann der ehemals „vierte Stand“ die bürgerlichen Tischsitten nachgeahmt. Die jungen Arbeiterfrauen, denen die Traditionen der ländlichen Küche fremdgeworden waren, suchten nach Vorbildern. In Kursen bürgerlicher Wohltätigkeitsvereine, als Dienstmädchen in bürgerlichen Haushalten, in vielen Kochbüchern lernten sie die Regeln der bürgerlichen Küche und übernahmen sie in ihrer eigenen Haushaltsführung. Im Laufe der Industrialisierung hat dann der wachsende Lebensstandard die sozialen und kulturellen Unterschiede verwischt. „Die feineren Eßsitten breiten sich ... in der ganzen Gesellschaft von oben nach unten aus und werden zum Schluß für alle gleichermaßen verbindlich. Sie haben die Funktion des sozialen Unterscheidungsmerkmals in der hochindustrialisierten Gesellschaft inzwischen weitgehend verloren.“[33]

Der Speiseplan im 19. Jahrhundert

Parallel zu der Rationalisierung und Systematisierung der kulturellen Techniken bei den Mahlzeiten entwickelt sich der Trend zu einer Verfeinerung des Speiseplans. Das Streben nach einer abwechslungsreichen, schmackhaften Kost war unverkennbar. Im einzelnen bedeutete das eine Zunahme von Obst und Südfrüchten, Gemüse, Fleisch, Eiern, Fetten und Zucker und eine Abnahme im Verzehr von Kartoffeln, Hülsenfrüchten und Getreide. Statt des pflanzlichen Eiweißes zog man tierische Fette vor, das Weißbrot ersetzte das bis dahin dominierende Vollkornbrot.[34]

Begreiflicherweise ist dieser Trend zur Verfeinerung der Speisen und

Getränke nicht allgemein, er fand seine Grenze in den realen Einkommensunterschieden der einzelnen Bevölkerungsschichten. Diese Tatsache lenkt unsere Aufmerksamkeit auf einen wichtigen und interessanten Faktor der Veränderung: die Bedeutung des Geldes bei der Versorgung mit Nahrungsmitteln. Die bäuerliche Gesellschaft hatte das, was zum Leben notwendig war, selbst produziert. „Ein Teil der ‚arbeitenden Klassen‘, der sich vom Boden und damit von der Nahrungsmitteleigenproduktion löste, mußte nun fortan alle Nahrung käuflich mit Hilfe des Geldes erwerben, das in der alten Agrargesellschaft als Ausnahme galt. Der sich von der alten Naturalwirtschaft lösende großstädtische industrielle Lohnarbeiter wurde hinsichtlich seiner Ernährung vom Geld abhängig, konnte aber auf der anderen Seite seine Nahrungskonsumfreiheit erheblich ausweiten und seinen Speisezettel bereichern."[35]

Die Abhängigkeit vom kargen Lohn in der ersten Phase der Industrialisierung hatte einen sehr begrenzten Nahrungsspielraum für die Fabrikarbeiter und die städtischen Unterschichten zur Folge. Der Speisenplan war von einer für uns kaum vorstellbaren Eintönigkeit und kannte nicht viel mehr als Kartoffeln, Brot und Kaffee. Der Trend zu einem verfeinerten Essensgenuß wirkte aber auch hier, und das Bestreben der Unterschichten, den bürgerlichen Lebensstil nachzuahmen, führte zu einem Aufschwung der Surrogate in der ersten Hälfte des 19. Jahrhunderts. Auf diese Weise hoffte man, auf billige Weise die vornehmen Speisesitten zu imitieren. So wurden neben dem Zichorienkaffee ein billiger Kartoffelschnaps oder z. B. Margarine als Butterersatz benutzt.

Außer dieser versuchten Angleichung an bürgerliche Lebensgewohnheiten wirkten die Arbeitsbedingungen in der Fabrik auf das Ernährungsverhalten der Arbeiter ein. Die Trennung von Wohnung und Arbeitsstätte und das Diktat der Maschine waren die entscheidenden Faktoren. Da die Mittagspause kurz, der Weg zwischen Wohnung und Fabrik meist lang war, war es den Arbeitern unmöglich, eine warme Mittagsmahlzeit zu Hause einzunehmen. Gelegentlich brachten Frau oder Tochter eine schnell zubereitete Speise zur Fabrik, wo der Arbeiter sie am Arbeitsplatz zu sich nahm. Diese Möglichkeit entfiel aber sehr oft, da Frau und Kinder ebenfalls in das Arbeitsleben eingespannt waren. Andererseits war die Essenspause für die Arbeiter lebensnotwendig, und dies nicht nur, weil der Hunger gestillt werden mußte. Mehr noch wurde die Unterbrechung des langen Arbeitstages von zehn, zwölf und mehr Stunden ersehnt. Die kurzen Pausen, die von der Maschine diktiert wurden, erlaubten keine Mahlzeit im eigentlichen Sinne. „Das Wurstende, das Stück Speck und der Schluck aus der flachen Branntweinflasche (gelegentlich auch ‚Flachmann‘ genannt, weil man die Fla-

sche so besser in der Rocktasche tragen konnte) haben nach überein-
stimmenden Aussagen der Fabrikinspektoren oft genug dem städtischen Industriearbeiter Frühstück und Mittagessen ersetzen müssen ..."[36]

Trotz dieser trostlosen Situation hat die Umstellung auf eine regelmäßige Geldentlohnung die Konsumfreiheit der Arbeiterhaushalte
gesteigert. Der Gegensatz zur Versorgung der ländlichen Familien kann
nicht größer sein. Statt der konstanten Gewohnheiten der Agrargesellschaft bestimmte der rasche Wechsel den industriell geprägten Alltag.
Die Bauern planten die Ernährung ihrer Familien im Jahresrhythmus.
Von Ernte zu Ernte, von Schlachten zu Schlachten mußte das Nah-
rungsangebot konstant sein. Die Vorräte mußten so eingeteilt werden,
daß die Versorgung des Haushalts für das ganze Jahr gesichert war. Die
städtischen Arbeiterfamilien dagegen legten ein anderes Planungsver-
halten an den Tag. Sie wurden wöchentlich entlohnt und mußten Geld
und Nahrung von Woche zu Woche einteilen. Diese kurzfristige
Wochenplanung verlangte häufigen Einkauf. Dabei lernten die Arbeiter
und ihre Frauen immer neue Angebote kennen und waren zu Wechsel
und zur Annahme von Neuerungen bereit.[37]

In der zweiten Hälfte des 19. Jahrhunderts stabilisierten sich die
Nahrungsgewohnheiten: Der bürgerliche Lebensstil wurde weiter differenziert, und die Nachahmung dieses Lebensstils durch die übrigen
städtischen Schichten wurde bis zur weitgehenden Angleichung getrieben. Die Literatur beschreibt eindringlich und anschaulich die bürgerliche Eß- und Trinkkultur, die Inszenierungen der Mahlzeiten zu dieser
Zeit. Als ein Beispiel gelte das Weihnachtsessen in der Familie Buddenbrook:

„Wie alljährlich an diesem Abend war in der Säulenhalle gedeckt
worden. Die Konsulin sprach mit herzlichem Ausdruck das herge-
brachte Tischgebet:
Komm, Herr Jesus, sei unser Gast
Und segne, was du uns bescheret hast,
woran sie, wie an diesem Abend ebenfalls üblich, eine kleine, mahnende
Ansprache schloß, die hauptsächlich aufforderte, aller derer zu geden-
ken, die es an diesem Heiligen Abend nicht so gut hätten wie die Familie Buddenbrook ... Und als dies erledigt war, setzte man sich mit
gutem Gewissen zu einer nachhaltigen Mahlzeit nieder, die alsbald mit
Karpfen in aufgelöster Butter und mit altem Rheinwein ihren Anfang
nahm.

Der Senator schob ein paar Schuppen des Fisches in sein Portemon-
naie, damit während des ganzen Jahres das Geld nicht darin ausgehe;
Christian aber bemerkte trübe, das helfe ja doch nichts, und Konsul

Kröger entschlug sich solcher Vorsichtsmaßregeln, da er ja keine Kurs-
schwankungen mehr zu fürchten habe und mit seinen anderthalb Schil-
lingen längst im Hafen sei ... Der Puter, gefüllt mit einem Brei von
Maronen, Rosinen und Äpfeln, fand das allgemeine Lob. Vergleiche mit
denen früherer Jahre wurden angestellt, und es ergab sich, daß dieser
seit langer Zeit der größte war. Es gab gebratene Kartoffeln, zweierlei
Gemüse und zweierlei Kompott dazu, und die kreisenden Schüsseln enthielten Portionen, als ob es sich bei jeder einzelnen von ihnen nicht um
eine Beigabe und Zutat, sondern um das Hauptgericht handelte, an
dem alle sich sättigen sollten. Es wurde alter Rotwein von der Firma
Möllendorpf getrunken.

Der kleine Johann saß zwischen seinen Eltern und verstaute mit
Mühe ein weißes Stück Brustfleisch nebst Farce in seinem Magen. Er
konnte nicht mehr soviel essen wie Tante Thilda, sondern fühlte sich
müde und nicht sehr wohl, er war nur stolz darauf, daß er mit den
Erwachsenen tafeln durfte, daß auch auf *seiner* kunstvoll gefalteten
Seviette eins von diesen köstlichen, mit Mohn bestreuten Milchbröt-
chen gelegen hatte, daß auch vor *ihm* drei Weingläser standen, während
er sonst aus dem kleinen goldenen Becher, dem Patengeschenk Onkel
Krögers, zu trinken pflegte ... Aber als dann, während Onkel Justus
einen ölgelben griechischen Wein in die kleinsten Gläser zu schenken
begann, die Eisbaisers erschienen – rote, weiße und braune –, wurde
auch sein Appetit wieder rege. Er verzehrte, obgleich es ihm fast unerträglich weh an den Zähnen tat, ein rotes, dann die Hälfte eines weißen, mußte schließlich doch auch von dem braunen, mit Schokoladeeis
gefüllten, ein Stück probieren, knusperte Waffeln dazu, nippte an dem
süßen Wein und hörte auf Onkel Christian, der ins Reden gekommen
war."[38]

Aber nicht nur bei solchen festlichen Gelegenheiten wurde in den
bürgerlichen Familien zuviel und zu schwer gegessen. Über diese weit
verbreitete Sitte sinniert der Hausarzt der Buddenbrooks: „Er würde,
wie seine Väter, Verwandten und Bekannten, seine Tage sitzend verbringen und viermal inzwischen so ausgesucht schwere und gute Dinge verzehren ... Nun, Gott befohlen! Er, Friedrich Grabow, war nicht derjenige, welcher die Lebensgewohnheiten aller dieser braven, wohlhabenden und behaglichen Kaufmannsfamilien umstürzen würde. Er würde
kommen, wenn er gerufen würde, und für einen oder zwei Tage strenge
Diät empfehlen, – ein wenig Taube, ein Scheibchen Franzbrot ... ja, ja
– und mit gutem Gewissen versichern, daß es für diesmal nichts zu
bedeuten habe ... Nun, Gott befohlen! Er, Friedrich Grabow, war selbst
nicht derjenige, der die gefüllten Puter verschmähte. Dieser panierte
Schinken mit Schalottensoße heute war delikat gewesen, zum Teufel,

und dann, als man schon schwer atmete, der Plettenpudding – Makronen, Himbeeren und Eierschaum, ja, ja . . . ,Strenge Diät, wie gesagt, – Frau Konsulin? Ein wenig Taube, – ein wenig Franzbrot . . .' "[39]

Wenn auch solche Exzesse der breiten Bevölkerung aufgrund ihrer Einkommenssituation nicht möglich waren, stieg doch der Konsum von teueren Lebensmitteln im Laufe des Jahrhunderts an. Die Bedeutung, die das gute Essen in der bürgerlichen Gesellschaft gewonnen hatte, und der Wunsch unterbürgerlicher Schichten, sich durch die Übernahme exklusiver Eßgewohnheiten den Lebensformen der Oberschicht anzugleichen, verhalfen einer speziellen Literaturgattung zu weiter Verbreitung: dem Kochbuch. Das Kochbuch hat bei der Etablierung und Durchsetzung des modernen Lebensstils eine bedeutende Rolle gespielt. Es war eine Rezeptsammlung, die, getreu dem wiederkehrenden Sprachmuster: „Man nehme . . .", dem einzelnen die Regeln vermittelte, nach denen er leben müsse, wenn er denn zur bürgerlichen Gesellschaft gehören wollte. Karl Friedrich von Rumohr hat in seinem 1822 erschienenen Buch über den „Geist der Kochkunst" die Technik des Kochens in den Zusammenhang der Lebenspraxis gestellt und darin deutlich ihre umfassendere Bedeutung hervorgehoben. Es heißt dort: „Wer nur der Kochkunst sich widmen soll, der werde frühzeitig an Ordnung, Reinlichkeit und Pünktlichkeit gewöhnt. Man verbiete ihm, Romane zu lesen; will er seinen Geist bilden, so treibe er Naturwissenschaften, Geschichte, Mathematik; sie werden seinen Verstand üben, sein Gedächtnis stärken, ihm endlich in der Kochkunst anwendbare Kenntnisse zuführen. Übrigens lese er mein Buch und nichts als mein Buch."[40] Das berühmteste Kochbuch des 19. Jahrhunderts war das ‚Praktische Kochbuch für die gewöhnliche und feinere Küche' von Henriette Davidis, das mehrere Auflagen erlebte. Daneben behaupteten sich eine Fülle anderer, die teilweise auf regionale Besonderheiten zugeschnitten waren.

Der Titel der Kochbücher enthielt meist eindeutige Informationen über die Ratschläge, die man in ihnen erwarten konnte. Ein in Berlin im Jahre 1839 erschienenes Werk gibt sich als ein umfassendes Handbuch zu erkennen: ‚Neuestes vollständiges Berliner Kochbuch für bürgerliche Haushaltungen; oder allgemein verständlicher Unterricht, aller Arten von Suppen, Gemüsen, Soßen, Ragouts, Mehl-, Milch-, Eier- und Fleischspeisen, Fische, Braten, Salate, Gelees, Pasteten, Kuchen und anderes Backwerk in kurzer Zeit selbst bereiten zu können'. Das Kochbuch erweist sich als ein Lehrbuch, das in die Kochkunst einführen will. Damit ist auch der Leserkreis präzisiert, für den dieses Buch gedacht ist. Der Untertitel nennt es „Ein unentbehrliches Handbuch für angehende Hausfrauen und Köchinnen". Der Autor eines solchen Buches mußte

sich selbst als kompetent ausweisen. Häufig stellen sich die Autoren als geübte Köche vor. Die Verfasserin des Berliner Kochbuchs, Marie Schreiber, verweist auf ihre „vieljährige praktische Erfahrung". Ihr Kochbuch war für ein wohlhabendes Bürgertum bestimmt, denn viele ihrer Rezepte schrieben kostspielige Zutaten vor und setzten genügend Personal voraus für die aufwendige und zeitraubende Zubereitung:
    „Schnepfen und Becassinen zu braten.
Hat man den Schnepfen die Federn abgepflückt, so wird ihnen die Haut vom Halse und Kopfe gezogen, die Beine rückwärts hinübergebogen und nach unten bei den Keulen wie ein Kreuz zusammen gesteckt. Nun werden sie unausgenommen gespickt und der Schnabel wie ein Speil nach der Breite durch die Keulen gestochen; so werden sie auf kleine Spießchen gesteckt, die dann wieder an einem großen zu befestigen sind. In der untergesetzten Pfanne werden Semmelscheiben gelegt, auf welche der Saft träufeln und das Eingeweide hinfallen kann. Sie müssen sehr fleißig begossen und wohl in Acht genommen werden, damit sie saftig bleiben und nicht zu hart braten. In eben der Art werden die kleinen Vögel gebraten, welche man Becassinen nennt."[41]
    Freilich sind die anspruchsvollen Rezepte der bürgerlichen Küche nicht für die Alltagsmahlzeiten bestimmt. So wie Arbeit und Privatheit deutlich unterschieden wurden, so auch Alltags- und Festzeiten. Die „feine Küche" in bürgerlichen Kochbüchern war für das Festtagsmahl bestimmt oder solchen Einladungen vorbehalten, bei denen die Hausfrau die Gäste mit ihrer Kochkunst beeindrucken wollte: Sie stellte ihre Familie und ihren Wohlstand in der bürgerlichen Gesellschaft dar.
    Daneben gab es die Hausmannskost, die sorgfältig zubereitet werden sollte. Eine solche Speise rühmt Fontane: „Wie König Friedrich Wilhelm dem Ersten gilt Weißkohl und Hammelfleisch mir am mehrsten." Marie Schreiber beschreibt die rechte Zubereitung dieses Mahles in ihrem Berliner Kochbuch so: „Von diesem Kohl werden die schmutzigen Blätter abgenommen und weggeworfen, aus den brauchbaren aber die Rippen ausgeschnitten und gewaschen. Hierauf werden sie in kochendem Wasser, in welches etwas Salz gethan ist, aufgewellt, abgegossen und in einer Schüssel noch einmal auf folgende Art ausgedrückt. Man nimmt immer eine Hand voll Kohl, streut etwas rein verlesenen Kümmel dazwischen, drückt ihn mit den hohlen Händen recht rein aus und formt ihn zu einem festen länglichen Stück. Die so erhaltenen Stücke werden in einer Kasserolle so eng zusammengelegt, daß sie sich nicht auflösen können und mit Brühe oder Butter auf mäßigem Feuer geschmort. Dabei muß man oft etwas Brühe nachgießen, und den Kohl fleißig umschütteln, weil er sich sonst ansetzt; ist er vollkommen weich, so giebt man etwas in Butter gesottenes Mehl bei, und läßt ihn damit

durchziehen. Die Kohlstücke müssen beim Anrichten so behutsam her-ausgenommen werden, daß sie nicht zerbrechen; das Hammelfleisch wird gekocht oder auch etwas durchgebraten dazugegeben."[42]

Auch die sogenannte Hausmannskost erforderte einen großen Arbeits- und Zeitaufwand. Die detaillierte Beschreibung der Gerichte freilich konnte auch ungeübte Bürgertöchter in die Kochkunst einwei-sen. Und der Leserkreis erweiterte sich auf andere Bevölkerungsschich-ten und ermöglichte eine Angleichung der Lebensformen.

Sie gelang erst in den letzten Jahrzehnten des Jahrhunderts. Jetzt erst wurde eine Vielzahl von gebratenen Fleischgerichten in den Speise-zettel der Arbeiter aufgenommen wie Schnitzel, Kotelett, Gulasch, und der Sonntagsbraten war weitverbreitet.[43] Freilich ging damit auch die Neigung einher, zuviel und zu schwere Speisen zu verzehren; man aß so viel, „wie man es sich leisten konnte". Die reichhaltige Mahlzeit wurde zum Nachweis des erreichten Wohlstandes, und der „Embonpoint" war zeitweise geradezu ein Merkmal des sozialen Prestiges gegenüber den „Hungerleidern".[44]

Neuorientierungen: Das Programm der Lebensreformbewegung

Erst um die Jahrhundertwende setzten sich unter dem Einfluß der modernen Ernährungswissenschaft und im Umkreis der Lebensreform-bewegung neue Verhaltensformen durch. Statt Korpulenz wurde Schlankheit zum erstrebenswerten Schönheitsideal. Statt der ungesun-den, schwer verdaulichen Mahlzeiten wurde eine gesunde, natürliche Lebensführung propagiert, die eine gesunde Kost verlangte. Vegetari-sches Essen und Rohkost sollten den Speiseplan bestimmen, die Wasser-kuren des Sebastian Kneipp sollten dem zivilisationsgeschädigten Kör-per aufhelfen. Die Lebensreformbewegung wollte die Ernährung auf eine neue, andere, gesunde Grundlage stellen. Statt Fleischspeisen vege-tarische Kost, statt Bier und Schnaps Milch und Säfte – sie wurden von den Bürgern, die von ihrem aufwendigen Lebensstil nicht lassen woll-ten, oft verlacht, die „Kohlrabi-Apostel", die „Rohköstlergesichter, Zwiebacknasen, Himbeersaftstudenten", wie die oft von ihrer Mission fanatisch Überzeugten abwertend genannt wurden. Und doch hatten sie nicht unrecht, wenn sie die der Gesundheit abträglichen Lebensverhält-nisse anprangerten. Unhygienische Wohnverhältnisse und schwierige Arbeitsbedingungen der Unterschichten, schwere Mahlzeiten, Bewe-gungsmangel, beengende Kleidung – das war das Gegenteil eines gesun-den Lebens in Luft und Sonne. So zielte die Lebensreformbewegung auf eine veränderte Lebensführung, auf gesunde Ernährung und auf Frei-körperkultur.

Wenn auch in den achtziger Jahren unseres Jahrhunderts solche Vorstellungen wieder aufgenommen worden sind, wenn Reformhäuser und Bioläden frequentiert werden – gegenwärtig hat freilich das Bewußtsein von der Vergiftung unserer Umwelt neue Akzente gesetzt –, sind die eingeschworenen Verfechter der vegetarischen Kost doch eher eine Minderheit geblieben und haben das Ernährungsverhalten einer breiten Bevölkerung nicht nachhaltig bestimmen können.

Doch auf andere Art hat die Lebensweise im 20. Jahrhundert die Nahrungsgewohnheiten und die Eßkultur der Menschen tiefgreifend verändert. Die Schnelligkeit des modernen Lebens hat viele traditionelle Essensriten außer Kraft gesetzt. Das Essen ist weitgehend zu einer Begleiterscheinung des täglichen Lebens geworden und steht nicht mehr in seinem Mittelpunkt. Die Regelmäßigkeit der Mahlzeiten, vor allem auch die Konzentration auf Hauptmahlzeiten zu bestimmten Essenszeiten, ist aufgegeben worden; man ißt, wenn man hungrig ist und gerade die Gelegenheit dazu hat und verbringt weniger Zeit beim Essen als früher.

Voraussetzungen für diesen veränderten Lebensstil waren technische Einrichtungen, die eine Mahlzeit problemlos bereithalten, und Nahrungsmittel, die sich für eine rasche Zubereitung der Speisen eignen. Eine Reihe von Innovationen erleichtern diese Lebensweise: Warmhalteeinrichtungen z. B. ermöglichen es den Vielbeschäftigten, zu dem Zeitpunkt zu essen, wenn sie Ruhe und Lust dazu haben, und die Mahlzeit dennoch in angenehmem Zustand vorzufinden. Thermoskanne und Henkelmann haben es besonders dem Arbeiter ermöglicht, zu einer warmen Mahlzeit am Arbeitsplatz zu kommen, bevor die Werkskantinen in größerem Umfang eingerichtet wurden. Fertignahrung und Konserven erlauben eine rasche Zubereitung der Mahlzeit. Und obgleich die Anfänge der deutschen Konservenindustrie in den Jahren 1870 bis 1914 liegen, begann eine verstärkte Nachfrage besonders nach Fleischkonserven erst nach dem Ersten Weltkrieg.

Konserven sind ein Produkt der Industrialisierung, und ihre Beliebtheit und weite Verbreitung rühren daher, daß sie der Lebensweise in der Industriegesellschaft so perfekt entsprechen. Die Konserven enthalten ein Gericht, das ohne viel Mühe auf den Tisch gebracht werden kann. Konservennahrung kommt daher den Bedürfnissen der berufstätigen Frau entgegen. „Konserve bedeutet – Schnell-Küche für die berufstätige Frau, die ach so oft nur wenig Zeit hat. Deckel auf, die offene Dose in ein Wasserbad gestellt – nach zehn Minuten anrichten nach persönlichem Geschmack – und schon ist ein Essen gezaubert, dessen Zubereitung sonst Stunden erfordern würde. Für die berufstätige Frau ist gesparte Zeit gespartes Geld. An einer Dose Bohnen in Tomatensoße mit

Speck wird das besonders deutlich. Übrigens schmeckt es herrlich ...“[45]
In der Tat scheint das bisweilen beschwerliche Öffnen der Dose noch
die größte Anstrengung zu sein, die einem abverlangt wird. Das reiche
Angebot oft auch exotischer Speisen, die man eine Zeitlang zu Hause
lagern kann, macht die Hausfrau unabhängig vom jahreszeitlich
bestimmten, regionalen Markt. Die unproblematische Vorratshaltung
läßt keine Peinlichkeit aufkommen, wenn unerwarteter Besuch bekö-
stigt werden muß und läßt überhaupt eine Lebensweise zu, in der sich
nicht jemand – in der Regel die Hausfrau – ausschließlich dem Haushalt widmet und die Versorgung der Familie und der Gäste von Tag zu
Tag durch immer wiederholte Besorgungen sicherstellt, sondern die
Essensvorbereitung nebenher, nämlich neben der Berufstätigkeit regelt.
Individuelle Differenzierungen spielen bei dieser Art der Zubereitung
eine untergeordnete Rolle. Sie werden höchstens durch Beigaben,
Gewürze, Salate und anderes erreicht. Freilich hatten auch die Kochbücher eine normierende Wirkung. Die Berliner Köchinnen, die Marie
Schreibers Anweisungen zur Zubereitung von Weißkohl mit Hammelfleisch minuziös folgten, hätten möglicherweise ein uniformes Mahl
zubereitet, das sich in den einzelnen Haushaltungen kaum voneinander
unterschied. Und doch konnte es deutliche Unterschiede geben, waren
die Köchinnen doch von den Waren abhängig, die sie zubereiteten: das
Stück Hammelfleisch, das sie ausgesucht hatten, die Beschaffenheit des
Gemüses – daraus ergab sich eine spezifische, individuelle Note. Gerade
solche Unterscheidungen gibt es bei der Fertignahrung nicht. Die Dosen
bieten ein Huhn, Spargel oder Tomaten an – und was sie enthalten, ist
tatsächlich das Huhn, der Spargel, die Tomaten, – und daß sie das
immer Gleiche bei immer gleicher Qualität anbieten, das wird vom
Hersteller der Produkte auf den Etiketten garantiert.[46]

Um den Effekt zu erreichen, vorgefertigte Nahrungsmittel ohne Verlust an Nährwert und Geschmack längere Zeit aufbewahren zu können,
um sie bei Bedarf rasch und ohne viel Arbeit zubereiten zu können, waren bestimmte Techniken notwendig. „Das 19. Jahrhundert
brachte ... auf diesem Gebiet umwälzend neue Methoden: das Erhitzen
unter Luftabschluß bis zur Keimfreimachung, die Verwendung neuer
antiseptischer Konservierungsmittel (Spiritus, Essig, starke Zuckerlö-
sungen, Glyzerin, ätherische Öle, Salizyl-, Schwefel- und Benzoesäuren),
die Einführung der Gefriertechnik in Kühlhäusern und Kühlschränken
sowie mit Kochsalzlösungen und als letzte Stufen der Behandlung mit
elektromagnetischen Strahlen und die Verwendung von neuen luftab-
schließenden Schutzfolien. Dies alles wurden Anwendungsgebiete neuer
Industrien, die den alten Hausfleiß immer mehr zurückdrängten.“[47]
Gemüse- und Obstkonserven, Fleisch- und Fischdosen verbreiteten sich

rasch und hatten eine Kapazitätsausweitung der Konservenindustrie zur
Folge, die sich besonders in Norddeutschland ausbreitete. Diese Ange-
bote wurden durch nützliche Erfindungen ergänzt: Der Schweizer
Julius Maggi entwickelte einen Suppenwürfel, der aus Gemüse,
Küchenkräutern und anderen Zutaten zusammengesetzt war. Der
„Knödelkönig" Eckart verbreitete das bayerische Knödelgericht unter
dem Firmennamen „Pfanni". Die Hersteller von Margarine als Butterersatz, von Kathreiners Malzkaffee und dem haltbaren Lagerbier ver-
vollständigen das Bild.[48] All diese Erfindungen haben die allgemeine
Nahrung in der Industriegesellschaft umgeformt und bestimmen – vielleicht mit Ausnahme des Kaffee-Ersatzes – die Speisegewohnheiten in
den letzten Jahrzehnten, in denen die Lebensweise der meisten Menschen und die Bedürfnisse der aktiven, im Berufsleben stehenden im
besonderen nach einer unproblematischen, raschen Zubereitung der
Mahlzeiten verlangen. In den 80er Jahren sind anspruchsvollere Fertig-
gerichte hinzugekommen. Die ernährungsphysiologisch wertvollere
Tiefkühlkost hat vielfach die Konservennahrung verdrängt, – Folge
eines aufgeklärten Bewußtseins von gesunder Ernährung.

Hungern und Überfluß

Die beschriebenen Erfindungen und ihre Verwertung entsprachen den
Erfordernissen der Industriegesellschaft und dienten dem Lebensstil,
der sich in der arbeitsteiligen Gesellschaft ausgebildet hatte. Die Zubereitung der Mahlzeiten mußte nicht mehr so viel Zeit in Anspruch nehmen, wie es in den bürgerlichen Haushalten des 19. Jahrhunderts üblich
gewesen war. Die Arbeitskraft der Hausfrau war nicht mehr derart von
der Essenszubereitung in Anspruch genommen. Aus dieser – gewiß ein-
geengten – Perspektive her betrachtet war es eher für sie möglich, eine
außerhäusliche Tätigkeit aufzunehmen. Je nach der Lage des Arbeitsmarktes wurde sie von der öffentlichen Meinung dazu ermuntert, wenn
nicht gar aufgefordert, oder auf ihre häusliche Rolle verwiesen. Insgesamt aber stieg in der Weimarer Republik der Anteil der Frauen an der
erwerbstätigen Bevölkerung. Insoweit hatte sich die häusliche Entlastung ausgewirkt. Freilich trat das Problem der Ernährung bald wieder
und nun sehr existentiell in das allgemeine Bewußtsein.

Nach dem Ende des Krieges waren die Gedanken und Empfindungen
der meisten Deutschen von der Erfahrung des Hungers beherrscht. Der
Winter 1946/47 ging als „Hungerwinter" in ihre Lebensgeschichte ein.
In den Erinnerungen der Zeitgenossen leben diese Erfahrungen wieder
auf, wie in den frühen Romanen von Heinrich Böll: „Der Hunger lehrte
mich die Preise; der Gedanke an frisch gebackenes Brot machte mich

ganz dumm im Kopf und ich streifte oft abends stundenlang durch die
Stadt und dachte nichts anderes als Brot. Meine Augen brannten, meine
Knie waren schwach und ich spürte, daß etwas Wölfisches in mir war.
Brot. Ich war Brot-süchtig wie man Morphium-süchtig ist. Ich hatte
Angst vor mir selbst ... Noch jetzt überkommt mich die wölfische
Angst jener Tage und ich kaufe Brot, wie es frisch in den Fenstern der
Bäckereien liegt.“[49]

Die allgemein schlechte Versorgungslage, die Rationierung der
Lebensmittel hatten eine Uniformierung des Konsums bewirkt. Die Not
freilich machte auch erfinderisch, und so fanden Frauen, die die Haupt-
last der Versorgung ihrer Familien trugen, individuelle Lösungen, die
sich in der Nachbarschaft rasch verbreiteten und eifrig nachgeahmt
wurden. Dazu gehörte die Verwendung von Wildgemüse und anderen
Feldfrüchten, die bisher im Speiseplan unberücksichtigt geblieben
waren. So wurde der Löwenzahn als Ersatz für Chicorée gerühmt.
Andere versuchten Ersatzlösungen, auch wenn der echte Genuß mit
ihrer Hilfe nur zu erahnen war. Einen besonderen Erfahrungswert vermittelt dieses Rezept aus „Privatbesitz“: „Falscher Honig. Zutaten: Ein
halber Liter Buttermilch, 250 Gramm Zucker, 3 Tropfen Zitronen,
3 Tropfen Vanillearoma, 2 geriebene Äpfel. Buttermilch mit Zucker und
den Aromastoffen in einem Topf zum Kochen bringen. Unter ständi-
gem Rühren etwa eine halbe Stunde kochen lassen, bis die Masse dick-
lich wird. Die geriebenen Äpfel zugeben und noch einmal aufkochen
lassen. Dann kalt stellen.“[50]

Ein anderes drückendes Problem, die geringe Menge der Speisen so
zu strecken und zu längen, daß mehrere Personen gesättigt würden,
empfahl die Zeitschrift ‚Der Silberstreifen‘ im Jahre 1948 auf folgende
überzeugende Weise zu lösen: „Mit zuviel Brot oder Kartoffeln
gestreckt, schmecken Fleischpflanzl (Frikadellen, Brisoletten oder auch
Deutsches Beefsteak genannt) langweilig. Mischt man dagegen durch-
gedrehten Roten Rübensalat bis zum Fleischgewicht darunter, so bleiben sie schön rot und geschmacklich befriedigend. Der Rübenge-
schmack tritt völlig zurück. Sonst wie ‚Fleischpflanzl‘.“[51]

Mit der Aufhebung der Lebensmittelrationierung füllten sich die
Regale der Geschäfte rasch. Die erzwungene Uniformität des Essens
fand damit ein Ende. Die geringen Einkommen der meisten Haushalte
setzten dem ungehinderten Konsum zunächst noch enge Grenzen. Dennoch änderten sich die Ernährungsgewohnheiten bald. Nach den Entbehrungen der frühen Nachkriegszeit, den traumatischen Erfahrungen
des Hungers, wurde das Essen zur Lieblingsbeschäftigung: die sogenannte „Freßwelle“ bestimmte die fünfziger Jahre. „Freilich darf man
im Bundesbürger jener Jahre keinen Feinschmecker, sondern allenfalls

einen Vielfraß sehen."⁵² Die Folgen dieses Verhaltens stellte man ohne
Scheu zur Schau: Aus „Otto Normalverbraucher" war eine rundliche,
dicke, übergewichtige Figur geworden, die weithin dokumentierte, wie
weit man es doch wieder gebracht hatte. Ludwig Erhard, als Vater des
Wirtschaftswunders apostrophiert, verkörperte mit seiner Leibesfülle
sehr anschaulich das Lebensgefühl der noch einmal Davongekomme-
nen, die nun auf den schnell errungenen materiellen Erfolg um so stol-
zer waren, als ihnen an anderen Werten nicht viel geblieben war.

Mit grenzenloser Aufnahmebereitschaft und Anpassungsbegierde
nahm man fremde Speisen und Gewürze in die heimischen Mahlzeiten
auf. Das ist nur zu verständlich nach den Entbehrungen der jüngsten
Vergangenheit und der Abschottung von den Einflüssen der westlichen
Welt, die während der nationalsozialistischen Herrschaft weitgehend
gegolten hatte. Statt des heimischen Schweineschmalzes zog die Hausfrau nun Kokosfett, Palmin und ähnliche Produkte vor. Zum Würzen
wählte sie Ketchup, Mixed Pickles und scharfe Saucen, die in der deutschen Küche bisher unbekannt gewesen waren. Südfrüchte, die so lange
entbehrt wurden, waren nun besonders begehrt. Selbst Beigaben erhiel-
ten ein neues Gewicht: „Eine besondere Delikatesse wird die Kondens-
milch. Man schüttet sie nicht nur in den Kaffee, sondern trinkt sie, vor
allem unter Kindern, auch direkt aus der angestochenen Dose."⁵³ Mit
der Übernahme von Coca-Cola als Erfrischungsgetränk ging eine
gewollte und erwünschte Assimilation mit einer amerikanischen
Lebensweise einher, so wie man sie verstand und durch dieses Getränk
mit den von der Werbung assoziierten Bildern von Freiheit und Lebensfreude symbolisiert fand. Moderner Lebensstil – das hieß nun weitgehend amerikanischer Lebensstil, und man verstand darunter ein von
drückenden Sorgen, von Not und Unfreiheit entlastetes Leben.

Schnellimbiß

In den letzten Jahrzehnten ist der Schnellimbiß sinnbildlicher Ausdruck
der strukturellen Veränderungen des Mahles geworden. Er stellt in
mehrfacher Hinsicht den äußersten Gegensatz zum bürgerlichen Mahl
dar: Diese Art der Nahrungsaufnahme vereint nicht mehrere Menschen
zu einer geradezu rituellen Handlung, sondern es sind in der Regel einzelne, die am Imbißstand nach der Currywurst oder dem Wurstbröt-
chen – d. h. einem der standardisierten Angebote – verlangen. Die
Waren liegen auf dem Rost und können unmittelbar verzehrt werden,
oder sie sind – wie Wurst- oder Fischbrötchen – bereits zubereitet. Der
Imbißstand ermöglicht daher ein rasches Essen bei begrenzter Zeit.
Tischsitten, die beim bürgerlichen Mahl selbstverständlich waren, spie-

len hier keine Rolle, wie die Speise verzehrt wird, ist in das Belieben des einzelnen gestellt. Auch zu einer Tischunterhaltung ist niemand verpflichtet. Diese Eigenschaften, die für den Schnellimbiß bezeichnend sind, kommen dem modernen Lebensstil entgegen. Die Formlosigkeit freilich, der Mangel an vorgeschriebenen Riten, erweist sich bei genauerer Prüfung nur als eine andere Form: Auch das Essen an der Imbißbude kennt seine Regeln.

Den Schnellimbiß gibt es in verschiedenen Varianten: in großen organisatorischen Einheiten wie in den McDonalds-Lokalen, in den kleinen Schlemmerecken der Lebensmittelabteilungen der großen Kaufhäuser und in den vielen über das Land verstreuten, privat geführten Imbißstuben. Allen drei Formen ist die rasche Bedienung mit vorgefertigten Speisen gemeinsam. In den Details unterscheiden sie sich: McDonalds ist ein Schnellrestaurant. Es gibt Tische und Stühle. Die Ausstattung ist in allen Städten die gleiche. Uniformität ist Markenzeichen: Wo man sich auch befindet, in welcher Stadt welchen Kontinents, man kann sich sogleich heimisch fühlen. Die Schlemmerecken unterscheiden sich im erlesenen Angebot: Shrimps und Austern sind bevorzugte Speisen, ein Glas Wein ist im Preis inbegriffen. Für die Schlemmerecke ist meist wenig Platz vorgesehen. Die Essenden stehen an einem Tresen, der oft im Viereck angeordnet ist. Sie stehen nebeneinander und werden von einem Angestellten bedient, der sich im Innern des Vierecks bewegt und die Kunden bedient. Auch diese Form des Imbisses stellt eine Demokratisierung des Eßgenusses dar. Menschen, die zum Beispiel noch nie Austern gesehen haben und daher auch keine Ahnung davon hatten, wie man sie verspeist, lernen bei der räumlichen Enge mühelos vom Nachbarn, auf welche Weise man mit diesen Meerestieren umgeht.

Um die geheime Regelhaftigkeit des Schnellimbisses zu erkennen, wenden wir uns am besten den vielen kleinen Imbißständen zu, die sich bevorzugt an Straßenecken, in der Nähe von Bahnhöfen oder an Ausfallstraßen befinden. Der Fußgänger, der eilends durch die Straßen läuft, hält an und tritt auf den Stand zu, auf dessen Rost die Würste brutzeln. Er findet einfache Speisen vor, die seinen Erwartungen vom Immergleichen entsprechen. Zwar hat sich im Laufe der letzten zehn Jahre das Angebot geändert – statt der früher gerne gereichten Terrine Erbsensuppe oder anderer Eintopfgerichte, der Frikadellen und Bratkartoffeln stehen heute gegrillte und fritierte Speisen im Vordergrund. Das kommt auch im Namen der Imbißbuden zum Ausdruck, die eine Wortverbindung mit „Grill" eingehen. Für Schleswig-Holstein weist eine Untersuchung für das Jahr 1980 folgendes Standardangebot aus: „Currywurst, Schinkenwurst, Thüringer- und Nürnberger-Grillwurst, Bockwurst, Hot dogs, Hamburger, Schaschlik, Frikadellen und dazu

Pommes frites oder Kartoffelsalat und Brötchen."[54] Es handelt sich also um ein fabrikmäßig vorbereitetes Produkt, das in der Imbißstube schnell zubereitet werden kann. Durch die Verbindung mit verschiedenen Gewürzen und anderen Zutaten – Curry, Ketchup, Mayonnaise, Senf, Gurke, Salat – kann eine bescheidene Geschmacksvielfalt erreicht werden, die der regelmäßige Esser an Imbißstuben goutieren mag wie der Gourmet im Feinschmeckerlokal.

Unter den Besuchern der Imbißstuben lassen sich interessante Beobachtungen machen: „Doch sind diese Orte nicht nur Haltestellen auf dem Weg der Eilenden, der Taxifahrer, Vertreter, Streifenpolizisten oder der Verkäuferinnen und Angestellten, die in der Mittagspause zur Bude flitzen – sie sind auch öffentliche Stützpunkte und Beobachtungsposten derer, die ihre Zeit zu verlieren haben, die auf nichts warten und die oft von niemandem erwartet werden: Rentner, Arbeitslose, Krankgeschriebene oder Eckensteher."[55] Diese Personengruppen gehörten auch in der Vergangenheit schon zu den Kunden von Billigrestaurants. Doch dieser Konsumentenkreis weitet sich gegenwärtig immer weiter aus. Da sind einmal die Kinder und Jugendlichen, denen das Informelle der Essenssituation entgegenkommt, und die Älteren und Alleinstehenden, die keine rechte Lust oder auch nicht das Vermögen haben, für sich allein zu kochen. Hinzu kommen all jene, für die Zeitersparnis sehr wichtig ist: Geschäftsleute, Vertreter, Reisende und Touristen. „Auch jene heterogene Konsumentengruppe scheint größer zu werden, für die Schnellmahlzeiten einen gewissen Lustgewinn bedeuten, die die Standards der bürgerlichen Eßkultur als lästig empfinden und für die das Essen im Freizeitbereich nur eine Unterbrechung ihrer sonstigen Freizeitinteressen ist."[56]

Wo Essen zu einer beliebten Freizeitbeschäftigung geworden ist, gewinnt auch die Zeit eine ganz andere Bedeutung. Hier geht es nicht mehr um Zeitersparnis, die Essenszeit selbst wird lustvoll empfunden. Offenbar enthält der Schnellimbiß noch weitere Eigenschaften, die bloße Konsumenten zu überzeugten Liebhabern dieser Essensform wandeln. Einer dieser begeisterten Anhänger war der Dichter Robert Walser, der zu Beginn dieses Jahrhunderts die Atmosphäre des bis in die sechziger Jahre berühmtesten Schnellrestaurants, Aschingers Gaststätte zu Berlin, schildert: „Ein Helles bitte! Der Biereingießer kennt mich schon seit geraumer Zeit. Ich schaue das gefüllte Glas einen Moment an, nehme es mit zwei Fingern an seinem Henkel und trage es nachlässig zu einem der runden Tische, die mit Gabeln, Messern, Brötchen, Essig und Öl versehen sind. Ich stelle das nässende Glas ordnungsgemäß auf den Filzuntersatz und überlege, ob ich mir etwas zu Essen holen soll, oder nicht. Der Eßgedanke treibt mich zu dem blau-weißgestreiften Schnittwaren-Fräulein. Von dieser Dame lasse ich mir eine Auswahl Belegtes auf einem Teller verabreichen, derart bereichert trabe ich ordentlich träge an meinen Platz zurück. Ich gebrauche weder Gabel noch Messer, nur das Senflöffelchen, mit dem ich meine Schnitten braun anstreiche, worauf ich dieselben gemütvoll in den Mund hineinschiebe, daß es die Seelenruhe selber ist, die mir jetzt unter Umständen zuschauen darf. Bitte, noch ein Helles. Bei Aschinger gewöhnt man sich rasch einen Eß- und Trink-Vertraulichkeitston an, man spricht dort nach einiger Zeit fast nur noch wie Waßmann im Deutschen Theater. Mit dem zweiten oder dritten Glas Hellen in der Faust treibt's einen dann gewöhnlich an, allerlei Beobachtungen zu machen. Man will gern recht exakt notiert haben, wie die Berliner essen. Sie stehen dabei, aber sie nehmen sich ganz nett Zeit dazu. Es ist ein Märchen, zu glauben, in Berlin haste, zische oder trabe man nur. Man versteht hier geradezu drollig, Zeit dahinfließen zu lassen, man ist eben auch Mensch... Immer wimmelt es ein und aus von eßlustigen und satten Menschen. Die Unbefriedigten finden rasch an der Bierquelle und am warmen Wurstturm Befriedigung, und die Satten springen wieder an die Geschäftsluft hinaus, gewöhnlich eine Mappe unter dem Arm, einen Brief in der Tasche, einen Auftrag im Gehirn, einen festen Plan im Schädel, eine Uhr in der offenen Hand, die sagt, daß es jetzt Zeit ist... Und das schönste ist: man kann stundenlang am Fleck stehen, das verletzt niemanden, das findet kein einziger von all denen, die kommen und gehen, auffällig. Wer hier an der Bescheidenheit Geschmack findet, der kann auskommen, er kann leben, es hindert ihn niemand. Wer keine gar so besondere Herzlichkeit beansprucht, der darf ein Herz haben, man erlaubt ihm das!"[57]

Der vertrauliche Ton kennzeichnet den Kommunikationsstil, der an diesen Orten üblich ist, aber aus dieser Vertraulichkeit ergeben sich keine verpflichtenden Folgerungen. Auch wenn man in die allgemeine Vertraulichkeit einbezogen wird, so muß man nicht auf die gleiche Weise reagieren. Hat man etwa keine Lust zu reden, schweigt man eben und begeht dennoch keinen Regelverstoß. Es besteht auch von der Sache her keine Notwendigkeit zu ausführlichen Erläuterungen. Der Wortwechsel zwischen Kunde und Budenbetreiber ist sparsam und begnügt sich mit den Kürzeln eines Insidercodes.

„Einmal Pommes mit Mayo!"

„Einsfünfzig."

Allenfalls ausgedehnt auf:

„Mitnehmen oder Hieressen?"

„Mitnehmen!"

Stammgäste beweisen sich dadurch, daß sie über solche Kürzel ver-

fügen. Die notwendige Kommunikation solcher Insider läßt sich noch
weiter reduzieren, etwa: „Pommes rot – weiß!" (gemeint ist: mit
Ketchup [rot] oder Mayonnaise [weiß]).[58]

Man sieht: ausführlichere Angaben sind für eine Verständigung dieser Art nicht notwendig. Anders könnte es freilich unter den Konsumenten zugehen. Aber auch hier verlangt die Situation des Imbiß-Essens
keine Diskussion zu Zeitfragen, schließt sie freilich auch nicht grundsätzlich aus. Daß aber auch die Vereinzelung des Essenden nicht
Sprachlosigkeit bedeuten muß, daß sich auch ohne Sprache eine
geheime Kommunikation herstellen kann, die Situation selbst etwas
Verbindendes hat, schildert sehr anschaulich ein Frankfurter Journalist,
der am Münchner Hauptbahnhof mit Behagen Weißwürste verspeiste
und einen Ort vorfand mit eigener „Poesie, Urbanität und Behagen":
„An den Bierfässern verzehrt jeder still und ernst, was er bestellt hat,
der eine zuzzelt seine Weißwurst, der andere ißt Fleischkäse mit Messer
und Gabel, auf überflüssiges Reden kann man dabei gut verzichten.
Eine besinnliche Schweigsamkeit, nicht zu verwechseln mit einer verbis-
senen, zeichnet überhaupt jeden guten Imbißstand aus. Geistreiche
Gespräche und Stammtisch-Gebrabbel sind unangebracht. Das gefällt
mir zum Beispiel. Man versteht sich untereinander. Den Höhepunkt der
Imbißbekanntschaft habe ich an einem dieser Münchner Bierfässer
erlebt. Wir standen da, Fremde, und sprachen kein Wort miteinander.
Nachdem er sein Bier ausgetrunken und den Mund mit dem Handrük-
ken abgewischt hatte, wandte er sich zum Gehen, drehte sich aber noch
einmal um und sagte: ‚Mach's gut.'"[59]

Solche Beobachtungen ermöglichen uns eine differenziertere Bewertung der Mahlzeit am Schnellimbiß. Eine pauschale Ablehnung dieser
Essensform unter dem Gesichtspunkt eines Verfalls zivilisatorischer
Errungenschaften ist nicht mehr umstandslos möglich. Den meisten
distanzierten Beobachtern wird es so gehen wie den Vorübereilenden
am Schnellimbiß des Münchner Hauptbahnhofs, in deren Mienen der
Frankfurter Journalist eine Mischung aus „Verachtung und Begehrlich-
keit, aus hygienischem Entsetzen und vulgärem Appetit" wahrzunehmen meinte. Verurteilt man den Schnellimbiß als Verfallserscheinung,
so geht man von einer Evolution der Tischsitten aus und folgt dem
„Prozeß der Zivilisation", wie ihn Norbert Elias beschrieben hat. So
überzeugend die von ihm geschilderte Entwicklungsgeschichte auch ist,
dürfen wir nicht übersehen, daß die Geschichte der Industriegesellschaft neue Bedürfnisse hervorgebracht hat, die nach neuen Formen
ihrer Befriedigung verlangen. Vereinzelung heißt nicht in jedem Fall
trostlose Einsamkeit, sondern eben auch die Freiheit, mit seiner Zeit
und seinen Gefühlen auf eigene Weise umzugehen. Die mangelnden

Anforderungen an bestimmte Tischsitten, der Wegfall eines Zwangs zur Tischunterhaltung können so einen Gewinn bedeuten, weil der Zwang zur Einhaltung von bestimmten Formen bei Tisch und ein gezwungenes Reden über Nichtigkeiten als lästig empfunden werden und die Freude am Genuß beeinträchtigen. Die englische Sozialanthropologin Mary Douglas hat das Vorhandensein von formalen oder informellen Verhaltensweisen in den jeweiligen gesellschaftlichen Kontext gestellt und die Beschaffenheit einer Gesellschaft an der Art dieser Verhaltensweisen abzulesen versucht. Dabei fand sie heraus, „daß die unter der Rubrik ‚formal' stehenden Verhaltensalternativen überall dort hoch bewertet werden, wo die Rollenstruktur der Gesellschaft dicht und deutlich akzentuiert ist. Formalität ist ein Index für soziale Distanz, für wohldefinierte, allgemein sichtbare und voneinander abgehobene Rollen; und entsprechend ist informelles Verhalten ein Index für Rollenvermischung, Familiarität und Intimität".[60] Der Schnellimbiß ist ein Beispiel für Rollenvermischung und für eine besondere Art der Intimität, die eher strukturell und situationsbedingt ist, als daß sie eine persönliche Beziehung ausdrücken würde. Er entspricht dem Zeitgefühl, und auch an ihm kann man die „Ästhetik des Humanen" entdecken, die Heinrich Böll auf „das Wohnen, die Nachbarschaft und die Heimat, das Geld und die Liebe, Religion und Mahlzeiten" bezogen hat.[61]

Daß der Schnellimbiß nicht nur von anteilnehmenden Schriftstellern ohne Verachtung betrachtet wird, zeigen neuere Presseveröffentlichungen. Selbst Reformhäuser sehen in der Beliebtheit von Fast Food eine Chance, Kinder und Jugendliche über ein besseres, ernährungsphysiologisch höherwertiges Angebot für eine gesunde Ernährung zu gewinnen. In einem Artikel ‚Fast Food, Eßkultur und Gesundheit'[62] liest man: „‚Fast Food', die kleine, schnelle, unkomplizierte Mahlzeit von genormter Qualität, zu erschwinglichem Preis, die man im Stehen und aus der Hand verzehren oder verpackt mitnehmen kann, kommt dem modernen Lebensstil sehr entgegen. Was für berufstätige Erwachsene vielfach eine Notwendigkeit geworden ist, das betrachten Kinder und Jugendliche als besonderes Vergnügen, für das sie einen großen Teil ihres Taschengeldes ausgeben. Sie haben eine ausgesprochene Vorliebe für Fast Food, sei es, weil ihnen Hamburger, Würstchen, Pommes frites mit Mayonnaise oder Ketchup, Pizza, Cola und Limo besonders gut schmecken, sei es, weil sie die zwanglose Atmosphäre der Schnell-Restaurants schätzen, wo gute Tischsitten kaum eine Rolle spielen, dank Selbstbedienung der Umgang mit Bedienungspersonal und damit auch die ‚Schwellenangst' entfallen. Fast Food liegt also im Trend, und dies bei allen Altersklassen, wie die steigende Marktbedeutung der Schnellgastronomie ausweist, sie verzeichnet deutlich höhere Steigerungsraten als die Gastronomie insgesamt. Daran wäre auch nichts auszusetzen, wenn ernährungsphysiologisch höherwertige Mahlzeiten angeboten würden. Das meiste, was heute über die Theken wandert, ist nach dem Urteil von Ernährungswissenschaftlern zu reich an Kalorien, Fett und Salz und zu arm an Vitaminen und Ballaststoffen. Mehr Milch, Milchprodukte, Obst, Salat, Gemüse und Vollkornprodukte wären wünschenswert. Dann könnte das Essen ‚auf die Schnelle' zu einer ausgewogenen, gesunden Ernährung beitragen. Die Beliebtheit dieser Verpflegungsform böte zudem die Chance, Kinder und Jugendliche in Richtung auf eine gesundheitsbewußte Ernährung zu erziehen . . ."

Zunächst aber ist von dem standardisierten Warenangebot auszugehen, das wir beschrieben haben und das die Konsumenten offenbar gerade dadurch befriedigt, daß ihre Erwartungen exakt erfüllt werden. Sie wünschen keine Überraschungen, sondern wollen genau den Geschmackseindruck erleben, den sie auf dem Weg zur Imbißstube lustvoll antizipiert haben.

Die Kneipe

Der Schnellimbiß als sozialer Raum hat Ähnlichkeiten mit der Kneipe. An der Theke oder am Tresen ist eine mit dem Imbißstand vergleichbare zwanglose Kommunikation möglich. Sie wird freilich nicht unwesentlich vom Alkohol bestimmt. Der gemeinsame Alkoholgenuß versetzt die Anwesenden meist in eine gelöste Stimmung, in der sie mitteilsam werden. Das ist ein Moment, das am Schnellimbiß fehlt. Zwar kann man dort auch Bier trinken, aber Alkohol spielt im Ausschank nicht die dominierende Rolle. Ein weiteres unterscheidendes Merkmal liegt darin, daß am Tresen, anders als in der Imbißstube, vorwiegend, wenn nicht ausschließlich Männer stehen, während Frauen oder Männer in Begleitung von Frauen an den Tischen Platz nehmen. Gerade in ihrem „männerbündischen Element" liegt die Attraktivität der Wirtshäuser.[63] Das gilt trotz der Tatsache, daß auch Frauen zunehmend Kneipenbesucher geworden sind. Das Milieu ist dennoch immer noch männlich bestimmt.[64] In der Kneipe können Männer eine Existenz führen, gleich weit entfernt von der beengenden Versorgung der Familie und der Rolle, die sie als Ehemann und Vater zu spielen haben und der reinen Funktionalität des Arbeitslebens. Hier können sie mit anderen Männern, die sie vielleicht bisher gar nicht kannten und möglicherweise nicht wieder sehen werden, die Frustrationen ihrer Alltagserfahrung besprechen, ohne sich selbst in einer Weise zu offenbaren, die eine gewagte und peinliche Situation heraufbeschwören könnte. Eine solche Deutung ließe die Zwanglosigkeit der Kommunikation an der Theke nicht zu. Niemand geht irgendeine Verpflichtung ein. Ein jeder kann mit jedem sprechen und braucht sich an niemanden zu verlieren. „Weil die Aufrechterhaltung oder Überwindung der Distanzschranken zwischen den Gästen in die augenblickliche Verfügung jedes Interaktionsteilnehmers gegeben ist, herrscht an der Theke ein eigenartiges Reizklima. Es verbindet in besonderer Weise eine Verheißung von Nähe mit den Rückzugsmöglichkeiten der Distanz. Es stellt eine Gemeinsamkeit her und verhindert sie zugleich. Es nährt die Illusion, jeder könne jederzeit mit jedem in Berührung treten und dabei zugleich das Ausmaß seines Alleinseins selbst festlegen. Es täuscht hinweg über die Beziehungslosigkeit der Kontakte, mit denen das Alleinsein vertrieben werden soll. Denn auch wer an der Theke nicht allein ist, bleibt zutiefst einsam."[65]

Aber – wie auch der Schnellimbiß – ist der Tresen in der Kneipe nicht der Ort, der die Einsamkeit aufzuheben verspricht, sondern sie höchstens durch zwanglose Kommunikation mit anderen erträglich macht. Die Unverbindlichkeit der Gespräche ist es gerade, die von den Kneipenbesuchern gesucht wird. Sie ermöglicht ihnen, ihr Alleinsein für eine Weile aufzuheben, ohne ihm doch durch eine allzu intensive Kontaktaufnahme ein Ende zu bereiten, denn viele schätzen die mit dem Alleinleben verbundene Freiheit.

Stand noch in den fünfziger Jahren die Quartierskneipe, die Stammkneipe der Arbeiter, im Vordergrund, hat sich in den siebziger Jahren ein neuer Kneipentypus entwickelt: die „Szenenkneipe", die aus den Erfahrungen der 68er-Generation entstanden ist. Ihr kultureller Habitus prägt heute noch Atmosphäre und die geheime kommunikative Struktur dieser Kneipen, die sich meist in den größeren Universitätsstädten aufgetan haben. Ihr Publikum besteht aus den neuen Mittelschichten, gruppiert um Lehrer, Juristen und Professoren.[66]

Die Unterschiede zu den übrigen Kneipen zeigen sich in der Art der Gespräche. Immer ist das Reden, das „Quatschen", will sagen: das entlastende Aussprechen wichtig. In der Szenenkneipe hat das Reden geradezu eine demonstrative Bedeutung: „Der Perspektive vom befreiten Leben korrespondiert in den Kneipen der Modus zwanghafter Selbstpräsentation und Bedürfnisartikulation, der darauf angelegt ist, jede mögliche Art von Beziehung – der Unabhängigkeit und Individualität wegen – in der Schwebe zu halten."[67] Die eigene Verletzlichkeit muß durch mögliche Rückzugsformen geschützt werden. Daher wird die Gesprächsintensität immer wieder spielerisch aufgefangen und ins Unverbindliche zerstreut – eine Vorsicht, die mit der proklamierten Offenheit und der beabsichtigten Spontaneität nicht recht harmonieren will. Die Kneipe ist denn auch ein sozialer Ort, der zwar den Wunsch nach mitmenschlicher Kommunikation zeitweilig und in gewissem

Maße befriedigen kann, zugleich aber auch die soziale Isolation dieser Intellektuellen bewußt macht.

Neue Küche und neue Geselligkeit

Freilich gibt es in der Gesellschaft der 80er Jahre auch andere Bedürfnisse: Bedürfnisse nach einer intensiveren Form der Geselligkeit, als sie die Kneipe gewährt, und nach einem exquisiteren Speisenangebot, als es am Schnellimbiß möglich und gewünscht ist. So wünschen viele die Überraschung durch eine neue Kreation der Kochkunst, den exquisiten Feinschmeckergenuß, die Besonderheiten der „Nouvelle Cuisine". Hervorragende Berufsköche sind wohl bekannt und gelten als Koryphäen ihrer Kunst. Freilich: ihr Bekanntheitsgrad rührt wesentlich von ihren weit verbreiteten Kochbüchern her und von ihren Präsentationen im Fernsehen. Ihre Kunst soll allgemein zugänglich sein, und so wird dem Kochliebhaber jede Hilfe angeboten, um die Mahlzeiten der professionellen Köche zu Hause nachzuahmen. Die Kochkunst soll offenbar demokratisiert werden, und das große Interesse des Publikums gibt solchen Bemühungen recht. In dieses Bild paßt es, wenn neben den professionellen Köchen auch Meister ihres Faches zu Wort kommen, die als Liebhaber zur Kochkunst gekommen sind. Beispiele dafür sind das ‚Kochbuch für Füchse'[68] des Wissenschaftlers H. Maier-Leibnitz oder die Kochbücher der Elfie Casty, die sich ohne Ausbildung, aber voller Leidenschaft an das Kochen wagte und das von Insidern hochgeschätzte Landhaus in Klosters in der Schweiz führte. Ihr sehr persönlich gestaltetes Kochbuch mit zum Teil handschriftlichen Rezepten fand Anklang, und es ist bezeichnend, daß die Werbung gerade den Charakter des halb Professionellen hervorhob, das den Anfängern Mut machen kann, das Kochen zu versuchen und mit den Rezepten zu experimentieren.[69]

Freilich wird diese Entwicklung in der Literatur auch ganz anders gedeutet: „Das lawinenartig zunehmende Reden und Schreiben über Essen korrespondiert mit der Fragwürdigkeit und Auflösung bisheriger kulinarischer Praktiken und der mit ihnen verknüpften sozialen Rituale."[70] Derartige Feststellungen beruhen auf der Beobachtung, daß das Mahl – verstanden als ein gemeinsames Essen in einem bestimmten Kreis, etwa der Familie, zu einer bestimmten Zeit – in dieser Form immer weniger stattfindet, sondern von anderen ungebundenen Essensweisen abgelöst worden ist. Statt sich zu einem alle verbindenden Mahl zusammenzusetzen, nehme die Familie zunehmend ihr Essen vor dem Fernsehschirm ein, wird geklagt. Die Essenszeiten werden vom Programmschema der Fernsehanstalten bestimmt. Werner Höfers ‚Internationaler Frühschoppen' hat in den letzten Jahrzehnten in vielen Familien den Sonntagsbraten begleitet: Das Essen verspeisend, waren die Familienmitglieder gleichzeitig auf die Diskussion konzentriert, und es ergab sich eine merkwürdige Gemeinschaft der Essenden und der Diskutierenden am Fernsehschirm. Das Abendessen wird häufig in die Nachrichtensendungen eingepaßt oder so plaziert, daß der Fernsehfilm gesehen werden kann. Da das Essen vor dem Fernsehabend abgeschlossen sein soll oder aber während einer Sendung eingenommen wird, darf die Mahlzeit nicht aufwendig sein, sondern muß problemlos verzehrt werden können. Nicht die Mahlzeit des Abendessens verbindet die Familienmitglieder, sondern das gemeinsame Erlebnis der Fernsehsendung.

Wenn also das Familienessen wie überhaupt die Mahlzeit in bestimmtem Kreis in der Sinnbestimmung, wie sie Georg Simmel definiert hat, an Bedeutung verloren hat, scheint damit doch nicht ein Rückgang der allgemeinen Geselligkeit verbunden zu sein. Feste unter jüngeren Leuten, Gartenfeste, Feste auf dem Balkon, Nachbarschaftsfeste, Volksfeste – sie erfreuen sich großer Beliebtheit, und man braucht nur einmal einen abendlichen Spaziergang im Sommer zu unternehmen, um an Plätzen und vor allem in Gärten schon durch den Duft des Grillens auf solche Feste aufmerksam zu werden. Offenbar ist das Essen immer weniger eine Familienangelegenheit, sondern eine beliebte Freizeitbeschäftigung geworden. Als solche soll sie nicht arbeitsaufwendig sein, sondern eine zwanglose Geselligkeit ermöglichen.

Die Beliebtheit des Freiluft-Grillens gehört dazu. Als alte Nahrungstechnik in Vergessenheit geraten, wurde das Grillen nach dem Zweiten Weltkrieg in Deutschland rasch verbreitet. Die geringe Vorbereitungszeit, die für eine Grillmahlzeit benötigt wird, war sicherlich ein Grund mehr für ihre rasche Verbreitung, dann wohl auch die spezifische Art der Gemeinsamkeit, die sich daraus ergibt, daß die Zubereitung in der Öffentlichkeit geschieht und die Teilnehmer am Fest dem Grillen am offenen Feuer zusehen können. Diese Besonderheit hat dem Grillen die werbewirksamen Attribute der Ursprünglichkeit und Naturverbundenheit verliehen. Ein weiterer Grund für seine Beliebtheit dürfte die Art der Kommunikation sein, die Grillfeste begünstigen. Ulrich Tolksdorf hat sie sehr treffend die „Kochkunst der mittleren Distanz" genannt.[71]

Die Voraussetzungen des bürgerlichen Mahles fehlen ganz: Es gibt keinen Tisch, keine feste Sitzordnung, keine vorgeschriebenen Regeln. Es herrscht eine allgemeine Mobilität. Die Rolle von Gastgeber und Gästen ist nicht scharf unterschieden. Wenn auch der Einladende meist zunächst das Grillgerät bedient – bezeichnenderweise in der Regel ein Mann –, kann es doch sein, daß im Laufe des Abends einer oder mehrere Gäste diese Aufgabe übernehmen. Es bilden sich meist verschiedene lockere Gruppen von Teilnehmern, Gruppen, die sich wieder auflösen und neu zusammenstellen. Man steht dabei, nimmt an der Unterhaltung teil oder hört zu und geht auf andere zu, um sich mit ihnen zu unterhalten. Diese Mobilität sagt nichts über die Intensität der Gespräche aus, die dicht sein kann, aber etwas Spielerisches, weil Unerwartetes und Ungeplantes hat. Die „Kommunikation mittlerer Distanz", die diese Form der Unterhaltung auszeichnet, betrifft die zwanglose Geselligkeit, die sich gut mit dem Charakter der Freizeit verträgt, in der der Umgang der Menschen miteinander gelockerter, einfacher, unverkrampft ist.

Wichtiger als die Speisen und Getränke scheint die Geselligkeit zu sein, die man bei solchen Festen sucht. Das ist bei Straßen- und Volksfesten der Fall, wo man selbst im Gewühl menschliche Nähe sucht, wie auch bei spontanen Parties, „zu denen nicht direkt geladen wird, die sich einfach herumsprechen ... Man bringt Freund und Freundin mit und manchmal auch den Schlafsack. Ein Hauch von Räucherstäbchen oder Marihuana, Retsinawein aus Korbflaschen, Makrobiotisches, Gitarre naturell, Aggressionen im Gespräch, doch auch Zärtlichkeit – hier hat sich ein unbefangenes Ritual entwickelt. Alle duzen sich, keiner wird vorgestellt, doch niemand fühlt sich verloren ..."[72]

Das Essen selbst ist zweitrangig gegenüber der Geselligkeit. Diese Feststellung aufgrund zeitgenössischer Befunde bestätigt aber nur die Überlegungen, die am Anfang dieser Untersuchung standen. Verglichen mit dem Ritual des bürgerlichen Mahles wirken heutige Grillfeste oder spontane Parties formlos, aber sie vollziehen sich nach Regeln wie dieses, nur daß die Regeln andere sind. Bei allen Veränderungen der Mahlgewohnheiten zwischen 1800 und 1985 ist eines gleichgeblieben: In der Mahlzeit spiegeln sich Einstellungen und Werthaltungen der Essenden, und was sie für wert halten, das sagt etwas über die Gesellschaft aus, in der sie leben. So enthält auch das heutige Mahl als soziale Veranstaltung eine Struktur, die sich entziffern läßt.

2. Wohnen

Vor allem im Bereich des Wohnens scheint sich der jeweilige Lebensstil eines Menschen, einer sozialen Schicht, einer Zeit besonders sinnfällig auszudrücken. Stil und Anlage des Hauses oder der Wohnung, die Verteilung und Funktionszuschreibung der einzelnen Räume, die Gruppierung der Gegenstände zu Ensembles im Zimmer entsprechen dem Gestaltungswillen – und dieser wieder den Bedürfnissen – der Bewohner. In diesem Sinne ist die Wohnung eine Schöpfung ihres Besitzers und zugleich mehr als das: „Dies und nichts anderes ist in seinem eigentlichen Sinne das Heim: Eine Projektion des Ichs, und die Einrichtung ist nichts anderes als eine indirekte kultische Form des Ichs". „So ist der Raum mehr als ein reiner Spiegel der Seele, er wird zu einer Steigerung der Seele oder, wenn man dem Vergleich mit dem Spiegel folgen will, ein Spiel mit Spiegeln, weshalb sich unendliche Möglichkeiten eröffnen". Und: „Der Raum wird ein Museum der Seele, ein Archiv ihrer Erfahrungen, sie liest darin von neuem ihre Geschichte".[1]

Folgt man dieser Auffassung, bieten sich Wohnungen zur Analyse individueller Lebensstile an. Mehr als es ein Überblick über die Entwicklung von Grundrissen, Möbeln und Gebrauchsgegenständen je vermöchte, können Wohnungen als ein „Archiv von Erfahrungen" aussagen. Wohnungen waren Inszenierungen gelebten Lebens, und noch über die jeweilige Anordnung bestimmter Gegenstände lassen sich vergangene Lebenswelten rekonstruieren und die ihnen zugrundeliegenden Bedürfnisse und Erfahrungen entziffern.

Aber ein solcher Rekonstruktionsversuch griffe zu kurz, wenn er vergangenes Wohnen allein als Ausdruck eines individuellen Gestaltungswillens interpretierte. In der Regel – in der Vergangenheit mehr als in der Gegenwart, in der die vorherrschende Mobilität der Bewohner einen vergleichsweise raschen Wechsel der Wohnungseinrichtung nahelegt – finden die Bewohner Wohnungen und Möblierungen bereits vor, in die sie sich einleben und die sie nur in begrenztem Maße umgestalten. Nicht allein die individuellen Vorlieben wirken sich in der Gestaltung der Wohnwelt aus, sie leiten sich meist ab von einem vorherrschenden Geschmack, der wiederum etwas Allgemeines ausdrückt. Dieses Allgemeine mag ein Zeitgefühl sein, das bestimmte Interessen und Bedürfnisse definiert, die sich auch in der Wohnungseinrichtung realisieren. Mehr aber noch sind es die politischen Vorgaben, die ökonomischen Verhältnisse und ihre soziokulturellen Entsprechungen, die für die Wohnsituation des einzelnen und der verschiedenen sozialen Gruppen maßgebend sind. Die alte ständische Gesellschaft sah keine individuelle Existenzlösung vor – Veränderungen der Wohnstile in der frühen Neuzeit und vor allem im 18. Jahrhundert zeigen freilich, daß auch in einem strikt vorgegebenen sozialen Rahmen Entwicklungen möglich sind, wenn Erfahrungen und gewandelte Bedürfnisse der Gesellschaft sie verlangen. Die entstehende und sich mühsam und schmerzhaft durchsetzende Industriegesellschaft hat im 19. und auch noch im 20. Jahrhundert breiten Bevölkerungsschichten Wohnsituationen aufgenötigt, die einer individuellen Gestaltung keinen Spielraum boten, sondern den Bewohnern anheimstellten, wie sie in so wenig

Wohnraum, bei kargen, unhygienischen Verhältnissen ihre elementarsten Lebensbedürfnisse regeln wollten. Die Lösung derartiger Existenzprobleme verlangte freilich Erfindungsgabe und Phantasie, die in den geschichtlichen Darstellungen, die das Wohnen unter künstlerische Gestaltungen einreihen, selten gewürdigt werden.

So wie dieses Beispiel zeigt, lassen sich Wohnstile als Antworten auf vorgesetzte Existenzbedingungen verstehen. Die jeweiligen Inszenierungen der Lebensumwelt können im Rahmen ihrer sozioökonomischen und soziokulturellen Voraussetzungen als Spiegelbild von Bedürfnissen und Interessen gelesen werden. ‚Moderner Lebensstil‘ muß in einem solchen Zusammenhang thematisiert werden. Er organisiert Verhaltensmuster zu einem einheitlichen Ausdruck der Lebensführung. Darin entspricht er Bedürfnissen, die sich aus den objektiven Existenzbedingungen ergeben, und zugleich den Interessen der Menschen, die unter derartigen Bedingungen sinnvoll leben wollen. In Lebensstilen werden also kulturelle Orientierungsmuster deutlich, die nicht allein von den materiellen Lebensverhältnissen definiert sind, aber im Rahmen dieser Lebensverhältnisse wirksam werden.

Entwicklungstrends vor der Industrialisierung

Am Anfang stehen zwei Hauptstädte, die noch keine Metropolen sind, Städte jedoch, die auf vorzügliche Weise den Daseinssinn und das Lebensideal des jeweiligen Staates inkarnierten. Berlin als „Hauptstadt des ersten durchrationalisierten Staates in Europa" brachte diesen Daseinszweck selbst in der „Landschaft der Mark Brandenburg mit ihren Herrenhäusern und befestigten Garnisonstädten" auch architektonisch zum Ausdruck, vielmehr noch in der Stadt selbst. „Das gilt für Straßenzeilen, Platzräume, die Schlösser der Monarchen, die Palais des Adels, die Bürgerhäuser, für Brücken, Tore, Monumente, den Stil der Wohnungen, der Treppen und Höfe, für die Ausstellung mit Möbeln, Bildern und Skulpturen ... die gerade Linie und die aufrechte Säule kennzeichnen das Stadtbild."[2] Mochten Rationalisierung und Konstruktivität auch der preußischen Staatsidee entsprechen, die Gegebenheiten des Landes waren für einen Auf- und Ausbau günstig. Die Bevölkerung war im 17. Jahrhundert stark zurückgegangen, Krieg und Unbilden der Witterung hatten viele Häuser zerstört. Die preußischen Monarchen gingen als leidenschaftliche Städteplaner an den Ausbau des Landes und den Ausbau ihrer Hauptstadt. Ihr Gestaltungswille und ihre Planungsabsicht haben sich in mathematischer Exaktheit niedergeschlagen.

Ganz anders Wien. Mußte man in Berlin die räumliche Leere mit Menschen füllen, bestand die Aufgabe in Wien, der in die Stadt strö-

menden Menschenmenge Herr zu werden. Die Menschen siedelten sich
dort an, wo sie Platz fanden. Der Hochadel aus den Provinzen der
Monarchie drängte in die Hauptstadt, erbaute große Paläste und ver-
drängte die Bürgerhäuser. Der Eindruck des Zufälligen, Ungeplanten,
der Irrationalität überwiegt.[3]

Zwei Hauptstädte, deren Anlage, Stadtbild, bis zur künstlerischen
Gestaltung ihrer Häuser Lebensideale widerspiegeln – zu Metropolen
freilich werden sie unter den Anforderungen der Industrialisierung und
den veränderten Lebensbedürfnissen, die ihr entsprechen. Diese Entwicklung ist an den Prozeß der Urbanisierung gebunden, und Urbanisierung setzte in Deutschland im strengen Sinne erst in der zweiten
Hälfte des 19. Jahrhunderts ein.[4] Damit sie sich durchsetzen konnte,
waren freilich tiefgreifende Voraussetzungen notwendig: Altherge-
brachtes mußte aufgegeben, Widerständiges weggeräumt, verkrustete
Strukturen mußten aufgebrochen werden. Und dieser Vorgang des Auf-
räumens, um dem Neuen Platz zu schaffen, wurde anschaulich: Die
Stadtmauern wurden geschleift. Aus der alten auf sich bezogenen, nach
außen abgeschlossenen Stadt wurde die „offene Bürgerstadt". Hatte sie
sich bisher gerade durch ihre Abgrenzung vom Umland definiert, so
jetzt durch ihre Offenheit.[5] Dieser Prozeß setzt am Ende des 18. Jahrhunderts ein und zog sich in manchen Gebieten bis weit ins 19. Jahrhundert hin. Ohne die Aufhebung bisheriger Beschränkungen, ohne
diese Öffnung nach außen hätte die Stadt nicht der Lebensraum der
Industriegesellschaft werden können, für die ungehinderte Mobilität
Daseinsprinzip und Entwicklungsimpuls waren. Während die Gemein-
deordnungen den politischen Raum der Städte durch Selbstverwaltun-
gen regelten, die freilich vielfach – wie in der wirtschaftlich regen
preußischen Rheinprovinz, die von den napoleonischen Reformen pro-
fitiert hatte und nun von Preußen neu geordnet wurde – auf das besit-
zende Bürgertum beschränkt blieben, während die Gewerbefreiheit die
bisherigen Begrenzungen und Hemmungen der wirtschaftlichen Tätigkeit aufhob, wurde die unmittelbare Lebenswelt der Stadtbewohner
noch weitgehend und für lange Zeit von „vormodernen" Erscheinungen
und noch ungelösten Problemen belästigt.[6]

Zeitgenössische Schilderungen berichten anschaulich von der Lebens-
wirklichkeit, in der sich das städtische Leben abspielte. Zu den Berliner
Zuständen um das Jahr 1835 heißt es: „Die Leipziger Straße war auch
damals schon eine der vornehmsten Straßen Berlins; in einer Beziehung
sogar vornehmer als jetzt, denn von der Wilhelmstraße bis zum Tore
war kein Laden zu finden. Eine ‚Schönheit' aber machte sich auch im
Sommer bemerkbar. Das Haus Nr. 128 gehörte nämlich einem Schlächter, der, wie damals alle Schlächter, in seinem Hause schlachtete. Und

da er eine sehr große und wohlhabende Kundschaft hatte, so schlachtete er wöchentlich mehrere Male, und dann lief wöchentlich mehrere Male das dampfende, weil mit heißem Wasser vermischte Blut durch des Hauses Abflußkanal in den Straßenrinnstein, in dem es dampfend nach beiden Seiten abfloß und sich erst nach je fünfzehn bis zwanzig Metern im Schmutz des Rinnsteins verlief. Im Hause aber stank es unerträglich. Im Winter blieb die ganze blutige Schmutzerei permanent liegen, bis Schnee und Eis weggetaut waren! Und wie es in der vornehmen Leipziger Straße war, so war es selbstverständlich auch in allen anderen Straßen ... In allen Straßen, die nebenbei gesagt fast ohne Ausnahme ein so miserables Pflaster hatten, wie es heute in keiner Straße Berlins mehr zu finden ist, trennte auf jeder Seite ein tiefer, stets mit dickflüssigem und meistens stinkendem Schmutz angefüllter Rinnstein den Bürgersteig vom Fahrdamm. Auf jedem Hof mußte ein Brunnen und eine Senkgrube für Abwässer und Exkremente vorhanden sein; aber die Anlagen waren fast überall so verständnisinnig eingerichtet, daß die ausgegossenen Abwässer nicht in die Senkgrube liefen, sondern durch den Abflußkanal, der, bedeckt mit starken Bohlen, sich in der Mitte eines jeden Hausflurs und unter dem Bürgersteige hinzog, und sich dann in den Straßenrinnstein ergossen, und zwar unter der ebenfalls aus starken Bohlen bestehenden ‚Brücke‘, welche in einer Länge von etwa vier Metern vor jeder Hauseinfahrt von dem Bürgersteige bis nach dem zwanzig bis vierzig Zentimeter tieferliegenden Fahrdamm führte."[7]

Dieser Bericht schildert eine Situation, wie sie so oder ähnlich in den Städten seit altersher bestanden hatte und erst in den sechziger Jahren des 19. Jahrhunderts in Berlin, in anderen Städten eher noch später durch den Ausbau der Kanalisation behoben wurde. Als Übelstand wurde dieser übliche Zustand freilich erst gegen Ende des 18. Jahrhunderts empfunden, als sich die Geruchswahrnehmung änderte und sich eine neue Sensibilität ausbildete, die bestimmte Ausdünstungen, die bisher hingenommen worden waren, als übelriechend brandmarkte und nur schwer ertrug. Es ist eine merkwürdige Erscheinung, daß auch die Sinneswahrnehmungen der Menschen nicht konstant bleiben, sondern sich im Lauf der Jahrhunderte entwickeln und verändern. Die Geschichte der Sinne und der Sinneswahrnehmung ist erst seit kurzem zum Gegenstand der historischen Forschung geworden[8] und erfordert noch weitere Untersuchungen.

Die nachlassende Geruchstoleranz veranlaßte Naturwissenschaftler, Mediziner, Beamte, öffentliche Maßnahmen vorzuschlagen und zu verlangen, die das Übel beseitigen oder seine schädlichen Auswirkungen zumindest begrenzen sollten. Das französische Beispiel ist hier besonders eindrucksvoll: „Der am stärksten archaisch anmutende Imperativ dieser desodorierenden Hygiene besteht in dem Versuch, den Luftraum von allen Erdausdünstungen freizuhalten. Die dauernde Sorge der Zeitgenossen ist und bleibt darauf ausgerichtet, den Strom der plutonischen Dünste zu unterbrechen, sich gegen die aufsteigenden Dämpfe zu schützen, die Tränkung des Bodens um einer gesunden Zukunft willen zu verhindern und alles Stinkende so gut wie möglich unter Kontrolle zu bringen. Überall, wo eine Trockenlegung sich als unmöglich erweist, müssen die Schlammassen fortgespült, die grauenhaften Erdritzen überschwemmt werden, damit die unheilvollen Dünste nicht entweichen können. Wenn es unerläßlich wird, ein Hafenbecken oder eine dem Wechselspiel der Gezeiten ausgesetzte Fahrrinne zu entschlämmen, wartet man vorsichtshalber, bis die Flut am höchsten steht. Chaptal sollte den Rat erteilen, die Randgebiete der Sümpfe mit Sand zuzuschütten."[9]

Aus ähnlichen Überlegungen heraus beginnt man, im großen Stil den Boden zuzupflastern. Auf diese Weise hofft man, Mißstände gleich mehrfach und dadurch besonders wirkungsvoll zu bekämpfen: Das Pflaster würde den verseuchten Boden mit seinem verseuchten Grundwasser verschließen; der sich von oben angesammelte Schmutz konnte dank der großen Steinplatten leicht mit Wasser überflutet und abgespült werden. Außerdem boten die gepflasterten Straßen ein aufgeräumtes, gefälliges Bild, das dem neuen Ideal einer rationalen Klarheit entsprach.

Freilich: Es war auch die Stunde der öffentlichen Hygiene, die auf ihre Weise in das Leben der Stadtbewohner eingriff, reglementierend, kontrollierend, rationalisierend. Geruchsbelästigungen gingen ja nicht allein von Erdritzen und Rinnsteinen aus, sondern prinzipiell vom Leben selbst. Von daher verstärkt sich immer mehr die Neigung, von anderen Menschen abzurücken, eine Tendenz, die sich zu sozialen Ausgrenzungen steigert. Während sich auf der einen Seite durch das Bevölkerungswachstum im 18. Jahrhundert und durch den Bevölkerungsdruck vom Lande die Städte mit Bewohnern füllten und immer mehr Menschen auf kleinem Raum untergebracht werden mußten, wird die räumliche Nähe so vieler Menschen unerträglich. „Das Neben- und Miteinander von Armen und Reichen, Tagelöhnern und Hofräten, ‚Celebritäten' und Namenlosen im engen, mauerumgrenzten Stadtgebiet, auf Wegen und Straßen, in Häusern und Kirchen wurde dichter, hautnaher und bildet den Hintergrund des Abgrenzungswillens der Zeitgenossen voneinander."[10] Auch als die Stadtmauern gefallen, die Stadt zur „offenen Bürgerstadt" geworden war, ging die Offenheit doch nicht so weit, daß der soziale Abgrenzungswille davon nachhaltig beeinflußt worden wäre. Ganz im Gegenteil: Die Städte wiesen sozial unterschiedene Wohngebiete aus.

Aber nicht allein durch soziale Segregation war ein Problem zu lösen, das die neue Sensibilität aufzeigte. Der verfeinerte Geruchssinn ließ auch eine neue Wahrnehmung des eigenen Ichs zu, in der Weise, daß Düfte als „Erinnerungszeichen" vergangene Erlebnisse ins Gedächtnis rufen. So wie Marcel Proust über den Geschmack der Madeleine zu den versunkenen Schätzen seiner Kindheit zurückfand, so kann die Wahrnehmung bestimmter Düfte Ähnliches bewirken: Mit der „wiedergefundenen Zeit" wird der sich Erinnernde der Geschichte seines Ichs bewußt.[11]

Dieses Phänomen ist ein weiterer Beleg für eine Entwicklung, die sich in vielen Bereichen zeigt und sich auch in der Art des Wohnens konkretisiert: den Prozeß zu größerer Individualisierung und die Herausbildung eines nach innen gewandten und nach außen hin abgeschlossenen Privatbereichs. Die Geschichte des Geruchs erklärt ein Motiv dieser Zuwendung: den Wunsch nach körperlicher Distanz. Das Einzelbett statt des bisher üblichen gemeinschaftlichen Bettes erscheint so als eine notwendige Forderung der neuen Sensibilität und als ein weiterer Schritt in der Entwicklung der Privatisierung des Schlafens, die am Ende des 16. Jahrhunderts begonnen hatte und sich im 18. Jahrhundert durchsetzte.[12]

Individualisierung bestimmte jedoch nicht nur die Geschichte des Schlafens, sondern veränderte die Wohnkultur sehr entscheidend. Dieser Wandel ist abzulesen an der im 17. und 18. Jahrhundert sich vollziehenden, immer weitergehenden Differenzierung der Wohnung.[13]

Auf seinem berühmten Kupferstich ‚Hieronimus im Gehäuse' von 1514 hat Albrecht Dürer eine Gelehrtenstube dargestellt, wie sie vermutlich der herrschenden Zeittendenz entsprach. Der Gelehrte, der dort gesammelt und konzentriert am Schreibpult, das dem Tisch aufliegt, sitzt und schreibt, scheint tatsächlich in einem Gehäuse, einer Klause zu sein, abgewandt von der Welt, die nur karges Licht durch die Butzenscheiben wirft. Diese Darstellung symbolisiert eine Existenz, wie sie christliche Lebensregeln als eine Möglichkeit lehrten: Rückzug aus der Welt, um sich auf eine Daseinsweise vorzubereiten, die noch nicht wirklich ist.

Die vorweggenommene Intimität der Gelehrtenstube entspricht nicht dem allgemeinen, für die Mehrzahl der Menschen geltenden Lebensideal. Für sie war ein Rückzug in das Alleinsein ungewöhnlich, wenn nicht gar anstößig. Erst als sich im Laufe des 17. Jahrhunderts, in Anlehnung an höfische Vorbilder, auch die Grundrisse der Bürgerhäuser änderten, wurde die Raumaufteilung stärker differenziert. Die Gesellschaftsräume wurden von den Privaträumen getrennt, Allzweck- und Durchgangsräume traten zurück.

Ein anschauliches Beispiel für diese Veränderung bietet ein Kieler Adelshaus, das uns in Plänen von 1569 und 1769 überliefert ist.[14] Im alten Zustand stellte die eingeschossige Diele den Mittelpunkt des Hauses dar, um die die Zimmer des Erdgeschosses ohne Flure gruppiert waren. Im Obergeschoß lag der große Festsaal zur Straßenfront und hinter ihm einige kleine Zimmer ohne Flure. Man konnte also die einzelnen Zimmer nur erreichen, indem man den Durchgang durch andere benutzte. Ein von anderen unbemerkter Rückzug in eines der hinteren Zimmer war nicht möglich. Solchen individuellen Bedürfnissen entsprach dagegen der Grundriß der Wohnung von 1769. In der Mitte des Hauses liegt nun statt der Diele das Gesellschaftszimmer, an das sich auf beiden Seiten Empfangszimmer, Arbeitszimmer, Kabinett anschließen. An das Gesellschaftszimmer grenzt der Speisesaal. Im Obergeschoß liegen die Privaträume: Schlafräume, Bibliothek, Fremdenzimmer und ganz oben die Kammer für die Diener. Jedes Zimmer ist leicht zugänglich. Zwei Besonderheiten sind für dieses Haus im 18. Jahrhundert auffallend: die Trennung der Gesellschafts- und der Privatsphäre, sichtbar in der Lokalisierung des repräsentativen Bereichs im Erdgeschoß und der Verlagerung der privaten Räume in die obere Etage, wo sie vor fremden Blicken geschützt sind, und die Funktionszuschreibung der einzelnen Räume.

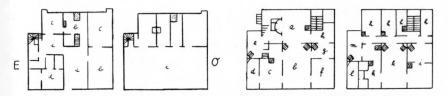

Ein Kieler Adelshaus im Zustande von 1569 (links) und 1769 (rechts). Älteres Haus: a) Diele und Nebendiele, b) Wohnzimmer, c) Schlafzimmer, d) Räume für das Personal, e) Festsaal. – Neueres Haus: a) Speisezimmer, b) Gesellschaftszimmer, c) Arbeitszimmer, d) Kabinett, e) Schlafzimmer, f) Empfangszimmer, g) Vorzimmer, h) Diele, i) Fremdenzimmer, k) Eheschlafzimmer, l) Kabinett, m) Billardzimmer. (Nach Pauly)

Diese Spezifizierung konnte noch ausgeprägter sein, und manche großen Häuser enthielten Musikzimmer, Bibliothek, Rauchsalon und Arbeitszimmer.[15] Daß solche Bauten keine Ausnahmen darstellten, sondern einem verbreiteten Standard bürgerlichen Wohnens entsprachen, zeigt die literarische Wirksamkeit französischer Architekten, die das herrschende Wohnideal auf sehr wirkungsvolle Weise in ganz Europa verbreiteten. Der Einfluß von Jacques François Blondel und A. C. Daviler war beispielgebend für die Gestaltung bürgerlicher Wohnungen. Die Differenzierung der Räume innerhalb des Hauses und ihre Funktionszuschreibung wiesen in den Plänen Davilers eine interessante Besonderheit auf. Das französische „hôtel", das Daviler im Auge hatte und dessen Leitlinien in Deutschland rezipiert wurden, sah je ein „appartement" für den Herrn und die Dame vor, die außerdem Wohnzimmer, Speise- und Festsaal gemeinsam nutzten. Hier war die Möglichkeit einer geschlechtsspezifischen Trennung der Räume vorgezeichnet. Es war dem Herrn und der Dame möglich, sich in ihr Gemach zurückzuziehen und sich in dem gemeinsamen Wohnzimmer wieder zu vereinen – Widerschein einer partnerschaftlichen Beziehung, wie sie am Ende des 18. Jahrhunderts für eine sehr kurze Zeit denkbar schien. Herren- und Damenzimmer sollten sich im 19. und auch im 20. Jahrhundert in veränderter Bedeutung erhalten, dem Idealbild der bürgerlichen Familie gemäß, wie es nun allgemeine Geltung fand.

Leben im Biedermeier

Lange galt das Biedermeier als Höhepunkt und spezifische Ausdrucksform bürgerlicher Wohnkultur. Wenn auch die Forschung diese Gleichsetzung längst in Frage gestellt hat und die gezeichnete Idylle als eine gefährdete[16] erkannt ist, bleibt doch manches an diesem Bilde erhalten.

Das ‚Biedermeier' war nicht bürgerlich in sozialgeschichtlicher Hinsicht: Bedeutende Beispiele für diesen Stil der Wohnungseinrichtung stammen aus bayerischen Residenzen. Eines der klassischen Vorbilder, in allen Prachtbänden zur Geschichte der Möbelstile abgedruckt, ist Zieblands Aquarell, das das Ankleidezimmer König Max I. Josefs im südlichen Pavillon von Schloß Nymphenburg aus dem Jahre 1820 zeigt. Dieses Bild enthält in der Tat einige charakteristische Besonderheiten, die das Biedermeier ausmachen: die ruhigen, klaren, unverschnörkelten Formen, die Bilder an den Wänden, die Hereinnahme der Natur in den Wohnbereich, nicht allein sichtbar an dem kleinen Vogel in seinem Käfig, sondern durch den Park, in den sich das Zimmer ungehindert zu verlängern scheint. Erst allmählich hat sich das gehobene Bürgertum, das allein finanziell dazu in der Lage war, diesem Wohnstil angeglichen. In neueren Untersuchungen, die Auftragsbücher von Handwerkern auswerten, wird noch bis 1830 eine überwiegend adelige Kundschaft registriert, die erst nach dieser Zeit um bürgerliche Besteller erweitert wird.[17]

Wenn auch der Geschmack des Adels auf das Bürgertum vorbildhaft gewirkt haben mag, wird der finanzielle Aufwand vom Kauf dieser Möbel abgeschreckt haben. Nach erhaltenen Rechnungen kostete eine Zimmerausstattung in Kirschbaum „mit Sekretär, zwei Kommoden, sechs Stühlen, einem Kanapee, einem Vitrinenschrank und dem Tur-

meauspiegel zwischen hundertfünfzig und zweihundert Gulden ... –
eine Summe, die das Jahresgehalt eines niederen Beamten oder das
Jahreseinkommen eines kleinen Handwerkers ausmachte."[18]

Auch das Idyllische des biedermeierlichen Charakters hat eine
genauere Kenntnis der Zeitumstände in Frage gestellt. Wie hätte sich
die nachgewiesene Politisierung im Vormärz mit einer unpolitischen
Selbstbescheidung des Bürgertums verbinden können? Dennoch ist diese
vormärzliche Epoche als bürgerliche Idylle rezipiert worden, und trotz
der Einwände hat diese Deutung eine gewisse Wahrheit für sich. Es bildete sich in der ersten Hälfte des 19. Jahrhunderts ein Lebensstil aus,
von Adel und Bürgertum gleichermaßen gepflegt, der sich aus heutiger
Sicht wie im Schatten der Modernisierung ausnimmt. Ist die Privatheit,
die so deutlich akzentuiert wird, ein Refugium, in dem man seine
Kräfte sammelt, die in und nach der Revolution um so stärker zu
öffentlicher Tätigkeit drängen? Oder ist die Zeichensprache dieser
Wohnkultur ein Mimikry, das den Modernisierungsschub verschleiert,
der sich unterhalb der statischen Idylle vollzieht?

Sicher war der große Ausbruch der Französischen Revolution mit
der Niederlage Napoleons zu einem Ende gekommen, hatten die Auto-
nomieforderung der Aufklärung und der Gefühlsüberschwang der
Romantik eine intellektuelle und emotionale Hochspannung erzeugt,
die auf Dauer nicht zu halten war. Auch der Deutsche Idealismus hatte
mit der bescheidenen Realität nicht versöhnen können. Und es mag
sein, daß Franz Grillparzer dieses Zeitgefühl am Ende seines Dramas
‚Der Traum, ein Leben' zum Sprechen bringt:

„Was ist der Erde Glück? Ein Schatten.
Was ist der Erde Ruhm? Ein Traum.
Du Armer, der von Schatten Du geträumt."[19]

Vom Traum erwacht, ihm gelegentlich wehmütig nachtrauernd, fügen
sich die Menschen in ihre private Welt. Was zunächst auffällt, ist, daß
in diesen Wohnungen tatsächlich gelebt wird. Sie sind weit entfernt von
der kalten Pracht klassizistischer Darstellung. Die Entwicklung zur
Individualisierung, die sich bereits im 18. Jahrhundert vollzogen hatte,
wird in der Differenzierung der einzelnen Zimmer unüberbietbar. Das
Bücherzimmer ist nun das Zimmer, in dem nicht Bücher ausgestellt
werden, sondern in dem gelesen wird. Adalbert Stifter, selber eine ner-
vöse, gefährdete Existenz, der für ein dominantes Zeitgefühl steht, hat
in seinem Roman ‚Der Nachsommer' ein solches Bücherzimmer
beschrieben:

„In der Wohnung war ein Zimmer, welches ziemlich groß war. In
demselben standen breite flache Kästen von feinem Glanze und einge-

legter Arbeit. Sie hatten vorne Glastafeln, hinter den Glastafeln grünen Seidenstoff, und waren mit Büchern angefüllt. Der Vater hatte darum die grünen Seidenvorhänge, weil er es nicht leiden konnte, daß die Aufschriften der Bücher, die gewöhnlich mit goldenen Buchstaben auf dem Rücken derselben standen, hinter dem Glase von allen Leuten gelesen werden konnten, gleichsam als wolle er mit den Büchern prahlen, die er habe. Vor diesen Kästen stand er gerne und öfter, wenn er sich nach Tische oder zu einer andern Zeit einen Augenblick abkargen konnte, machte die Flügel eines Kastens auf, sah die Bücher an, nahm eines oder das andere heraus, blickte hinein und stellte es wieder an seinen Platz. An Abenden, von denen er selten einen außer Haus zubrachte, außer wenn er in Stadtgeschäften abwesend war, oder mit der Mutter ein Schauspiel besuchte, was er zuweilen und gerne tat, saß er häufig eine Stunde öfter aber auch zwei oder gar darüber an einem kunstreich geschnitzten alten Tische, der im Bücherzimmer auf einem ebenfalls altertümlichen Teppiche stand, und las. Da durfte man ihn nicht stören, und niemand durfte durch das Bücherzimmer gehen."[20]

Diese Hochschätzung der Bildung spricht sich auch in minuziösen Schilderungen von Schreibtischen („Schreibschreinen") aus. Neben dieser Hervorhebung der Bildungswelt ist die bürgerliche Tätigkeit auf eine merkwürdige Weise – nämlich zugleich versteckt und doch exponiert – anwesend. Was Theodor Fontane aus seiner Kinderzeit erzählt, ist für die bürgerlichen Haushalte von Berlin, Wien, Budapest vielfach bezeugt: „Er (der Vater) saß gerne an diesem seinem Sekretär und hing mehr oder weniger an jedem Kasten oder Schubfach desselben, ein besonders intimes Verhältniß aber unterhielt er zu einem hinter einem kleinen Säulen-Vortempel verborgenen Geheimfach, drin er, wenn die Verhältnisse dies gerade gestatteten, sein Geld aufbewahrte."[21] Derartige Schubladenschränke mit vielen Fächern werden oft beschrieben: „Ein solcher Hausschrein barg im Innern ein(e) zweite kleine Fassade, gleichsam die Cella – den Tempelschrein –, in der das Geld und die Dokumente wie in einem Aerarium aufbewahrt wurden"[22] – Schränke dieser Art standen mit Vorliebe im Schlafzimmer, dem Ort der Intimität, waren fremdem Zugriff entzogen und wirkten besonders kostbar.

Das Zentrum der biedermeierlichen Wohnung war die Wohnstube, der Ort, an dem die bürgerliche Familie lebte. Zumindest wird in der Literatur überwiegend die Ansicht vertreten, daß sich das Familienleben in der Wohnstube abspielte. Geht man stärker auf die Lebensgewohnheiten des Adels in den Residenzen ein, die für die biedermeierlichen Wohnformen stilbildend waren, gewinnt man freilich ein anderes Bild: „Der Salon oder das Wohnzimmer, das während der Wochentage unbenutzt und ungeheizt blieb und dazu hinter geschlossenen Läden, Vorhängen und unter Hussen versank, war der Hauptraum, in dem das Biedermeier alles investierte und dazu eine Vielfalt von Möbeln zwischen 1805 und 1810 weiterentwickelte und ausformte."[23] Dieser adelige Salon ist das Vorbild der „guten Stube", die in ihrer kalten Pracht das 19. Jahrhundert überdauert hat.

Das bürgerliche Leben dagegen spielte sich in diesen Zimmern ab, und viele Dokumente bestätigen, daß diese Wohnweise bis tief ins Kleinbürgertum hinein verbreitet war. Allein die Qualität der Polsterung und der verwandten Heimtextilien war im Kleinbürgertum geringer, während die Möbel selbst gemäß den hohen handwerklichen Standards solide und gut verarbeitet waren.[24]

Als Beispiel für dieses Leben in der Wohnstube kann die Abbildung des Wohnzimmers im Hause der Bettina von Arnim in Berlin gelten.[25] Der Raum ist nicht besonders groß, seine ästhetische Gestaltung steht ganz unter dem Zeichen der Behaglichkeit. Dem heutigen Betrachter fällt auf, wie sehr doch manche Wohnlösung – hier ein Regal an der rechten Zimmerwand, das ein Sofa umschließt, sich bis heute erhalten hat. Die Möbel sind derart an den Wänden verteilt, daß ein großer Innenraum entsteht, der vollständig von einem Teppich bedeckt ist. Obgleich das Aquarell nur einen Ausschnitt des Zimmers wiedergibt, sind doch zumindest drei Stellen auszumachen, die für bestimmte Tätigkeiten reserviert sind: das breite Sofa und ein Sessel, denen ein runder Tisch zugeordnet ist, der Nähtisch auf dem Podest am Fenster und der Schreibtisch, der vor einem zweiten Fenster steht. Während Näh- und Schreibtisch der einsamen Beschäftigung vorbehalten sind, stehen die Polstermöbel der privaten Geselligkeit zur Verfügung. Der kleine runde Tisch hatte meist eine glatte Mahagoniplatte. Die zahlreichen Bilder über dem Sofa tragen zur wohnlichen Atmosphäre des Zimmers bei. Die bequemen Möbel waren für einen kleinen Kreis von Freunden bestimmt. Einer großen Gesellschaft hätten sie keinen Platz geboten. „Da war's so schön, so still und geräumig. Nichts erinnerte an die Beschränkungen des gemeinen Lebens und nichts an Augenlust, an Weichlichkeit und Hoffart. Es fand sich alles, was zum wirklichen Komfort eines behaglichen Lebens gehört, aber nichts Unnützes und nichts, was geblendet oder geprahlt hätte."[26] In das Bild dieser Wohnstube denkt sich der Betrachter eine sehr private Gesellschaft einiger weniger Freunde, vielleicht einen Damentee oder ein Kaffeekränzchen in der Sofaecke. Verallgemeinert freilich täuscht dieses Bild. Die Formen der Geselligkeit waren regional sehr unterschieden. Während in Norddeutschland die häuslichen Besuche überwogen, war man in Süddeutschland mehr nach außen orientiert: Ausflüge in Kaffee- und Biergärten waren sehr beliebt.

Geselligkeit ließ sich noch auf eine andere Weise verstehen: manche
Zeichen verraten die Neigung, sich das Ferne und Vergangene zuzuge-
sellen und die eigene, wohl oft bedenklich empfundene Beschränkung
ins Weite hin aufzulösen. Wie im Wohnzimmer der Bettina von
Arnim, so sieht es auf den meisten Abbildungen biedermeierlicher
Wohnungen aus: Über dem Sofa hängen viele Bilder unterschiedlicher
Größe relativ dicht beieinander. Auch Adalbert Stifter beschreibt eine
Bilderwand: „Die Bilder hatten lauter Goldrahmen, waren ausschließlich Ölgemälde, und reichten nicht höher, als daß man sie noch mit
Bequemlichkeit betrachten konnte. Sonst hingen sie aber so dicht, daß
man zwischen ihnen kein Stückchen Wand zu erblicken vermochte."[27]
Die Gewohnheit, die Wand mit Bildern zuzudecken, wenn auch nicht
unbedingt in Gold gerahmt, war allgemein. Beliebt waren Bildfolgen
nach Legenden oder Romanen, Schattenrisse und Scherenschnitte, Por-
traits von Familienangehörigen und Freunden.[28] Solche Bilder hingen
nicht allein über dem Sofa, sondern auch in Nischen oder an anderen
Sitzecken, wo man nur gerade Platz für einen derartigen Wand-
schmuck finden konnte. Eine ähnliche Bedeutung hatten die offenen
Spiegelschränke, die Etagere oder die Vitrine. Sie „enthielten das Hun-
derterlei von Erinnerungsstücken, Souvenirs und zerbrechlichen Kost-
barkeiten, das man herzeigen, anschauen und bewahren wollte",[29]
Hochzeits- und Patengeschenke, Erinnerungen an Freundschaften und
Liebe. Herzeigen und Bewahren – beides war wohl intendiert: Der
Besucher konnte und sollte die Fülle gelebten Lebens bestaunen und
den Sammler dieser Erinnerungszeichen in seinem Glauben an die Realität seiner Erinnerungen stärken und ihn seines gelungenen Lebens
vergewissern. Aus dem gleichen Grunde mußte er die Zeichen aufbewahren, die für bestimmte Erlebnisse standen, um sie jederzeit ins
Gedächtnis zurückrufen zu können. Diese merkwürdige innere Unsicherheit wich freilich nicht allein wie in einer Fluchtbewegung in das
Früher der eigenen Lebensgeschichte aus: Die Vergangenheit insgesamt
bot ein reiches Reservoir an Erscheinungen, in das man sich zurück-
wenden konnte, ein Inventar an Bildern vergangenen Lebens, das der
Phantasie viele Ansatzpunkte anbot. „Man spielte mit Emblemen der
Vergangenheit, der Freundschaft und Liebe."[30] Ein früher romanti-
scher Historismus hat dieser Neigung, aus der er vermutlich entstand,
entsprochen. Man wandte sich vergangenen Stilen und Formen zu,
weil man für die so ganz neuen Anforderungen der Industriegesellschaft, die der Mentalität noch unvertraut waren, keine angemessenen
Konstruktionen fand. So wie die entstehenden Zweckbauten, Bahnhöfe, Hallen und Fabriken, in mittelalterliche Formen verkleidet wurden, so verlangte eine Mode, die sich nach 1840 schnell ausbreitete,

auch die Gegenstände des täglichen Lebens in einer Art „Gebrauchsgotik" auszustatten.[31]

Die Mittelalterrezeption war nicht allein in Geschichtswissenschaft und Literatur wirksam, sie gab einem Bürgertum Masken her, mit denen es spielerisch umgehen konnte, um in Verkleidungen andere Lebensformen auszuprobieren und der mangelnden Schönheit gegenwärtiger Realität entgehen zu können. Nicht nur aus der Vergangenheit lieh man sich seine Kostüme, auch ferne Räume boten Stoff für Verkleidungen. Analog der Orientbegeisterung, die in Reisebeschreibungen und phantastischer Literatur ihren Niederschlag fand, entwickelte sich der Stil „à la chinois" oder „à la turque", der mit anderen Formsprachen verschmolzen wurde – Möglichkeiten der Evasion in weite Räume, Fluchtbewegungen. Die Zeichen verdichten sich, daß der idyllische Charakter, der lange Zeit dem Biedermeier zugeschrieben wurde, dem Bedürfnis nach Verklärung vergangener Epochen entspricht, das eine spätere Zeit, das späte 19. Jahrhundert, auszeichnet.

Auch die Natur war ein bewährtes Feld poetischer Zuwendung. Eine Vorliebe fürs Landleben, das Landhaus, die gepachteten Gärten mit ihren Lauben vor den Toren der Stadt, zeugen von der Liebe zur Natur. Die Natur wurde auch in die Intimität der Wohnung einbezogen. Das geschah einmal durch die vielen Blumentöpfe, die man auf Fensterbänken und Nischen verteilte. Man liebte die Einrichtung von „Zimmerlauben", dünne Holzgitter, an denen Klettergewächse emporrankten. In den von ihm eingerichteten fürstlichen Räumen stellte Schinkel solche Zimmerlauben zu beiden Seiten des Zimmers auf.[32]

In manchen Romanen scheint es so, als habe man mit Pflanzen und Blumen die Fenster geradezu verstellt. „Um die kleinscheibigen Fenster hingen luftige Filetgardinen, weiß wie Schnee, faltenreich und kokett mit farbigen Bandschleifen aufgeheftet, wie der Umhang eines Brautbettes von Coridon und Phyllis, und auf dem Fensterbrett blühten in grün gesprenkelten Töpfen die Blumen aller Zeiten, blaue Akapanthus, blaue Aronsruten, feinblättrige Myrten, ferner rote Verbenen und schmetterlingsbunte Geranien."[33]

Das Fenster hatte in der biedermeierlichen Wohnung eine wichtige Bedeutung. Viele bildliche Darstellungen sind um das Fenster komponiert. Oft wird der Mensch am Fenster stehend gemalt. Nicht immer sind die Fensterscheiben so klein, daß sie von den Pflanzen auf den Fensterbänken geradezu verstellt werden wie in dem dänischen Kaufmannshaus, das Jacobsen beschreibt. Viel öfter betonen luftige Musselinvorhänge die Helligkeit des Lichtes. Oder die Glastüren zum Garten sind weit geöffnet, wie auf dem Aquarell, das den Gartensaal im Haus der Bettina von Arnim in Berlin abbildet.[34] Aber auch hier ist die

Dialektik von Außen und Innen, von Herzeigen und verschließend
Bewahren, die Verschränkung von Natur und Künstlichkeit präsent
und nicht zu überwinden. Denn die Pflanzen, die man in die Wohnung
stellt, sind wie eine Sammlung, mit der man sich umgibt, und stehen
für einen spontanen, selbstverständlichen Umgang mit der Natur, der
so einfach nicht mehr gelingt. „Der typische Biedermeierraum ...
schließt sich von der Außenwelt ab und schützt sich vor ihr, indem er
einige Zeugnisse von jener Welt aufnimmt, der er den Rücken gekehrt
hat."[35]

Leben im Biedermeier: Die Wohnungseinrichtung beschreibt den Rahmen des Familienlebens. Zwar ist die Differenzierung der Räume, wie sie
sich im 18. Jahrhundert durchgesetzt hatte, nicht gänzlich aufgehoben.
Weiterhin gibt es in den großen Häusern die Funktionszuschreibung einzelner Räume, es gibt die Bibliothek, das Musikzimmer, aber mehr als
der Rückzug des einzelnen in sein Zimmer zählt die innere Differenzierung der Wohnstube. Hier spielt sich das Leben der bürgerlichen Familie
ab, hier sieht die Einrichtung verschiedene Tätigkeiten zur gleichen Zeit
vor. Und da die Trennung von Arbeits- und Privatsphäre weit vorge-
schritten war, stellt sich die Frage nach dem Ort der Frau in dieser biedermeierlichen Wohnung. Noch sind die Küchen sehr groß: In der Mitte
des Raumes ragt der hohe Herd mit dem Backofen hervor. Am und auf
dem Feuerhut wie auch in und auf dem Küchenschrank und den Regalen
ist eine Unmenge Geschirr und Kochgeräte säuberlich aufgereiht.[36] Die
Auswertung von Haushaltsbüchern freilich zeigt, daß die Aufgaben der
Hausfrau zunehmend reduziert werden. Hatte etwa der Haushalt der
Frau Rat Goethe noch die Produktion der Lebensmittel selbst und eine
große Vorratshaltung erfaßt, beschränkt sich der Haushalt um die Mitte
des 19. Jahrhunderts allein auf die Konsumtion.[37] So wundert es nicht,
wenn die Wohnstube nicht nur das Zentrum der bürgerlichen Familie,
sondern in besonderem Maße auch das der Frau darstellt. Das gilt für die
Geselligkeit am runden Tisch, wo sich die Sofaecke für das Kaffeekränzchen oder den Damentee eignet, wie auch für das Nähtischchen auf dem
Podest am Fenster, wo die Ehefrau wie auch die unverheirateten Töchter
ihren „Handarbeitsfleiß" ausleben. Manche von ihnen mögen ihre Kreativität in solchen Arbeiten mit Freude an der Gestaltung umgesetzt
haben. Andere gingen mehr oder minder gezwungen der einzigen Tätigkeit nach, die ihnen offenstand. Für sie galt wohl diese treffende
Beschreibung: „Vom zarten Kindesalter bis hin zum Großmutterdasein
war es eine Liebespflicht des weiblichen Geschlechts, die Umwelt mit
schönen, nützlichen und unnützen Arbeiten der Hände zu versehen:
Sofakissen, Tischläufer und Deckchen, Klingelzüge, Taschen, Spitzenkra-
gen und Umhänge, Nachthäubchen und Tagmützen, Kinderschürzen

und Haarbänder, gestickte Wandsprüche für Küche und Schlafzimmer, Blumenbilder für Wohnstuben, Lautenbänder und vieles mehr."[38] Für die Frauen brachte das Biedermeier, von einigen intellektuellen Außenseiterinnen abgesehen, keine Perspektive auf neue, vielfältigere Lebensformen.

Die Metropole: Straßen und Plätze

Der Ausdruck „Metropole" beschreibt im 19. Jahrhundert einen neuen Stadttyp, er meint mehr als Kapitale, Hauptstadt, er ist synonym für das pulsierende Leben einer Großstadt und darin der Rahmen für den modernen Lebensstil.

Die Stadt wird von einer Menge Straßen durchzogen, von breiten Boulevards, Einkaufsstraßen, Plätzen, die Verkehrsinseln gleichen oder solchen, die Augenblicke der Ruhe geben, Gassengewirr. Der Ausbau des Verkehrsnetzes veränderte die alte Stadt und ihre Lebensweise, verlieh den Hauptstädten den Charakter der Metropole. Selbst in den siebziger Jahren des 19. Jahrhunderts war die Entwicklung des Verkehrs in Berlin noch wenig fortgeschritten. Der Ausspruch eines Stadtbaurates aus dieser Zeit, die Droschke reiche völlig zur schnellen Personenbeförderung aus, entspricht den tatsächlichen Gegebenheiten.[39] Die Straßen waren für den Flaneur da, den Spaziergänger, aber auch für Leute, die in den großen Geschäften einkaufen wollten, und für die steigende Zahl der Berufstätigen, die zu ihrer Arbeitsstelle eilten.

Die Straßen wurden für die Passanten immer attraktiver. Die Verbesserung der Straßenbeleuchtung machte die Nacht zum Tage. Auch des Nachts war es nun angenehm, sich in den Straßen der Stadt aufzuhalten. Die bisher üblichen Straßenlaternen hatten nur einen kleinen Ausschnitt des Weges ausgeleuchtet, das neue Gaslicht dagegen ließ keinen Schatten mehr zu. Während die einen in der Intensität des Lichtes ein Zeichen des technischen Fortschrittes feierten, gab es andere Stimmen, die sich von unbegrenzter Ausleuchtung bedroht fühlten. Jules Michelet erhob seine warnende Stimme. Über das Gaslicht in den Fabriken schrieb er im Jahre 1845: „Diese neu erbauten großen Hallen, die von gleißendem Licht durchflutet sind, peinigen das an die dunklere Behausung gewöhnte Auge. Hier gibt es kein Dunkel, in das sich der Gedanke zurückziehen, keinen schattigen Winkel, in dem die Einbildungskraft ihren Träumen nachhängen kann. In dieser Beleuchtung ist keine Illusion möglich. Unaufhörlich und unbarmherzig gemahnt sie an die Realität."[40] Freilich wurden Lichterglanz und Festbeleuchtung auch als Illuminationen einer Märchenwelt gefeiert. Reisende berichten nach Deutschland vom ausgedehnten Nachtleben der Metropole Paris, und bald findet es Nachahmung in Berlin.

„Es ist dieses nächtliche Geschäfts-, Vergnügungs- und Beleuchtungs-
leben der Großstadt, das wir im folgenden als Nachtleben bezeichnen
wollen. Seine eigentümliche Stimmung erhält es durch das Licht, das aus
den Geschäfts- und Vergnügungslokalen – Cafés, Restaurants und vor
allem: Luxusgeschäften – aufs Trottoir und die Straße fällt. Dies Licht
soll Passanten und potentielle Käufer anziehen, es ist Reklamelicht oder
kommerzialisierte Festbeleuchtung, im Unterschied zur polizeilichen
Wohnungsbeleuchtung der Straßenlaternen. Die Sphäre des kommerziellen Lichts verhält sich zu der des polizeilichen wie die bürgerliche Gesellschaft zum Staat. Wie der Staat – dessen Bezeichnung als Nachtwächter
in diesem Kontext ganz besonders trefflich klingt – die Sicherheit garantiert, in der die bürgerliche Gesellschaft ihren Geschäften nachgehen
kann, so stellt die öffentliche Beleuchtung den Sicherheitsrahmen her, in
dem sich die kommerzielle Beleuchtung entfalten kann. Wenn nach
Geschäftsschluß die kommerzielle Beleuchtung verlöscht, dann werden
die Straßenlaternen – deren schwacher Lichtschein im ‚Lichtermeer‘ der
Reklamebeleuchtung untergegangen war – wieder sichtbar und treten in
Aktion als die Hüter der Ordnung, die sie immer waren."[41]

Kein Zweifel, daß die Fortschritte der Straßenbeleuchtung auch den
Lebensstil der Menschen wesentlich beeinflußten. Der Zeitraum, in dem
man außerhalb des Hauses tätig sein konnte, dehnte sich aus. Man
konnte die Nacht zum Tage machen. In dieser Hinsicht war das Nachtleben gewonnene Zeit, die neu ausgefüllt und gestaltet werden konnte.
Zunächst waren es vor allem die Müßiggänger, die von diesen Errungenschaften profitierten, denn das harte Arbeitsleben in den Fabriken
laugte die Arbeiter aus, die am Abend eines harten Werktages weder
Kraft noch wohl auch Neigung verspürten, den Tag weiter auszudehnen. In dem Maße, in dem die Maschinen schwere körperliche Arbeit
entbehrlich machten, wuchs die Zahl der Menschen, die Freizeitange-
bote am Abend und bis in die Nachtstunden auch außerhalb des Hauses in Anspruch nahmen. Während Theater- und Konzertveranstaltun-
gen nur wenig und langsam ihr Publikum über das Bildungsbürgertum
hinaus erweitern konnten, lockte der Film seit den zwanziger Jahren
des 20. Jahrhunderts viele Zuschauer an. Erst mit der Verbreitung des
Fernsehens wurde das Kino zum „Heimkino", und das Nachtleben verlor zumindest für eine gewisse Zeit an Attraktivität.

Zwischen 1850 und 1870 liegt die Blütezeit der Gasbeleuchtung in
den europäischen Metropolen. Sie wurde gefeiert als zivilisatorischer
Fortschritt und als Wärme und Leben gerühmt. Sie gab einen angeneh-
meren Schein als das gleißende elektrische Licht, das sie später ablöste.
Gaslicht und Eisenbahn galten als Symbole der Zeit, waren Produkt
und Voraussetzung der Industrialisierung.

Diese Voraussetzungen machten aus der Stadt einen Lebensraum. Zwar gewannen die einzelnen Stadtviertel einen eigenen Charakter, und es konnte vorkommen, daß sie als einzelne Wohngebiete wie eigene kleine Städte innerhalb der Großstadt wirkten. Prinzipiell aber war die Metropole ein großer Raum, in dem sich das moderne Leben abspielte. Es konnte erfahren werden – vom Spaziergänger, dem Flaneur, dem Passanten, der langsam durch die Straßen ging, die Bewegungen der Menschen und Dinge beobachtete, Geräusche und Lärm wahrnahm, Gerüche bemerkte und die Erscheinungen des städtischen Lebens mit allen Sinnen wahrnahm. „1839 war es elegant, beim Promenieren eine Schildkröte mit sich zu führen. Das gibt einen Begriff vom Tempo des Flanierens in den Passagen."[42] Die im 19. Jahrhundert beliebten Passagen – überdachte Galerien- und Eisenkonstruktionen, mit kleinen Läden und Warenhäusern – luden zum Flanieren, zum Schauen und Kaufen ein. Ein zeitgenössischer Brief aus Paris beschreibt anschaulich ihre Attraktivität: „Regengüsse schikanirten mich, deren einen ich in einer Passage verpaßte. Dieser ganz mit Glas überdeckten Gassen, welche oft in mehreren Abzweigungen die Häusermassen durchkreuzen, und somit auch willkommene Richtwege darbieten, giebt es sehr viele. Sie sind zum Theil mit großer Eleganz gebaut, und bieten bei üblem Wetter oder Abends bei tagesheller Beleuchtung sehr besuchte Spaziergänge dar, durch die Reihen der glänzenden Kaufläden hindurch."[43] Diese Passagen waren auch deshalb so reizvoll, weil sie mitten in der Stadt zugleich einen Innenraum boten. Sie standen jedem offen, doch, hatte sie man betreten, war es, als befände man sich in einem geschlossenen Raum. Innen und Außen verschränkten sich in der Erfahrung.

Andere Schilderungen zeigen, daß auch der nächtliche Boulevard wie ein „Innenraum im Freien" aufgefaßt werden konnte: „ ‚Immer Festillumination, goldene Kaffeehäuser, vornehmes und elegantes Gewühl, Dandies, Literaten, Finanzmänner. Das ganze gleicht einem Saale', so beschreibt Emma von Niendorf 1854 den Anblick des spätabendlichen Boulevard des Italiens zu Paris."[44] War es hier der Eindruck aus der Sicht des Zuschauers, der sich wie im Theater fühlt und die Passanten wie Schauspieler auf der Bühne betrachtet, während er seinerseits als Darsteller auf andere Passanten wirkt, so erlebt der Passant beim Anblick mancher Häuser einen ähnlichen Wechsel von Außen und Innen: „Das Interieur tritt nach außen . . . Solche Fassaden besonders an Berliner Häusern, die aus der Mitte des vorigen Jahrhunderts stammen: ein Erker springt nicht heraus sondern springt – als Nische – herein. Die Straße wird Zimmer und das Zimmer wird Straße. Der betrachtende Passant steht gleichsam im Erker."[45]

Aber nicht nur müßige Passanten sind auf den Straßen. Nicht allein

sie symbolisieren ein bestimmtes Lebensgefühl, sind Prototypen des
modernen Lebensstils. Das in der Industrialisierung entstandene Heer
der Arbeiter und Angestellten ist es gleichermaßen, und für sie bedeuten die Straßen den Weg zur Arbeitsstätte. Der Ausbau des Nahver-
kehrsnetzes war für sie von großer Wichtigkeit. Er ging nur sehr langsam vor sich. Erst spät wurden die öffentlichen Verkehrsmittel
überhaupt mit der Arbeitswelt in Verbindung gebracht. Zunächst dienten sie „der Bequemlichkeit der führenden Schichten", begannen ihren
Betrieb sehr spät am Tag, so daß Berufstätige sie nicht mehr benutzen
konnten,[46] und kosteten zuviel. Erst 1891 wurden im Berliner Eisen-
bahnverkehr die billigen Vororttarife eingeführt und die Intervalle der
Fahrzeiten verkürzt. Das war eine wichtige Erleichterung für viele
Berufstätige, die sich wegen der hohen Mieten in Berlin außerhalb der
Großstadt angesiedelt hatten und täglich zu ihrem Arbeitsplatz ein- und
am Abend wieder zurückreisen mußten.[47] Damit nahm auch die Benut-
zung der öffentlichen Verkehrsmittel zu, die im Jahre 1880 durch-
schnittlich auf fünfzig, 1890 auf einhundertzwanzig, 1900 auf zweihundert, 1910 auf dreihundert Fahrten je Einwohner stiegen.[48] Die Jahre
von 1871 bis 1914 sind eine wichtige Entwicklungsphase des Verkehrswesens der Stadt Berlin. Die Bilanz dieser Entwicklung: „die Kanalisation und die Schaffung zweckmäßiger Straßenbefestigung, die Vorfüh-
rung der ersten elektrischen Versuchseisenbahn (1879), die Eröffnung
der Stadtbahn (1882) und der Ausbau der Vorortbahnen, der Ausbau
des Straßenbahnnetzes und die Einführung des elektrischen Betriebes
bei der Straßenbahn, die Ausbreitung des Omnibus und die Einführung
seines motorischen Antriebs, der Bau der ersten elektrischen Hoch- und
Untergrundbahn, die Gründung des Verbandes Groß-Berlin."[49]

Wohnen in der Klassengesellschaft

Industrialisierung und Urbanisierung bestimmten weitgehend den
Lebensraum der Menschen im 19. Jahrhundert. Der Zuzug der Arbeit-
suchenden zu den Industriezentren, der damit verbundene Anstieg der
Bevölkerung, die Vergrößerung der Städte haben Probleme geschaffen,
die von den bürgerlichen Sozialreformern der Zeit früh bemerkt und
diskutiert wurden. Freilich haben deren Lösungsvorschläge und ihre
Begründungen die Wohnerfahrungen der Unterschicht nicht berührt.
Bürgerliche Vorstellungen von Wohnkultur unterschieden sich grundlegend von den Erfahrungen der städtischen und ländlichen Unterschichten. Die Individualisierung der Lebensführung war auf die bürgerliche
Welt beschränkt geblieben. Die Differenzierung der Räume entsprach
der Lebensweise einer Gesellschaft, die ein vielfältig gegliedertes Privat-

leben führte. Der Schutz des Schlafbereichs als Arkanum der bürgerlichen Familie war in den unteren gesellschaftlichen Schichten unbekannt. Die Einstellungen und Wertvorstellungen, die einer solchen
Organisation zugrunde lagen und aus dieser Lebensweise hervorgingen,
dominierten die Vorschläge der Sozialreformer. Die Wohnungsnot in
den expandierenden Großstädten galt ihnen „eine Hauptursache der
sittlichen, geistigen, leiblichen, wirtschaftlichen und sozialen Verkom-
menheit und des Elends eines großen Theils der arbeitenden Klassen bis
zur hülflosen Armuth hinunter."[50]

Die großen Enquêten des „Vereins für Socialpolitik" von 1886 regten
die deutsche Wohnungsdebatte an. Gustav Schmoller verfaßte einen
berühmt gewordenen „Mahnruf in der Wohnungsfrage", in dem es
hieß: „Die besitzenden Klassen müssen aus ihrem Schlummer aufgerüt-
telt werden, sie müssen endlich einsehen, daß, selbst wenn sie große
Opfer bringen, dies nur ... eine bescheidene Versicherungssumme ist,
mit der sie sich schützen gegen die Epidemien und gegen die sozialen
Revolutionen, die kommen müssen, wenn wir nicht aufhören, die unteren Klassen in unseren Großstädten durch ihre Wohnungsverhältnisse
zu Barbaren, zu thierischem Dasein herabzudrücken."[51] Die soziale wie
auch die politische Bedeutung der ungenügenden Wohnsituation vor
allem der Unterschichten war klar erkannt. Als Konsequenz wurde ein
„familiengerechtes Wohnen" gefördert. Denn der Schutz der Familie als
Grundlage der Gesellschaft war das vorrangige Ziel der bürgerlichen
Reformer. Daher mußte ein angemessener Wohnraum vorhanden sein.
Die inhaltliche Bestimmung dieses Reformprogramms freilich wandelte
sich im Laufe des Jahrhunderts. Zu lange wirkten vorindustrielle Vorstellungen in der deutschen Wohnungsreformbewegung nach. „Noch in
der Wohnungsreformdiskussion der 1850er und 1860er Jahre setzte
unter dem Einfluß englischer Vorbilder die Forderung nach der Durchsetzung des Einfamilienhauses den Maßstab für die Beurteilung der
bestehenden Wohnungsverhältnisse und der Zielrichtung ihrer
Reform."[52] Dieses Programm war völlig unrealistisch und wurde nicht
weiter verfolgt. Gegen Ende des Jahrhunderts verstand die bürgerliche
Sozialreform unter „familiengerechtem" Wohnen eine geschlossene Ein-
zelwohnung für jede Familie, die – nicht immer klar definierten – Min-
destanforderungen an Größe und Ausstattung entsprechen sollte.
Wohn- und Schlafbereich sollten voneinander getrennt sein. Eine solche
Funktionstrennung wurde zwar im Wohnungsneubau des 19. Jahrhunderts durchgesetzt, nicht aber in der Wohnsituation der Unterschichten,
die bis ins 20. Jahrhundert hinein desolat blieb. Ihre Wohnerfahrung
war die Mietskaserne. Dieser abwertende Begriff für die überfüllten
Wohnhäuser wurde später üblich. Die Mietwohnung selbst, d. h. Mieten

von Wohnraum, hatte nichts Befremdliches und war schon vor der Industrialisierung und der Verstädterung in großen Städten gebräuchlich. In Bremen ist bereits um 1750 ein Mietwohnungsmarkt ausgebildet.[53] Er war keineswegs den Unterschichten vorbehalten. Auch wohlhabende Bürger mieteten Wohnungen. Die Mutter Goethes beispielsweise verkaufte nach dem Tod ihres Mannes 1795 das ererbte Haus in Frankfurt und bezog eine Mietwohnung.[54] Die moderne Etagenwohnung, die sich um die Mitte des 19. Jahrhunderts herausbildete, konnte durchaus hohen Standards des Wohnens genügen.

Die Etagenwohnung wurde durch eine Aufteilung des Hauses gewonnen: Jede Wohnung wurde durch eine Wand vom Treppenhaus abgetrennt und durch eine Wohnungstür zur Treppe hin abgeschlossen. „Erst durch die ‚Erfindung' von Wohnungswand und Wohnungstür bekommt das Mietshaus seinen besonderen Charakter, daß nämlich innerhalb des Hauses gleichzeitig öffentlicher Raum und private Sphäre bestehen: Die Öffentlichkeit des Treppenhauses und die Privatheit der Mietswohnung. Damit spiegelt sich innerhalb des Hauses die Polarität, die zum Wesenszug der Stadt gehört."[55] Diese Dichotomie von Privatsphäre und Öffentlichkeit, die sich in der Wohnstruktur des Mietshauses niederschlug und die sie ermöglichte, entspricht grundsätzlichen Einstellungen und Werthaltungen. Die Wohnung, die man nach außen abschließt, garantiert eine gesicherte Privatsphäre, in die kein Fremder ungebeten eintreten kann. Sie kann auch der Hort der bürgerlichen Familie sein, die allein ihre Binnenstruktur betont und sich in ein Ghetto zurückzieht. Das Hinaustreten ins Treppenhaus kann da bereits eine gewisse Freiheit bedeuten. Der Tratsch etwa mit den Nachbarn erweist sich in diesem Zusammenhang als Kompensation einer zu einseitigen familiären Beschränkung, als psychosoziales Vehikel.

Die Etagenwohnung war das Ziel der Wohnungsreformer, die in ihr die Wohnsphäre einer jeden Familie zu schützen meinten. Freilich: Die Notwendigkeit, die immer noch wachsende Bevölkerung mit ausreichendem Wohnraum zu versorgen, reduzierte die ursprünglichen Reformprogramme. Ökonomische, gewinnorientierte Gesichtspunkte bestimmten den Wohnungsbau. „Kennzeichen für den großstädtischen Mietshausbau waren
– ein Höchstmaß der Grundstücksausnutzung
– eine geschlossene Bebauung entlang der Straßen und um die Baublockseiten
– im Innern der Baublöcke weit in die Tiefe hineinreichende Hinter- und Querflügel
– verschachtelte Grundrisse mit allen Nachteilen mangelhafter Belichtung, fehlender Besonnung und schlechter Belüftung der Räume

- meist innen liegende Treppenhäuser, nur von oben oder durch Licht-
schächte spärlich erhellt
- ebenso meist innen liegende Küchen und Aborte an Bauschlitzen
oder Lichtschächten, schlecht erhellt und entlüftet."[56]
Beispielhaft für diese Wohnform ist die Berliner Mietskaserne mit ihren
verschachtelten Elementen: Das Vorderhaus mit seiner verschönten Fassade war dem Bürgertum vorbehalten, in den Hinterhäusern drängten
sich die Familien der Unterschicht zusammen. Ähnlich sah die Bebauung in den anderen Großstädten aus. Eine Wohnungszählung in Hamburg im Jahre 1867 wies 28,8% der Hamburger Wohnungen in Hinterhäusern aus.[57] Dazu waren die Wohnungen überbelegt. Selbst Dach-
böden und Kellerräume wurden als Wohnraum genutzt, da die Arbeiterfamilien und andere unterbürgerliche Schichten die überhöhten Mieten in den Großstädten – wie etwa in Berlin, wo die Wohnungsnach-
frage nie nachließ – nicht zahlen konnten. Auch die neuen Industriege-
biete, in den Städten im Umfeld großer Stahlwerke wie etwa Essen
oder Duisburg, hatten ihr Wohnproblem. Anders als in Berlin löste man
es freilich nicht durch eine bauliche Verdichtung. Mehr als dort scheinen die einzelnen Wohnungen auch „familiengerechten" Minimalanfor-
derungen genügt zu haben. Aber der Baumarkt konnte die steigende
Nachfrage nicht befriedigen. Die in die Industriestädte strömenden
Arbeiter waren zudem von ihrer ländlichen Herkunft schlechte Wohnbedingungen gewohnt, so daß sie keine großen Ansprüche an eine
Wohnung stellten. Wäre das anders gewesen, so hätten sie einen größeren Teil ihrer Haushaltsausgaben als fixe Kosten für Mietzahlungen
reservieren müssen. Angesichts ihres geringen Einkommens mußten sie
aber bestrebt sein, ihre konstanten Ausgaben so gering wie möglich zu
halten. Die Familien drängten sich daher in den für so viele Personen
viel zu kleinen Wohnraum. „Die Überbelegung war nicht primär eine
Folge ökonomischer Schwäche der Mieter, sondern folgte aus dem Versuch, trotz Wohnungsmangels die Überschußbevölkerung in dem vorhandenen Baubestand zusammenzustopfen."[58]
Wie sah eine Arbeiterwohnung aus? Sicherlich gab es Unterschiede,
aber über regionale Besonderheiten und Entwicklungen in der Zeit bis
zum Ersten Weltkrieg hinweg gibt es einen Typus, der sich aus den zeitgenössischen Beschreibungen herauskristallisiert: Die Küche stellte den
eigentlichen Wohnraum dar, in dem die Hausfrau von frühmorgens bis
zum späten Abend arbeitete und in dem die Familie zusammensaß. Dieser Raum war oft dürftig, freilich auch funktionell eingerichtet, wenn
man bedenkt, daß häufiges Umziehen zur Lebensweise der Menschen
gehörte. Der erinnernde Rückblick des späteren Bremer Bürgermeisters
Wilhelm Kaisen zeichnet ein freudloses Bild: „In der Küche, die gleich-

zeitig Hauptwohnraum war, gab es zu jener Zeit nur den Tisch, die Stühle und den Schrank. In der Ecke stand der unentbehrliche Kohlenherd. Für jeden einen Teller, eine Tasse und einige Töpfe und Schüsseln, damit ist die Liste bald erschöpft. Es gab weder eine Wasserleitung noch Gas noch elektrisches Licht, es gab weder Bad noch Toilette im Haus. Die Fußböden wurden wöchentlich mit Seifenwasser geschrubbt. Teppiche waren unbekannt, es hingen auch keine oder nur wenige Bilder an den weiß getünchten Wänden. Also viele der Ausstattungsgegenstände von heute gab es nicht. Das gleiche gilt für die Stube und die Schlafkammer."[59]

Andere Beschreibungen heben stärker die Freundlichkeit der von den Bewohnern geschaffenen Atmosphäre trotz der Dürftigkeit der Einrichtung hervor: „Wie es nun innen in den Wohnungen aussah? Gut, mittelmäßig, schlecht – das kam auf viele verschiedene Ursachen an. Ein Sofa, ein häufig runder Tisch, eine Kommode, ein größerer Spiegel, mehrere Rohr- und noch mehr Holzstühle sowie einige Bilder pflegten wohl fast immer vorhanden zu sein; nicht selten auch eine Nähmaschine, eine Hängelampe und ein hübscher, äußerlich eleganter, wenn auch sehr oberflächlich fabrizierter Kleiderschrank oder Vertikow. In der Ecke oder an der Seite, wo der zum Kochen benutzte Ofen stand, pflegte das wenige Küchengeschirr zu hängen; Töpfe, das ‚Geschühte' und sonstiges Gerümpel, vielleicht auch noch irgendein Schrank befanden sich dann in dem anstoßenden Zimmerchen, das im übrigen fast vollständig mit Bettgestellen besetzt war." Ob in einer solchen Wohnung eine freundliche Atmosphäre herrschte, sah der Autor, der als Handwerksbursche und Fabrikarbeiter viel herumgekommen war, durch „die Zahl der Kinder, ihr Alter, (den) Verdienst und die Haltung des Mannes, die Beschäftigung und vor allem natürlich (den) Charakter, die Anlage, die Vergangenheit der Frau" bestimmt.[60] An dieser Erklärung aus zeitbedingten Vorstellungen ist sicher richtig, daß die gegebene Wohnsituation nicht allein die Erfahrung der Menschen beschreibt, die in ihr lebten und mit ihren materiellen Vorbedingungen fertig werden mußten. So ergeben sich auch Aussagen über Lebensformen und Lebensstile, die sich in diesem Umfeld entwickelten, nicht allein aus einer Schilderung der bloßen Wohnsituation. Das gilt um so mehr, als heute selbstverständliche Ansprüche an die Wohnqualität zu leichtfertigen Wertungen über die Lebensweise der Menschen unter den eingeschränkten Bedingungen des 19. Jahrhunderts verleiten können.

Kennzeichnend für solche Wohnerfahrungen sind auch in diesem Bereich eine stärkere Individualisierung, die sich aus der Industrialisierung mit ihrer Veränderung der Arbeits- und Lebensform ergab. Die wirtschaftlichen und sozialen Reformen des 19. Jahrhunderts mit ihren

Konsequenzen wirkten sich nicht unerheblich auf diese Entwicklung aus. Die Trennung von Arbeits- und Wohnsphäre, die in der Industrialisierung notwendig war, beendete auch die patriarchalisch bestimmte Lebens- und Arbeitsform im Handwerk. Die Gesellen oder Gewerbegehilfen hatten bisher im Hause des Handwerksmeisters gewohnt. Nun löste sich nach der Einführung der Gewerbefreiheit zunächst zögernd diese Wohngemeinschaft auf. Die jungen Handwerksgesellen emanzipierten sich damit von der patriarchalischen Kontrolle und mußten nun nach eigenen Wohnmöglichkeiten suchen. Das war angesichts des schwierigen Wohnungsmarktes nicht leicht. Sie verloren die relative Sicherheit im Hause des Handwerksmeisters und tauschten sie gegen die ungesicherte und häufig unliebsame Rolle eines Zimmermieters ein. Aber wenn sie auch oft mit dürftigen Verhältnissen vorlieb nehmen mußten, so hatte sich ihre Wohnsituation in einer Hinsicht dennoch verbessert: Sie waren der patriarchalischen Kontrolle entronnen und konnten zumindest außerhalb der Arbeitszeit über ihre Lebensweise frei verfügen.[61]

Die gebundene Sicherheit, aus der sich die Handwerksburschen zunehmend befreiten, war den Arbeitern fremd. Die jungen und ledigen Arbeiter suchten nach Arbeitsstellen in den Industriegebieten und mußten auch ihr Wohnungsproblem individuell und selbständig lösen. Auch ihnen blieb keine andere Lösung als ein Untermieterdasein. Denn für die Masse der jungen Arbeiter – Frauen unter ihnen blieben eine Minderheit – gab es in dieser Urbanisierungsphase noch keine realen Chancen eines selbständigen Wohnens. Möglichkeiten einer unabhängigen Wohnexistenz blieben auf höhere soziale Schichten beschränkt. Das hatte nicht allein wirtschaftliche Gründe. Die „Ledigenfrage" wurde immer auch unter moralisch-sittlichen Erwägungen diskutiert. Wie in anderen Zusammenhängen, wirkte sich auch hier das Unvermögen bürgerlicher Sozialreformer aus, den in die Freiheit Entlassenen die freie Entscheidung über ihre Lebensführung zuzutrauen.

Für die Masse der jungen, ledigen Berufstätigen hieß „individualisiertes Wohnen" nicht „familienunabhängiges" Wohnen. Als Zimmermieter oder auch Schlafgänger waren sie mehr oder minder der Familie des Vermieters angeschlossen, wenn auch nicht in jedem Fall in das Familienleben einbezogen. Da es aber vornehmlich Arbeiterfamilien waren, die aus finanzieller Bedürftigkeit ihren kargen Wohnraum mit einem Untermieter, meist einem Schlafgänger, teilten, erzwang bereits die räumliche Enge einen näheren Kontakt. Denn es waren häufig Familien mit Kindern, die selbst nur über geringen Wohnraum verfügten, die Schlafgänger aufnahmen, um durch deren Beitrag ihre Mietkosten zu senken. Sie konnten nur ein Bett vermieten. Bisweilen nützte man die Schichtarbeit, dieses Bett reihum an einen weiteren Mieter zu vergeben. Mit einer Verordnung der Stadt Essen von 1903, nach der für jeden Schlafgänger ein Bett vorhanden sein müsse, wollte die Behörde verhindern, daß Schlafgänger das Bett mit anderen Familienmitgliedern teilten, – ein Tatbestand, der nicht unüblich war.[62]

Es ist nicht leicht, die Wohnsituation des Schlafgängers und sein Verhältnis zur Familie, die ihm ein Bett vermietet hatte, angemessen zu beurteilen. Bürgerliche Reformer beklagten den sittlichen Verfall und eine Verrohung der Umgangsformen. Autobiographische Zeugnisse von Betroffenen lassen vermuten, daß sie selbst ihre Situation nüchtern und realistisch einschätzten. Schlafgänger zu sein, war nichts Ungewöhnliches. Es war eine vorübergehende Phase, die angesichts der hohen Mobilität der jungen Arbeiter praktisch und nützlich war. Da sie selber in ihrem Elternhaus nie eine exklusive Privatsphäre erlebt hatten, waren räumliche Enge und fehlende Intimität keine neue oder gar schmerzliche Erfahrung für sie. Die Beziehung zu der Familie, bei der sie wohnten, war bei der Nähe zu völlig fremden Menschen sicherlich nicht immer unproblematisch. Dennoch: „Für viele Schlafgänger ... waren die Familien, bei denen sie unterkamen, ihre wichtigste Bezugsgruppe in der neuen Stadt."[63] Sie tauschten ihre Erfahrungen aus, sprachen über gemeinsame Probleme. Dadurch schloß sich die Arbeiterfamilie – anders als zur selben Zeit die bürgerliche Familie – nicht von außen ab, sondern entwickelte eine „halboffene Familienstruktur",[64] ohne daß es ihr – wie von bürgerlichen Kritikern aus ihrer Einstellung her leichtfertig geurteilt – deshalb an emotionalen Bindungen fehlen mußte. Es war ihr aber leichter möglich, die jungen Menschen freizugeben, wenn es sie hinausdrängte – eine Voraussetzung für die von der Industriegesellschaft geforderte Mobilität.

Bis zum Ersten Weltkrieg besserten sich die Wohnverhältnisse der Unterschicht, unbeschadet regionaler Schwankungen, leicht: Die Überbelegung der Wohnungen ging zurück, und als Folge des technischen Fortschritts entsprach die Wohnausstattung nach und nach einem durchschnittlichen Anspruchsniveau.[65]

Die Sammler

Zur gleichen Zeit suchte das Bürgertum eine Wohnkultur zu entwickeln, die zwei einander nicht entsprechenden Bedürfnissen gerecht werden sollte: dem Wunsch nach Intimisierung des Familienlebens und nach deutlich sichtbarer Darstellung des erreichten Wohlstandes nach außen, der Abschottung seiner Innenwelt und der Präsentation seines Daseins in die Öffentlichkeit hinein. „Das Bürgertum entwickelte

sowohl eine neue Innerlichkeit, die es vor den Augen der Welt zu schützen verstand, als auch eine repräsentative Häuslichkeit, die seinen
gesellschaftlichen und geschäftlichen Interessen nützte. Die Architektur
der bürgerlichen Villa vollendete dieses doppelte Bestreben, die Innenwelt der Familie von der Außenwelt abzutrennen und zugleich gesellschaftliches Ansehen und Leistungsfähigkeit zu symbolisieren.“[66]
     Dabei waren die Villen, als sie nach der Mitte des 19. Jahrhunderts
zur bevorzugten Wohnung des Bürgertums wurden, zunächst recht einfach. Nur selten waren technische Einrichtungen, die dem Komfort
dienten, eingebaut, wie Aufzüge zwischen der häufig im Kellergeschoß
liegenden Küche und dem Speisezimmer im Parterre, zentrale Heizungs-
anlagen, Schiebetüren. Die Schlafzimmer waren meist unbeheizt, und
im Winter gefror das Wasser in den Waschschüsseln. Auch der Saal, der
meist neben dem Eßzimmer lag, war oft sparsam möbliert.[67]
     Der Wunsch, das Familienleben vor den Blicken anderer zu schützen,
führte in größeren Haushalten zu einer Trennung der eigentlichen
Familienwohnung von den Wirtschaftsräumen, in denen die Dienstboten wirkten. In manchen Häusern ließen sich beide Bereiche durch eine
Tür so verschließen, daß Dienstboten am Betreten der herrschaftlichen
Wohnung gehindert werden konnten.[68] Ein Symbol für die Trennung
der beiden Sphären war die Klingelanlage, mit deren Hilfe man bei
Bedarf Dienstboten herbeirufen konnte. Betätigte man die Klingel
nicht, so wünschte die Familie unter sich zu bleiben.
     Die Klingel überbrückte zwei getrennte Welten, die der bürgerlichen
Familie und jener der Dienstboten. Nicht immer und für alle häuslichen
Angestellten gleichermaßen war diese Trennung so strikt, daß kein
menschlicher Kontakt möglich gewesen wäre. Kinderfräulein und
Hauslehrer waren am ehesten in das Leben der Familie integriert. Sie
hielten sich viele Stunden des Tages mit ihren Zöglingen im Kinderzimmer auf und nahmen nicht selten an den Mahlzeiten teil, schon um die
Tischmanieren der Kinder zu beaufsichtigen. Im übrigen aber waren die
Rollen und die dazugehörigen Lebensweisen streng geschieden. Dienst-
mädchen war ein eigenes Privatleben versagt. Sie hatten tagsüber zur
Stelle zu sein und fanden spät abends eine dürftige Schlafgelegenheit. In
großen Mietshäusern war ein eigener Eingang für Hausangestellte und
Lieferanten vorgesehen. Von dort gelangte man über eine Treppe in die
rückwärtigen Wirtschaftsräume. War so die soziale Trennung auch
räumlich markiert, eröffneten diese Hintertreppen, die die einzelnen
Etagenwohnungen verband, eine eigene Kommunikation unter den
Dienstboten der einzelnen Familien. „Die Hintertreppe war das Reich
der Dienstboten. Hier bot sich Gelegenheit zum Klatsch mit den Dienstmädchen und Köchinnen aus den anderen Stockwerken und mit den

Lieferanten, den Bäcker- und Fleischerjungen, die auf dem Weg in die Küche waren, um ihre Bestellungen abzuliefern."[69]

Die bürgerliche Familie bewohnte das Vorderhaus. Vorderhaus und Hinterhaus – das waren zwei Welten. Während das Hinterhaus eine halboffene Kommunikation kannte, stellte das Vorderhaus den Raum für die Lebenswelt der bürgerlichen Familie. Hier war sie unter sich, von der Außenwelt abgeschirmt, auf ihre Innenwelt konzentriert.

Lenkt man den Blick auf diese Innenwelt, so scheint die Einförmigkeit und Einheitlichkeit des Lebensstils zu überwiegen, unbeschadet regionaler, weltanschaulicher, traditioneller Unterschiede. Diese Einheitlichkeit betrifft schon den räumlichen Rahmen dieser bürgerlichen Lebenswelt. In vielen Lebenserinnerungen werden die bürgerlichen Wohnungen der Gründerzeit beschrieben, und man gewinnt den Eindruck, sie seien alle nach demselben Grundriß erbaut worden. „Nach vorn lagen die stattlichen, hellen Repräsentationsräume, von denen drei durch Vaters Büro beansprucht wurden. So blieb für die Familie nur einer zur Benützung. Das war der große Salon, an dessen Decke in üppiger Malerei Amoretten sich tummelten, und mit Bändern, Rosenketten und Früchten ein schalkhaftes, ziemlich unsinniges Spiel trieben. Aber auch der Salon wurde ja nicht wirklich bewohnt. In ihm standen einsam und feierlich steif die blanken, schwarz polierten Möbel mit den bordeauxroten Plüschbezügen, das kunstvoll geschnitzte Vertiko mit den vielen Nippsachen, deren Abstauben immer wieder schmerzlich beklagte Scherben brachte, der riesengroße Pfeilerspiegel, Trumeau genannt, auf dessen niedriger Konsole die Bronzeleuchter mit ihrem reichen Glasprismenbehang funkelten. Das wichtigste Stück war zweifellos das Pianino, an dem meine Mutter manchmal spielte und sang."[70] Wenn der prächtig ausstaffierte Salon der Darstellung der Familienkultur diente, die sich meist zu Weihnachten in diesem Raum entfalten durfte – im deutschen Weihnachtsfest war das Ideal der bürgerlichen Familie verdichtet –, mußte das Leben in andere Räume dieser meist großen Wohnung ausweichen. Die Differenzierung und Funktionszuschreibung der einzelnen Zimmer entsprachen der Rollenzuweisung innerhalb der bürgerlichen Familie. Besonders deutlich geschah das im sogenannten „Herrenzimmer", in das sich die männlichen Gäste nach den Mahlzeiten mit dem Hausherrn zurückzogen. Die Möblierung auch dieses Zimmers folgte repräsentativen Kriterien – dunkle Prunkmöbel betonten den ernsten, gewichtigen Charakter, der riesige Schreibtisch, ein großer Bücherschrank wiesen auf die Tätigkeit des Hausherrn und seine geschäftliche, öffentliche Wirksamkeit hin.[71]

Andere Räumlichkeiten dienten nicht immer dem Zweck, für den sie bestimmt waren, wie der verklärende Blick auf die in einer solchen

Wohnung verbrachte Kindheit belegt: „Für uns Kinder war das Schönste an der Wohnung ein riesenlanger, völlig dunkler Gang, der den ganzen Seitenflügel entlang führte. An ihm lagen die Schlaf- und Kinderzimmer, Nähstube, Bad und ganz hinten die große Küche. In diesem
schauerlich dunklen Engpaß, der in der Mitte von dem spärlichen Licht
einer offenen Gasflamme kümmerlich erhellt wurde, spielten wir weit
lieber als in unserem geräumigen Kinderzimmer. Wann immer es ging,
suchten wir in seine lockende Dunkelheit zu entkommen zu Versteck-
spiel und allerlei Abenteuerlichkeiten, bei denen man sich mit viel Huh
und Buh zu schrecken suchte . . ."[72]
    Nicht so sehr die Räumlichkeiten selbst in ihrer Größe und bauli-
chen Gestaltung, sondern das Interieur der bürgerlichen Wohnung ist
Ausdruck eines besonderen Stilwillens. Betrachtet man solche Interieurs
– schon der Begriff ist bezeichnend –, sind sie wie Bilder zu lesen, die
zeichenhaft auf Lebensgefühl und Werthaltungen verweisen. Zunächst
fällt auf, daß sich in der zweiten Hälfte des 19. Jahrhunderts kein eigener Stil herausgebildet hat, sondern daß die Bürger verschiedene historische Stile in ihrer Wohnungseinrichtung verbinden, dergestalt, daß
der Betrachter den Eindruck einer willkürlichen Anhäufung oder auch
Mischung verschiedener und unterschiedlicher Formen gewinnt. Wurde
in den siebziger und achtziger Jahren des 19. Jahrhunderts die Renais-
sance bevorzugt, konnte es im letzten Jahrzehnt vorkommen, daß in
einer einzigen Wohnung alle historischen Stile versammelt waren, ein
barockes Schlafzimmer neben einem Speisezimmer im Renaissance-Stil
und einem gotischen Herrenzimmer.[73] Entsprach diese Vorliebe für das
Zitat und die Collage aller möglichen Stile der Erschöpfung in einer
Spätphase, die nicht mehr die Kraft zu schöpferischer Leistung hervorbringt, oder war dieses Spiel mit vergangenen Formen selbst Ausdruck
einer Stärke, in der Weise, daß man über eine große Vielfalt von Mitteln verfügt, um dem eigenen Darstellungswillen Form zu geben? Die
Wohnungen scheinen großen Sammlern zu gehören, die in ihnen die
Gegenstände ihrer Sammelleidenschaft aufbewahren. Das Interieur der
bürgerlichen Wohnung bekommt so einen musealen Zug und scheint
weniger Ausdruck familiären Lebens zu sein. Oder ist das ein vorschnel-
les Urteil? Stellt gerade der Sammler den bürgerlichen Lebensstil der
Epoche auf besonders eindrucksvolle Weise dar? Sicher ist, daß das
19. Jahrhundert die Zeit der großen Sammler ist. Untersuche man die
Physiognomie ihrer Wohnung, habe man den „Schlüssel zum Interieur
des 19. Jahrhunderts", stellt Walter Benjamin fest: „Wie dort die Dinge
langsam Besitz von der Wohnung ergreifen, so hier ein Mobiliar, das
die Stilspuren aller Jahrhunderte versammeln, einbringen will."[74]
    Eine andere Beobachtung ergänzt diesen Eindruck: „Die Etuis, die

Überzüge und Futterale, mit denen der bürgerliche Hausrat des vorigen Jahrhunderts überzogen wurde, waren ebensoviele Vorkehrungen, um Spuren aufzufangen und zu verwahren."[75] Welche Spuren? Es spricht vieles dafür, daß der erste Eindruck, mit der Vermischung der Stile, der musealen Inszenierung, dem unverkennbaren Willen zur Repräsentation werde ein persönlicher Ausdruck verdeckt, trügt. Der Bewohner will vielmehr durch die Dinge hindurch, die er sammelt und im Raum gruppiert, der Wohnung sein Gepräge geben. Er selbst ist es, der Spuren hinterlassen will.

Betrachten wir die Wohnung eines Sammlers, nämlich die uns fotographisch gut dokumentierte Wohnung von Sigmund Freud in der Berggasse 19 in Wien. Freud, der geradezu von einer Sammelwut besessen war, hatte den Ehrgeiz, von Originalen umgeben zu sein. Sein Arbeitszimmer war mit den Objekten seiner Sammelleidenschaft angefüllt. Die Wände waren dicht mit Bildern unterschiedlichen Formats behängt. In und auf den Schränken standen Statuetten und allerlei Gegenstände. Auf der berühmten Behandlungscouch türmten sich Kissen und kleine Teppiche. Der Betrachter wird sich an „Freuds eigene Kennzeichnung seiner Methode . . . erinnert fühlen, daß es sich nämlich bei der schichtweisen Ausräumung des pathogenen psychischen Materials um einen ähnlichen Vorgang wie bei der Ausgrabung einer verschütteten Stadt handele; eine Archäologie des bürgerlichen Interieurs . . . fände in Freuds Wiener Wohnung Material erster Güte."[76]

Dennoch hat es das archäologische Bemühen nicht leicht, unter der Verstellung des Raumes mit so vielen Gegenständen das dominante Bedürfnis freizulegen. Warum bevorzugten diese Großbürger derart unbequeme Sitzmöbel? Ein „altdeutscher" Holzstuhl war eines der erfolgreichsten Möbelstücke der Zeit[77] – der Sitzende mußte zunächst eine Fülle von Kissen um sich verteilen, um die unbequeme Stellung einigermaßen ertragen zu können. Was brachte beispielsweise diese Bürger dazu, sich einerseits mit edlen Dingen zu umgeben, und das heißt doch auch: der Freude nachzugeben, sie anschauen zu können, und andererseits die Fenster mit dichten Vorhängen derart zu verdecken, daß nur ein gefiltertes, gedämpftes Tageslicht die schönen Dinge matt erhellen konnte? Zeigt sich in diesem Verhalten eine Distanz zu den Dingen, die man in ihrem Sosein beläßt, ohne sie den Bedürfnissen des Betrachters zu unterwerfen? Oder hütete man die schönen Gegenstände, schirmte sie ab vor den Blicken der Fremden, um sie ganz für sich zu behalten, als privates Refugium oder auch nur als eifersüchtig gehütetes Eigentum? Die Frage ist schwer zu entscheiden, weil das Verhältnis der Bürger zu Original und Reproduktion nicht eindeutig war.

Wenn auch der echte Sammler Originale bevorzugte, wurden Reproduktionen doch nicht verschmäht. Das Imitieren selbst war eine Leidenschaft. Man täuschte eine Wirklichkeit lieber vor als sie herzustellen: „Mit angemaltem Gips wurden Holzdecken vorgetäuscht, mit Holz wurde Marmor nachgeahmt, mit gestanztem Metall wurde handwerklich Gehämmertes imitiert.“[78] Nichts hätte diese Bürger als Sammler gehindert, Holz und Marmor zu verwenden und Gegenstände handwerklich fertigen zu lassen. Dennoch bereitet das Imitieren der Wirklichkeit größere Lust als die Wirklichkeit selbst. Scheinwelten und Maskeraden, Verstecken und Verbergen sind auffallende Kennzeichen der Epoche. Meist wird das bürgerliche Interieur in der zweiten Jahrhunderthälfte mit den Begriffen „Überladenheit und Verhüllung“ charakterisiert: „eine erdrückende Fülle von Gegenständen, häufig dem Blick entzogen durch Behänge und Kissen, durch Decken und Tapeten, aber immer kunstvoll gearbeitet und verziert. Kein Bild ohne vergoldeten, ziselierten, ornamentierten oder sogar samtüberzogenen Rahmen, keine Sitzgelegenheit ohne Polster oder Überzug, kein Stück Stoff ohne Troddeln oder Fransen, kein Stück Holz, das nicht durch die Hände des Drechslers gegangen wäre, keine Oberfläche ohne Deckchen oder irgendeinen Gegenstand darauf.“[79]

Diese Tendenz verdichtete sich am Ende des Jahrhunderts. Was ehemals der Darstellung des erreichten Wohlstands und bürgerlichen Reichtums gedient hatte, geriet nun zur Maskerade, zunächst von künstlerischem Stilwillen hervorgebracht, sodann blind nachgeahmt und ohne rechte Verbindung zu einem eigenen Antrieb. Hans Makart, der Maler der Wiener Gründerzeit, schuf das Modell dieses Stils. Sein Atelier glich einer Schaubude. Obgleich der Maler in diesem Atelier arbeitete, diente dieser Raum der Zurschaustellung wechselnder Bühnenbilder, und in der Tat wurden Besucher zur täglichen Besichtigung gegen Eintrittsgeld zugelassen. Diese Räume umschlossen daher kein bürgerliches Interieur, sondern dienten der Repräsentation des eigenen Werkes, und nicht allein die Bilder, die er malte, sondern das Arrangement der Gegenstände in diesem Raum stellten Kunstwerke dar. Sein Atelier „wurde zur wechselnden Bühne für die changierenden Arrangements von Waffen, Stühlen, Büsten, natürlich den gerade aktuellen eigenen Arbeiten, Tierskeletten, Musikinstrumenten, Eisbärfellen und den berühmtgewordenen Makart-Sträußen oder Makart-Bouquets aus getrockneten Schilfkolben, Herbstlaub, Palmwedeln und Garben.“[80] In solchen spielerischen Inszenierungen wurden Tendenzen der Zeit auf die Spitze getrieben, zugleich aber auch überspielt. Denn diese zum Kostümfest arrangierten Scheinwelten und Maskeraden widersprachen der rationalisierten Wirklichkeit der Großkonzerne mit ihren Anforderungen an die Anpassungsbereitschaft, den Leistungswillen und den

Arbeitsstil der Bevölkerung. Der unschönen Realität wurde ein Kostüm umgehängt, sie wurde mit exotischem Trödel zugedeckt, im malerischen Spiel aufgelöst.

Wenn auch dem Künstler die Verkleidung zustehen mag, waren doch auch insgesamt solche Fluchtbewegungen aus der rauhen Wirklichkeit nicht selten. So wurde Bildung als Überhöhung des Alltags gefeiert. Als Symbol dieser Werthaltung diente der Flügel als Teil der bürgerlichen Wohnung – ein kostspieliges Instrument, kunstvoll gearbeitet, ein raumgreifendes und ausladendes Möbel –, das auch, wenn es nicht gespielt wurde, das Ideal bourgeoisen Lebensgefühls verkörperte: die Hinwendung zu einer geistigen Welt, die den Alltag überhöhen, sublimieren, erlösen sollte.

Der Sammler verkörperte einen bürgerlichen Lebensstil, der Reichtum, zumindest einen gewissen Wohlstand zur Voraussetzung hatte. Das Kleinbürgertum übernahm Imitate, indem es die Werthaltungen der Großbürger in seine bescheidenere Lebenswelt aufnahm. Auch hier, in den kleinbürgerlichen Wohnungen, gab es ein sorgfältig gehütetes Interieur, nur daß an die Stelle des repräsentativen Salons die „gute Stube" trat, in der die „kalte Pracht" versammelt wurde:[81] ein Raum, der ganz der Darstellung und nicht dem Leben gewidmet war, nur an hohen Feiertagen oder in Erwartung von Gästen geheizt, kalt, unwirtlich, leblos. Die Möbel mit Bezügen verhüllt, die Türen gegen unzeitiges Familienleben abgesperrt, ein Raum, der aufgespart, geschont wurde für ein Leben, das es so in der Regel nicht gab. So offenbaren die Wohnformen Diskrepanzen der Lebenswelt.

Aufbruch zu neuem Wohnen

Die Lebensreformbewegung um die Jahrhundertwende umfaßte auch die Wohnkultur. Die mit Plunder vollgestopften dunklen, dumpfen Räume mit ihrer schwülen, stickigen Atmosphäre sollten aufgestoßen werden, damit Luft und Helligkeit einströmen und den Modergeruch vertreiben könnten. Eine in München 1896 gegründete Zeitschrift mit dem Namen ,Jugend' gab der Bewegung den Namen. Mit ,Jugend' sollte der Aufbruch in eine neue Zeit beschrieben werden. Eine allegorische Darstellung der „Kunst" als Titelblatt der Zeitschrift ,Innen-Dekoration' aus demselben Jahr gibt einen Hinweis auf das inhaltliche Konzept des Reformprogramms: Eine junge schöne Frau in weichen Gewändern, von Blumen umrankt. Der neue Stil, der sich „Jugendstil" nannte, verzichtete auf historische Vorformen und orientierte sich an Mustern, die sich in der Natur finden lassen[82] – Muster, die er zu Ornamenten verdichtete.

So entwickelte sich – parallel zur Jugendbewegung, von ähnlichen Impulsen beseelt, wenn auch nicht von denselben Personen verwirklicht – ein künstlerisches Programm, das mit der Neugestaltung der Wohnung auch den Lebensstil ihrer Bewohner verändern wollte. Mit der Rezeption englischer Wohnkultur in ihrer klaren, einfachen und handwerklich gediegenen Gestaltung, ostasiatischer Kunst und Motiven ländlicher Volkskunst, wollte man zu den Urformen zurückgehen und sich von ihnen inspirieren lassen, um das Unverbrauchte, Ursprüngliche, Echte zurückzugewinnen. Klare, einfache Formen, Helligkeit, Licht sollten die Wohnung bestimmen. Jahre später beschreibt der deutsche Diplomat und Kunstkenner Harry Graf Kessler das Haus eines der Pioniere dieser Reformbewegung: es sei „im echten van de Veldeschen Geist gebaut, das heißt Heiterkeit (Sérénité) als Stimmung durchgehend."[83]

Heiterkeit und Anmut sollten die Atmosphäre der Wohnung bestimmen, die als ein lebendiger Organismus angesehen wurde. Wohnung und Bewohner sollten sich gegenseitig inspirieren und beleben. Vergleicht man diese Räume mit denen der Sammler der historistisch geprägten Epoche, so kann der Unterschied kaum größer sein: die Zimmer sind ausgeräumt, von allem Plunder entleert, hell und klar gestaltet. Statt der ehemals dicht verhangenen Fenster nun helle Gardinen, die das Licht durchlassen. Wenige, ausgesuchte Bilder an den Wänden, die Möbel sind funktionsgerecht, ohne Schnörkel und gedrechselte Formen. Ruhe und Klarheit scheinen die Grundsätze dieser Einrichtung zu sein.[84] Dieser Eindruck ist nicht zufällig. Er wird hervorgerufen durch die Entsprechung von Form und Material, gemäß einem programmatischen Leitsatz, den Henry van de Velde als sein persönliches Selbstverständnis formulierte und der auch dem Prinzip des ‚Deutschen Werkbundes' entsprach, der 1907 in München von Künstlern und Handwerkern gegründet worden war und zu dessen Initiatoren van de Velde gehörte: „Heutzutage mag es scheinen, daß alles sich von selbst versteht und daß es sehr überflüssig sei, zu fordern: ... ‚Du sollst diese Formen und Konstruktionen dem wesentlichen Gebrauch des Materials, das du anwendest, anpassen und unterordnen, und wenn dich der Wunsch beseelt, diese Formen und Konstruktionen zu verschönern, so gib dich diesem Verlangen nur insoweit hin, als du das Recht und das wesentliche Aussehen dieser Formen und Konstruktionen beibehalten kannst.'"[85] Diesem Gedanken der Entsprechung, dem Prinzip der Funktionsgerechtigkeit, folgte konsequent das in den zwanziger Jahren gegründete ‚Bauhaus', das mit geringem Materialaufwand sachliche, funktional befriedigende Möbel herstellen wollte und dabei dem Holz als Baustoff Metall und Kunststoff vorzog.[86] Zu dieser Zeit war jedoch der ornamentale Jugendstil längst überwunden. Er hatte der Aufbruchstimmung seinen Namen gegeben. Hatte er auch Formen gefunden, die der Industriegesellschaft und dem Leben in ihr entsprechen? Richard Riemerschmidt, einer der einflußreichsten und vielseitigsten Reformer der Jahrhundertwende, stellte sein Gemälde ‚Garten Eden' der Zeitschrift ‚Jugend' für einen Abdruck zur Verfügung. Hier hätte man, von der Naturmystik dieses Bildes ausgehend, einen antizivilisatorischen Impuls annehmen können. Wenn den Künstlern des neuen Wohnens solche Anwandlungen nicht unbekannt gewesen sein mögen, blieben sie doch diesen Vorformen nicht verhaftet, sondern öffneten sich den Bewegungen der neuen Zeit.

Harry Graf Kessler hielt im Jahre 1926 solche Veränderungen in seinem Tagebuch fest: „Van de Velde war von der Kathedrale (gemeint ist: Chartres) ganz überwältigt. Er meinte beim Eintreten: ‚Ça m' étouffe, je ne peux plus respirer.' Die Schönheit und den Rhythmus der Massen hob er immer wieder hervor. Man sehe, daß demgegenüber das Ornament gar keine Rolle spiele ... Van de Velde hatte mir gestern seine grandiosen Entwürfe für das Schelde-Ufer in Antwerpen gezeigt, die ebenfalls ganz auf den Rhythmus ungeheurer Massen (Wolkenkratzer) gestellt sind."[87]

Die Reformer wollten klare, helle Räume schaffen, in denen moderne Menschen neue Lebensformen entwickeln konnten. Um dieses Ziel zu erreichen, mußten Kunst und Industrie ein Bündnis eingehen. Unter den führenden Vertretern des neuen Baustils – Peter Behrens, Walter Gropius, Hermann Muthesius und Richard Riemerschmidt – gelang eine solche Verbindung, weil ihre Forderung nach Sachlichkeit und Funktionsgerechtigkeit den industriellen Notwendigkeiten und Fertigweisen entsprach. Während die einen auf Modernisierung setzten und die Produktchancen ihrer Waren verbessern wollten, sahen andere mehr auf die Menschen, die mit diesen Produkten leben und in diesen Räumen wohnen sollten. Sie sollten ohne den Plunder und das Sammelsurium des 19. Jahrhunderts leben, ohne die vielen Nippsachen, die die Interieurs der bürgerlichen Wohnungen verstellt hatten. Den Menschen der zwanziger Jahre wurde in diesen Vorschlägen ein hohes Maß an Rationalität der Lebensführung bis in ihre Wohnungseinrichtung abverlangt: „Hier werden nur die strukturellen Linien eines Zimmers bloßgelegt, und zwar derart, daß man keinen Mut mehr hat, eine zusätzliche Dekoration anzubringen."[88] Das konnte die Menschen überfordern. Die Reformbewegung der Jahrhundertwende nahm solche Beobachtungen kaum auf. Sie war aus kulturkritischen Antrieben hervorgegangen und gewann von diesem Ansatz her ein kulturelles und sozialpolitisches Engagement.

Wenn diese Reformer auch bei ihren Häusern und Wohngegenständen zunächst an das gebildete Großstadtbürgertum als Zielgruppe dachten, blieben ihre Reformen doch nicht auf diese soziale Gruppe eingegrenzt. Ihre sozialpolitischen Vorstellungen zeigt anschaulich die Gartenstadt Hellerau.[89] In diesem Projekt verbanden sich zivilisationskritische Bestrebungen mit reformerischen Impulsen. Gartenstadt – das sollte die Antwort sein auf das Elend der Mietskasernen und die beengten, unhygienischen Arbeiterwohnungen der Industriestädte. Nicht nur ein gesundes Leben in der Natur, in Luft und Sonne wollte sie ermöglichen, sie sollte auch ein Ort intensiven kulturellen Lebens sein. So entstand 1912 ein Kulturzentrum mit Reformschule und Festspielhaus. Die Bewohner sollten nicht allein durch Theaterinszenierungen erfreut und angeregt werden, sondern selbst ihre kreativen Fähigkeiten ausbilden. So wirkte der Genfer Musikpädagoge und Initiator der Rhythmischen Gymnastik in Hellerau und lehrte Körperbildung und Bewegungstanz. Die kulturelle Anziehungskraft des Ortes wirkte sich auf Schriftsteller und Künstler aus, die sich hier niederließen. Damit jedoch die Gartenstadt Hellerau etwas anderes werden konnte als ein Ort für Intellektuelle, mußten die Lebensbedingungen so gestaltet werden, daß auch Bürger mit geringem Einkommen und Arbeiter sich hier ansiedeln konnten. Nur wenn diese Stadt allen geöffnet war, konnte sie ihr Programm verwirklichen, „eine Synthese von Lebens-, Sozial- und Kulturreform" zu sein. Der sozialpolitischen Komponente sollte in dieser Gründung ein bedeutender Platz eingeräumt werden. So wurde im Paragraphen 1 der Satzung der Deutschen Gartenstadtgesellschaft (1907) deutlich betont: „Eine Gartenstadt ist eine planmäßig gestaltete Siedlung auf wohlfeilem Gelände, das dauernd in Obereigentum der Gemeinschaft gehalten wird, derart, daß jede Spekulation auf dem Grund und Boden dauernd unmöglich ist. Sie ist ein neuer Stadttypus, der eine durchgreifende Wohnungsreform ermöglicht, für Industrie und Handwerk vorteilhafte Produktionsbedingungen gewährleistet und einen großen Teil seines Gebietes dauernd dem Garten- und Ackerbau sichert." Die Reformer waren der genossenschaftlichen Idee und Vorstellungen zur Mitbestimmung verpflichtet. So wurden die individuellen Wünsche der künftigen Bewohner durch einen Fragebogen erfaßt. Die einzelnen Häuser sollten nach den Bedürfnissen der jeweiligen Bewohner errichtet und gestaltet werden. Einrichtungen, die stärker das Gemeinschaftsleben der Bewohner fördern sollten – geplant waren gemeinschaftliche Waschhäuser und Großküchen –, wurden nicht verwirklicht. In diesem Fall lagen diese sozialreformerischen Konzepte quer zu den beharrenden Gewohnheiten der Bewohner, die ihr Familienleben einer erweiterten dauerhaften Kommunikation vorzogen. Möglicherweise hatte diese Diskrepanz

sehr elementare Ursachen: Während die bürgerlichen Reformer das
familiäre Ghetto durchbrechen und das Gefühl der Einsamkeit überwinden wollten, erlebten viele Bewohner, die sich selbst und ihre
Bedürfnisse in ihren bisherigen beengten Wohnverhältnissen nicht entfalten konnten, das ungestörte Familienleben als etwas Neues. Wer
seine eigenen Lebensinteressen immer hatte zurücktreten lassen müssen,
entdeckte Alleinsein nun als Befreiung von aufgezwungener Gemeinschaft. Die Tendenz zur Individualisierung, seit dem 18. Jahrhundert
deutlich wahrnehmbar, verwirklichte sich in den einzelnen sozialen
Gruppen zu ganz verschiedenen Zeiten.

Die Gartenstadt Hellerau, heute unter Denkmalschutz stehend, hat
am Ende der zwanziger Jahre ihre Blütezeit erlebt. Es blieb die fort-
wirkende Idee anderer individueller Lebensformen. Und es blieb die
Möbelfabrik, die weiterhin gediegene, formschöne Möbel herstellte. Es
blieben auch die Serienmöbel, die weiterentwickelt wurden. Dem Prinzip der „maschinengefertigten, zerlegbaren und leicht versendbaren
Möbel", meist in Fichte, Eiche oder Lärche, folgen heute noch beliebte
und verbreitete Programme von Serienmöbeln wie String, Interlübke
und Ikea.[90] Diese Entwicklungen hatten langfristige Auswirkungen auf
den Lebensstil, denn die relativ leichten, zusammenlegbaren Möbel
waren der Mobilität dienlich. Ein Umzug oder auch eine Umstellung
innerhalb der eigenen Wohnung konnten leichter bewerkstelligt werden.

Die aufgeschlossene und reformfreudige Atmosphäre der Zeit hatte
noch weitere Auswirkungen. Architekten und Künstler hielten eine
gemeinsame Forschungsarbeit für nützlich und analysierten – als
Grundlage ihrer Planungen – die Aktivitäten, die das Leben in der Stadt
bestimmen. Ihr Ergebnis formulierte Le Corbusier: Wohnen, Arbeiten,
Kultivierung von Geist und Körper, Fortbewegung. Unter diesen und
von ihnen untrennbar, stellten sie das Wohnen als die Hauptfunktion
der Stadt heraus und werteten den Freizeitbereich auf.[91] Das waren
wegweisende Zielvorgaben, die in dieser Gewichtung von den Stadtver-
waltungen nicht akzeptiert wurden. Meist wurden die Interessen der
Bürokratie und der Verwaltung dem Wohnwert übergeordnet.[92]

Kurzfristig waren die Veränderungen eher unmerklich. Die Prinzipien einer funktionalistischen Architektur wurden im sozialen Wohnungsbau der Weimarer Republik befolgt. Der Verstädterungsprozeß
war zu einem gewissen Abschluß gekommen, und die Großstadt dominierte als Lebensnorm das öffentliche Bewußtsein und das allgemeine
Zeitgefühl. Ein pädagogischer Impetus von Architekten und Stadtpla-
nern im Sinne eines sachgerechten Bauens und gesunden Wohnens
bestimmte die Entwürfe des sozialen Wohnungsbaus. Die Wohnung

sollte nach rationalen Gesichtspunkten organisiert werden. Statt der großen Wohnküche in traditionellen Häusern, in der sich das Familienleben weitgehend abgespielt hatte, propagierte man nun die funktionelle Kleinküche, in der die Hausfrau zeitsparend ihre Hausarbeit verrichten konnte. Unter dem Diktat von Zweckrationalität, Zeitersparnis, hygienischen Standards fanden sich Bürger und Arbeiter, die sich noch vor kurzer Zeit in ihrem Plunder wohlgefühlt hatten, nicht immer zurecht.[93] Diese Wohnungen waren für einen Lebensstil geplant, der sich durchaus nicht allgemein durchgesetzt hatte. Es war der junge, berufstätige, lebhafte, agile moderne Mensch, Mann oder Frau, der den Anforderungen an eine rationale Lebensführung am ehesten entsprechen konnte. Als Familienideal war die Kleinfamilie als Norm gedacht, die sich in der sozialen Wirklichkeit der zwanziger Jahre noch nicht entscheidend durchgesetzt hatte. Doch wurden in der Weimarer Republik Entwicklungen eingeleitet, die sich dann erst nach dem Zweiten Weltkrieg verwirklichen sollten.

Bunker und Einfamilienhaus

Wohnen – das bedeutet auch, einen Ort gefunden zu haben, an dem sich leben läßt; manchmal bedeutet es auch, verwurzelt zu sein. Die Erfahrung des Krieges war für die meisten Deutschen, vor allem für jene, die in den großstädtischen Ballungsräumen lebten, gleichbedeutend mit Unsicherheit, Ortlosigkeit, Unbehaustheit. Bombenzerstörte Häuser und Wohnungen, die Menschen fahndeten nach den Resten ihrer Habe, sofern Feuer und Explosionen etwas übrig gelassen hatten, und suchten irgendwo eine provisorische Bleibe. Die anderen, die noch nicht betroffen waren, warteten Abend für Abend voller Angst darauf, ob es sie in dieser Nacht treffen würde. Halb angekleidet, um schnell bereit zu sein, bei Alarm in den nächsten Luftschutzkeller oder Bunker laufen zu können, Wertsachen und einige Habseligkeiten gepackt, so verbrachten sie unruhig die Nachtstunden. Je länger der Krieg dauerte und je heftiger und anhaltender die Bombenangriffe wurden, um so seltener blieb man in seiner Wohnung. Schließlich verbrachte man Tag und Nacht im Bunker, in der Erwartung, daß dieses Inferno ende, wenn auch in einer anderen Katastrophe.

Mit dem Kriegsende begann die Wanderschaft. Die Verkehrsmittel funktionierten kaum noch, und doch war fast ein ganzes Volk unterwegs: Mütter und Kinder, die man in von Kampfhandlungen weniger gefährdete Gebiete evakuiert hatte, Schulkinder aus der sogenannten Kinderlandverschickung, Gefangene, aus Gefängnissen und Konzentrationslagern befreit, Flüchtlinge, die vor den anrückenden Siegern flohen, schließlich die vielen aus ihrer Heimat Vertriebenen – sie alle waren unterwegs, ohne Bleibe, ohne Ort, auf der Suche.

Diese existentielle Erfahrung der Unsicherheit, der schwankenden Lebensgewißheit, der Aussichtslosigkeit war so einschneidend, daß die den Späteren oft so peinlich erscheinende materialistische Obsession der Nachkriegszeit, die Gier nach Besitz, die eitle Selbstgefälligkeit, der Stolz auf die eigenen materiellen Erfolge, diese Demonstration des „Wir sind wieder wer" in einem milderen Licht, ja vielleicht verständlich sind. Und so folgte auf Luftschutzkeller und Bunker das Eigenheim. Nicht als ob das eigene Haus mit Garten, vorzugsweise im Grünen, eine realistische Perspektive zur Lösung der eigenen Wohnprobleme gewesen wäre. Aber es war das Leitbild, das vielfach propagiert wurde, das Traumbild, dem viele anhingen.

Zunächst aber mußte durch die Instandsetzung der vom Krieg nicht vollständig zerstörten Häuser und den raschen Neubau von Mietshäusern, die möglichst vielen Wohnungssuchenden Platz bieten sollten, die schlimmste Wohnungsnot behoben werden. Mit dem aufkommenden Wirtschaftswunder waren dann die finanziellen Mittel vorhanden, um Ruinen abzureißen und neue Bauten an ihre Stelle zu setzen. Damit wurde ein gewaltiger Bauboom eingeleitet. Was sollte vorrangig sein: Wiederaufbau getreu dem ursprünglichen Charakter der Städte oder Neuaufbau? Mehr und mehr setzten sich die Modernisten durch, die im Neuen selbst schon das der Tradition Überlegene sahen. Vielleicht lag dieser Abrißmentalität auch ein tieferliegendes Bedürfnis zugrunde: mit den Ruinen und den alten, unansehnlich gewordenen Gebäuden auch die Erinnerung an die jüngste Vergangenheit wegzuräumen, mit der man bisher nicht fertig geworden war.

Aber nicht das Hochhaus als Symbol des modernen, amerikanisch geprägten Lebensstils war das Wohnideal, das Meinungsumfragen ermittelten, sondern das Einfamilienhaus in den grünen Außenbezirken der Stadt.[94] Dorthin verlagerte sich denn auch die Bautätigkeit, und nach und nach wurden Trabantenstädte errichtet.

Das Einfamilienhaus als Leitbild hatte nur Sinn, wenn auch die Familie weiterhin als Norm sozialen Lebens gelten sollte. Der Krieg und seine Folgen hatten aber zahlreiche Familien zerstört und vielen die Möglichkeit genommen, eine Familie zu gründen. Während sich die Regierung einer aktiven Familienpolitik verschrieb und ein eigenes Familienministerium gründete, ist die Frage nicht uninteressant, welchem Leitbild die Wohnwirtschaft folgte.

Ihr Generalthema war das „neue Wohnen". Der Kölner Werkbund und der „Rat der Formgebung", 1951 gegründet, um deutschen Erzeugnissen auch ihrer Form nach zu internationaler Konkurrenzfähigkeit zu verhelfen, propagierten das neue Programm mit moralischen Kategorien. „Dinge des Alltags sollten tüchtig sein, ohne Eitelkeit, ohne Betrug und Täuschung"... „Geläutert und geprüft durch die Not, muß jedes Ding sich darauf beschränken, zu sein was es soll: Ein Bett, ein Tisch, ein Topf."[95] Es war eine Reprise der nüchternen, funktionsgerechten, sachlichen Bauhaus-Programmatik, die man in dem für die fünfziger Jahre so charakteristischen belehrenden Ton als künstlerische Leitlinie der desorientierten deutschen Bevölkerung verbindlich machen wollte.

Bald eroberte das neue klare Design Möbel und Haushaltsgeräte. Die Entwicklung ist an bestimmte Firmennamen geknüpft, deren Produkte stilbildend wirkten: Im Jahre 1951 gründete Knoll International eine deutsche Niederlassung in Stuttgart und eroberte bald den deutschen Markt. Knoll-Stühle waren in allen aufwendigeren öffentlichen Bauten vorhanden und prägten daher die ästhetischen Vorstellungen der Bevölkerung.[96] Das Kaffee- und Eßservice von Rosenthal, die Form E und die Form 2000, stellten formvollendete Standards in diesem Bereich. Im Jahre 1955 war es die Firma Max Braun in Frankfurt, die auf der Funkausstellung in Düsseldorf neue Maßstäbe der Formgebung mit ihren Radios und Phonokombinationen setzte.[97] Diese Beispiele symbolisierten den Stil der Moderne.

Zu dieser Moderne gehörte auch der Kunststoff als Material, den man – um unguten Assoziationen mit Künstlichkeit oder Ersatz zu entgehen – bald mit dem englischen Wort Plastik bezeichnete. „Es galt nicht nur als Zeichen von Modernität, beim Picknick von Plastiktellern zu essen, aus Plastikbechern zu trinken und hartnäckig zu versuchen, ein dickes Kotelett mit einem Plastikmesser zu zerteilen. Verbraucherausstellungen versuchten als erste, den Geschmack an der Unverwüstlichkeit der neuen Materialien zu wecken."[98] Die Plastikwelt war pflegeleicht und daher einem modernen Lebensstil dienlich.

Ähnlich war es mit der Wohnungseinrichtung insgesamt bestellt. Die Tendenz zu variablen Stellagen, Einbauschränken, An- und Aufbaumöbeln setzte sich durch. „Möbel für die Kleinfamilie, Möbel für die Kleinwohnung, die raumsparend, verstellbar, zusammenlegbar, wegwerfbar, aber zweckmäßig waren."[99] Es war die Leitidee einer aktiven Gesellschaft, mobil, flexibel, den Anforderungen der neuen Zeit angepaßt. Aber entsprach die Mentalität der Bevölkerung diesen Direktiven?

Nach einer demoskopischen Umfrage aus dem Jahre 1954 waren es nur sieben Prozent der Befragten, die sich für ein Wohnzimmer entschieden, das mit Nierentisch, Schalensessel und freischwingender Stehlampe dem propagierten „modernen" Wohnstil entsprach. Die überwiegende Mehrheit – 60 Prozent – bevorzugte das traditionelle Wohnzimmer mit dem breit ausladenden Büfett, den wuchtigen Polstermöbeln und dem großen Eßtisch in der Mitte des Raumes.[100] Als Leitbild des rechten Wohnens wirkte noch lange die Tradition der „guten Stube" nach, die „überhaupt keinen Wohnzweck hat, sondern nur zum Herzeigen für Fremde vorhanden ist".[101] Gerade die primär auf Repräsentation zielende Bestimmung des Wohnzimmers verhinderte die Aufgeschlossenheit für neue, dem eigenen Lebensstil angemessenere Wohnformen, weil weniger die realen Bedürfnisse als vielmehr angenommene Normen von dem, was als rechtes Wohnen zu gelten habe, für die Einrichtung des Wohnzimmers prägend waren. Die Düsseldorfer Architektin und Wohnberaterin Inge Boskamp sagte es so: „Statt daß wir lernen, uns zu uns selbst zu machen, werden wir bewogen, jemanden aus uns zu machen, jemanden zu repräsentieren. So verschieben wir unseren Selbst-Verlust unter anderem auf Objekte, Requisiten, individuell besetzte Staffagen."[102] Weil das so ist, sind die Gegenstände und ihre Anordnung im Raum aufschlußreich, um ein Zeitgefühl, das sich nicht unmittelbar aussprechen will, herauszufinden und zu deuten.

Spezielle Wohnbedürfnisse und ihre Entwicklungstrends sind sehr gut an der Couchecke zu studieren.[103] Sie setzte sich als wesentliches Element des Wohnzimmers erst nach dem Zweiten Weltkrieg durch, nachdem der große Eßtisch in der Raummitte an Bedeutung verlor, weil die Mahlzeiten nicht mehr im Wohnzimmer, sondern in einer Eßecke eingenommen werden sollten. Der Raum verlor dadurch seinen traditionellen Mittelpunkt, er erhielt sein neues Zentrum in der Sitz- oder Couchecke. Sofa und einige Sessel sind um einen kleinen Tisch gruppiert, Teppich, Wandbild und Stehlampe grenzen diesen Teil des Raumes innerhalb des Wohnzimmers aus und heben ihn als eine besondere Einheit hervor. Besucher, die den Raum betreten, werden durch die Gesamtkomposition der Möbel und Teppichläufer zu dieser Ecke geführt, denn hier ist der Ort, wo man sich zusammensetzt. Hatte sich der große Eßtisch im traditionellen Wohnzimmer als Ort der bürgerlichen Familie erwiesen, um den sie sich bei den Mahlzeiten versammelte, war die Couchecke kein rechter Ersatz für sie. Aber ist ihre allmähliche Verbreitung in den fünfziger Jahren ein Zeichen dafür, daß sich die bürgerliche Familie überlebt hat? Zunächst spricht nichts dafür, denn die Couchecke scheint in ihrer Geschlossenheit gerade einen Ort besonderer Intimität darzustellen. In einer Ecke des Zimmers arrangiert, erlaubt sie – auch in einem sehr großen Raum – den Rückzug zu vertrauten Gesprächen. Nichts spricht dagegen, sich die Couchecke als einen Ort vorzustellen, an dem sich die Familie versammelt.

In diese Konstellation brachte der später oft verlachte Nierentisch ein neues belebendes Element. Er steht in Sitzhöhe und ist daher so abgesenkt, daß er niemandem die Sicht nimmt. Er gibt der Ecke einen

Angelpunkt und erleichtert das Arrangement der Sitzmöbel, aber er hat nicht die demonstrative Bedeutung des Sammelpunkts, die der Eßtisch im bürgerlichen Wohnzimmer hatte. Der Clubtisch hat lediglich seine Funktion innerhalb des Arrangements der Sitzmöbel. Er braucht kein Geschirr aufzunehmen. Zwar stellt man in der Regel Gläser und Schalen mit Nüssen oder Käsegebäck dort ab, aber diese Rolle können in anderen Konstellationen auch mehrere Beistelltischchen übernehmen. In der Form des Nierentisches verlor der Clubtisch alles Schwere. Er war ein „Ferment, das ungeregelte, bewegte Linienbeziehungen zwischen den Gruppenmitgliedern einzufädeln suchte."[104] In dieser Hinsicht war er ein Element, das das Ghetto des Rückzugs der bürgerlichen Familie auf sich selbst zu Formen vielfältiger, ungehinderter Kommunikation unter den in der Couchecke Sitzenden zu öffnen schien.

In den sechziger Jahren setzte sich die Tendenz zur Auflösung der ehemals geschlossenen Einheit Couchecke durch. Drehsessel, fahrbare Sessel ermöglichten neue, variable Gruppierungen oder auch individuelle Absonderungen. Einzelne Möbelkreationen wie etwa ein Kugelsessel waren ganz auf den einzelnen und seine Bedürfnisse, allein zu sein, abgestimmt. Mit dem Einzug des Fernsehgerätes in die Wohnzimmer erhielt die Couchecke eine Ausrichtung auf ein außer ihr selbst postiertes Element. Es erzwingt als ein aktives Medium die Aufmerksamkeit der Familie, die es zur Gemeinsamkeit in der Couchecke versammelt.

Auch der Wohnbereich spiegelt in den fünfziger und sechziger Jahren die divergenten Strömungen der gesellschaftlichen Entwicklung: Neben den Tendenzen zur Restauration der bürgerlichen Familie treten Muster anderer Lebensweisen, die zögernd, von der jüngeren Generation zunehmend, aufgegriffen werden. Daß moderner Lebensstil die Wahl von Lebensweisen voraussetzt, zeigen die Inneneinrichtungen der sechziger und siebziger Jahre.

Alternative Wohnformen

Alternatives Wohnen hieß zu Beginn der siebziger Jahre vor allem das Leben in Wohngemeinschaften, eine Wohnform, die zunächst Studenten vorbehalten war. Das ist nicht weiter verwunderlich, denn Studenten sind bei der Aufnahme ihres Studiums meist mit einer neuen Lebensform konfrontiert. Nachdem sie bisher in ihren Familien gelebt haben, sind sie nun auf sich selbst gestellt. In den sechziger Jahren mieteten sie meist eine Studentenbude oder suchten einen Platz in den wenigen Studentenheimen zu ergattern. Die Studentenbewegung setzte dagegen die Kritik an den gesellschaftlichen Zuständen, die sich in den Wohnformen widerspiegelten, und wollte neue Lebensweisen entwikkeln, die auf gemeinsames, solidarisches Handeln zur Veränderung der kritisierten Verhältnisse gerichtet waren. Die politischen Analysen, die den Faschismus zu erklären suchten, fanden im „autoritären Charakter" den willfährigen und zugleich gefährlichen Typus, der als Produkt den Sozialisationsmechanismen der Kleinfamilie angelastet wurde. Aus der Kritik an der Kleinfamilie – und sie war gleichbedeutend mit der Kritik an der eigenen Lebensgeschichte, dem Leben der Eltern und ihren Erziehungsmaximen – mußten neue Lebensformen entwickelt werden, die sich grundlegend von den Lebensformen der bürgerlichen Familie unterscheiden sollten. Kritisiert wurden vor allem vier Prinzipien, auf denen die Familie beruhte: „Trennung eines Privat- und Intimbereichs vom öffentlichen Leben, geschlechtsspezifische Rollendefinitionen, die wie naturgewachsene Gegebenheiten hingenommen werden müssen, strenge Arbeitsteilung zwischen Mann und Frau, wirtschaftliche Abhängigkeit der Kinder von den Eltern. Die autoritäre Struktur der Familie wird durch diese Prinzipien bedingt: Sie geben dem Mann eine Vormachtstellung gegenüber der Frau und den Eltern unbedingte Herrschaftsgewalt über ihre Kinder."[105] Die Wohngruppen sollten diese Prinzipien aufheben. Sie sollten die Privatsphäre öffnen und die geschlechtsspezifischen Rollenzuweisungen und das Herrschaftsverhältnis der Eltern über ihre Kinder aufheben. Der politische Anspruch sollte vor allem in den Kommunen eingelöst werden, die sich als Kollektiv begriffen und die Existenz einer Privatsphäre als Ausdruck bürgerlichen Besitzdenkens ablehnten.

Das Lebensgefühl dieser Bewegung und der Versuch, aus der Kritik an den gewohnten Familienbeziehungen den neuen „Kommunealltag" zu entwerfen, wird in frühen, programmatisch anmutenden Texten deutlich: „Der Wunsch nach Aufhebung der Isolierung durch bürgerliche Existenzformen hat in einigen Kommunen die Tendenz zur Aufhebung aller Grenzen zwischen den Individuen erzeugt. Dies drückt sich etwa in dem Verlangen aus, sämtliche Türen in der Wohnung mögen offen stehenbleiben, jeder soll zu jedem ungestört Zutritt haben, zu welcher Zeit und bei welcher Beschäftigung auch immer. Die Privatsphäre des Einzelnen soll auch für den Bereich des Schlafzimmers nicht gelten. In diesen extremen Vergemeinschaftsformen scheint sich ein starkes Bedürfnis nach Nestwärme und Versorgtheit auszudrücken, das seinen Ursprung in der Kälte der heute ,normalen' Familien haben mag, die mit solchen Bedürfnissen nicht umzugehen wissen. Der Durchbruch dieser Wünsche in ihrer archaischen Form bis zur Auslöschung jeder Individualsphäre innerhalb der Kommune deutet darauf hin, daß die Reflexion auf sie und damit ihre Bearbeitung für das Ich nicht gelungen ist."[106]

In der Tat haben die Kommunen in ihrer konsequent kollektiven Ausprägung nur eine kurze Lebensdauer gehabt: Sie scheiterten bald. Offenbar war es gerade dieser Verzicht auf jeden privaten Lebensraum, der sich nicht dauerhaft durchhalten ließ.

Auch wo solche Ansprüche nicht in dieser Rigidität verfochten wurden, erwies sich das gemeinsame Leben zwar als wünschenswert und den bisherigen Wohnerfahrungen überlegen, aber im Alltag nicht leicht durchzuführen. Man ging mit großen Hoffnungen und Erwartungen an dieses neue Leben heran, in der euphorischen Überzeugung, „daß eine Wohngemeinschaft eine Art befreites Gebiet sei, wo man neue Erfahrungen machen kann, Zwänge abbauen kann, Schwierigkeiten der eigenen Sozialisation korrigieren kann, solidarische Verkehrsformen entwickeln kann."[107] Sehr bald aber mußte man sehen, daß gemeinsame Überzeugungen und der beste Wille allein nicht ausreichten, ein konfliktfreies Zusammenleben unterschiedlicher Charaktere mit ihren unterschiedlichen Lebensgeschichten und Beschädigungen, die sie selbst und die andern sehr bewußt wahrnahmen und reflektierten, zu garantieren. „Man hatte als politisches Ziel die Veränderung der Verkehrsformen und Lebensweisen im Kopf, aber in der Praxis ... ist das sehr direkt umgeschlagen von Sauberkeit in Dreck, von Ruhe in Lärm, von der Bewahrung der Intimsphäre in den Zwang zu kompletter Öffentlichkeit."[108] Eine Stabilisierung der Wohngemeinschaft wurde erst erreicht, als „die Realität des Subjektes wieder anerkannt"[109] und statt des Zwangs zur Öffentlichkeit jedem Bewohner eine Privatsphäre zugestanden wurde. Ein Gruppen-Ich hatte sich nicht herausgebildet, wohl aber ein stabiles Zusammengehörigkeitsgefühl auf der Grundlage wechselseitiger Respektierung. Die Aufteilung der Wohnung kam diesem grundsätzlichen Konsens entgegen. Neben den allgemeinen Einrichtungen – Küche, Bad, gemeinsamer Wohnraum – verfügte jeder Bewohner über ein eigenes Zimmer, das er nach eigenem Belieben einrichtete. „Jedes Zimmer (ist) primär das Zimmer dessen, der darin wohnt, und wird auch als Bereich dessen, der dort wohnt, respektiert, das heißt er kann da wirklich machen, was er will, und wenn er sich, was weiß ich, das ganze Zimmer voll Palmen oder voll Pappeln stellt, dann ist das erst mal seine Sache."[110]

Die Idee der Wohngemeinschaft verlor mit der Zeit viel von ihrem Ursprungsmythos und ihrem spektakulär politischen Anspruch, der sie zu einer Art Bürgerschreck gemacht hatte. Sie verbreitete sich rasch und ist bis in die Gegenwart eine attraktive Wohnform vorwiegend für jüngere Menschen geblieben, die während ihres Studiums, für eine Übergangsphase, unter akzeptablen materiellen Bedingungen und vor allem „nicht allein" leben wollen. Auch wenn manche Erfahrungsberichte sich im Rückblick nostalgisch verklären mögen, ahnt man bei der Lektüre, daß ein solches Leben auf Bewohner und Gäste sehr anziehend gewirkt haben muß: „Wie kommt es ...‚ daß ausgerechnet die Atmosphäre dieser Wohnung fast Legende ist, bei allen die dort zu den zahlreichen Dauer-Hausfreunden gehörten? Wie konnten die Bewohner so gastfrei und gelassen bleiben? ‚Ach, Du bist's, mach'st Du Dir selber'n Tee, ich muß was tippen.' Wieso hat man sich da so wohlgefühlt, daß man am liebsten gar nicht mehr aufstehen wollte vom Eßtisch in der Diele? Ohne besondere Aufmerksamkeiten, ohne Sherry; ohne Konversation? Wieso hat einen das höhlenartige Kuddelmuddel nicht gestört, mit Kinderlärm aus einem, J. J. Cale aus einem anderen Raum; vom vollgehäuften Kaffeehaus-Kleiderständer fiel ständig die oberste Pelzjacke auf die Zaubererhüte und Gummistiefel der Kinder; an die Wand hatten die schief ihre eigenen Zeichnungen geklebt; ... Auf dem Tisch das täglich mehrmals beseitigte Szenario verschiedenster Beschäftigungen: halbleere Kaffeebecher (‚war das Deiner?'), ein ausgebreitetes Monopoly, leergerauchte Tonpfeifchen, aufgeschlagene Bücher, Nußschalen, Gitarrensaiten, angeknabberte Plätzchen, Querflöte, Songbücher, Strickzeug. Ein Fahrrad, auf dem Sattel aufgebockt, stand auch herum, bis es irgendwann repariert war."[111] Ein solch liebenswertes lebendiges Chaos war vor allem anziehend für junge Menschen. Oft wandten sich ehemalige WG-Bewohner wieder anderen Wohnformen zu, wenn sie ihr Examen bestanden und ihre Berufstätigkeit begonnen hatten. Der Idee der Wohngemeinschaft verpflichtet blieben am ehesten Intellektuelle und Künstler, die vornehmlich in den Großstädten wie Berlin und München mit ihrem gespannten und beengten Wohnungsmarkt nur gemeinsam eine große, ihren Ansprüchen und Lebensstilen gemäße Wohnung finden konnten. Arbeitern etwa ist eine solche Wohnerfahrung in der Regel verschlossen geblieben.

Auch wenn die Entwicklung in den achtziger Jahren wieder eher auf den Besitz einer eigenen Wohnung geht, sind die Möglichkeiten einer Wohngemeinschaft zur Entwicklung gemeinsamer befriedigender Lebensformen sicher noch nicht erschöpft. „Es herrscht in Wohngemeinschaften noch immer ein anderes Klima als in den Behausungen Einzelner, darauf bestehe ich. Es herrscht ein selbstverständlicheres Kommen und Gehen, die Kontakte sind weniger formalisiert: man kommt in Zimmer, verläßt Zimmer, begrüßt Leute und verabschiedet sich nicht, ein Rahmen, in dem der Landfreak R. und der Provinz-Studienrat B. und vier kiffende Abiturienten und die schicke Fotografin R. zufällig an einem Tisch beieinander sitzen, weil es sich so ergibt. Sowas passiert häufig, manchmal zu häufig. Vielleicht ist diese Lebensweise tatsächlich nur ein Relikt aus lockeren Zeiten, aus Zeiten, als es allgemein leichter fiel, selbstverständlicher war, flippy, ein bißchen anarchisch zu sein, als heute. Vielleicht ist es ja wirklich juvenil, daran zu hängen, an dieser entspannteren Lebensweise, für die das WG-Leben immerhin noch ein Symbol ist."[112]

Es war der Versuch, durch eine neue Regelung des Alltags praktische Lösungen für bis dahin aussichtslose Lebensprobleme zu finden. Die Mutterrolle galt immer noch als unvereinbar mit einer Berufstätigkeit der Frau. Die Versorgung von Haushalt und Familie war allein der Frau zugewiesen. Diese starre Rollenzuweisung ließ sich immer weniger aufrechterhalten, nachdem immer mehr Mädchen die Hochschulreife erlangt hatten, ein Studium aufnahmen und in ihrer Lebensperspektive eine sinnvolle Berufstätigkeit mit einer neu verstandenen Mutterrolle verbinden wollten. In dem beschränkten Dasein ihrer eigenen Mutter konnten sie keinen Entwurf für ihre eigene Lebensführung entdecken, die Erziehung der Kinder in der bürgerlichen Kleinfamilie sahen sie von den ungelösten Problemen des elterlichen Zusammenlebens belastet. Die Wohngemeinschaft schien die rechte Lösung darzustellen: In ihr wuchsen die Kinder in einer offenen Atmosphäre auf und waren nicht mehr allein an eine überforderte Mutter gekettet. Die Verantwortung für die Kinder verteilte sich auf mehrere Erwachsene. Durch eine solche Aufgabenverteilung linderte sich der Druck auf die Mutter, für ihr Kind „alles" sein zu müssen und im Falle seines Scheiterns – und sei es nur der Schulkarriere ihres Kindes – die Alleinschuldige zu sein. Sie wurde freigesetzt auch in einem sehr praktischen Sinn und konnte dadurch Studium und Berufstätigkeit ohne schlechtes Gewissen auch als Mutter weiterführen.

Schwieriger war es schon, die Erwartungen an Liebe und Partnerschaft mit der Idee der Wohngemeinschaft zu verbinden. Für eine Neubestimmung war die Kritik der bürgerlichen Ehe, die als Ausdruck kapitalistischer Produktionsverhältnisse und ihnen entsprechender Wertvorstellungen gedeutet wurde, zuwenig inhaltlich gefüllt. Da offenbar Besitzstreben eine Quelle des Übels war, setzte man hier an, lehnte eine ausschließliche Paarbeziehung als kleinbürgerliches Relikt ab und wollte die zwischenmenschlichen Beziehungen öffnen. Praktisch machte man dieses Problem an der Existenz eigener Zimmer oder des gemeinschaftlichen, allen jederzeit zugänglichen Raumes fest. Daß eine rigide Lösung dieser Streitfrage immer zum Scheitern der Wohngemeinschaft führte, zeigt, daß sie den Wünschen und Erwartungen der meisten nicht entsprach. Es war geradezu umgekehrt: Nachdem die traditionellen Bindungen nicht mehr hielten, vorgegebene Ordnungen des persönlichen Lebens ihre unbefragte Geltung verloren hatten, intensivierte sich die Hoffnung auf eine enge Beziehung zum anderen Menschen: Sie erhielt etwas von einer verzweifelten Dringlichkeit. Trotz ihres anders gesetzten abstrakten Anspruchs haben sich daher in den Wohngemeinschaften sehr schnell feste Paarbeziehungen durchgesetzt.

In den letzten Jahrzehnten ist die Zahl der Einzelhaushalte in der Bundesrepublik kontinuierlich gestiegen, von 19,4 Prozent im Jahre 1950 auf 31,3 Prozent 1982. Etwa 7,9 Millionen Personen lebten 1982 in der Bundesrepublik Deutschland allein, das sind rund 13 Prozent der Bevölkerung.[113] Diese Entwicklung erklärt sich zunächst aus der längeren Lebenserwartung. Der verwitwete Ehepartner bleibt zurück und wohnt in der Regel weiterhin in der Wohnung, die zuvor in langen Jahren einer ganzen Familie mit Eltern und Kindern als Zuhause gedient hatte. Wenn Krankheit und Gebrechlichkeit das Alleinleben erschweren, wird meist das Altersheim zur letzten Rettung. Es zeigt sich freilich bei alten Menschen zunehmend die Tendenz, das Altersheim nur als unvermeidliches Übel zu akzeptieren, das es möglichst lange hinauszuschieben gilt, und stattdessen das Leben in der eigenen Wohnung, selbst wenn es mühsam geworden ist, jeder anderen Lebensform vorzuziehen. Die alten Menschen erfahren die eigene Wohnung als einen Ort der Freiheit, wo sie selber bestimmen können, wie sie leben wollen.

Diese Auffassung hat sich auch in den jüngeren Generationen durchgesetzt. War das Appartement im Hochhaus lange Zeit eher ein Schreckbild gegenüber dem Lebensideal des Eigenheimes oder der Wohngemeinschaft, so sind in den achtziger Jahren seine positiven Möglichkeiten für ein bequemes, selbstbestimmtes Wohnen zunehmend wahrgenommen worden. Dabei hat man freilich nicht die riesengroßen, leeren, kulturfeindlichen Bauten der Trabantenstädte wie etwa Köln-Chorweiler, Symbol eines solchen bedürfnisfremden Wahns, im Blick, sondern Häuser mit komfortablen Wohnungen, die den Kontakt zwischen den Bewohnern nicht erschweren, einen Zwang zur Gemeinsamkeit aber nicht aufdrängen. Man will die Tür hinter sich zuziehen können, um sein Alleinsein zu genießen, und mit Menschen zusammensein, wenn man es wünscht. Wie in anderen Bereichen, so ist auch im Bereich des Wohnens die persönliche Wahlmöglichkeit ausschlaggebend.

Das zeigt sich auch in den Familienhaushalten, in denen die Wohnung nach den spezifischen Bedürfnissen der jeweiligen Familie eingerichtet und deshalb die traditionelle Aufteilung der Räume: in Küche, Wohnzimmer, Schlafzimmer, Kinderzimmer aufgegeben wird. Eine solche Änderung wird notwendig, wenn beide Partner berufstätig sind und aufgrund ihrer beruflichen Tätigkeit auch einen häuslichen Arbeitsplatz benötigen. In solchen Fällen verlangt jeder nach einem eigenen Zimmer, und man verzichtet, da Wohnungen immer noch sehr teuer sind und man daher die eigenen Ansprüche begrenzen muß, auf einen gemeinsamen Raum. An der Art freilich, wie eine solche Einteilung der vorhandenen Zimmer vorgenommen wird, läßt sich der stagnierende Entwicklungsprozeß innerhalb der Familienkonstellationen ablesen. In der Regel beschränkt sich die Frau auf das kleinere Zimmer oder ist auch eher bereit, ihren Schreibtisch ins Schlafzimmer zu stellen, das heißt, sie begnügt sich mit Ersatzlösungen, während das offizielle Arbeitszimmer weiterhin dem Hausherrn zusteht, auch wenn er längst aufgehört hat, der alleinige Ernährer der Familie zu sein. Der alte Topos des Haushaltungsvorstandes wirkt unbewußt weiter fort. Manches freilich ist in Bewegung geraten und ein Ende der Entwicklung nicht abzusehen. Eine Bestandsaufnahme des „deutschen Wohnzimmers" aus dem Jahre 1980 zeigte bei aller Einförmigkeit doch auch „hoffnungsfrohe Ansätze": „Bei meiner Reise durch das deutsche Wohnzimmer, die mich von Lindau am Bodensee bis hin zur Halbinsel Eiderstedt führte, trat ich immer wieder in Zimmer, in denen die Normen durchbrochen waren, wo es eine intime Umgebung gab, eine intensive Mischung aus persönlichem Sammelgut, traditionsträchtigem Erbe, zweckdienlichem Hausrat und liebenswert Nützlichem oder Unnützem vom Sperrmüll. Es sind nicht viele, die so wohnen, sie sind aber überall zu finden, unter den sogenannten ‚Alternativen', den Künstlern, Arbeitern, Bauern, Angestellten und Selbständigen."[114]

3. Freizeit

Freizeit ist der Bereich, in dem sich Lebensstil bevorzugt auszudrücken scheint. Entlastet von den Bedingungen und Zwängen des Arbeitslebens, das bestimmte Tätigkeiten und Einstellungen vorschreibt und Werthaltungen nahelegt, das Rollen zuweist und von jedem Tätigen die korrekte Durchführung der zugewiesenen Funktionen verlangt, damit der Arbeitsprozeß reibungslos ablaufen kann, können wir in der Freizeit so leben, wie wir wollen. Das ist zumindest die herrschende Meinung. Auf dem Hintergrund des genormten, rationalisierten, entfremdeten Arbeitstages erscheint Freizeit das in jeder Hinsicht Andere zu sein, bietet sie doch dem Menschen die Möglichkeit, den eigenen Wünschen und Neigungen zu folgen, unbedrängt von aufgezwungenen Verpflichtungen und vorgeschriebenen Regeln, in der Freizeit, selbst über die Freizeit verfügen zu können. Freizeit ist der Raum für eine individuelle Lebensgestaltung, in der sich eine Vielfalt möglicher Lebensstile verwirklichen kann.

Schon diese ersten Annäherungen an die Bedeutung der Freizeit zeigen, daß dieser Begriff als Gegenbegriff zur Arbeitswelt entwickelt wurde. Freizeit wird gedacht und auch realisiert im Gegensatz zur Arbeit, freilich einer Arbeit, die auf eine Weise organisiert ist, die die deutliche Scheidung von Arbeit und Freizeit voraussetzt. Eine solch scharfe Trennung der beiden Lebensbereiche gab es in der vorindustriellen Gesellschaft nicht. In ihr war die Arbeit über den ganzen Tag verteilt, wenn sie auch nicht ununterbrochen mit gleicher Intensität betrieben wurde. Der Arbeitende bestimmte weitgehend selber seinen Arbeitsrhythmus. Von ihm hing es ab, wann er Phasen intensiver Konzentration solche beiläufiger Tätigkeit oder Pausen folgen ließ.[1] Die industrielle Arbeit dagegen ist auf feste Arbeitszeiten angewiesen, in denen die Arbeitsvorgänge folgerichtig und zügig durchgeführt werden müssen. Die vom Arbeiter verlangte Disziplin und Konzentration können nicht unbegrenzt im Tageslauf durchgehalten werden. Die Arbeitsorganisation selbst ist es, die zu ihrer Erhaltung Pausen und von Arbeit freie Stunden nötig hat, in denen die Arbeiter die notwendigen Kräfte für den nächsten Arbeitstag regenerieren.

So betrachtet ist Freizeit an die Industriegesellschaft gebunden, die die Trennung von Arbeitswelt und Privatsphäre voraussetzt, aber in der Tat hatte sich in Deutschland eine Privatheit ausgebildet, bevor sich die Industriegesellschaft durchsetzte. Sie intensivierte sich und wurde kostbarer, weil die veränderte Arbeitsorganisation – die Verlagerung der Arbeit aus dem Haus an einen von der Wohnung entfernten Ort – die für das Privatleben zur Verfügung stehende Zeit reduzierte. Anders als in den langen Epochen, in denen das Leben im „ganzen Haus" beschlossen war, wurde die Zeit wichtig, weil sie bemessen war. Ein rechenhafter Umgang mit der Zeit wurde notwendig: Die Menschen mußten lernen, ihre Zeit einzuteilen, um pünktlich an ihrer Arbeitsstätte zu erscheinen. Ihre Arbeitszeit wurde nach Stunden gemessen. Sie orientierten sich nicht mehr allein am Aufgang und Untergang der Sonne, um Zeiten der Wachheit und Zeiten der Ruhe zu leben. Seit 1798 wurden die Hamburger Stadttore nicht mehr bei Sonnenuntergang, sondern während des ganzen Jahres zu einer bestimmten Uhrzeit geschlossen. Die künstliche Straßenbeleuchtung verlängerte die Zeit des Tätigkeitseins. Man konnte die Nacht zum Tage machen.[2]

Mit der Durchsetzung der Industriegesellschaft und der Intensivierung der Fabrikarbeit wurde die Arbeitszeit noch stärker rationalisiert. Die Arbeit nahm einen so großen Teil des Tages ein und erschöpfte die Arbeiter so sehr, daß die verbleibende Zeit kaum als Freizeit im Sinne einer eigenständigen, selbstbestimmten Aktivität genutzt werden konnte. Erst als die überlangen Arbeitszeiten auf ein halbwegs vertretbares und erträgliches Maß verkürzt worden waren, konnte sich für die

Mehrheit der deutschen Bevölkerung so etwas wie eine Freizeitkultur entwickeln.[3] Bis dahin war es freilich ein weiter Weg. Erst 1918 wurde der Achtstundentag in der Industrie und die Siebenstunden-Schicht im Bergbau eingeführt. Aber schon nach 1923, in der Stabilisierungsphase der Weimarer Republik, wurde diese Regelung vielfach durchbrochen, und erst im Jahre 1932 hatte sich die wöchentliche Arbeitszeit von 48 Stunden als geltende Regel durchgesetzt.[4] In der Weimarer Republik wurde auch die Forderung nach bezahltem Urlaub verwirklicht. Es handelte sich um einen Urlaub von drei bis sechs Werktagen für Arbeiter und zwei bis drei Wochen für Angestellte, der schrittweise in Tarifverträgen verankert wurde, so daß im Jahre 1926 89 Prozent aller Tarifverträge, die 94,7 Prozent der Beschäftigten betrafen, Urlaubsregelungen enthielten.[5] Arbeitszeitverkürzung und bezahlter Urlaub aber waren die Voraussetzung für die Freizeit der lohnabhängigen Massen. Von daher ist die These nicht abwegig, die moderne Freizeit sei erst in den zwanziger Jahren des 20. Jahrhunderts entstanden.[6] Doch sind in die Freizeitkultur so viele ältere Traditionen eingegangen, daß es kurzschlüssig wäre, die Darstellung allein auf diesen Zeitraum zu begrenzen. Mit der Ausbildung der Privatsphäre im 18. Jahrhundert sind Vorstellungen über die Lebensgestaltung entwickelt worden, die in ihren Kerngedanken bis heute fortwirken. Die Zeit, die nicht von der Arbeit beansprucht wurde, sollte die „Zeit für die individuelle Freiheit" sein, in der die Menschen Muße produktiv erleben und ihre eigene Aufklärung befördern sollten. Und diese Entfaltung des eigenen Selbst sollte nicht auf eine kleine Oberschicht beschränkt bleiben. Das „wahre Reich der Freiheit" (Marx) sollte allgemein werden. „Entstehung der Freizeit erschien als eine ‚Sozialisierung' beziehungsweise Demokratisierung der ‚adeligen' Muße."[7] Die heute verbreitete Kritik am Freizeitverhalten vieler Menschen hat ihren Ursprung in solchen Vorstellungen der Aufklärung, die freie Zeit der persönlichen Bildung und daher meist kulturellen Erfahrungen zu widmen, damit – wie Adorno kritisch anmerkte – „Freizeit in Freiheit umspringt". Er verwies denn auch den von ihm eher negativ beurteilten Begriff Freizeit auf seinen Ursprung: „. . . früher sagte man Muße, und das war ein Privileg unbeengten Lebens, daher auch dem Inhalt nach wohl etwas qualitativ anderes, Glückvolleres . . ."[8] Und in der Tat meinte Muße in dem ursprünglichen Verständnis, wie es die griechische Philosophie vermittelte, das Freisein von ablenkenden Geschäften und die ruhige Schau der Dinge, in der der Mensch ganz in sich selbst ruht. In dieser Gelassenheit und inneren Anteilnahme nimmt er teil an Spiel, Kult, Fest, Feier, in denen sich ihm die Ordnung des Seins symbolisch erschließt.[9]

Wenn auch die moderne Freizeit wenig gemein zu haben scheint mit einer solchen Beschreibung der Muße, ist doch aus ihr ein Anspruch entwickelt worden, der in Anleitungen zu einer sinnvollen Gestaltung der Freizeit implizit mitschwingt. Als Bilder eines glücklichen, erfüllten Lebens sind sie in unser kollektives Gedächtnis eingegangen und tauchen in Zeiten der Beengung und erlebten Entfremdung als leuchtende Utopie auf. In ganz besonderer Weise hat das deutsche Bürgertum im 19. Jahrhundert nach solchen Wunschvorstellungen leben wollen, und es ist nicht auszuschließen, daß es gerade die Frustrationen der modernen Arbeitswelt gewesen sind, die die Anhänglichkeit an das Bildungsideal der deutschen Klassik begründet haben.[10]

Einsamkeit und Geselligkeit

Schon das 18. Jahrhundert schuf die Voraussetzungen dafür, daß Freizeit als eigene Lebensform erfahren werden konnte. Außer der Ausbildung einer Privatsphäre war das der Gewinn an Zeit, genauer: der Zeit, die als Wachzeit der Nacht abgetrotzt wurde. Das geschah einmal durch eine selbstbestimmte Gliederung des Tages, die nicht mehr durch ständische oder obrigkeitliche Vorschriften, etwa durch Predigtzeiten, geregelt wurde.[11] Zum anderen hat das künstliche Licht die Ausdehnung der Abendstunden ermöglicht. Der Mensch gewann die Freiheit, über die Gestaltung des Tages zu entscheiden, und die Herrschaft über die Dunkelheit der Nacht, die vielfach Grauen und Angst erregt hatte.[12]

Wie nutzte man die neu gewonnene Zeit? In dem Maße, in dem die adelige Muße vorbildhaft wirkte und in ihrer aufklärerischen Variante zur Nachahmung empfohlen wurde, wurde die freie Zeit mit kulturellen Aktivitäten ausgefüllt, die geeignet waren, die eigene Bildung zu erweitern und zu vertiefen. Die Lektüre war eine sehr beliebte Art der Beschäftigung, an der die Besonderheiten des 18. Jahrhunderts – die merkwürdige Verschränkung von Einsamkeit und Geselligkeit – deutlich werden.

Das Lesen gehörte als Handlung in den Bereich der Freizeit. In der öffentlichen Diskussion um die „Lesesucht" und „Lesewut" wurde kritisch als Unart vermerkt, daß die Lektüre nicht auf Mußestunden beschränkt werde, sondern daß es „Handwerksburschen, Bediente, Bürger und Bauern von aller Art" gebe, „die jede nicht bloß müßige, sondern auch manche ihren Berufsgeschäften entwendete Stunde mit Lesen ausfüllen".[13] Folgerichtig hieß es im Jahre 1806: „Dann erst ist die Lektüre zu gestatten, wenn wir unsere Berufsgeschäfte mit Sorgfalt abgewartet haben, um damit die müßigen Abend- und Sonntagsstunden auszufüllen."[14]

Diese Zuweisung bestimmter Tätigkeiten in den Bereich der Freizeit

belegt, wie weit die Trennung von Arbeitswelt und Freizeit schon gedie-
hen war. Offenbar gehörten Lektüre und, umfassender gedacht, Kultur
zur Muße und hatten mit den Geschäften der Welt nichts zu tun. Sie
wurden auf die arbeitsfreien Stunden des Abends verwiesen. Einen Vergleich mit den nutzbringenden Tätigkeiten des Tages konnte das Lesen
schwerlich aushalten. Jungen Frauen, in ihrem dringlichen Wunsch
nach Bildung immer wieder eingeschränkt und behindert, wurde das
Lesen als Müßiggang und gefährliche Leidenschaft verboten und
stattdessen weibliche Beschäftigung angelegentlich empfohlen. Ihr vor-
moderner, noch ungeschiedener Tageslauf ließ eine Trennung in
Arbeits- und Freizeit nicht zu. Da diese Frauen keine geregelte Arbeitszeit kannten, konnten sie auch nicht selber über ihre Freizeit verfügen.
So versuchten einige von ihnen, ihren Lesewunsch mit den ihnen aufgezwungenen weiblichen Tätigkeiten zu verbinden: „Wie oft wurde mir
meine Liebe zum Lesen nicht verbittert, manchmal die Bücher verschlossen, und ich an den Spinnroken verwiesen. Da ich so fertig lesen
konnte, so legte ich mein Buch aufs linke Knie; und spann mit der rechten Hand. Aber wenn nun das Garn abgehaspelt wurde, dann gings
wieder los: das macht, hieß es, weil sie die linke Hand schont und
immer lieset."[15]
Ihre Lektüre ist eine weitgehend einsame Lektüre. Das ist zwar nicht
immer so – dasselbe junge Mädchen, dem die private Lektüre
erschwert oder gar verweigert wurde, wird regelmäßig aufgefordert, zu
bestimmten Stunden im Familienkreis die Bibel vorzulesen –, aber das
Lesen der Bücher, die ihr wichtig waren, geschah in der Stille ihres Zimmers. Die Wohnung ermöglichte diesen Rückzug in die Intimität. Noch
eine weitere Entwicklung wirkte sich aus: die Veränderung der Lesegewohnheiten. Statt des lauten Lesens das leise Lesen, statt der intensiven,
wiederholten Lektüre derselben Bücher – Bibel, Erbauungsbücher,
einige wenige beliebte und verbreitete Postillen – die rasche Lektüre
immer neuer Schriften. Zwar blieben die alten Praktiken erhalten: das
laute Lesen in der Form des Vorlesens ging nicht verloren, sondern
wurde zu einem festen Bestandteil anregender Geselligkeit. Auch die
wiederholte Lektüre vor allem religiöser Schriften hielt sich lange. Aber
daneben gab es offenbar ein neues Bedürfnis nach der intimen, stillen,
gesammelten Lektüre und eine unersättliche Neugier und einen Wissensdurst nach neu erschienenen Büchern. Da traf es sich gut, daß sich
im 18. Jahrhundert in Deutschland ein literarischer Markt entwickelt
hatte mit gesteigerter Buchproduktion und neuen Formen der Distribution, so daß die Lesefreunde, sofern sie über die nötigen finanziellen
Mittel verfügten, um die zu jener Zeit noch teueren Bücher zu erwerben, die gewünschten Bücher kaufen konnten.[16]

Die private Lektüre war zunächst einsames Lesen. Die Konzentration auf das Buch setzt eine Abkehr von Geschäften und zerstreuenden Gesprächen voraus. Der Leser ist mit sich und dem Buch allein. So wie er durch seine Lektüre seiner selbst als Subjekt bewußt werden kann, so geht er auch wieder über die Grenzen seines Ichs hinaus, denn das Buch vermittelt ihm Welterfahrung und Weltgewinn. Der einsame Leser durchbricht die Schranken der eigenen Lebenswelt durch die Aneignung einer neuen Welt. Tatsächlich ist dieser Vorgang der Rezeption nicht eine bloße Aufnahme und Memorierung des Gelesenen, sondern die Aneignung ist ein schöpferischer Akt, der fremde Welten in die eigene Lebenswelt integriert. Denn die Schilderungen des Buches werden nie umstandslos im Bewußtsein des Lesers abgebildet, sondern von ihm produktiv anverwandelt. Der Leser entzieht sich daher jeder obrigkeitlichen Kontrolle. Von daher ist die Diskussion über die angebliche Lesewut und Lesesucht im 18. Jahrhundert zu verstehen, die ängstliche Sorge vor der unkontrollierbaren Lektüre einer immer größer werdenden Zahl von Lesern. Daß es vor allem „der gemeine Mann"[17] und die Frauen waren, deren Freude an der Lektüre zur Beunruhigung Anlaß gab, zeigt, wie sehr die Öffentlichkeit von der politisch-gesellschaftlichen Bedeutung des Lesens überzeugt war.

Diese Interpretation entsprach dem Selbstverständnis der Aufklärung. Das Postulat Kants hatte sich auch bei der Lektüre eines jeden Buches zu erweisen. So faszinierend es auch immer war, es durfte den Leser nicht überwältigen und durch Verzauberung seiner selbst entfremden. Der Leser mußte lesend er selbst bleiben. Nicht die Texte sollten ihn durch ihre Autorität binden, er selbst ging im Bewußtsein der eigenen Autonomie mit ihnen um. Ein solches Selbstbewußtsein spricht Johann Adam Bergk aus, wenn er im Jahre 1799 über die „Kunst, Bücher zu lesen" räsoniert: „Wir müssen uns von dem Stoffe des Buches nicht unterjochen lassen, sondern wir müssen ihn als Selbstdenker bearbeiten, und ihn als Eigenthum unseres Geistes behandeln. Unser Bestreben beim Lesen muß stets dahin gehen, uns über den Stoff zu erheben, um ihn beherrschen zu können."[18]

Ein solches Selbstbewußtsein brauchte zu seiner Behauptung nicht die Einsamkeit des Lesers mit seinem Buch. Es ließ sich auch in Gesellschaft durchhalten. Die Art der Freizeitgeselligkeit, wie sie sich im 18. Jahrhundert in den Hamburger Häusern ausbildete, beruhte auf der völligen Freiheit aller, die daran teilnahmen. Es herrschte eine „republikanische Geselligkeit", das bedeutet: „eine vollständige Gleichheit", die die Geselligkeit „allen gemütlich" machte. Sie zeigte sich darin, daß Häuser den Freunden zur abendlichen Stunde offenstanden. Man konnte kommen und gehen, wie es einem beliebte. Ebenso konnte man sich in dieser Geselligkeit mit dem beschäftigen, wonach einem gerade der Sinn stand. So war es nichts Merkwürdiges, wenn man sich ein Buch nahm, um darin zu lesen. Darin wurde keine Absonderung von der geselligen Runde gesehen, sondern der Ausdruck der Freiheit, seinen Neigungen zu folgen, und damit der allgemeinen Zufriedenheit. Im Hause Sieveking etwa sollte „in allem, im Kommen und Gehen, in Spiel, Musik und Tanz oder Lesen für sich oder mit anderen ... die größte Freiheit herrschen."[19] Daß diese individuelle Vielfalt nicht allein eine Eigentümlichkeit der Hamburger Gesellschaft darstellte, sondern im 18. Jahrhundert weit verbreitet war, belegt ein zeitgenössisches Gemälde, das bei der Wiedergabe eines Salons inmitten der Gäste, die sich auf verschiedene Weise beschäftigen, eine für sich lesende Dame zeigt.[20]

Freilich war eine solch individualisierte Form nicht die einzig übliche Weise der Geselligkeit in diesem „geselligen Jahrhundert".[21] Gerade die gemeinsame Lektüre war ein Anlaß zur Gesellschaftsbildung. Noch waren Bücher teuer. Verbanden sich mehrere Interessierte miteinander, so ließen sich die Kosten vermindern: Man kaufte gemeinsam Bücher und Zeitschriften und ließ sie untereinander zirkulieren. So entstanden mannigfache Lesezirkel, Lesekreise und schließlich Lesekabinette als die eigentlichen Lesegesellschaften. Sie wurden bald die beliebteste und weitverbreitete Form der Aufklärungsgesellschaften, weil sie zwei Bedürfnisse zugleich befriedigten: das Bedürfnis nach Bildung und nach Geselligkeit.[22] Wenn sich auch wohl nur eine Bildungselite in diesen Gesellschaften organisierte, war doch hier ein Typus geschaffen, der für die Vereinsbildungen im 19. Jahrhundert vorbildlich wirkte, weil er eine Form von Freizeitgeselligkeit in die Wege leitete, die durch ihr Bildungsattribut attraktiv, weil prestigeträchtig war. Im 18. Jahrhundert freilich hatte diese unpolitische Geselligkeit doch eine politische Wirkung: die Lesegesellschaften übten ihre Mitglieder in demokratische Verhaltensformen ein. Statt der hierarchisch aufgebauten Ständeordnung, die das Leben dieser Adeligen und Bürger regelte, fanden sich die Mitglieder der Lesegesellschaften in ihren Zusammenkünften als Gleiche unter Gleichen wieder. Einige Lesegesellschaften beachteten dieses Prinzip auch in ihren äußeren Formen: bei der Wahl des jeweils Vorsitzenden und in der wechselnden Sitzordnung. Die Mitgliederversammlung beschloß in Abstimmungen über alle die Gesellschaft betreffenden Fragen. Sie entschied über die Bücher, die gekauft werden sollten, und über die Aufnahme neuer Mitglieder. In allen diesen Belangen galt, wie es die Karlsruher Lesegesellschaft verfügte: „Es ist eine ganz gleiche Gesellschaft, in welcher jedes Mitglied mit dem andern gleiche Rechte hat."[23]

Für die Freizeitgeselligkeit prägend war freilich noch etwas anderes: die gemeinsame Diskussion über die Lektüre. In ihr wurde Welt erfahren, Wissen angeeignet, wurden philosophische und literarische Positionen und Normen des Zusammenlebens erarbeitet, Vorstellungen erweitert und vertieft und eigene Weltbilder geschaffen. Es waren Individuen, die sich ihrer Individualität bewußt waren, die hier zusammenkamen. Sie verließen ihre Privatsphäre und vereinten sich in diesen halb öffentlichen Gesellschaften und agierten in einer neuen Form der Öffentlichkeit.

Es waren dieselben Gebildeten – Beamte, Professoren, Kaufleute –, die auch andere kulturelle Aufgaben zu ihren eigenen erklärten. Durch ihre Aktivität konnte zu einem Freizeiterlebnis für eine bürgerliche Öffentlichkeit werden, was bis dahin vorwiegend der höfischen Gesellschaft vorbehalten gewesen war: das Konzert, das im 18. Jahrhundert zu einem öffentlichen Konzert wird dank der Selbstorganisation des adeligen und bürgerlichen Publikums. Dieser allmähliche Wandel der Konzertpraxis ist sehr gut an der wechselvollen Karriere Mozarts abzulesen. Außer seinen Darbietungen an verschiedenen fürstlichen Höfen gab er öffentliche Konzerte, die zuvor durch die Subskription des Publikums finanziert worden waren. Mozart schreibt am 8. Mai 1782 an seinen Vater: „ein gewisser Martin hat diesen Winter ein Dilettanten Concert errichtet, welches alle freytäge in der Mehlgrube ist aufgeführt worden. – sie wissen wohl daß es hier eine menge Dilettanten giebt, und zwar sehr gute, so wohl frauenzimmer als Manspersonen ... dieser Martin hat nun durch ein Decret von kayser die erlaubnüss erhalten, und zwar mit versicherung seines höchsten Wohlgefallens, 12 Concerte im augarten zu geben. und 4 grosse Nachtmusiken auf den schönsten Plätzen in der Stadt. – das abbonnement für den ganzen Sommer ist 2 Ducaten. Nun können sie sich leicht denken, daß wir genug Suscribenten bekommen werden. – um so mehr, da ich mich darum annehme, und damit asocirt bin. – ich setze den fall daß wir nur 100 abbonenten haben so hat doch – (wenn auch die unkösten 200 fl: wären, welches aber ohnmöglich seyn kann) doch jeder 300 fl: Profit. – Baron van Suiten und die Gräfin Thun nehmen sich sehr darum an. – das Orchester ist von lauter Dilettanten – die fagottisten und die trompetten und Paucken ausgenommen."[24]

Schon um 1750 war diese Form der Finanzierung öffentlicher Konzerte allgemein verbreitet. Das Verfahren war denkbar einfach: in den Zeitungen wurden ganze Konzertreihen ausgeschrieben, und das Publikum wurde eingeladen, sich als Interessent für alle vorgesehenen Konzerte einzuschreiben. Die Subskribenten erwarben ihr Abonnement, das im Preis niedriger war als eine Einzelkarte, vor Beginn der Konzertreihe, um der Gesellschaft die finanziellen Mittel zur Verfügung zu stellen, für alle Unkosten im Zusammenhang der Konzerte aufzukommen. Die Abonnement-Bestätigung galt als Eintrittskarte für alle Konzerte.[25] Jahresabrechnungen der frühen Konzertunternehmungen geben treffenden Einblick in die soziale Zusammensetzung des Publikums und die Honorierung der Musiker: „Die Abonnementseinnahmen des ersten Konzertjahres 1778/79 waren: von der ‚Noblesse' mit dem Minister von Oberndorff an der Spitze 495 Gulden, von Offizieren und Regimentern 395 Gulden, von adeligen und sonstigen charakterisierten Personen 870 Gulden. Dieser Einnahme von 1720 Gulden standen Ausgaben von 1743 Gulden gegenüber ... An das Orchester wurden 900 Gulden als Gratifikation verteilt, und zwar nach vier verschiedenen Klassen; die Vertreter der ersten Instrumente und die ‚Konzertisten' bekamen mehr als die übrigen. Ferner steht folgender Posten in der Rechnung: dem jungen Herrn Fränzl einen silbernen Degen mit 22 Gulden und seiner Schwester einige Galanterien, zusammen 62 Gulden 30 Kreuzer für Mitwirkung im Konzert."[26]

Diese Konzertpraxis war bis zum Ende des Jahrhunderts in ganz Deutschland verbreitet. Mit Stolz berichten die Beteiligten in den Zeitungen von ihren Konzertereignissen, beschreiben, wie es ihnen gelungen sei, einen bestimmten Musiker – Männer oder Frauen werden gleichermaßen genannt – zu einer Aufführung in ihre Stadt zu bitten, loben die Begeisterung des Publikums und erwähnen nicht ohne Hochachtung, daß das Orchester aus Liebhabern bestanden habe.

Es waren wohl vornehmlich zwei Motive, die dieser Konzertpraxis zugrunde lagen und ihren Erfolg verbürgten: Frei von obrigkeitlichen Vorgaben und Zwängen organisiert das Publikum selbst sein musikalisches Freizeitvergnügen und entschied, was und wen es hören wollte. Im Vordergrund des Programms stand gewiß auch die Absicht, eine bestimmte neue Musik bekanntzumachen und für sie zu werben. Diese Motive mußten freilich nicht immer harmonieren, es gab unter den bürgerlichen Organisatoren und den vielen Liebhabern Kenner, die unter den verschiedenen musikalischen Angeboten auswählen wollten, was nach ihren Qualitätskriterien allein darzubieten war. Sie wollten auch in der Sprache der Musik aufklären, den Geschmack bilden, erzieherisch wirken. Die Bedürfnisse des Publikums waren dagegen unterschiedlich. Manche wollten sich im Konzert feierlich erheben lassen, andere wieder einen entspannten Feierabend genießen. Selbstorganisation – das hieß auch, dieser Vielfalt von Bedürfnissen gerecht zu werden. Ähnlich wie im Bereich der Lektüre, in der die Aufklärer die Lesefähigkeit der Bevölkerung steigern wollten, um sie der Bildung aufzuschließen, und zuletzt deren Lesewut beklagten, verschob sich ihre

Position im Bereich der Musik. Selbstorganisation der Konzertpraxis bedeutete nicht allein Distanzierung von obrigkeitlichen Richtlinien, sondern auch ein Freisein von der Bevormundung durch sogenannte Volkserzieher.

Bald traten andere Kritiker auf den Plan, die sich besorgt fragten, ob die allgemeine Musikbegeisterung tatsächlich auf die Freizeit beschränkt blieb. Die Musikliebhaber begnügten sich nicht damit, Musik zu hören, begnügten sich nicht mit der Rolle der Hörer und Konsumenten, sondern gingen daran, selbst Musik zu machen. Noch war die Professionalisierung nicht so weit fortgeschritten, daß sie die Selbstausübung entmutigt hätte. Im Gegenteil: das Spielen eines Instrumentes war eine Liebhaberei, die aber nach Vervollkommnung verlangte und den Dilettanten zeitlich in Anspruch nahm. Musik gewann eine Bedeutung, die über den Rahmen einer bloßen Freizeitbeschäftigung hinausging. Es gab Beobachter, die diese Entwicklung mit Sorge wahrnahmen.

Im Jahre 1789 veröffentlichte ein Kritiker seine mahnenden Gedanken ‚Über die Pflicht seine Neigung zur Musik einzuschränken. Eine moralische Abhandlung, vorgelesen im freundschaftlichen Zirkel einiger Dilettanten‘. Darin hieß es: „Musik soll vor dem Hauptzwek unserer eigentlichen Bestimmung nie den Vorrang haben, nie die Hauptbeschäftigung unseres Lebens, nein, sie soll uns nur das sein, wozu sie uns eigentlich gegeben ist, nemlich – Erholung … macht man Musik zum Hauptobjekt seiner Thätigkeit; so muß nothwendig ein edler Theil derjenigen Zeit zu Grunde gehen, die wir unserm eigentlichen Beruf schuldig sind. Urtheilen sie Selbst, ob man diese mit den Grundsätzen einer gesunden Moral vereinbaren könne, und ob nicht ein solcher Liebhaber der Kunst im Grund in eben dieselbe Klasse von Menschen gehöre, welche einen Theil der schönsten Zeit ihres Lebens auf weichen Polstern verträumen …"[27]

Hier zeigte sich ein Dilemma, für das es auch im 20. Jahrhundert keine rechte Lösung gab: Die Entstehung der Freizeit in der Aufklärungsepoche bewirkte, daß ihre Sinnbestimmung von der Philosophie der Aufklärung abgeleitet wurde. Die freie Zeit sollte eine Zeit der Freiheit sein, in der die Menschen sich Geist und Kultur öffnen sollten. Antike Vorstellungen von Muße und Kontemplation wirkten als Leitbilder für die Gestaltung dieser freien Zeit. Sie fanden Nachahmung. Freizeitbeschäftigungen mit Bildungsanspruch genossen ein besonderes Prestige. Mit Ernst und Leidenschaft betrieben freilich sprengten sie den Rahmen der reinen Freizeit und ließen sich nicht in ein Reservat einzäunen.

Dennoch: Freizeit um 1800 ist vielfältig und lebhaft. Am Beispiel der

Lektüre und Musikpraxis zeigte sich die Tendenz zur Selbstbestimmung und Selbstorganisation. Beschäftigungen, die sich zunächst im Privatleben ausbildeten, wurden aus unterschiedlichen Gründen gerne in Gesellschaft betrieben. Privates und Öffentliches wurden verschränkt, nicht entgegengesetzt. Geselligkeit wurde als Steigerung des Selbst erfahren. Doch gab es zur gleichen Zeit ein deutliches Bewußtsein der Einsamkeit, ein Leiden an der Verwandlung der vertrauten Welt. Die alten Bindungen, die sich lockerten und obsolet wurden, hatten den eigenen Freiheitsdrang eingeengt, man hatte sich an ihnen gerieben und gegen sie im stillen aufbegehrt. Aber sie waren vertraut und hatten den Rahmen einer Welt markiert, in der man sich sicher gefühlt hatte. Nun verloren sie an Geltungskraft, und die Notwendigkeit, nach neuen Maßstäben und Regeln zu suchen, machte Angst. Dann wieder ging die befreiende Wirkung nicht rasch genug. Man fühlte sich gehemmt, niedergedrückt, in seinem Gestaltungsdrang beengt.

Solche Unangepaßtheit und Verunsicherung verbargen sich im Gefühl der Einsamkeit und Melancholie. Wenn aus diesen Empfindungen heraus nach Geselligkeit verlangt wurde, geschah es auf eine andere, geradezu existentielle Art. Als ein Beispiel dafür mag der „Tugendbund" gelten, den einige wenige Freunde und Freundinnen um die junge Henriette Herz in Berlin in den achtziger Jahren des 18. Jahrhunderts gründeten. Ähnliche private Verbindungen waren in dieser Zeit nicht selten. Ganz im Sinne der Aufklärung stellten sie sich ein edles Ziel: „gegenseitige sittliche und geistige Heranbildung sowie Übung werktätiger Liebe."[28] Sie gaben sich Statuten, um ihrem Bund ein offizielles Aussehen zu geben. Liest man aber die Zeugnisse seiner Mitglieder, so bemerkt man ihr verzweifeltes Bemühen, ihre Verbundenheit zu beschwören. Sie beschäftigten sich vornehmlich mit sich selbst in Abkehr von der Außenwelt – so erfanden sie Chiffren, um in dieser Geheimsprache, für Außenstehende unverständlich, ihre Briefe zu verfassen. Man verlangte Aufrichtigkeit und Vertrauen von allen Mitgliedern des Bundes und versicherte einander ununterbrochen teilnehmender Empfindungen. In diesem Sinne schreibt der junge Wilhelm von Humboldt im Jahre 1787 an Henriette Herz: „Was sagst Du von den Angelegenheiten eines Herzens, die ich vergessen hätte? Sind denn die Angelegenheiten der Deinigen nicht auch die meinigen? Sind denn nicht Du und ich und ich und Du, Jette und ich, und Karl und Jette, und Karl und Du, kurz wie Du uns miteinander verbinden magst, sind wir nicht alle eins, nicht so eins, daß wir uns nicht mehr den Worten nach trennen können? O sei ferner so glücklich, liebe mich ferner auch so, und Du wirst mich noch glücklicher machen, als ich schon ehemals durch Dich und durch Jette und Karl war."[29]

Aus diesem mit jugendlichem und wohl auch zeitgemäßem Pathos geschriebenen Brief wird zweierlei deutlich: Gefühlsüberschwang und Leidenschaft werden nicht allein für eine Paarbeziehung aufgebracht, sondern sie gelten einer Verbindung mehrerer Freunde, die wie im Bilde einer Kette miteinander verbunden sind. Die Kette läßt die einzelnen Glieder, aus der sie gebildet ist, deutlich erkennen: es sind selbständige und selbstbewußte Individuen – Frauen und Männer –, die sich in Freundschaft miteinander vereinen.

Das sollte sich im 19. Jahrhundert ändern. Statt der Individuen tritt die Familie ins Zentrum der Aufmerksamkeit.

Die Innenwelt der bürgerlichen Familie

Für die Intimität der bürgerlichen Familie, wie sie sich im 19. Jahrhundert herausbildet, gewann die Hausmusik eine spezifische Bedeutung, die die Struktur dieser Intimsphäre vorzüglich widerspiegelt. Die Hausmusik war keineswegs eine Erfindung des 19. Jahrhunderts, sie gewann jedoch neue Ausdrucksformen, die den gesellschaftlichen Veränderungen entsprachen.

Der Musikenthusiasmus des 18. Jahrhunderts hatte nicht allein das öffentliche Konzert hervorgebracht, sondern auch in einer Vielfalt von Hauskonzerten seinen Niederschlag gefunden. So verschieden sie sein mochten – die berühmten Hauskonzerte im Büscheschen Haus in Hamburg waren vornehmlich dem musikalischen Werk von Philipp Emanuel Bach gewidmet, in anderen Häusern ging es um die Unterstützung von Musikern –, sie waren nach außen geöffnet und wollten der Musikpflege dienen. Der gesellschaftliche Aspekt war stets gegenwärtig: Vom Hauskonzert zur Gesellschaft von Musikfreunden war der Weg nicht weit. So wird von einem Bäcker aus München berichtet, der durch seinen persönlichen Einsatz, zu dem auch der Kauf von Noten und Instrumenten gehörte, Konzerte einer Gesellschaft von Musikliebhabern in einer ehemaligen Stiftskirche ermöglichte.[30] Er stand in seinen Bemühungen nicht allein. Die Musikbegeisterung war nicht auf die gebildeten Schichten des Bürgertums beschränkt geblieben. Bei den Konzerten im Kayserlingschen Haus, bei denen „Liebhaber, Stadtmusikanten und Regimentsoboisten" mitwirkten, ließ der Hausherr seine Gäste an seinem persönlichen Musikerlebnis teilnehmen: „In solchem Traume versunken seufzte und jammerte er oft bei rührenden Stellen so tief in sich, daß er alle Anwesenden rührte, und bei feurigen Stellen oder glücklich überwundenen Schwierigkeiten jubelte er oft laut auf, und kam mit dem ganzen Körper in die lebhafteste Bewegung."[31]

Auch so konnte Musik erlebt werden, und in der Epoche der Empfindsamkeit war es jedem gestattet, seinen Gefühlen Ausdruck zu geben. Freilich lag im Charakter der Musik, für die verschiedensten Gefühlserlebnisse offen zu sein, und diese Eigenschaft kam der Mentalität des Bürgertums im 19. Jahrhundert sehr entgegen. Das ästhetische Erlebnis ist nicht ohne weiteres in rationalen Formen auszudrücken. Arthur Schopenhauer erklärte diesen Sachverhalt mit der „absolutesten Unbestimmtheit", in der die Musik die verschiedenen Stimmungen ausdrücke. Sie gebe nicht diese oder jene Betrübnis, diesen oder jenen Schmerz wieder, sondern der akustische Eindruck werde von den Hörern in der Situation, in der sie sich befinden, auf je eigene Weise aufgenommen. Die Unbestimmtheit des musikalischen Stimmungszeichens läßt daher den Hörer in seiner Rezeption frei und zwingt ihm nicht die Intention des Komponisten oder seines Interpreten auf.[32] Ließ sich der Hörer auch von der Musik in eine Stimmung versetzen, war er sich bewußt, in der Sprache der Musik an der Welt des Geistes teilzuhaben. Darin mochte eine Ambivalenz des privaten Musikerlebnisses liegen: Erhebung und Verschwommenheit waren ununterscheidbar vermischt.

Die Professionalisierung des Musiklebens im 19. Jahrhundert blieb nicht ohne Wirkung auf die Hausmusik: Meisterschaft trat an die Stelle der begeisterten Liebhaberei,[33] die Trennung zwischen einer ernsten, anspruchsvollen Musik und den verschiedenen Trivialformen, die mehr der Unterhaltung dienten, nahm ihren Ausgang. Damit ging auch eine Trivialisierung des Salons als Ort der privaten Musikkultur einher.[34]

Das Klavier war das bevorzugte Instrument, das schon als Möbel nach außen die Beziehung der bürgerlichen Familie zur Welt der Bildung und der geistigen Werte anzeigte. Die „höhere Tochter" war dazu ausersehen, diesem Bildungsanspruch der Familie und dem bürgerlichen Statussymbol zu entsprechen, das mit der häuslichen Musikpflege verbunden war. Dem Stand ihrer Fähigkeiten entsprechend, haben vielfach „Potpourri, Variationen über bekannte und beliebte Themen, Opernphantasien und zahlreiche Werke der Tanz- und Unterhaltungsmusik ... im 19. Jahrhundert die bürgerliche Hausmusik beherrscht."[35]

Selbst eine solche Trivialisierung des musikalischen Programms stand unter dem hohen Anspruch der Kunst. Auch wenn die bürgerliche Familie keineswegs daran dachte, ihre Töchter zu Berufsmusikern auszubilden, und vor einem solchen Wunsch ihrer Kinder zurückgeschaudert wäre, wurden diese zu endlosen technischen Exerzitien gezwungen, die kaum geeignet waren, ihre Spielfreude zu wecken. Von solcher Mühsal berichtet eine „höhere Tochter", die freilich aus einem weltoffenen, aufgeschlossenen, unkonventionellen Elternhaus stammt, die Dichterin Ricarda Huch: „Als meine Schwester und mein Bruder Klavierstunden bekamen, war ich erst fünf Jahre alt; aber meinem dringenden Verlangen, auch spielen lernen zu dürfen, wurde nachgegeben. Der Unterricht wurde damals ganz anders als jetzt gehandhabt, man war durchaus nicht darauf bedacht, ihn kurzweilig zu gestalten, sondern er begann mit einer ganzen Ladung von Mühsal und Langeweile. Erst kamen gymnastische Übungen mit den Händen in der Luft, dann Übungen auf einem Ton zwecks der Fingerhaltung, dann Tonleitern und gebrochene und flüchtige Akkorde. Nach langer Zeit kam zwischendurch etwas Hübsches, Wohlklingendes. Zu den wenigen Geboten, die unser freies Leben beschränkten, gehörte, daß wir nicht klimpern durften, das heißt, wir durften und mußten üben und die gründlich geübten Stücke spielen, aber nicht in nur halb gekonnten Sachen uns oberflächlich ergehen. Als wir größer waren, haben wir es doch getan, besonders ich, wenn ich zum Beispiel in den Liederbüchern meines Vaters oder in den Partituren von Opern schwelgte . . ."[36]

Eine etwas andere Art der „Hausmusik" hat Ludwig Richter (1803–1884) auf seinem gleichnamigen Holzschnitt wiedergegeben:[37] Auf ihm ist die Musik ganz ins Familienleben integriert, ohne sich einem besonderen Kunstanspruch zu weihen. Der Vater sitzt am Klavier und begleitet den Gesang der Mutter und der Kinder. Selbst die kleinen Kinder und die Haustiere scheinen in das gemeinsame Musikerleben eingebunden zu sein. Ein solches Bild veranschaulicht eine Bedeutung, die das häusliche Musizieren haben sollte: Es stand als Symbol für die Intensität und Intimität des bürgerlichen Familienlebens. Die Emotionalität der ästhetischen Erfahrung eignete sich vorzüglich, gerade diesen Aspekt zu vermitteln. Die romantische Musik mit ihrer lyrisch-poetischen Auflösung der Form war Ausdruck dieses Begehrens. Sie entspricht darin nicht allein der Mentalität der bürgerlichen Familie, sondern dem schwankenden gesellschaftlichen Bedürfnis der Zeit. „Die Doppelgestalt der Musik, lyrische Grundstimmung und monumentales Pathos, und der doppelte Anspruch der ausgesungenen Subjektivität – an die Seele des Einzelnen und an die Masse des ‚großen' Publikums zugleich – ist eine ihrer großen Spannungen. Sie ist für die Gefühlslage der Gesellschaft überhaupt, für die Polarität von Innigkeit und Pathos, von Vereinzelung und Zusammenbindung, von Gefühlsintensivierung und Ambivalenz, seelischer Steigerung und Labilität, Melancholie und Aufbruch, sehr typisch."[38]

Später war es die Musik Richard Wagners, die die Ambivalenzen und Brüche im Zeitgefühl auf sehr genaue Weise darstellte. Auszüge aus seinen Opern waren verbreitet und bestimmten das Programm manch häuslicher Konzerte.

Je undurchsichtiger, fremder und bedrohlicher die Außenwelt

wirkte, um so wichtiger wurde die familiäre Innenwelt, und nie entsprachen sich diese Innenwelt und ihr musikalischer Ausdruck mehr als im bürgerlichen Weihnachtsfest. Der gemeinsame Gesang der Weihnachtslieder diente nicht zuletzt dazu, die familiäre Harmonie darzustellen und ihre Dauer zu beschwören. Dieser Intention diente der Ritus des Festes, das Wochen vor dem eigentlichen Zeitpunkt mit Vorbereitungen der Festesfreude und Einstimmung in das Erleben begann. „Einige Wochen vor Weihnachten pflegte der Buchhändler, bei dem mein Vater kaufte, einen großen Sack Kinderbücher zur Ansicht zu schicken, die wir betrachten konnten und die unsere Wünsche beeinflußten", erzählt Ricarda Huch. „Die Abende, wo wir um den Tisch saßen und uns in die Bücher vertieften, von denen ein kräftiger Wohlgeruch ausging, der sich mit dem vorausgefühlten Weihnachtsgeruch mischte, waren unvergleichlich schön."[39] Diese gemeinsamen Vorbereitungen verdichteten das Familienleben und steigerten die Erwartung vor allem der Kinder auf den Augenblick der Bescherung, der mit so viel Geheimnis umgeben war. Die Spannung konnte fast unerträglich werden. „Hanno ließ sein Knie los, das er bislang umschlungen gehalten hatte. Er sah ganz blaß aus, spielte mit den Fransen seines Schemels und scheuerte seine Zunge an einem Zahn, mit halbgeöffnetem Munde und einem Gesichtsausdruck, als fröre ihn. Dann und wann empfand er das Bedürfnis, tief aufzuatmen, denn jetzt, da der Gesang, dieser glockenreine A-capella-Gesang die Luft erfüllte, zog sein Herz sich in einem fast schmerzhaften Glück zusammen. Weihnachten . . ."[40]

Der Heiligabend war der Höhepunkt des Weihnachtsfestes. Die rituellen Formen, in denen er begangen wurde, dienten der Stabilisierung des bürgerlichen Familienideals.[41]

Es ist ein Fest, das Eltern für ihre Kinder vorbereiten. Sind keine Kinder da, so hat das Fest einen großen Teil seiner Bedeutung und allen Glanz eingebüßt, den die Erwachsenen wehmütig aus fernen Kinderzeiten erinnern. Das Entzünden der Kerzen des Weihnachtsbaums hinter verschlossenen Türen – das war in der Regel die Aufgabe des Vaters – und das Eintreten der Kinder in das erleuchtete Weihnachtszimmer waren der Beginn des Festes. Die Familie war nun unter sich, abgeschlossen von der Außenwelt, ganz in ihrer Intimität. Die Lichterfülle schien die Dunkelheit des Alltags vollends verdrängt zu haben. „Der ganze Saal, erfüllt von dem Dufte angesengter Tannenzweige, leuchtete und glitzerte von unzähligen kleinen Flammen, und das Himmelblau der Tapete mit ihren weißen Götterstatuen ließ den großen Raum noch heller erscheinen. Die Flämmchen der Kerzen, die dort hinten zwischen den dunkelrot verhängten Fenstern den gewaltigen Tannenbaum bedeckten, welcher, geschmückt mit Silberflittern und großen, weißen

Lilien, einen schimmernden Engel an seiner Spitze und ein plastisches Krippenarrangement zu seinen Füßen, fast bis zur Decke emporragte, flimmerten in der allgemeinen Lichtflut wie ferne Sterne."[42] Der Anschein des Überirdischen, den diese Inszenierung bezweckte, wurde in der Bescherung durchgehalten: Nicht die Eltern waren es ja, die den Kindern die Geschenke auf den Weihnachtstisch gelegt hatten, sondern diese Rolle war mythischen Gestalten zugedacht, die, regional unterschiedlich, Weihnachtsmann oder Christkind genannt wurden. Warum diese Verkleidung? Eine mögliche Erklärung gibt Ingeborg Weber-Kellermann: „Als historisches Ergebnis meines Buches erscheint das Weihnachtsfest mit Weihnachtsbaum und Weihnachtsmann als ein farbiges und figurenreiches Produkt der Bürgergesellschaft des 19. Jahrhunderts. Gerade diese bürgerliche Kultur charakterisierte sich damals ... durch einen negativen Luxus: man zeigte als gebildeter Bürger nicht seinen materiellen Besitz, man sprach in der Familie nicht über Geld und übergab die Macht, wertvolle Geschenke zu verteilen, an anonyme mythische Gabenbringer."[43] Solange sich diese Sitte des Beschenkens auf die Oberschicht beschränkte, mag ein solcher Brauch unproblematisch gewesen sein. Je mehr er sich aber in der Bevölkerung verbreitete und auch die Ärmeren in der Weise daran teilnahmen, daß sie ihren Kindern eine Kleinigkeit schenkten,[44] mußte es schwierig werden, Kindern die ungerechte Verteilung der Gaben durch die mythischen Überbringer zu erklären und in ihnen den Glauben an eine göttliche Weltordnung zu erhalten. Oder sollte ihnen die ungleiche Weltordnung in dieser mythischen Verkleidung vermittelt werden? Erich Kästner hat diese Problematik auf schmerzlich-ironische Weise durchschaut und sympathisch-selbstbewußte Konsequenz gezogen:

Weihnachtslied, chemisch gereinigt.

Morgen, Kinder, wird's nichts geben!
Nur wer hat, kriegt noch geschenkt.
Mutter schenkte euch das Leben:
Das genügt, wenn man's bedenkt.
Einmal kommt auch euere Zeit.
Morgen ist's noch nicht soweit.

Doch ihr dürft nicht traurig werden.
Reiche haben Armut gern.
Gänsebraten macht Beschwerden.
Puppen sind nicht mehr modern.
Morgen kommt der Weihnachtsmann,
Allerdings nur nebenan.

Lauft ein bißchen durch die Straßen!
Dort gibt's Weihnachtsfest genug.
Christentum, vom Turm geblasen,
Macht die kleinsten Kinder klug.
Kopf gut schütteln vor Gebrauch!
Ohne Christbaum geht es auch.

Tannengrün mit Osrambirnen –
Lernt drauf pfeifen! Werdet stolz!
Reißt die Bretter von den Stirnen,
Denn im Ofen fehlt's an Holz!
Stille Nacht und heil'ge Nacht –
Weint, wenn's geht, nicht! Sondern lacht!

Morgen, Kinder, wird's nichts geben!
Wer nichts kriegt, der kriegt Geduld!
Morgen, Kinder, lernt für's Leben!
Gott ist nicht allein dran schuld.
Gottes Güte reicht so weit . . .
Ach, du liebe Weihnachtszeit![45]

Der Mythos vom Weihnachtsfest in seiner verklärenden Gestalt über-
lebte seine Kritiker, weil seine Bedeutung für die Stabilisierung der bürgerlichen Familie und ihrer harmonischen Innenwelt alle Nachteile
überwog.

Feste und Feiern

Aber es gab nicht nur die bürgerliche Innenwelt, obgleich es vielfach
den Anschein hatte, es gab auch öffentliche Feste, in denen sich Bedürfnisse, Wünsche, Hoffnungen, Aspirationen artikulierten. Neben privater Festkultur mit ihrer Betonung der familiären Geborgenheit stand
das öffentliche Fest, das Aufbruch, Veränderung, überfamiliäre, ja
nationale oder soziale Gemeinsamkeit und Solidarität intendierte und
symbolisierte.[46] Die öffentlichen Feste verloren im Laufe des 19. Jahrhunderts ihren ursprünglichen Charakter – sie wurden vielfach von der
jeweiligen Obrigkeit im Sinne der Stabilisierung ihrer Herrschaft
instrumentalisiert; glänzende Inszenierungen, die immer schon als symbolische Darstellungen der Machtverhältnisse gegolten hatten. Sedan-
feiern, die kaiserlichen Geburtstage stehen für diesen Typus öffentlicher
Feiern. Auch wenn sie zahlreiche Menschen angelockt haben mögen,
können sie hier außer Betracht bleiben. Fragt man, wie sich in der
öffentlichen Geselligkeit Lebensstile ausbilden, interessiert eine Festkul-

tur, die von den Feiernden weitgehend selbst bestimmt worden ist. Sie
bildete sich aus einer gewissen Opposition zum bestehenden politischen
System heraus, in der das Fest in zweifacher Hinsicht an Bedeutung
gewann: als Ausdrucksform und Artikulationsmöglichkeit des politischen Kampfes und als Mittel zur Intensivierung eines Wir-Gefühls, zur
Bestärkung der Gruppenidentität und zur Belebung der Solidarität. War
es in der ersten Hälfte des 19. Jahrhunderts das liberale Bürgertum in
Opposition zum erstarrten, repressiven Metternichschen System und
der Heiligen Allianz, so in der zweiten Hälfte des Jahrhunderts bis zum
Ersten Weltkrieg die Arbeiterbewegung im Widerstand zur niederdrük-
kenden kapitalistischen Gesellschaftsordnung, die in einer eigenen Festkultur sich selbst finden und ausdrücken wollten.

Beispielhaft für diesen ersten Typus und von weitreichender Bedeutung über den tatsächlichen Anlaß hinaus war das Hambacher Fest im
Jahre 1832.[47] Es war die Selbstdarstellung einer politischen Bewegung,
in die durchaus divergente Einzelinteressen eingegangen waren. Durch
Mißernten und restriktive Wirtschaftspolitik notleidende Bauern, Win-
zer, Handwerker, dazu Burschenschaftler, Publizisten, Intellektuelle und
Reformer waren die Teilnehmer. Sie kamen aus der Pfalz, aus Hessen,
Baden, einige aus den Rheinlanden. So versammelten sich zwanzigtau-
send bis dreißigtausend Menschen, die größte Massenveranstaltung in
Deutschland vor der Revolution von 1848, zum „Nationalfest der Deut-
schen", wie es einer der Wortführer, der Rechtsanwalt und Publizist
Johann Georg Wirth, nannte. Eine nationale Demokratie war denn
auch das gemeinsame Ziel, auf das sich alle trotz unterschiedlicher
Interessen einigen konnten.

Wie feierten diese von weither angereisten Menschen ihr Nationalfest? Im Mittelpunkt standen die Reden, in denen mit zündendem
Pathos der Aufbruch der deutschen Nation gefeiert wurde. Aber weder
blieben die Rollen der Redner und Zuhörer strikt geschieden – neben
offiziellen Rednern, die ihren Beitrag teilweise vom Blatt lasen, melde-
ten sich viele andere Sprecher spontan zu Wort –, noch waren die Dar-
stellungsweisen lediglich auf das Wort beschränkt.[48] Zu den nonverba-
len Artikulationsformen gehörten die Festumzüge. Am Vorabend hatte
sich ein solcher Festzug mit Deputationen aus ganz Deutschland und
vielen Festbesuchern unter Glockengeläut, Böllerschüssen und Freuden-
feuern zum Schloßpark hin bewegt. Man trug Fahnen mit programmatischen Aufschriften, sang patriotische Lieder, die später auf Flugblät-
tern verbreitet wurden, und versammelte sich nach den Begrüßungsan-
sprachen zu einem großen Festessen, das von Liedern und Trinksprü-
chen begleitet wurde. Die Teilnehmer gerieten bald in eine euphorische
Stimmung: „Alle ... schienen mir wie zu einer Familie vereint; aller

Unterschied der Stände hatte aufgehört; kurz es herrschte eine Ein-
tracht, wie ich solche noch nie gesehen habe. Ich selbst wurde von
Menschen, die ich hier zum ersten Mal sah, umarmt und geherzt. Es
fand nicht die geringste Überschreitung, nicht der geringste Exzeß
statt."[49] Das Fest war ein großes Gemeinschaftserlebnis, das sich in viel-
fältigen, anschaulichen, sinnenfälligen Formen entfaltete: Lieder und
Bilder, Trinksprüche und Grußadressen, Symbole und Abzeichen,
gemeinsames Essen und Trinken. Die Formen wurden nachgeahmt.
Viele andere Feste schlossen sich an und verstärkten die politisierende
Wirkung auf immer größere Teile der Bevölkerung. Was zählte, war das
Bewußtsein der Solidarität mit Gleichgesinnten, das Gefühl einer neuen
Macht.

Karl Gutzkow, ein Schriftsteller aus Hamburg, brachte die Motive
dieser Bewegung in seiner Beschreibung eines anderen Festes – des
Gutenberg-Festes 1837 in Mainz – auf die Formel: „Aber wie mächtig
der Drang war, sich aus sich selbst heraus, nicht auf Kommando seiner
Fürsten, im Bewußtsein nationaler Kraft und Einigung zu begegnen."
Es war eine Bewegung, die sich sehr spezifische Ausdrucksformen
suchte: „das bewiesen immer mehr die an die Tagesordnung kommen-
den Anträge, den Genien des Geistes Denkmäler zu setzen, Schiller,
Goethe, Herder, Wieland, Jean Paul, Lessing. Da boten denn die Enthül-
lungsfeierlichkeiten Anlaß zu Volksfesten, wie schon der Musikkultus
angefangen hatte, am Rhein, Main, an der Elbe, am Neckar Versammlungen zu veranlassen, die wenigstens dort, wo der Männergesang
allein in den Vordergrund trat, nicht ohne ein Anklingen an die versag-
ten Wünsche der Nation stattfinden konnten."[50] Karl Gutzkow gehörte
zur Gruppe des „Jungen Deutschland", einer Gruppe von Schriftstellern, die sich bewußt in Opposition zum politischen System stellte. Zu
ihnen gesellten sich Frauen wie Fanny Lewald und Luise Otto, die die
Gleichberechtigung der Frau und ihre Befreiung aus den Fesseln bürgerlicher Moral forderten. Was die Gruppe verband, waren ihre gesell-
schafts- und traditionskritische Einstellung und ihr lebhafter Reform-
wille, aber auch ein gemeinsamer großstädtischer Lebensstil, der von
einem bewußten Individualismus und Subjektivismus geprägt war.[51]

Die Gruppe des „Jungen Deutschland", die bereits 1835 verboten
wurde, war gewiß avantgardistisch, wirkte aber nicht über ihren Kreis
hinaus stilbildend. Die Politisierung durch öffentliche Feste aber blieb
im Vormärz erhalten. „Eine lokale, aber zeittypische Variante der vor-
märzlichen Verbindung von oppositionellem Intellekt mit bürgerlicher
Geselligkeit", (Faber) war in den dreißiger Jahren der politische Karneval am Rhein, vor allem in Mainz und Köln. Er war aus älteren kirch-
lichen, volkstümlichen Bräuchen wiederbelebt worden und hatte

moderne Formen erhalten, die ihn mit Traditionen der Französischen Revolution verbanden. An die Jakobinischen Klubs anknüpfend wurden „Komitees" gegründet, die Karnevalssitzungen veranstalteten und jährliche Fastnachtszeitungen herausgaben. Damit waren Formen geschaffen, in denen politische Satire und Kritik unter der Narrenkappe möglich wurden. Mit Lust und Witz wurde der Obrigkeitsstaat verspottet und närrisch verfremdet.

Öffentliche Feste waren in der ersten Hälfte des 19. Jahrhunderts Anlässe, politische Opposition in feierlicher Erhebung oder mit närrischem Witz, immer aber aus eigener Initiative, mit Selbstbewußtsein und Lebensfreude zum Ausdruck zu bringen. Die vielfältigen Formen, die man entwickelte, sollten nicht die Vernunft allein, sondern auch Emotionen, eben den ganzen Menschen ansprechen. Manche dieser Formen wurden von anderen übernommen, die sich anschickten, Feste zu inszenieren und in dieser perfekten Inszenierung den Besuchern ein Bild darzustellen, das sich in ihrem Bewußtsein abbilden und einprägen sollte. Hierzu gehören als eine frühe Gattung die Kölner Dombaufeste zwischen 1842 und 1880, die vom Kölner Großbürgertum, der katholischen Kirche des Rheinlandes und dem preußischen König veranstaltet wurden. Zwar feierte sich das Kölner Bürgertum in festlichen Umzügen, in Festmählern, Versammlungen, Bällen und Volksbelustigungen selbst[52] und knüpfte darin an die bewährten Formen der bürgerlichen Festkultur an. Mit den Jahren aber wurde der staatliche Zweck der Inszenierung, die Staatsloyalität der breiten Massen zu gewinnen, unübersehbar.

Das öffentliche Fest aber war aus einer oppositionellen Haltung hervorgegangen. Nachdem das Bürgertum mehr oder minder in das Wilhelminische System integriert war, blieb es der Arbeiterbewegung überlassen, das Fest als Ausdruck eines eigenen Lebensstils zu entwickeln. Freilich waren die täglichen Arbeits- und Lebensbedingungen der Arbeiter so hart und körperlich erschöpfend, die freie Zeit, über die sie verfügen konnten, so minimal, daß sich aus dieser Lebensweise heraus kaum eine eigene Festkultur entwickeln konnte.[53] Die Arbeitszeiten waren noch immer überlang, so daß in der Frühindustrialisierungsphase kaum Ruhezeit übrig blieb, zumal auch die regelmäßige Sonntagsarbeit allmählich eingeführt wurde. Bei Krupp in Essen war seit den 1840er Jahren bis 1890 eine dreizehnstündige Arbeitszeit vorgesehen. Im Sommer begann die Arbeit um sechs Uhr und dauerte bis neunzehn Uhr. In den fünfziger Jahren des 19. Jahrhunderts wurde die Nachtschicht von zehn Stunden eingeführt: von zwanzig Uhr bis sechs Uhr morgens mit einer halbstündigen Pause. Der Fabrikherr, Alfred Krupp, kontrollierte das korrekte Ausharren am Arbeitsplatz und monierte

regelmäßig Fehlverhalten, so 1875 – das Werk hatte nun fast
14 000 Arbeiter – als er notierte: „Bei jedem Besuch und bei jeder
Abfahrt sehe ich, wie die Leute sich verspäten oder vor der Zeit ent-
schlüpfen."[54] Lange Arbeitszeiten waren schon in der Heimindustrie
üblich gewesen, aber der Heimarbeiter hatte noch selbst über Arbeits-
und Ruhepausen entscheiden können. Mit der Regelung der starren
Arbeitszeit aber wurde der Industriearbeiter einem Arbeitsrhythmus
unterworfen, der seinem individuellen Lebensrhythmus nicht entsprach.
Er hatte mit der Arbeit zu beginnen und sie zu beenden, wenn die
Fabrikdampfpfeife und -sirene dies anzeigten. Die Stempeluhr war das
Symbol für die präzise Fixierung der Arbeitszeit und verlangte vom
Arbeiter blinde Anpassung seines Verhaltens.[55] Für viele war der Alko-
holrausch die einzige Antwort auf diese entwürdigende Lebenssituation
– ein Vergessen, Verdrängen, Wegtauchen für Augenblicke. Sicher
konnte der Taumel des Vergessens in der Trunkenheit die Lebensprobleme der Industriearbeiter nicht lösen. Aber das Verlangen nach
arbeitsfreier Zeit, um sich nach aller Erschöpfung zu erholen und sich
selbst zu finden, war groß, konnte sich aber in einer Zeit, in der ein
Heer von Arbeitskräften in die Industriezentren strömte, nicht durchsetzen. Man versuchte individuelle Arbeitsverweigerungen. So war, vor
allem in Betrieben mit handwerklichen Traditionen, das „Blaumachen"
am Montag beliebt. Im letzten Drittel des 19. Jahrhunderts scheint der
„blaue Montag" an Bedeutung zugenommen zu haben. Aber eine Stra-
tegie zur Gewinnung von Freizeit ließ sich auf diesen Brauch nicht
gründen, zu sehr war er aufgrund der Gegenagitation der Unternehmer
mit dem Stigma des Liederlichen behaftet.[56]

Die entstehende Arbeiterbewegung hat die Forderung nach Arbeitszeitverkürzung frühzeitig erhoben, weil nur so dem Arbeiter ein Freiraum gesichert werden konnte, den er zur Selbstfindung, zur Bildung
und Kultur benötigte. Der Bildungsaspekt war dabei deutlich ausgeprägt – analog der programmatischen Bestimmung der Arbeiterbil-
dungsvereine. Die Festkultur, die sich unter den Arbeitern und in der
Arbeiterbewegung ausbildete, nahm vieles von diesen frühen Aspirationen auf: In ihr sollten Aufklärung, Bildung und kulturelle Praxis stattfinden. Dabei übernahmen die Arbeiterfeste manche alten Traditionen
aus der Volkskultur[57] und folgten – trotz verbaler Gegenbeteuerungen
– auch Mustern bürgerlicher Feste. Das Hambacher Fest hat in dieser
Weise vorbildhaft gewirkt. Das war kein Schaden, denn in ihrem Eman-
zipationswillen entsprach die Arbeiterbewegung den Bestrebungen des
frühliberalen Bürgertums. In dem Maße jedoch, in dem sich die Arbeiterschaft in Lebenserfahrungen und Lebensweise vom Bürgertum unterschied, mußte sie auch neue Formen der Festgestaltung finden. Dabei

wirkten sich frühe Streikerfahrungen aus: Da die Frauen ihre Männer
im Streik unterstützt hatten, nahmen sie auch an Arbeiterfesten teil –
keine Selbstverständlichkeit zu einer Zeit, da den Frauen die aktive Mitwirkung am öffentlich-politischen Leben verwehrt blieb. Mit ihren
Familien veranstalteten die Arbeiter „gesellschaftliche Ausflüge" und
nahmen damit eine kulturelle Tradition der Gesellen auf, die zu einem
tragenden Element der Arbeiterkultur weiterentwickelt wurde.[58] Hier
war es vor allem Lassalle, der dem bürgerlichen Honoratiorenfest sehr
bewußt einen neuen Stil der Festkultur entgegensetzte, der politische
Agitation und Familienfest miteinander verband. Lieder, Gedichte,
Theaterstücke, symbolische Darstellungen – etwa im späteren Lassalle-
Kult die Bekränzung seiner Büste – dienten der Bildung eines Wir-
Gefühls und eines Klassenbewußtseins: Das stellte sich nicht allein
durch politische Aufklärung her, wie Lassalle gegen seine Kritiker Bebel
und Liebknecht erkannte, sondern mußte dem Arbeiter sinnlich erfahr-
bar werden durch Identifikation und das Gefühl der Zugehörigkeit und
Geborgenheit in einer Gruppe.

Diese Erfahrung sollte in besonderem Maße die Feier des 1. Mai
bringen, die vielfach die einzige Möglichkeit bot, Arbeiterkultur in die
Öffentlichkeit hinein zu vermitteln. Sie war eine demonstrative Darstellung einer eigenen unverwechselbaren kulturellen Praxis nach außen,
die nach innen identitätsstiftend wirkte.

Aus der Sicht eines überwachenden Polizeibeamten gab eine solche
Maifeier im Städtchen Urach keinen Anlaß zur Beanstandung: „Am
Sonntag den 6. Mai d. J. (1906) von Abend sechs Uhr ab hielt der hie-
sige socialdemokratische Verein, im Gasthaus zum Ochsen hier seine
Maifeier, bestehend in Musikvorträgen, Festrede, Theater, humoristi-
schen Vorträgen und Tanz, ab. Diese Feier war von etwa hundertsechzig
Vereinsangehörigen einschließlich der Frauen, erwachsenen Kindern
oder auch nahe Angehörigen der Vereinsmitglieder, sowohl außer ihnen
von zusammen cirka fünfundzwanzig Arbeiter und Arbeiterinnen
besucht. Die Festrede hielt Köngott aus Eßlingen. Als Deklamator trat
Friseur August Haas von hier auf. Die Theateraufführungen erfolgten
von Mitgliedern des Vereins. Gespielt wurde der Fabrikant und der
Arbeiter. Der Verlauf der Maifeier seitens der Vereinsangehörigen war
durchaus geordnet und führte zu keinem polizeilichen Anstande."[59] So
wie in diesem Bericht geschildert, verliefen die meisten Maifeiern,
zumindest in den Kleinstädten. Die Teilnehmer kannten sich weitgehend
und bestärkten in ihrer selbstorganisierten Feier ihr Zusammengehörigkeitsgefühl. Die Wirkung nach außen mußte notwendig begrenzt bleiben, solange das Fest hinter verschlossenen Türen stattfand. Gemeinsame Maispaziergänge wurden oft von der Polizei eskortiert, das

Singen selbst unverfänglicher Mailieder verboten. Diese Lieder waren freilich ein wichtiges Medium, die gemeinsamen Erfahrungen auszusprechen und politische Forderungen und Hoffnungen zu formulieren.

Auf, Sozialisten, schließt die Reihen!
Die Trommel ruft, die Banner wehn.
Es gilt die Arbeit zu befreien,
Es gilt der Freiheit Auferstehn!
Der Erde Glück, der Sonne Pracht,
Des Geistes Licht, des Wissens Macht,
Dem ganzen Volk sei's gegeben!
Das ist das Ziel, das wir erstreben.[60]

Außer solch kämpferischen Gesängen gab es andere, die den agitatorischen Appell mit schwärmerischer Naturlyrik verbrämten oder auch pseudoreligiöse Anklänge nicht scheuten, um die Maifeier zu zelebrieren und als Gemeinschaftserlebnis zu überhöhen. In ähnlicher Weise dienten auch die allegorischen Darstellungen der Maizeitungen dazu, emotionale Dispositionen zu erzeugen, die der Aufnahme politischer Ideen günstig waren. In dieser Absicht wurde das Maifest als Triumph des Frühlings beziehungsreich als Symbol des letztlich triumphierenden Sozialismus gedeutet. Die Maiprozession der vielen frohen Menschen stellte die Ankunft der Freiheit dar, Feuer- und Lichtzeichen, so der Sonnenwagen, symbolisierten die sich erneuernde Natur und standen gleicherweise stellvertretend für die sich entwickelnde Freiheit, deren Ankunft nicht aufzuhalten zu sein schien.[61]

Freizeit und Massenkultur

Erst in der Weimarer Republik wurden mit Arbeitszeitverkürzung und Urlaubsregelungen die Voraussetzungen für die moderne Freizeit geschaffen. Erst jetzt war es einer breiten Bevölkerung möglich, die nach ihrer Berufstätigkeit verbleibende Zeit nach eigenen Wünschen zu gestalten und an Vergnügungen teilzunehmen, die bisher vorwiegend dem Bürgertum vorbehalten geblieben waren. Außer den traditionellen und nun erweiterten Bildungsangeboten wie Theater, Bibliotheken, Museen, Konzerte, Veranstaltungen der Volkshochschulen, wurden Massenspektakel populär: Boxkämpfe und Sechstagerennen zogen Zuschauermengen an. Die neuen Kinopaläste, Varietés, Tanzsäle, Sportarenen waren Hochburgen der neuen Freizeitwelt. „Die Weimarer Zeit erzeugte eine ‚Populärkultur' ganz eigener Art."[62]
Der Krieg war vorbei: Er hatte die Welt des alten Europa mit seinen traditionellen Ordnungen und Werten zerbrochen. Angesichts einer

ungewissen, unsicheren Zukunft stürzten viele in die Lust des Augenblicks. „Millionen von unterernährten, korrumpierten, verzweifelt geilen, wütend vergnügungssüchtigen Männern und Frauen torkeln und taumeln dahin im Jazz-Delirium. Der Tanz wird zur Manie, zur idée fixe, zum Kult. Die Börse hüpft, die Minister wackeln, der Reichstag vollführt Kapriolen. Kriegskrüppel und Kriegsgewinnler, Filmstars und Prostituierte, pensionierte Monarchen (mit Fürstenabfindung) und pensionierte Studienräte (völlig unabgefunden) – alles wirft die Glieder in grausiger Euphorie. Die Dichter winden sich in seherischen Konvulsionen; die ,Girls' der neuen Revuetheater schütteln animiert das Hinterteil. Man tanzt Foxtrott, Shimmy, Tango, den altertümlichen Walzer und den schicken Veitstanz. Man tanzt Hunger und Hysterie, Angst und Gier, Panik und Entsetzen. Mary Wigman – jeder Zoll eckige Erhabenheit, jede Geste eine dynamische Explosion – tanzt Weihevolles, mit Musik von Bach. Anita Berber – das Gesicht zur grellen Maske erstarrt unter dem schaurigen Gelock der purpurnen Coiffure – tanzt den Koitus. Man tanzt in antiken Gewändern, gotischen Rüstungen und mit entblößtem Bauch; man tanzt à la Isidora Duncan, à la Nijinsky, à la Charlie Chaplin; man imitiert Indianer, Kongoneger, Südseeinsulaner und die gemarterte Pantomime eingekerkerter Tiere im Zoologischen Garten. Ein geschlagenes, verarmtes, demoralisiertes Volk sucht Vergessen im Tanz. Aus der Mode wird die Obsession; das Fieber greift um sich, unbezähmbar, wie gewisse Epidemien und mystische Zwangsvorstellungen des Mittelalters. Die Symptome der Jazz-Infektion, die Zeichen der hüpfenden Sucht lassen sich im ganzen Land bemerken; am gefährlichsten betroffen aber ist das schlagende Herz des Reiches, die Hauptstadt."[63]

Was Berlin in den Jahrhunderten zuvor nicht gelungen war, das gelang jetzt: das Zentrum dieser „Goldenen Zwanziger Jahre" zu sein, Schauplatz der intellektuellen und künstlerischen Avantgarde und der lebhaft vibrierenden Massenkultur. Ein Ort der Begegnung dieser beiden Welten, die sich nicht mehr trennungsscharf unterscheiden ließen, sondern sich vielfach überlappten, waren die Kaffeehäuser, vor allem das Romanische Café an der Ecke Tauentzien-Budapester Straße, unweit der Gedächtniskirche.[64] Hier trafen sich Schriftsteller und Kritiker, Maler und Schauspieler, Tänzerinnen und Journalisten, Revolutionäre und Vegetarier, Fanatiker und Rauschgiftsüchtige, elegante Snobs und auffallend gekleidete Frauen. Berlin hatte ein waches, neugieriges, aufgeschlossenes Publikum, das selbst begierig war, sich zu produzieren. Die vielen Kleinkunstbühnen und Kabaretts, die beständig gegründet wurden, boten den Kreativen und Kunstbeflissenen das rechte Podium, wenn der Applaus auch bisweilen ausblieb, wie Klaus Mann anschaulich erzählt: „Da ist die Bühne (. . .) und da ist der Vorhang (. . .) Aber nun hebt er sich – und da ist die Leere, das schwarze Loch, der Abgrund . . . Ich soll ein Gedicht aufsagen, in den Abgrund hinein . . . Mit welchem fange ich nur an? Zunächst sage ich einmal: ‚Guten Abend, meine Damen und Herren!' Dazu mache ich einen Diener. Die Verbeugung muß ungeschickt ausgefallen sein: Es wird gelacht; ein böses Meckern kommt aus der schwarzen Tiefe. Mit heiserer Stimme murmele ich eine meiner kecken Balladen. Es ist die von der kleinen Herzogin Suzanne, die eine Schwäche für Matrosen hat. Keine Hand rührt sich, da ich meine Rezitation beendet habe. Nach kurzem angstvollen Zögern entschließe ich mich zu einer zweiten Nummer. ‚Das Schminkelied', rufe ich gepeinigt aus. ‚Ich möchte jetzt, mit Ihrer gütigen Erlaubnis, mein kleines Lied von der Schminke zum Vortrag bringen.' Woraufhin ich hastig beginne: ‚Mögen Sie auch – mögen Sie auch – mögen Sie auch – Schminke so gern? – Aber ich liebe sie, aber ich liebe sie, aber ich liebe sie, meine Herrn! Schminke, Schminke, Schminke wirkt so festlich – Schminke, Schminke, Schminke riecht so köstlich . . .' ‚Aufhören!' ruft eine Stimme von unten. ‚Schluß!' Ich habe gerade noch Zeit hervorzubringen: ‚Ohne Schminke geht's nun einmal nicht!' Da senkt sich schon mit sanfter Unerbittlichkeit der schwere grüne Vorhang. Es ist vorbei. Ein Mißerfolg."[65]

Solche Beispiele für die Neigung zur künstlerischen Selbstproduktion und zum individuellen Genuß, die sich in großer Zahl finden lassen, können leicht einen Grundzug der Epoche verdecken: die Entwicklung zur Massenkultur, die der fortgeschrittenen Technisierung der Welt entsprach. Auch die Kunst ließ sich aus dieser allgemeinen Entwicklung nicht aussparen. „Wenn aber die Form, d. h. alle Formen, die wir wissen und kennen, heute Lüge sind, weil die Zeit als Kulturepoche keine Form hat und keine hervorbringt, außer der Eisenkonstruktion, der Maschine und allen technischen Errungenschaften? . . . Wem das nicht gefällt, der kann ja Mörike lesen. Er wird, da er in der Stinnes-, Kino- und Radiozeit lebt, sich etwas vormachen müssen, um ihn restlos schön zu finden: heute. Er wird das Schnellzugtempo seines Lebens in das Postkutschentempo umlügen müssen, den Benzingestank dieser Zeit in den Rosenduft der anderen; und das Börsenhirn in ein märchenhaftes Menschenherz."[66] Nicht nur der Zerfall bisher gültiger Formen und die experimentelle Suche nach neuen Ausdrucksweisen, nicht nur die Mechanisierung der Welt und die Schnellebigkeit des Lebens beeinflußten das Zeitgefühl: mit Rundfunk und Film prägten neue Leitmedien das kulturelle Leben und blieben nicht ohne Wirkung auf Lebensweisen und Lebensgefühl. Es waren Medien, die viel nachhaltiger und weitreichender die Bevölkerung erreichen konnten als Bücher und Zeitschriften. Sehr schnell wurden die neuen Möglichkeiten erkannt und an ihren „demokratischen Charakter" große Hoffnungen geknüpft. Sie blieben unerfüllt. Die neuen Medien unterlagen den kapitalistischen Produktions- und Verwertungsbedingungen. Die großen Medienkonzerne, die sich nun herausbildeten, wurden von konservativen Kräften beherrscht. Die staatliche Filmzensur und die Kontrolle des Rundfunks engten die Thematik ein und beschränkten kreative Neuansätze. Der Medienbeherrschung durch deutschnationale Exponenten wie Alfred Hugenberg versuchte die Linke, mit dem agilen Willi Münzenberg ein Gegengewicht zu setzen. Mit Energie und viel Phantasie sollten die neuen Medien, an die alte Arbeiterkultur anknüpfend, für die breite Bevölkerung genutzt werden. Diese Bemühungen blieben nicht ganz ohne Erfolg.[67]

Massenkultur ist nicht zu denken ohne Massenkonsum. Die Versorgung der deutschen Bevölkerung mit neuen technischen Produkten verbesserte sich stetig. Im Jahre 1932 kamen in Deutschland auf je 1000 Einwohner 66 Rundfunkgeräte, 52 Fernsprechanschlüsse und 8 Personenautos. Das entsprach einem europäischen Durchschnittswert. Dagegen waren die USA Europa weit überlegen. Dort kamen im Jahre 1932 auf 1000 Einwohner 131 Rundfunkgeräte, 165 Fernsprechanschlüsse und 183 Personenautos.[68] Das amerikanische Beispiel wirkte stimulierend – und nicht nur auf die Wirtschaft –, es in der Produktion und Distribution technischer Güter den USA gleichzutun. Amerika wurde zum Vorbild für den modernen Lebensstil, der sich jetzt auch in Deutschland durchsetzte. Diese Entwicklung war nicht unumstritten, aber offenbar unumkehrbar. Während Konservative den allgemeinen Kulturverfall beklagten und gegen den Einfluß westlicher Zivilisation deutsche Kulturwerte setzten, bemerkten immer größere Teile der Bevölkerung, daß sich ihr persönlicher Gestaltungsspielraum wie nie zuvor erweitert hatte. Freilich wurde dieser hoffnungsfrohe Optimismus gegen Ende der Weimarer Republik durch die Instabilität und radikale Bedrohung des politischen Systems und die Labilität der Wirtschaft erschüttert. Während der Massenkonsum an enge Grenzen stieß, waren freilich die Voraussetzungen von Massenkultur und Freizeitgestaltung gegeben.

Verfolgt man die Entwicklung bis in die Gegenwart, scheint es, als sei die Zeit der nationalsozialistischen Herrschaft ohne Wirkung geblieben: Die entscheidende Weichenstellung hin zur Entstehung der modernen Freizeitkultur ist in der Weimarer Republik erfolgt, und es scheint so, als habe man nach dem Ende des Zweiten Weltkrieges dort wieder angeknüpft, wo die nationalsozialistische Machtergreifung und der Krieg die Entwicklung unterbrochen hatten. Der Rückblick legt diese

Ansicht nahe. In den achtziger Jahren ist der Lebensstil, der in der Weimarer Republik nur einer begrenzten sozialen Schicht möglich war, allgemeiner geworden, so daß die zwanziger Jahre wie eine unmittelbare Vorgeschichte der Gegenwart anmuten.

Dennoch: Die Massenkultur in den zwanziger Jahren hatte ihre Möglichkeiten erst angedeutet. Unter der Herrschaft des Nationalsozialismus wurden sie systematisch ausgewertet. Das gilt vor allem für Medien wie Rundfunk und Film. Die Technisierung der Welt, deren Auswirkungen sich in den zwanziger Jahren zeigten und von der Kulturkritik vielfach beklagt wurden, diente nun als Voraussetzung für eine systematisch genutzte Massenkultur als Vehikel totalitärer Herrschaft.

Diesem Ziel hatte auch die Freizeit zu dienen. Sie sollte möglichst nicht freie Zeit im Sinne der Freizeit des einzelnen über seine Zeit sein, sondern Freizeit sollte im Gegenteil kollektiv uniform nach verordneten Leitlinien, sozusagen im Gleichschritt erlebt werden. Wenn aber auch die Organisierung der Massen und die Erziehung der Jugend zusammenwirkten, um individuell bestimmte Lebensweisen zu verhindern, berichten viele autobiographische Zeugnisse von listigen Verweigerungen, von ausgesparten Nischen im System und vom Leben des einzelnen und kleiner Gruppen, die sich dem Zwang zur Gleichschaltung entzogen.

Nach dem Zweiten Weltkrieg war die Neigung groß, die Erfahrungen der nationalsozialistischen Herrschaft zu verdrängen und wie einen Spuk abzutun. Man wollte das Leben dort wieder aufnehmen, wo es 1933 – man wußte selbst nicht wie – stehengeblieben war. Das gilt im besonderen für die Formen des persönlichen Lebens. Die Entwicklung des Lebensstils bis in die achtziger Jahre hat in der Weimarer Republik ihren Anfang genommen und ist seitdem kontinuierlich fortgeschritten. Das ist in den Bereichen: Sport, Medien, Geselligkeitsformen und Tourismus offenkundig. Eine Geschichte des modernen Lebensstils von 1920 bis zur Gegenwart muß sich daher dieser Thematik zuwenden.

Sport

Der Sport ist seit den zwanziger Jahren zu einer der beliebtesten Freizeitbeschäftigungen geworden. Es war die Jugend, die als erste im Sport einen neuen Freiraum für eigene Aktivitäten erkannte. Die Zeit war der „Entdeckung" des Sports günstig: Um die Jahrhundertwende hatte sich die Jugend in einer eigenen Bewegung gesammelt, um gegen die industrielle, großstädtische Zivilisation das natürliche Leben zurückzugewinnen. Beim Wandern, bei Sport und Tanz wurde ein neues, bislang verschüttetes Bewußtsein des eigenen Körpers und der Körperlichkeit wiederentdeckt. Das war eine neue, befreiende Erfahrung für eine Generation, die durch die Tabuisierung der Sexualität und das Diktat einer den Körper verhüllenden und vergewaltigenden Mode ihrem eigenen Körper entfremdet worden war. Die Wiederentdeckung des Körpers und die gesteigerte Aufmerksamkeit, die der körperlichen Befindlichkeit galt, haben sich freilich bis zu einer Manie gesteigert, die in den achtziger Jahren unseres Jahrhunderts geradezu ·kultische Formen angenommen hat. Bodybuilding-Zentren, Volkshochschulkurse, populäre Ratgeber vermitteln die Maxime, daß der Körper durch entsprechende gymnastische Übungen, durch die richtige Ernährung und Gesundheitspflege zu einem leistungsfähigen, problemlosen und kostbaren Instrument unserer Lebensfreude werden kann. Fitneß, Schlankheit, Schönheit erscheinen als wünschbare und durch eine sportliche Lebensführung erreichbare Ziele. Ein solcher Körperkult ist nur in der Freizeit möglich, und die Freizeit soll ihm dienen. „Normalerweise ist der Freizeitkörper der schöne geworden, der sich im Sport übt, in Teneriffa bräunt, mit Nivea ölt, bei Squash fit hält etc."[69] Sport und sportliche Betätigung erscheinen in diesem Zusammenhang als Mittel, diesem Körperkult am wirkungsvollsten zu entsprechen.

Der Sport hat nicht allein diese Bedeutung, sondern erscheint gleichermaßen als ein Element oder auch ein Korrelat der Industriegesellschaft; gleichgültig ob man die Prinzipien der kapitalistischen Leistungsgesellschaft auch im Sport am Werke sieht oder Sport als den Freiraum feiert, in dem der von der Arbeit erschöpfte und frustrierte Mensch Erholung und Entspannung findet. Beide Bereiche – Arbeitswelt und die Welt des Sports – sind aufeinander bezogen und miteinander verbunden, denn: „Beide, Sport und Industriegesellschaft, unterscheiden sich grundsätzlich von allem, was es bis dahin in der Weltgeschichte an Formen körperlich-spielerischer Betätigung und an gesellschaftlich-wirtschaftlichen Ordnungen gegeben hatte."[70] Bisher hatten die meisten Menschen auf dem Lande gelebt und hatten – mit noch geringen technischen Hilfen – schwere körperliche Arbeit leisten müssen. Erschöpft und physisch verbraucht, stand ihnen der Sinn nicht nach einer weiteren körperlichen Tätigkeit, wie es der Sport darstellt.[71] Der städtischen Lebensweise dagegen fehlte es an einem sinnvollen Gebrauch der körperlichen Kräfte. Das in der Industrialisierung neu entstandene und schnell wachsende Heer der Angestellten, überwiegend zu einer sitzenden Arbeitshaltung gezwungen, erkannte im Sport eine glückliche Ergänzung.

Um aber die Bedeutung des Sports in der modernen Freizeitwelt einschätzen zu können, ist es gut, in einem kurzen historischen Rückblick die Veränderungen festzustellen, die um 1800 faßbar werden und der Entwicklung eine Richtung gegeben haben, die seither angehalten hat. Vorausgegangen war im 18. Jahrhundert eine verstärkte Zuwendung zum eigenen Ich: Selbstwahrnehmung und Selbstbeobachtung schlossen auch den Körper ein. Seine Befindlichkeit wurde genau registriert. Die umfangreiche Lebensbeschreibung des Adam Bernd (1738) kreist geradezu um die Beobachtung des eigenen körperlichen Zustandes und liest sich wie eine Krankengeschichte. Dieser Befund wird ergänzt und bestätigt durch einen Blick in die zeitgenössische medizinische Literatur und in Veröffentlichungen der „Policeywissenschaft", in der die Gesundheit der Menschen nicht allein als individuelle Angelegenheit, sondern als Gegenstand öffentlicher Fürsorge betrachtet wird. Denn so definiert es 1788 Krünitz' ‚Oeconomische Encyklopädie': „Wer das edle Kleinod der Gesundheit vernachlässigt, beleidigt die ganze Gesellschaft, von der er ein Mitglied ausmacht. Mit Recht forderte sie von ihm, daß er seinen Teil seiner Kräfte und Zeit ihren Bedürfnissen und Vorteilen aufopferte; sie, welche an jedem Tage zu seinen Bedürfnissen und Vorteilen so vieles beiträgt."[72] Die Gesunderhaltung des Körpers durch eine diesem Zweck dienliche Lebensführung sollte als Konsequenz aus diesen Maximen gezogen werden. Arbeit und Mäßigung, zwei von Rousseau empfohlene Grundregeln, dienten diesem Ziel. In Vorschriften zur Hygiene und Ernährung wurden diese Normen in zahlreichen Ratgebern und in einschlägigen Artikeln der beliebten Moralischen Wochenschriften verbreitet. Vor dem Hintergrund solcher Vorstellungen müssen die Veränderungen der sportlichen Übungen gesehen werden, die sich zwischen 1770 und 1820 vollzogen haben. Zu dieser Zeit wurden die zuvor dominierenden Bewegungsspiele durch neuartige Übungen ersetzt: das Figurenreiten durch das Pferderennen, das Stoßfechten durch das Boxen, das Ballhausspiel durch den Fußball, das Voltigieren durch das Turnen, das Exerzieren durch die Gymnastik, der höfische Tanz durch moderne Tänze und schließlich die Leichtathletik; das heißt, die Art der Bewegungen selbst war grundlegend verändert. Es zeigt sich, „daß die Übungen vor der Zäsur gekennzeichnet waren durch positionelle und zirkulierende Bewegungen im Raum, durch Normen des Maßes, der Figürlichkeit und Förmlichkeit. Den Übungen nach der Zäsur war eine Konfiguration gemeinsam, in der eine zeitliche Dynamik und Unumkehrbarkeit eine prägende Rolle spielte: Leistungssteigerung, Spannung, Geschwindigkeit."[73] An die Stelle der abgezirkelten, gekünstelten adeligen Lebensweise – so wurde sie im Bürgertum des 18. Jahrhunderts kritisiert –, trat die „natürliche" Bewegung. Aber die Aufzählung der neuen Bewegungsarten zeigt, daß die Veränderungen nicht allein Bewegungsverläufe betreffen, sondern das Verhalten der Menschen im ganzen. Was in den sportlichen Übungen von den Menschen verlangt wurde, waren Eigenschaften, die sie auch in der Arbeitswelt nutzbringend anwenden konnten: Ihr Verhalten wurde auf eine meßbare Leistung hin gesteuert. Im Pferderennen und in der Leichtathletik wurde eine bestimmte Leistung innerhalb der Zeit gemessen. Es wurde also ein Verhalten prämiert, das dem Arbeiter in Manufakturen und Fabriken abverlangt wurde: die Orientierung an der Uhr. Hinzu kam der Wettstreit und damit die Einübung in die Konkurrenz: Nur einer, der Schnellste, konnte der Sieger sein. Auch das Fußballspiel, das sich rasch verbreitete, ordnet sich in den allgemeinen Rationalisierungsprozeß ein. Fußball wurde bereits im Mittelalter und der frühen Neuzeit gespielt und kam von den englischen Public-Schools auf den europäischen Kontinent. Bis dahin hatte es aber eine entscheidende Veränderung erlebt. Das ursprünglich rohe, ungehobelte, ja brutale Volksspiel wurde nun nach strikten Regeln gespielt und von Schiedsrichtern kontrolliert, kurz: es wurde rationalisiert. Die häufig auftretenden Aggressionen wurden durch Regeln, deren Einhaltung überwacht wurde, neutralisiert.[74] Beim Fußball zeigt sich noch ein weiteres: Er ist ein Zuschauersport. Nicht nur die Spieler auf dem Rasen sind die alleinigen Akteure, sondern auch die Zuschauer am Spielfeldrand und später am Fernsehapparat sind in die Spannung des Spieles eingeschlossen, identifizieren sich mit „ihrer" Mannschaft und nehmen mit Leidenschaft am Verlauf des Spieles teil.

Nicht allein das Fußballspiel – der Sport und seine leitenden Prinzipien und Regeln sind in England ausgebildet worden. Das gilt für die Idee des Wettkampfes, der ursprünglich aus dem Gedanken der Wette hervorging: Man wettete, ob jemand eine bestimmte, zuvor ausgemachte Leistung vollbringen könne –, das gilt für die Regeln von Leistung, Konkurrenz, Rekord.[75] Der Wettkampfsport enthielt freilich neben der immanenten Tendenz zur Höchstleistung und zur Vergleichbarkeit der Leistungen noch ein wichtiges Prinzip: das der Gleichheit.[76] Der Gedanke des Wettstreites setzt die formelle Gleichheit derer voraus, die miteinander um den Sieg konkurrieren. Würde man jemanden vom sportlichen Wettbewerb ausschließen – aus welchen Gründen auch immer, sagen wir aus Erfahrung: wegen seiner Rasse, seiner Herkunft, der Zugehörigkeit zu dieser sozialen Gruppe, zu jenem Land –, würde der Sieg entwertet, da ja unter den Ausgeschlossenen der noch Stärkere, der eigentliche Sieger hätte sein können.

Freilich hat sich der Sport nie allein nach immanenten, formalen Kriterien vollzogen. Er ist ein gesellschaftliches Phänomen und spiegelt die Gesellschaft wider, in der er betrieben wird.[77] In Deutschland fand der englische Sport erst am Ende des 19. Jahrhunderts Nachahmung. Die deutsche, vom englischen Sport unterschiedene Form körperlicher Bewegung war das Turnen, wie es vom „Turnvater" Jahn im Zusammenhang mit der nationalen Einheitsbewegung eingeführt worden war. Der Entstehungszusammenhang erklärt die bedenkliche Exklusivität, die der Turnbewegung anhaftete: Nicht das Gleichheitsprinzip, sondern das Bekenntnis zum deutschen Volkstum war Voraussetzung für die Zugehörigkeit zur deutschen Turnbewegung und Voraussetzung zum Betreten des Turnplatzes.[78] Daher war das Turnen von allem Anfang an ideologisch belastet. Wilhelm von Kügelgen hat in seinen Lebenserinnerungen diese merkwürdige Verschwisterung von körperlicher Bewegung und Deutschsein auf heiter-ironische Weise beschrieben: „Was mich anlangte, so verstand ich von dem ganzen Wirbel wenig mehr, als daß es eine Herrlichkeit sondergleichen war und daß man recht von Herzensgrunde deutsch sein müsse; ähnlich auch mochten es alle diejenigen meiner Mitschüler verstehen, die überhaupt begeisterungsfähig waren. Recht deutsch sein aber hieß, recht trotzigen Mut und feste Fäuste haben, und uns zu diesen vaterländischen Tugenden zu verhelfen, war Friederich sehr erbötig. Mit Enthusiasmus sprach er von dem frommen, frischen, freien und fröhlichen Turnerwesen und weckte das Verlangen, uns unter seiner Leitung mit der Gesamtheit der Schüler zu einer ordentlichen Turngemeinde zu organisieren. (...) Trotz unseres Kummers über den unerwarteten herzoglichen Bescheid (der ihnen den öffentlichen Turnplatz aus Bedenken wegen möglicher revolutionärer Folgen versagt hatte) unterließen wir daher nicht, daselbst all abendlich zu laufen und zu springen, zu wippen und kippen, exerzierten die Bein- und Rückenwelle, das Nest, den Schwebehang, den Katzen- und den Karpfensprung; und obgleich wir diese Künste keineswegs mit der Harmlosigkeit von Eichhörnchen oder Seiltänzern betrieben, sondern vielmehr mit dem Hochgefühl deutscher Jünglinge, welche die freie Brust im Morgenrot der Zukunft baden, sah die Behörde dennoch durch die Finger. Es waren schöne Stunden, die wir so im Bewußtsein schwellender Muskelkraft und trotzigen Mutes versprangen und verschwangen ..."[79]

In der Restaurationszeit wurden die Turner verfolgt, die Turnbewegung wurde verboten. Nach der Reichsgründung wurde sie unter deutschnationalen Vorzeichen neu gegründet. Gegen diese konservative und völkisch ausgerichtete Deutsche Turnerschaft (DT) wurde 1893 der Arbeiter-Turner-Bund (ATB) errichtet, der nach einer Umbildung zum Arbeiter-Turn- und Sportbund bis zu seinem Verbot im Jahre 1933 bestand.[80] Er war eine Protestbewegung gegen den wilhelminischen Obrigkeitsstaat; das war seine Wirkung nach außen. Wichtiger war seine Bedeutung nach innen, in die Arbeiterschaft hinein. Er war als

Verein ein Teil der sozialdemokratischen Subkultur. Diese doppelte Zielrichtung beschrieb ein ehemaliger Arbeitersportler so: „Warum überhaupt Arbeiter-Sport? Nun, weil die aufstrebende und fortschrittliche Arbeiterschaft mit dem Geist und den Methoden der ‚Deutschen Turnerschaft' im wilhelminischen Deutschland nicht mehr einverstanden war und dem Turnsport und der Körperkultur eine andere, eigene Prägung geben wollte. Unser Sport sollte frei sein von jeder Bevormundung und Einengung und nur dem arbeitenden Menschen dienen. Jegliche vormilitärische Ausbildung wurde konsequent abgelehnt ... die Schaffung eigener Turn- und Wanderlieder gehörte dazu, denn jede Turnstunde wurde mit einem Lied eröffnet. Unsere Auffassung vom Sport sollte sich in einer Massenbewegung niederschlagen und durch Breitenarbeit zu einem echten Volkssport werden, in dem zwar die Leistungen des Einzelnen gewürdigt würden, aber in erster Linie die sportliche Betätigung als Ausgleich beruflicher Belastung und Erhaltung der Gesundheit dienen sollte."[81]

Nach dem Zweiten Weltkrieg wurde der Gedanke einer eigenen Arbeitersportbewegung nicht mehr aufgegriffen. Neben anderem mag dabei die Scheu mitgespielt haben, nach der methodischen Instrumentalisierung des Sports während der nationalsozialistischen Herrschaft Sport in einen politisch-gesellschaftlichen Zusammenhang zu stellen. Wie wenig eine solche reinliche Scheidung möglich war, durchschaute man in der unmittelbaren Nachkriegszeit nicht, um so weniger, als sich der Sport vollends zu einem wichtigen Element der Freizeitwelt ausbildete.

Das geschah auf verschiedene Weise. Die Mehrheit der Bevölkerung nahm als Zuschauer, sei es im Sportstadion und an den Spielfeldern oder am Fernseh- und Rundfunkgerät, an Sportereignissen teil. Die Verbreitung der Medien und ihre intensive Nutzung haben diese Entwicklung des „Passivsports" begünstigt. Bei einer demoskopischen Umfrage aus dem Jahre 1979 erklärten 31 Prozent der Befragten, sie wollten bei Sportsendungen nicht gestört werden. Auf die Frage, was in der Zeitung gekürzt werden könnte, nannten 1953 32 Prozent der Männer den Sportteil, 1979 nur noch 17 Prozent.[82] Der Sport ist zu einem attraktiven Zuschauerereignis geworden. Was die Zuschauer derart anzieht, ist nur zu vermuten. Sicher wäre es zu simpel, lediglich auf die Kompensationsfunktion zu verweisen: Der Zuschauer, der in der monotonen Arbeitswelt seine kreativen Fähigkeiten nicht ausspielen kann, lebt verschüttete, ungelebte Möglichkeiten bei einem fesselnden Sportereignis aus. Ganz abwegig ist eine solche Deutung nicht. Der Zuschauer nimmt eine Expertenrolle wahr. Als Fachmann beurteilt er die Spielzüge und die Leistung seiner Mannschaft. Er kann für die Zeit des Spiels oder der

Fernsehübertragung eine Rolle wahrnehmen, die vielen in ihrem Arbeitsleben versagt ist. Zum anderen versetzt er sich in die Akteure auf dem Spielfeld und kämpft und siegt mit ihnen. Auch dieses Dabeisein ermöglicht Erfahrungen, die die Realität oft nicht bereithält.

Der auch durch die Attraktivität der Sportübertragungen gestiegene Fernsehkonsum hat freilich ein Bewegungsdefizit verstärkt, das bereits durch die Veränderungen am Arbeitsplatz bestand. Die Mahnungen, aus Rücksicht auf die Gesundheit aktiv Sport zu treiben, sind nicht ungehört verhallt. Das in allen Massenmedien verbreitete Schönheitsideal der Jugendlichkeit und Schlankheit hat ein übriges getan, um sportliche Übungen als ein Mittel zur Erreichung dieses Ideals zu propagieren. Der Erfolg der Trimmbewegung zeigt, wie viele Menschen sich aufgeschlossen zeigen für eine Lebensweise, die von freier Bewegung in der Natur bestimmt ist. Längst verschüttete Vorstellungen von einem „natürlichen Leben", das es in unserer manipulierten, gefährdeten, vergifteten Umwelt nicht mehr in dieser Weise geben kann, mögen mitspielen.

Die Teilnahme am Sport hat noch einen weiteren Sinn. Die meisten Sportarten werden in einem Verein betrieben. Der Verein bietet neben der eigentlichen sportlichen Aktivität Geselligkeit. Die Sportvereine haben in den letzten Jahrzehnten großen Zulauf erhalten. Zwischen 1970 und 1986 hat sich die Zahl der Mitglieder des Deutschen Sportbundes von 8,3 Millionen auf 17,1 Millionen erhöht. Im selben Zeitraum stieg die Zahl der Vereine von 39 201 auf 62 930.[83] Die mitgliederstärksten Sportverbände waren 1986 (in dieser Reihenfolge) Fußball, Turnen, Tennis, Sportschießen – Sportarten also, die entweder wie Fußball als Mannschaftssport in eine bundesweite Organisation eingebaut sind oder wie die anderen Sportstätten benötigen. Daneben hat sich freilich sportliche Tätigkeit neben und außerhalb der Vereinsstruktur entwickelt. Es gibt bereits warnende Stimmen, die den Auszug des Freizeitsports aus den Vereinen prognostizieren. Das amerikanische Beispiel wird von diesen Kritikern wie ein Menetekel an die Wand gemalt: „Könnte es in dreißig Jahren hierzulande so aussehen, wie zum Teil heute schon in den Vereinigten Staaten? Wird es dann überall kommerzielle Fitneß- und Freizeitclubs in den Städten geben, eine Art ‚Wienerwald' des Trimmens oder Kaufhausketten des Hobbysports? Wird es so sein wie in New York oder San Francisco und selbst in amerikanischen Mittelstädten, wo Tausende (man spricht von zwanzigtausend) kommerzielle Gymnastik-, Freizeit- und Gesundheitsschulen ihr Angebot gegen harte Dollars verkaufen? Sehen wir die Sporthochhäuser kommen, wo es, wie in Chicago, auf verschiedenen Etagen das Schwimmbad, die Sauna, die Fitneßzentren, die Räume für Ballett und Tanz und schließlich Restaurant und Bar gibt?"[84] Anzeichen für eine solche Entwicklung gibt es in Deutschland längst. In vielen Städten werden private Sportzentren gegründet, in denen Tennis- und Squashhallen, Bowlingbahnen, Fitneßräume und Sauna angeboten werden. Die Sportartikel- und Touristikindustrie hat ein lukratives Geschäft erspäht und verfolgt ihre kommerziellen Interessen.

Man wird diese Erscheinung jedoch nicht allein unter dem Gesichtspunkt Sport und Kommerz betrachten können, sondern als folgerichtige Konsequenz in der Entwicklung des langfristigen Prozesses der Privatisierung. Der Aspekt der Geselligkeit spielt keine so entscheidende Rolle mehr, wenn man überlegt, einem Sportverein beizutreten; denn es sind so viele private Geselligkeitsformen entstanden, die Vereinsfesten vorgezogen werden. Verliert aber dieser Anreiz an Bedeutung, wird die Zugehörigkeit zu einem Verein unter rein pragmatischen Gesichtspunkten entschieden. Wünscht man einen Wettkampfsport zu betreiben oder wählt man eine Sportart, die eine bestimmte Infrastruktur (Organisation, Spielfelder, Geräte) benötigt, wird man die Vorteile eines Vereins auch in Zukunft in Anspruch nehmen. Daneben aber wird es eine zunehmende Zahl von Menschen geben, die organisierte Aktivitäten ablehnen und lieber individuell oder mit einigen Freunden Sport treiben wollen. Die Trimmbewegung hat dazu viele Anregungen gegeben. Der einsame Jogger, der die städtischen Grünanlagen oder den Wald am Stadtrand durchstreift, ist geradezu ein Symbol dieser neuen Entwicklung. Er läuft allein daher und scheint doch recht vergnügt.

Medien der Freizeitkultur

Für die große Mehrheit der Bevölkerung wurde der Sport erst durch die Medien zum Ereignis. Ende der zwanziger Jahre wurde die Rundfunkreportage als Sendetyp eingeführt. Durch sie wurden bedeutende Sportveranstaltungen für ein großes Publikum übertragen und gewannen dadurch an Bedeutung. Die Medien schufen durch ihre Berichterstattung Helden, etwa den Flieger und Ozeanüberquerer Charles Lindbergh oder die Autorennfahrer Rudolf Caracciola und Bernd Rosemeyer, der später bei einem Rekordversuch tödlich verunglückte. Die Massenkultur war nur durch die neuen Medien und ihre ausgedehnte Nutzung möglich geworden. Außer der Presse waren das als Leitmedien Rundfunk und Film. Durch sie wurden breite Bevölkerungsgruppen erreicht, die bisher keinen Zugang zu den traditionellen Bildungsstätten wie Theater, Museen, Bibliotheken gefunden hatten. Ihnen wurde nun die kulturelle Teilhabe eröffnet und damit die Möglichkeit, ihrem Leben einen Sinn, ihrer Freizeit einen neuen Inhalt zu geben. Anderer-

seits hat die Aussicht, die große Masse der Bevölkerung mit den audio-
visuellen Erfindungen erreichen und propagandistisch beeinflussen zu
können, Politik und Wirtschaft auf den Plan gerufen. Der Rundfunk
unterlag staatlicher Kontrolle und entwickelte sich spätestens 1932 zum
Staatsrundfunk.[85] Der Pressezar Alfred Hugenberg wußte sein Impe-
rium weiter auszudehnen und sicherte sich den Einfluß bei den neu entstehenden Medienkonzernen, etwa der UFA.

Die Faszination, die von den neuen Medien auf die Bevölkerung ausging – trotz der ungünstigen wirtschaftlichen Lage stieg die Zahl der
Rundfunkteilnehmer im Reichsgebiet von 467 im Jahre 1923 auf über
eine Million im Jahre 1926; beim Jahreswechsel 1927/28 war die Zahl
von zwei Millionen erreicht[86] –, bestätigte das Phänomen der Massenkultur, das sich in Deutschland ausbreitete, und rief sehr bald Kritiker
auf den Plan, die vor der Verflachung der Kultur, der Seichtheit des
Programms und der Sinnleere des Alltagslebens warnten. Dabei ver-
kannten Kulturkritiker und Freizeitpädagogen weitgehend die realen
Bedürfnisse der Bevölkerung, die dankbar die neuen Möglichkeiten
nach vermehrter Information und Unterhaltung aufnahmen.[87] Aus dem
breiten Angebot der verschiedenen Medien ist die Auswahl nach Interessen und temporären Bedürfnissen möglich geworden. Wer heute mit
Freude und Gewinn eine Aufführung des ‚Faust‘ besucht, wird morgen
vielleicht an eher anspruchsloser Unterhaltung interessiert sein. Mit der
Ausbreitung der Medien wurden die Chance und der Trend zur individuellen Wahlmöglichkeit auch in diesem Bereich deutlich.

Die Kulturkritik richtet sich meist gegen den „Massengeschmack",
den sie in der Massenkultur am Werke sieht, verkennt aber, daß die
neuen technischen Erfindungen breiten Bevölkerungsschichten kulturelle Erfahrungen von einer Art vermitteln, die ihnen bislang verschlossen waren: etwa durch die Wiedergabe musikalischer Ereignisse auf
dem Grammophon, „ein strömendes Füllhorn heiterer und seelen-
schweren künstlerischen Genusses", dem wir die „Fülle des Wohllauts"
verdanken, wie es Thomas Mann in seinem Roman ‚Der Zauberberg‘
(1924) ironisch vorstellt: „. . . das ist ein Instrument, das ist eine Stradi-
varius, eine Guarneri, da herrschen Resonanz- und Schwingungsverhält-
nisse vom ausgepichtesten Raffinemang". „Das treusinnig Musikalische
in neuzeitlich-mechanischer Gestalt. Die deutsche Seele up to date . . ."[88]

Die Schallplatte hat bis in die Gegenwart nichts von ihrer Faszination eingebüßt. Durch die Verfeinerung des technischen Mediums ist es
möglich geworden, vorbildliche musikalische Interpretationen festzu-
halten und zu bewahren. Das ästhetische Erlebnis des Musikliebhabers,
der sich ein bevorzugtes Konzert so oft vorspielen kann, wie er mag,
vertieft auch die musikalische Bildung. Immer mehr Menschen, Kinder

wie Erwachsene, lernen ein Instrument und lieben es, in ihrer Freizeit nicht nur Musik zu hören, sondern selber zu spielen.[89]

Freilich hat gerade das Musikhören – sei es vom Schallplattengerät oder am Radio – Kritik hervorgerufen. Theodor W. Adorno verwahrte sich dagegen, die Beschäftigung mit Musik in die Freizeit abzudrängen und dort als eine Art Steckenpferd verkommen zu lassen. „Musik machen, Musik hören, konzentriert lesen ist ein integrales Moment meines Daseins, das Wort ‚Hobby' wäre Hohn darauf."[90] Statt einer solchen intensiven Konzentration auf die ästhetische Darbietung sah er kritisch ihre Entwertung zu bloßer Musikberieselung in einer Hintergrundmusik, die andere Beschäftigungen begleitet und die in ihrer ästhetischen Struktur nicht wahrgenommen wird.

Berichte aus der Frühzeit des Rundfunks schildern anschaulich die Umstände eines solchen Konsumverhaltens. So heißt es bereits 1926: „Als ich kürzlich eine Bekannte besuchte, fand ich sie auf ihrem Küchenbalkon neben einem riesigen Haufen Bohnen, die sie für das Einwecken zurecht putzte, am Kopf den Radiohörer. ‚Ich höre Schubertlieder!' rief sie mir strahlend zu, während ihre flinken Hände emsig die Bohnen bearbeiteten, ‚das hilft einem glänzend über diese langweilige Beschäftigung hinweg.' Ich schüttelte ihr herzhaft die Hand: ‚Gott, was eröffnet das Radio für die arme, mit unaufhörlicher Kleinarbeit geplagte Hausfrau für Perspektiven!' (...) Und bringt es nicht die Schönheit und den heißen, raschen Pulsschlag der großen weiten Welt in die Zurückgezogenheit und Enge der kleinen Wohnung, wo die Frauen, abgeschnitten von allen Interessen des tätigen Lebens, ihre Tage im ewigen Einerlei verbringen? Kann die Frau, die kaum zum Zeitunglesen, geschweige zu Büchern und häufigem Theaterbesuch kommt, durch diese wunderbare Erfindung nicht endlich auch an Gebieten der Kultur, an den Schätzen der Kunst teilnehmen!"[91] Radiohören eignet sich in der Tat vorzüglich zur „Sekundärtätigkeit", die monotone Arbeiten begleitet und für den, der sich recht lustlos mit solchen Aktivitäten quält, eine befreiende Wirkung hat.[92]

Die Beispiele zeigen, daß das Radio unterschiedliche Bedürfnisse der Hörer befriedigen konnte – eine Eigenschaft, die seinen Siegeszug bis heute begründet hat. Um so erstaunlicher ist es, daß das Publikum und seine Interessen in der Frühzeit des Radios wenig beachtet wurden. Die Gebühren, die die Post vom ersten Sendetag an erhob, waren exorbitant hoch. Allein für die Genehmigungsurkunde mußten 25 Mark entrichtet werden. Daher wurde in den Jahren 1923/24 das Radioprogramm von den meisten als Schwarzhörer empfangen. Mit Notverordnungen und Kontrollen versuchte man, diesem Unwesen Einhalt zu gebieten. Damit traf man vor allem die vielen Radiobastler, die sich 1923 im „deutschen

Radio-Club" zusammengeschlossen hatten.[93] Denn das Radio als Mode-erscheinung hatte die Bastler auf den Plan gerufen und viele Funkama-teure motiviert. Das vom offiziellen Rundfunk vernachlässigte Publi-kum organisierte sich selbst. Eine Gegenbewegung war noch aus einem anderen Grunde notwendig: Während der Rundfunk dem Unterhal-tungsbedürfnis der Hörer entgegenkam, wurde das Interesse an politi-scher Information höchst einseitig bedient. Von allem Anfang an wurde dem Rundfunk die Funktion zugesprochen, mit seinen Sendungen für die Ordnungspolitik der Reichsregierung zu werben. Der preußische Ministerpräsident Severing warnte 1924 in einem Brief an das Reichs-innenministerium davor, die propagandistischen Möglichkeiten des neuen Mediums zu unterschätzen: „Alle Wahrscheinlichkeit spricht dafür, daß das im Rundfunkwesen liegende Beeinflussungsmittel sehr bald eine solche Bedeutung gewinnen wird, daß eine Regierung, die darauf keinen maßgeblichen Einfluß hat, überhaupt den Boden unter den Füßen verloren hat."[94] Der staatliche Einfluß auf den Rundfunk war bereits in der Rundfunkordnung von 1926 fixiert: Der Rundfunk war zu einem Teil der Reichsverwaltung geworden, auch wenn die pri-vatrechtliche Konstruktion der Gesellschaft diesen Sachverhalt ver-schleierte.[95] Zwar wurde von den Verantwortlichen, so vom Reichs-funkkommissar Hans Bredow, immer wieder auf die Überparteilichkeit des neuen Mediums hingewiesen, etwa in seiner Rede zur Überpartei-lichkeit des Rundfunks im Jahre 1930: „Wir betrachten Reichs- und Landesregierungen nicht als parteipolitische Koalitionen, sondern als die verfassungsmäßigen obersten Autoritäten, denen wir bei der Auf-gabe, den Staat zu fördern, behilflich sein müssen."[96] Aber dieser Poli-tikbegriff, der den Staat als überparteiliche Ordnungsmacht stilisierte, konnte dem politischen Einfluß auf den angeblich unpolitischen Rund-funk nicht widerstehen. Kurt Tucholsky beschrieb den prekären Balanc-eakt mit sicherem Ausgang 1926 so: „Militärmärsche und bebartete Vaterlandsvorträge und körperliche Leibesübungsertüchtigung und Kölnische Befreiungsfeiern, kurz: deutsche Volkspartei, wo sie am fin-stersten ist. Dazwischen sind Konzessionen an die klarer denkenden Volksgenossen immerhin bemerkenswert. Jedenfalls ist dieser schwan-kende Kahn auf die Dauer nicht in der Balance zu halten, immer kippt er nach rechts über, und das ganze ist Lüge." Und er schloß daraus: „Was wir brauchen, ist der politische Rundfunk."[97] Ähnliche Vorstel-lungen verfocht der Arbeiter-Radio-Klub Deutschland e. V., der sich in seiner Satzung von 1924 das Ziel gab, „den Rundfunk in den Dienst der kulturellen Bestrebungen der Arbeiterschaft zu stellen" wie auch „das Verständnis für die Radiotechnik in der arbeitenden Bevölkerung zu wecken und zu fördern".[98] Neben der politischen Forderung stand

gleichberechtigt die Freizeit- und Hobbybewegung. Der Arbeiter-Radio-
Klub ordnet sich in die Bestrebungen ein, den vielfältigen Ausdrucks-
formen der Arbeiterkultur einen institutionellen Rahmen zu geben. Zur
Gründung eines eigenen Arbeitersenders kam es jedoch nicht, und unter
den Auseinandersetzungen von KPD und SPD in der letzten Phase der
Weimarer Republik spaltete sich der Arbeiter-Radio-Klub und zerfiel.
Da war der Rundfunk schon zum Staatsfunk geworden, bevor mit der
Machtergreifung der Nationalsozialisten die völlige Gleichschaltung
erfolgte. Erst die Nationalsozialisten nutzten konsequent und systematisch die propagandistischen Möglichkeiten des Radios, und zwar vom
ersten Tag ihrer Herrschaft an. Reichssendeleiter Eugen Hadamovsky
beschrieb das genau kalkulierte methodische Vorgehen in seinem
Rechenschaftsbericht: „Wir begannen im Rundfunk mit einer phanta-
stischen Welle politischer Beeinflussung, Agitation und Propaganda in
jeder Form. Vom 10. Februar bis zum 4. März (1933) gingen fast Abend
für Abend Reden des Reichskanzlers über einzelne oder alle deutschen
Sender (. . .) Es war schon ein solches massiertes Trommelfeuer notwendig, um das ganze Volk zum Aufhorchen zu bringen und seine Aufmerksamkeit auf die neue Regierung Hitler zu lenken."[99]
   Diese Methode prägte den Sendestil über die erste Zeit der Machtergreifung hinaus. Stundenlange Hitlerreden, Reportagen von Reichspar-
teitagen, von Staatsakten, Ausstellungseröffnungen, Einweihungen,
wurden durch die Übertragungen zum nationalen Ereignis. Sie waren
nicht allein Angebote, unter denen der Radiohörer auswählen konnte.
Um den allgemeinen Empfang zu gewährleisten, wurden Schulen,
Betriebe und Behörden zum Gemeinschaftsempfang verpflichtet. Während der Übertragung einiger Hitler-Reden ruhte das öffentliche Leben:
die Produktion wurde stillgelegt, das Wirtschafts- und Verkehrsleben
unterbrochen.[100] Eine planvolle Inszenierung verstärkte die Wirkung
auf die Hörer. Die perfekte Dramaturgie ist etwa an der Übertragung
einer Hitler-Rede aus den Berliner Siemenswerken im Jahre 1933 zu
erkennen: „Vor der Rede, die aus der Maschinenhalle von Siemens
übertragen wurde und in allen deutschen Betrieben gehört werden
mußte, heulten die Fabriksirenen im Reich, dann war überall Arbeits-
ruhe, dann hörte man aus den Lautsprechern den langsam abklingen-
den Maschinenlärm bei Siemens, dann die Siemenssirene, und dann
sprach der Führer."[101] Ähnlich wurden im Krieg die Siegesmeldungen
geradezu zelebriert. Wie sehr der Zwang zum kollektiven Hören den
einzelnen seinen privaten Wünschen entfremden sollte, zeigt ein Zitat
aus dem „HJ-Funk": „Der Gemeinschaftsempfang hat für die Hitler-
Jugend deshalb so große Bedeutung, weil er den Einzelnen zwingt, seinen Willen unter den einer Gemeinschaft zu stellen . . . Wir erziehen

somit die heranwachsende Jugend zu einer wichtigen Handhabung des Rundfunkgeräts, denn nichts ist kulturloser als jene liberalistische Bedienungsweise, immer nur aus den Sendungen das herauszupicken, was im Augenblick der Stimmung entspricht."[102] Verordnetes kollektives Hören während der Arbeitszeit – das widersprach der Funktion des Radios als Medium der Freizeitkultur. Daß das Radio diese Rolle trotz aller Eingriffe in die Privatsphäre behielt, lag am Medium selbst. Das Regime war bestrebt, die möglichst vollständige Versorgung der Bevölkerung mit Radiogeräten zu sichern, um das ganze Volk total und zu jeder Zeit propagandistisch erfassen zu können. Diese Absicht sollte durch das Angebot eines verhältnismäßig billigen Empfangsgerätes verwirklicht werden, durch den sogenannten „Volksempfänger", der seit 1934 in allen Herstellerfirmen gebaut werden mußte und in einigen Betrieben den Arbeitern durch die Einbehaltung regelmäßiger Ratenzahlung von ihrem Lohn regelrecht aufgenötigt wurde.[103] Waren diese Volksempfänger auch technisch zu anspruchslos, um eine Empfangsvielfalt zu gestatten, so war es doch vielen Radiohörern möglich, auch andere Sender als den reichsdeutschen Funk zu hören, das Gerät also nach individuellen Wünschen und nicht in dem von oben verordneten Sinne zu nutzen. Trotz des Verbots, ausländische Sender zu empfangen, und der drakonischen Strafen, mit dem das Regime solche privaten Verweigerungen ahndete – 1940 verurteilten Sondergerichte für ein solches Vergehen „Verräter an ihrem Volk und seinem Daseinskampf" zu fünf- bis zehnjährigen Zuchthausstrafen[104] –, wurden Auslandssender viel gehört. Der BBC vermutete eine Zahl von einer bis zu drei Millionen Hörer ihrer Sendungen in Deutschland.[105]

Auch wenn die genaue Zahl der Hörer ausländischer Sender nicht zu bestimmen ist – im Medium Radio selbst waren Möglichkeiten zur privaten Evasion angelegt. Stimmungen können erzeugt werden, die vom Sender gar nicht beabsichtigt sind. Der Hörer wertet das Gehörte in der Situation, in der er sich gerade befindet, zu einer höchst subjektiven Erfahrung. In den schlimmsten Tagen am Ende des Krieges in Berlin notierte Margret Boveri ein solches Erlebnis beim Hören selbst des Polizeisenders: „4. März 1945 ... Da wir uns angewöhnt haben, nicht vor dem Abendangriff ins Bett zu gehen (zwischen 8 und 9 h) drehte ich den sog. Polizeisender an, um zu sehen, wo die Kampfverbände bleiben. Dies ist einer der 3 Sender, von denen man die Luftlage hört; er sendet Reichsprogramm und unterbricht mit ‚Achtung, Achtung‘ und teilt dann mit, was für Flugzeuge wo sind, in welcher Richtung sie fliegen, wieviele es sind, welche Städte gewarnt werden. Also ich drehte an u. gesungen wurden ‚Meine Liebe ist grün‘, ‚Rosen brach ich ...‘, ‚Feldeinsamkeit' u. noch viele Brahmslieder, die der Papa so liebte u. die ich in meiner Jugend oft begleitete. Ich drehte das Licht aus; da war nur noch ein Schimmer vom Radio u. vom Öfchen, der die Umrisse der Möbel u. Bilder erraten ließ. Ich glaube, man kann sich nur vorstellen, wie schön das Leben in so einer halben Stunde ist, wenn man auch das übrige Leben hier mitmacht.«[106]

In den vierzig Jahren seit Ende des Krieges hat das Radio zugunsten des neuen Leitmediums Fernsehen zunächst an Attraktivität eingebüßt, es konnte aber seine Stellung stabilisieren. Im Jahre 1980 erklärten in einer Umfrage 63 Prozent der Befragten, mindestens zwei Hörfunkgeräte zu besitzen. Der Durchschnittsbürger sitzt nach dieser Untersuchung pro Werktag etwas mehr als zwei Stunden vor dem Fernsehgerät und hört immerhin genauso lang Radio.[107]

Nach der auf Gemeinschaftsempfang eingeschworenen nationalsozialistischen Rundfunkpolitik hat sich nach dem Krieg der Trend zur Privatisierung der Mediennutzung durchgesetzt. Tragbare Transistorgeräte ermöglichten bald den Empfang, wann und wo man ihn wünschte. Symbolhaft für die geradezu grenzenlose Individualisierung in der neuesten Zeit ist der „Walkman", der das private Hörerlebnis von allen Einflüssen der Außenwelt abschottet. Den Knopf im Ohr, die Augen geschlossen, ganz in sich selbst versunken, sitzt der Walkman-Hörer inmitten der voll besetzten U-Bahn und nimmt an der Außenwelt keinen Anteil mehr.

Das Fernsehen begann 1952 die ersten Sendungen in der Bundesrepublik Deutschland auszustrahlen. Die Versorgung der Bevölkerung mit Geräten zog sich bis in die sechziger Jahre hin. Erst zu dieser Zeit erlaubte die gestiegene Kaufkraft breiteren Schichten den Kauf eines Fernsehgerätes. Zugleich trat das Fernsehen einen Siegeszug um die Gunst des Publikums an. Untersuchungen von 1964 und 1970 belegen, daß die Mehrheit der Bundesbürger nicht mehr auf das Fernsehen verzichten wollte. Nicht allein die Neuheit des Mediums war für diese Entwicklung verantwortlich, sondern auch die verstärkte Neigung, die sich erst seit 1980 wieder minderte, die Freizeit bevorzugt zu Hause zu verbringen.[108] Diese Entwicklung hat sich ungünstig auf den Kinobesuch ausgewirkt, der zuvor zu den beliebten Freizeitaktivitäten gehört hatte. Vor allem in den zwanziger und dreißiger Jahren hatte der Film eine große Faszination ausgeübt. Im Dritten Reich hatten die UFA-Filme trotz ihrer Tendenz, den Durchhaltewillen der Bevölkerung im Krieg zu steigern, beeindruckende dramaturgische und schauspielerische Leistungen gezeigt. Nach dem Zweiten Weltkrieg strömten die Besucher in die Lichtspielhäuser, um ausländische Produktionen zu sehen, die ihnen so lange vorenthalten worden waren. Seit 1958, als jährlich mehr als 700 Millionen Kinobesucher gezählt wurden, fiel ihre Zahl im Jahre 1976 auf nurmehr 111 Millionen.[109] Sicher wäre es kurzschlüssig, im Fernsehen den Hauptverantwortlichen für den Rückgang des Kinobesuches zu sehen, aber zweifellos hat die Attraktivität des Fernsehens diese Entwicklung befördert: Das Fernsehen ist zum Kinoersatz, zum „Pantoffelkino" geworden. Während 1964 noch 55 Prozent aller Haushalte über mindestens ein Fernsehgerät verfügten, waren es 1980 97 Prozent. Jeder vierte Haushalt besitzt mehr als ein Fernsehgerät.[110] Was erwarteten die Menschen von diesem neuen Medium, das ihr Verhalten in der Freizeit so offensichtlich dominiert?

Allen Umfragen ist zu entnehmen, daß das Fernsehen von seinem Publikum als Medium der Information und Unterhaltung geschätzt wird. Die Übertragung im Fernsehen macht aktuelle Geschehnisse – die Ermordung Kennedys ebenso wie eine Flutkatastrophe – zu Ereignissen. „Durch das Fernsehen werden wir zum scheinbaren Zeugen der Ereignisse im Augenblick ihres Geschehens. Das Fernsehen kann bei solchen aktuellen und informierenden Sendungen ein differenziertes Publikum in ein Forum verwandeln – gewissermaßen mit modernen Mitteln die Verwirklichung des Marktplatzes für eine ganze Nation oder einen Erdteil."[111] Daneben freilich hat die Art der Darstellung einen besonderen Einfluß auf den Fernsehzuschauer. Die Ereignisse haben für ihn nicht allein einen Informationswert, sondern gewinnen auch eine Unterhaltungsfunktion. Daß Politik unterhaltend dargeboten werden kann, macht sie zu einem Gegenstand neben anderen und hebt sie nicht aus der Abfolge von Sendungen heraus.[112] Wichtiges vom Unwichtigen zu unterscheiden, bleibt dem Rezipienten überlassen.

Kritiker der Massenmedien und Kulturpessimisten, die das Ende unserer Kultur voraussagten, da wir „uns zu Tode amüsieren",[113] haben sich jedoch in einer wesentlichen Prognose geirrt: Die Attraktivität des Fernsehens ist keineswegs ungebrochen. Trotz der Erweiterung der Programme und weiterer Arbeitszeitverkürzung ist die quantitative Nutzung des Mediums nicht gestiegen, sondern stagniert.[114] Vor allem die jüngeren, formal besser gebildeten und politisch interessierten Bundesbürger ziehen zunehmend andere Freizeitaktivitäten vor. Statt Unterhaltung durch Massenmedien wünschen viele eine persönlichere Kommunikation: Gespräche mit Freunden, Geselligkeit im kleinen Kreis, gemeinsamen Besuch von kulturellen Veranstaltungen, Leben in der Alternativkultur, eigene Aktivität bis hin zum Engagement in Bürgerinitiativen. Sie streben zunehmend aus der nur passiven Rolle des Rezipienten heraus und möchten ihre Freizeit aktiv und eigenständig gestalten.[115] Wenn ein solches Verhalten auch vorwiegend schichtenspezifisch begrenzt ist – „sicher spielt die bessere Ausbildung dieser Generation, ihre daraus resultierende höhere Problemkompetenz, Beurteilungs- und Kritikfähigkeit hierbei eine Rolle"[116] –, fügt es sich doch in einen größeren Zusammenhang ein, den wir als sozialen Wandel angesprochen haben, bei welchem eher postmaterielle Werte eine immer größere Rolle spielen.

Freizeitgesellschaft

Ist diese Interpretation zu optimistisch? Sind nicht jene Argumente stärker zu gewichten, die in der Entstehung einer Freizeitgesellschaft eine Verfallserscheinung sehen wollen, in der die Arbeitsgesinnung abgewertet wird und ein allgemeiner Hedonismus dominiert?

Freizeit ist immer an Arbeit gebunden. Wo beide Bereiche nicht klar geschieden sind, ist auch keine Freizeit bestimmbar: Das gilt insbesondere für Arbeitslose, Hausfrauen und Angehörige solcher (meist akademischer) Berufe, die über ihre in der Regel am häuslichen Arbeitsplatz verbrachte Zeit frei entscheiden können. Aus Umfragen wird ersichtlich, daß Arbeit und Freizeit für die Menschen gleich wichtige Bereiche ihres Lebens sind.[117] Daß in der Regel heute höhere Anforderungen an den Beruf gestellt werden, daß die Arbeit als eine sinnvolle Lebenserfüllung erfahren werden will, spricht eher für eine positive Arbeitsgesinnung als für ein mangelndes Interesse am Beruf.[118] Eine Beobachtung des Freizeitverhaltens zeigt andererseits, daß freie Zeit nicht mit dem Recht auf ausgiebige Faulheit gleichgesetzt, sondern wiederum mit Arbeit ausgefüllt wird: Viele Menschen lassen sich von der „Do it your self"-Maxime leiten und betreiben Arbeit als ihr Hobby. Dazu können sehr unterschiedliche Tätigkeiten gehören wie notwendige Ausbesserungs- und Renovierungsarbeiten am Haus oder in der Wohnung, Gartenbau, Reparatur und Pflege von Autos oder Motorrädern, Modelltischlern, Radioelektronik, Basteln, Malen, Kochen, Photographieren und dergleichen mehr. Bei einigen dieser Hobbies ist der Bezug zur Arbeit stärker ausgeprägt als bei anderen. Während die Renovierung der Wohnung oft von den Bewohnern nur deshalb selbst vorgenommen wird, um die hohen Kosten zu sparen, die das Familienbudget allzusehr belasten würden, entsprechen andere mehr der persönlichen Neigung. Man gewinnt freilich den Eindruck, daß auch die Heimwerker, die vielleicht ein ganzes Wochenende lang an ihrem Häuschen arbeiten oder in ihrem Garten unermüdlich tätig sind, mit Interesse und Freude bei der Sache sind. Sie erleben diese Arbeit, auch wenn sie physisch erschöpfend ist, als sinnvoll und befriedigend, weil sie in einem Freiraum stattfindet, der ganz von ihnen selbst bestimmt ist. Hier können sie verwirklichen, was ihnen ihr Beruf so oft verwehrt: ihre eigenen Vorstellungen, ihre

Kreativität, ihre Erfindungsgabe. In seinem Hobby ist ein jeder Experte. Das Gefühl der eigenen Kompetenz, die Anerkennung der eigenen Fähigkeiten durch Familie und Nachbarschaft verleihen eine Befriedigung, die manche Frustrationen des Arbeitslebens aufhebt.[119] Die Freizeit erscheint unter solchen Bedingungen als die Möglichkeit zur Erweiterung und Bereicherung der eigenen Lebenssphäre. Die zunehmende Wahlfreiheit des Verhaltens ergibt eine Differenzierung der Lebensstile. „Unter der Voraussetzung einer zunehmend gerechteren Verteilung der Einkommen und eines Zurückweichens der Prestigemotive in Konsum- und Freizeitverhalten wird mit dieser Differenzierung der Lebensstile ein Moment ‚horizontaler Schichtung' in die Gesellschaft eingeführt: Lebensstil gilt da nicht mehr so stark als Ausdruck von Sozialstatus und Macht denn als Ausdruck von Originalität, Individualität, persönlichem Wert."[120] Empirische Untersuchungen des Freizeitverhaltens der Bevölkerung in der Bundesrepublik haben freilich eine gewisse Gleichförmigkeit ergeben: Das durchschnittliche Freizeitverhalten konzentriere sich auf wenige, immer wiederkehrende Aktivitäten wie Fernsehen, Radio, Lesen, Basteln, Spazierengehen und variiere nach einigen bestimmenden Merkmalen, unter denen sich generative, berufliche, finanzielle und soziale als Determinanten erwiesen. Aus solchen empirischen Befunden wurde die Schlußfolgerung gezogen: „Das Freizeit-Verhalten unterliegt nur in der Ideologie der individuellen Wahlfreiheit und Rationalität, in der Realität wird es durch eine Anzahl von Faktoren zu relativ gleichförmigem Verhalten."[121]

Dieser Widerspruch löst sich auf, wenn man bei der Bestimmung dessen, was Wahlfreiheit bedeuten kann, nicht von utopischen Vorstellungen ausgeht, sondern eine realistische Abwägung von Möglichkeiten in einer bestimmten Lebenssituation vor Augen hat. Beispielsweise Heirat und Familiengründung haben einen großen Einfluß auf das Freizeitverhalten. Normalerweise nimmt die Konzentration auf häusliche Tätigkeiten auch bei solchen Menschen zu, die sich zuvor stärker am öffentlichen Leben beteiligt haben. Aber selbst diese Regel gilt nicht uneingeschränkt. Wenn engagierte Bürger ihre kleinen Kinder mit zu Demonstrationen nehmen, so ist dies ein Beleg dafür, daß die häusliche Situation das Freizeitverhalten nicht notwendigerweise vorherbestimmt.

Der durch Umfragen gewonnene und immer wiederholte Befund, daß der Theaterbesuch eine Angelegenheit bildungsbürgerlicher Schichten geblieben ist, wird zwar nicht dementiert, aber vielleicht doch relativiert durch die zahlreichen jungen Menschen, die in Inszenierungen markanter Regisseure wie Klaus Peymann und Peter Zadek strömen und die Bildungstempel zum Schauder der konservativen Schickeria mit ihren Tennisschuhen erobern.

Auch wenn das Freizeitverhalten von der Lebenssituation des einzelnen beeinflußt ist, setzt sich die Tendenz durch, sich nicht von außen
vorgeben zu lassen, wie das Leben zu leben ist, wenn auch Medien, Vorbilder, Moden die eigene Entscheidung mitprägen mögen.

4. Reisen

Von der beliebtesten Freizeitaktivität der Bundesbürger ist noch nicht
die Rede gewesen. Wenn bisher von Freizeit gesprochen wurde, dann
waren vorrangig die arbeitsfreien Stunden des Tages und die Wochen-
enden gemeint. Im Mittelpunkt des Interesses, der Wünsche, Planungen
und Träume steht aber der Urlaub, der dem Selbstverständnis vieler
Bürger nach nur mit einer Reise angemessen zu verbringen ist.

Die Reiselust wird durch empirische Umfragen dokumentiert. Auf
die Frage, was sie gerne täten, wenn sie mehr Zeit und Geld hätten,
überflügelte das Reisen alle anderen Wünsche: Im Jahre 1953 setzten
56 Prozent und 1979 gar 73 Prozent aller Befragten das Reisen an die
erste Stelle.[1] Das Interesse der Reisenden hat sich in den letzten zwanzig
Jahren immer stärker auf Auslandsreisen verlagert. Waren es 1969 noch
39,7 Prozent, die ein Ziel im Ausland ansteuerten, während 60,3 Prozent ihre Ferien innerhalb Deutschlands verbrachten, so hat sich dieses
Verhältnis im Jahre 1984 verkehrt: Nun buchten 62,4 Prozent eine
Reise ins Ausland, 37,6 Prozent eine Inlandsreise.[2] Die Mehrzahl der
Befragten ist eher bereit, auf andere Konsumgüter zu verzichten als
auf eine Urlaubsreise, obgleich die Kosten oft den monatlichen Netto-
lohn übersteigen.[3] Was solche Zahlen verschweigen, sind die Schatten-
seiten: Viele Touristen verschulden sich und müssen sich anschließend
mühsam einschränken, um allmählich ihr Haushaltsbudget wieder aus-
zugleichen. Familien mit mehreren Kindern und die meisten Arbeitslo-
sen sind oft nicht in der Lage, im Urlaub zu verreisen. Sie müssen ihr
von der Norm abweichendes Verhalten verschämt verbergen, weil es
nicht in das Bild paßt, das Urlaub mit Reisen gleichsetzt. Wenn dann
wie in jedem Sommer die Medien ausführlich den Aufbruch in den
Süden schildern mit verstopften Autobahnen und überfüllten Flughä-
fen, wird in der Regel der Massentourismus angeprangert. Nicht allein
die selbsternannten Kulturkritiker stimmen das große Lamento an, sondern die Reisenden selbst, die, am Ziel angelangt, die Überfüllung des
Ortes mit „Neckermann-Touristen" beklagen.

Die Denunziation des Tourismus freilich ist so alt wie dieser selbst:
Insgeheim wünscht der Reisende, das Reisen solle exklusiv sein und ihm
vorbehalten bleiben. Die Klage über den Massentourismus entsteht aus

dem Gefühl, gerade diese Exklusivität sei bedroht. So mokierte sich der Adel zu Beginn des 19. Jahrhunderts über das Bürgertum, das ihm in die modischen Badeorte folgte, und zog sich an neue luxuriöse Stätten zurück. Ähnlich wehrte sich das Bürgertum gegen die andrängenden Unterschichten. Und ebenso versucht sich der heutige Kleinbürger vom „Neckermann-Touristen" abzusetzen.

Was aber motiviert so viele Menschen, sich trotz der Begleiterscheinungen des Massentourismus auf die Reise zu begeben? Was hat die vielen Reisenden seit der Entstehung des Tourismus im 18. Jahrhundert zum Aufbruch bewegt? Im einzelnen wird diese Frage im Laufe der historischen Erörterung immer wieder gestellt werden müssen. Vorab sollen einige grundsätzliche Erwägungen stehen, die sich an eine These von Hans Magnus Enzensberger knüpfen: „Das Verlangen, aus dem sich der Tourismus speist, ist das nach dem Glück der Freiheit. Noch im Rummel von Capri und Ibiza bezeugt es seine ungebrochene Kraft."[4] Glück der Freiheit – sie hat zu verschiedenen Zeiten und für Menschen in unterschiedlichen Lebenssituationen vielfältige Ausdrucks- und Erscheinungsformen angenommen. Als erstmalig am Ende des 18. Jahrhunderts mehr Menschen als zuvor aus der Enge ihres gebundenen, beschränkten Lebens aufbrechen konnten, bedeutete dies einen vorher nicht gekannten Erfahrungsgewinn. Bald freilich nahm das Reisen den Charakter einer Fluchtbewegung an, Flucht aus einer sich im Zuge der Modernisierung allzu rasch verändernden Welt. Ein Zurück in die verlorene Welt konnte es nicht geben, aber könnte man, indem man die eigene industrialisierte, zivilisierte Welt verließ, nicht das Elementare, Ursprüngliche aufs neue erfahren? Das Leitbild für diese Hoffnung war der Bergsteiger. Im Jahre 1787 hatte Saussure als erster den Montblanc bestiegen. Siebzig Jahre später begann die Zeit des Alpinismus. Will der Bergsteiger, der den Gipfel erklimmt, den elementaren Naturgewalten am nächsten sein? Freilich, indem er den Gipfel erreicht, hat er das Unberührte berührt, den Zauber des Elementaren gebrochen. Es kommt also darauf an, der erste zu sein. Die Reise wird zum sportlichen Wettlauf, zum Abenteuer. Das Glück der Freiheit erschöpft sich.[5]

Wird Reise zur Fluchtbewegung, verliert das Ziel an Bedeutung. „‚Wohin reitet der Herr?' ‚Ich weiß es nicht', sagte ich, ‚nur weg von hier, nur so kann ich mein Ziel erreichen.' ‚Du kennst das Ziel' fragte er. ‚Ja', antwortete ich, ‚ich sagte es doch. Weg von hier – das ist mein Ziel.'"[6] Das Ziel dieser Flucht ist die Gegenwelt zum gelebten Leben. Auch sie kann ein Ort des Glückes sein: Das Leben in der Gegenwelt kann verborgene Schätze freimachen und Kräfte auslösen, von denen der Reisende nichts wußte. Gestärkt und voll neuer Ideen kehrt er dann in seine gewohnte Welt zurück, kann sie neu und anders sehen und seinem Leben einen ungewohnten Sinn geben.

Soll die erträumte Gegenwelt jedoch mit der Last des Arbeitslebens versöhnen, die begrenzte, viel zu kurze Urlaubszeit die Frustrationen des Alltags kompensieren, hält sie das „Glück der Freiheit" in der Regel nicht aus. Mit der Rückfahrkarte gelangt man wieder dorthin, von wo man aufbrach. Zu fürchten ist, daß dies die Erfahrung der meisten ist.

Die „Entdeckung des Reisens" im 18. Jahrhundert

Der Titel ist mißverständlich, denn das Reisen gehört zur menschlichen Existenz. In der Frühzeit der Geschichte waren die Menschen unterwegs: als Nomaden zogen sie zu den Plätzen, wo es sich leben ließ. Die Not vertrieb andere aus den Gebieten, an denen sie sich niedergelassen hatten. Auch in den späteren Jahrhunderten waren die Menschen auf der Wanderschaft: Pilger auf dem Weg zu den heiligen Stätten, Soldaten und Gesandte, Handwerker und Studenten und in großer Zahl Kaufleute. Sie alle aber brachen nicht auf, weil die Lust zu Reisen sie antrieb, sondern weil es ihnen die Pflicht gebot. Ihr Reisen war zweckgebunden, allein das Ankommen zählte. Der Weg dorthin, die Reise, bedeutete ihnen nichts, sie war Gefahr, Versuchung, mögliche Strafe. Das Gleichnis vom verlorenen Sohn bot für eine solche Deutung das Interpretationsmuster: Es lohnte nicht, in die Ferne zu gehen, das Verlassen des Elternhauses mußte sich rächen. Die Tugend gebot, daheim zu bleiben. Der in der Welt mit ihren Risiken und Gefahren umherirrende Sohn sieht voller Reue ein, daß sein Aufbruch ein Irrtum war, und kehrt heim.[7]

Aber nicht allein diese moralisch begründete Warnung, auch die tatsächliche Mühsal des Reisens konnte vor jeder Reiselust abschrecken. Und sicher sind grundlegende Veränderungen im Verkehrswesen eine Voraussetzung dafür gewesen, daß die Reise selbst mit ihren Abenteuern als ein positives Erlebnis geschätzt wurde. Um die Mitte des 18. Jahrhunderts wurde die Ordinari-Post eingerichtet: ein regelmäßiger Verkehr von Postkutschen zwischen einzelnen Städten zu festgelegten Zeiten. Es war also möglich, weite Strecken nach einem Fahrplan zu festen Preisen und relativ sicher zurückzulegen, statt wie bisher zu Fuß, zu Pferde, in unbequemen Wagen schutzlos den Gefahren für Leib und Besitz ausgesetzt zu sein. Mit den regelmäßigen Verbindungen übernahm die Post auch den Schutz der Reisenden. Wenn mit diesen Regelungen des Reiseverkehrs auch nicht jede Gefahr von Überfällen ausgeschaltet war, wurde das Reisen doch kalkulierbarer und verlor dadurch viel von seiner ursprünglichen Mühsal und seinem Schrecken.[8]

Die veränderte Einstellung dem Reisen gegenüber erklärt sich aber nicht allein aus technischen und organisatorischen Verbesserungen des Verkehrswesens, so dankbar sie auch begrüßt wurden. Das Reisen wurde als hervorragende Möglichkeit begriffen, über die Durchmessung neuer, weiter Räume den eigenen Horizont zu erweitern, sich neue Welten anzueignen und Welten zu gewinnen. Diese „Welt" unterschied sich von „le monde", auf die es der junge Adelige auf seiner traditionellen Kavalierstour abgesehen hatte, die höfische Gesellschaft, in die er eingeführt wurde. Hunger nach Welterfahrung konnte nur durch einen neuen „Tatsachenblick"[9] befriedigt werden. August Ludwig von Schlözer, der an der Göttinger Universität die Studenten in speziellen Vorlesungen über „Land- und Seereisen" in die rechte Kunst des Reisens einführen wollte und dabei eine Fülle höchst nützlicher und praktischer Ratschläge mitteilte, verlangte, man müsse das Land, das man bereise, genauestens erforschen. Man müsse, sagte er, „sehen, hören, sammeln und schreiben."[10] Um wirklich „das Neueste" zu erfahren, genügte nicht allein das Sammeln von Zeitungsnachrichten und der Staatskalender, obgleich er auch das empfahl, sondern man mußte die Menschen des fremden Landes kennenlernen, mußte ihre Landessprache beherrschen, in ihre Kultur eintauchen, mußte mit ihnen verkehren und mit ihren Gedanken und Zukunftsplänen vertraut werden. Die Reise selbst wurde zu einer Erfahrung für denjenigen, der sie unternahm, und sicher kehrte er als ein anderer zurück. Anders als die „träumenden Antiquare", wie Friedrich Nicolai, ein anderer bedeutender Reisender und Aufklärer des 18. Jahrhunderts, die Reiseschriftsteller kritisierte, die topographisch-statistische Beschreibungen lieferten, ohne aber mit einem historischen Blick in die Gesellschaften einzudringen, die sie kaum wahrnahmen, sollten die reisenden Gebildeten ein klares Bild der Kultur des Landes zeichnen, das sie bereisen.[11] Denn wesentlich war, daß die neuen Erfahrungen dargestellt wurden. Diese Reiseberichte wurden so wichtig, weil der „in ihnen niedergelegte Erfahrungsgehalt ... Bildung werden und das noch immer herrschende dogmatische Wissen verdrängen (sollte). (...) Die umschiffte, erkannte, die als erkannte zur Einheit strebende Welt kann dieselbe nicht mehr sein, deren Meere, Inseln und ferne Kontinente einst im sagenhaften Dämmer und gar im Dunkel lagen."[12] Dogmatisch erstarrtes Wissen ließ sich nicht durch ein geschlossenes Weltbild ablösen. Der Reisende, der seine Erfahrungen und Erkenntnisse in den öffentlichen Diskurs einbrachte, mußte sie als seine Erfahrungen kenntlich machen, mußte sich als Subjekt einbringen. Georg Forster wollte kein abgerundetes, abgeschlossenes, fertiges Bild zeichnen, sondern mit seinem Titel ‚Ansichten vom Niederrhein' machte er jedem Leser deutlich, daß es seine Betrachtungen und Impressionen waren, die er mitteilen wollte. „Also kann nur mein Empfinden und mein Denken oder Räsonnieren darüber das Wesentliche dieser ‚Ansichten' sein."[13] Nur weil die eigene subjektive Perspektive nicht verschleiert wurde, konnte das Publikum in den gemeinsamen Lernprozeß einbezogen werden, ein Publikum, das die Reiseliteratur schätzte, weil es in ihr seinen eigenen Hunger nach „Welt" zu stillen hoffte.

Aus diesem frühen Reisemotiv nach Welterfahrung und Weltgewinn haben sich zwei Modelle des Reisens entwickelt, die sich im 18. Jahrhundert ausbilden und die moderne Reisepraxis vorprägen: die Bildungsreise und der Ferntourismus.

Die Bildungsreise treibt den subjektiven Antrieb weiter und bezieht die äußere Welt, die durchmessen wird, in die Welt dessen ein, der die Reise als Erfahrung erlebte. So notiert Goethe im Tagebuch seiner Italienischen Reise: „Wie glücklich mich meine Art, die Welt anzusehen, macht, ist unsäglich, und was ich täglich lerne! und wie doch mir fast keine Existenz ein Rätsel ist. Es spricht eben alles zu mir und zeigt sich mir an." Es erweist sich als glücklich, daß sich nichts zwischen den Reisenden und die neue Welt schiebt, weder ein Vermittler noch Dienstpersonal. So hat Goethe den Eindruck, sich unmittelbar auf die Fremde einzulassen und auch von dieser rein wahrgenommen zu werden: „Und da ich ohne Diener bin, bin ich mit der ganzen Welt Freund. Jeder Bettler weist mich zurechte, und ich rede mit den Leuten, die mir begegnen, als wenn wir uns lange kennten. Es ist mir eine rechte Lust."[14] So lernt der Reisende nicht allein die Wirklichkeit, sondern auch sich selbst besser kennen.

Der Wissensdurst, der Hunger nach Welt schien im 18. Jahrhundert unersättlich. Gerade das Fernste, noch Unerschlossene, Unbekannte übte eine starke Faszination aus. Auch die letztlich machtpolitischen und ökonomischen Interessen der Kolonialmächte dienenden großen Entdeckungsreisen wurden als Medium der Bildung erkannt und ausgewertet. Der junge Georg Forster, der James Cook auf seiner Weltumseglung begleiten durfte, hat als eine Intention seines großen Reiseberichtes ‚Reise um die Welt' das Bildungsmotiv hervorgehoben: „Ich habe mich immer bemühet, die Ideen zu verbinden, welche durch verschiedene Vorfälle veranlaßt wurden. Meine Absicht dabei war, die Natur des Menschen so viel möglich in mehreres Licht zu setzen und den Geist auf den Standpunkt zu erheben, aus welchem er einer ausgebreitetern Aussicht genießt, und die Wege der Vorsehung zu bewundern im Stande ist."[15] Welcher Art aber müßte dieser Standpunkt sein, von dem aus ein Panorama überblickt werden könnte, das so unterschiedliche Kulturen jäh miteinander verband, die sich wie Welt und Gegenwelt begegneten?[16]

Als die Schiffe auf der West-Ost-Route nach gefährlicher Fahrt an der Packeisgrenze entlang Tahiti erreichten, erschien ihnen nach aller Mühsal und nach allen überstandenen Gefahren die Insel wie ein Paradies. „Ein Morgen war's, schöner hat ihn schwerlich je ein Dichter beschrieben." „Waldgekrönte Berge erhoben ihre stolzen Gipfel in mancherley majestätischen Gestalten und glühten bereits im ersten Morgenstrahl der Sonne. Unterhalb derselben erblickte das Auge Reihen von niedrigern, sanft abhängenden Hügeln, die den Bergen gleich, mit Waldung bedeckt, und mit verschiednem anmuthigen Grün und herbstlichen Braun schattirt waren. Vor diesen her lag die Ebene, von tragbaren Brodfrucht-Bäumen und unzählbaren Palmen beschattet, deren königliche Wipfel weit über jene empor ragten. Noch erschien alles im tiefsten Schlaf; kaum tagte der Morgen und stille Schatten schwebten noch auf der Landschaft dahin. Allmählig aber konnte man unter den Bäumen eine Menge von Häusern und Canots unterscheiden, die auf den sandichten Strand heraufgezogen waren. Eine halbe Meile vom Ufer lief eine Reihe niedriger Klippen parallel mit dem Lande hin, und über diese brach sich die See in schäumender Brandung; hinter ihnen aber war das Wasser spiegelglatt und versprach den sichersten Ankerplatz. Nunmehro fing die Sonne an die Ebene zu beleuchten. Die Einwohner erwachten und die Aussicht begonn zu leben."[17]

Die Fremdheit der Südseeinsulaner, ihre von der europäischen Zivilisation unberührte Welt, ihre Bedürfnislosigkeit und unverstellte Sinnenfreude schienen die Reisenden in eine frühere Phase der Menschheitsgeschichte zurückversetzt zu haben. Hatten sie sich nicht nur im Raum, sondern zugleich in der Zeit bewegt, und trafen nun auf Menschen, die sich noch im paradiesischen Naturzustand befanden? Konnten sie nun an diesen „edlen Wilden" studieren, was sie selbst einmal gewesen waren, bevor die historische Entwicklung sie von diesem paradiesischen Ursprung irreversibel entfernt hatte?

Der Idealisierung hatte Bougainville in seinem Bericht über seine Weltumseglung vorgearbeitet, bei der er 1768 auch Tahiti besucht hatte. Immer wieder wird die Metapher vom Paradies verwendet. Wenn man das Leben in dieser Südseewelt beschreibt: Die Menschen waren zufrieden mit ihrem Dasein. Sie hatten es nicht nötig, im Schweiße ihres Angesichtes ihr Brot zu verdienen. Die herrlichsten Früchte der Natur umgaben sie, sie brauchten nur die Hand auszustrecken, um sie zu berühren. Was die Natur ihnen bot, genügte diesen Menschen: die Früchte des Brotbaumes, Kokosnüsse, Bananen, einige Haustiere. Sie verlangten nicht nach mehr. Besitzstreben, Geiz, Habgier waren ihnen fremd. Sie lebten im Einklang mit der Natur. Indem die Europäer die reine und natürliche Welt des „edlen Wilden" beschrieben, entwarfen sie ein traumhaftes Gegenbild zu ihrer eigenen Welt, der Welt der europäischen Zivilisation, die als Entfremdung von der Natur erfahren wird. Freilich ließ sich aus einer solchen Deutung keine Zukunftsperspektive gewinnen, da der Rückweg in den paradiesischen Urzustand auf alle Zeiten unmöglich geworden war.

Georg Forster, sehr viel skeptischer als andere, verglich beide Kulturen nachdenklich-abwägend miteinander und kam letztlich zu etwas anderen Schlußfolgerungen. Als sie von der Insel Abschied nahmen, warf er einen kritischen Blick zurück: Sie hatten die Natur verändert, und er nahm diese Veränderungen staunend und mit Genugtuung wahr. „Die Vorzüge eines civilisirten über den rohen Zustand des Menschen fielen durch nichts deutlicher in die Augen, als durch die Veränderungen und Verbesserungen, die auf dieser Stelle vorgenommen worden waren. . . . Den öden und wilden Fleck, auf dem sonst unzählbare Pflanzen, sich selbst überlassen, wuchsen und wieder vergiengen, den hatten wir zu einer lebendigen Gegend umgeschaffen, in welcher hundert und zwanzig Mann unabläßig auf verschiedne Weise beschäftigt waren."[18] Es gab kein Paradies, das einem vergangenen Naturzustand entsprach, es war Aufgabe des Menschen, die „rohe" Natur so zu formen, daß vielleicht kein Paradies, aber doch ein menschenwürdiger Zustand geschaffen würde.

Es war der Aufklärer, der die Überlegenheit der Zivilisation feierte: „Kurz überall, wo wir nur hin blickten, sahe man die Künste auf blühen, und die Wissenschaften tagten in einem Lande, das bis jetzt noch eine lange Nacht von Unwissenheit und Barbarey bedeckt hatte." Was sie in diesem Lande geschaffen hatten, zeigte das „schöne Bild der erhöhten Menschheit und Natur".[19] Aus diesen frühen Kulturbegegnungen, die in den vielen Reisebeschreibungen des 18. Jahrhunderts geschildert und einem interessierten Publikum interpretiert wurden, entstand das Bild der Ferne schlechthin, aus dem sich das Modell von Einstellungen und Verhaltensweisen herausbildete, das noch im späteren Ferntourismus nachwirkt.

Noch einen dritten Reisetypus gab es im 18. Jahrhundert: den Aufenthalt im Kurbad. Hier verband sich der Wunsch, die Gesundheit und Leistungsfähigkeit zu fördern, der mit einem neuen Bewußtsein der eigenen Körperlichkeit zusammenhing, mit einer allgemeinen Freude an der Geselligkeit, die man in den berühmten Badeorten finden konnte. Besonderer Beliebtheit erfreuten sich die böhmischen Bäder Karlsbad und Marienbad, die Goethe favorisierte und die durch ihn auch literarhistorisch interessant geworden sind.[20] Trink- und Badekuren standen im Zentrum der in diesen Bädern verordneten Therapien. Die von einigen Ärzten wie Siegmund Hahn (1664–1742) propagierte heilsame Wirkung kalter Abreibungen und Waschungen leitete die Epoche des „Kalt-badens" ein, die Goethe in ,Dichtung und Wahrheit' schaudernd ablehnte. Er schätzte dagegen das Baden in warmem Mineral- oder Brunnenwasser. Mit den berühmten Ärzten Christoph Wilhelm Hufe-land und Henrich Matthias Marcard setzte sich die Vorstellung durch, daß eine „Diätik der Seele" notwendig sei, wenn man den Menschen heilen wolle.[21] Auch Goethe konnte, wenn er seine körperlichen Zustände analysierte, nicht anders, als seine seelischen Stimmungen und seine ganze Lebensweise mitzubedenken. „Schon von Hause hatte ich einen gewissen hypochondrischen Zug mitgebracht, der sich in dem neuen sitzenden und schleichenden Leben eher verstärkte als ver-schwächte. Der Schmerz auf der Brust, den ich seit dem Auerstädter Unfall von Zeit zu Zeit empfand und der, nach einem Sturz mit dem Pferde, merklich gewachsen war, machte mich mißmutig. Durch eine unglückliche Diät verdarb ich mir die Kräfte der Verdauung; das schwere Merseburger Bier verdüsterte mein Gehirn, der Kaffee, der mir eine ganz eigne triste Stimmung gab, besonders mit Milch nach Tische genossen, paralysierte meine Eingeweide und schien ihre Funktionen völlig aufzuheben, so daß ich deshalb große Beängstigungen empfand, ohne jedoch den Entschluß zu einer vernünftigeren Lebensart fassen zu können. Meine Natur, von hinlänglichen Kräften der Jugend unter-stützt, schwankte zwischen den Extremen von ausgelassener Lustigkeit und melancholischem Unbehagen."[22]

Vermutlich hatte der geregelte, immergleiche Tagesablauf während der Badekur eine stabilisierende Wirkung auf melancholische Verstim-mungen der Kurgäste. In Karlsbad um 1787 begann der Tag früh: Zwi-schen fünf und sechs Uhr morgens schon tranken die Kurgäste die ihnen vom Arzt verordnete Anzahl Becher aus dem heilbringenden Brunnen. Von Goethe wird berichtet, daß er oft schon zu dieser frühen Stunde, gegen fünf Uhr, sein Mineralbad nahm. Er hat in seinen Tage-büchern seine Bade- und Trinkkuren genau festgehalten. Er legte offen-bar großen Wert auf die Regelmäßigkeit der Kuranwendungen, von der er eine heilsame Wirkung erwartete.

Die Gleichmäßigkeit des Tagesablaufs, in der die üblichen Interessen und Beschäftigungen gleichsam stillgestellt waren, führten oft zu Lan-geweile, die durch Geselligkeit zu lindern war. In den Modebädern der Zeit traf sich die tonangebende Gesellschaft, so daß diese Orte den gesellschaftlichen Kosmos der Zeit abbildeten.[23] Gespräche über Politik, Wissenschaft, Poesie – Goethe führte mit einigen Wissenschaftlern noch später briefliche Fachgespräche über geologische Merkwürdigkei-ten, die ihn bei seinen Badeaufenthalten beschäftigt hatten –, freundli-che Zerstreuungen, kurze Liebesbeziehungen, Tändeleien . . ., in Goethes

Worten: „So ein Badesommer ist wirklich ein Gleichnis eines Menschen-
lebens."[24]

Auch dieser dritte Typus der Reise im 18. Jahrhundert hat sich bis in
die Gegenwart erhalten, wenn auch in charakteristischer Weise verändert. In den zahlreichen Kurorten trifft sich nicht mehr die große Welt,
sondern hier halten sich Arbeitnehmer und Rentner auf, deren Kuran-
träge von der Landesversicherungsanstalt genehmigt wurden. Sie sollen
im Kuraufenthalt ihre Arbeitskraft wiederherstellen oder aufbessern
und Leiden kurieren, die die Industriegesellschaft verursacht hat. Das
Leben der Kurgäste verläuft nicht viel anders als zur Goethezeit: Die
Therapien wechseln, der regelmäßige Tageslauf ist erhalten und wirkt
eintönig-stabilisierend wie eh und je, und selbst die Geselligkeit hat,
wenn auch der historischen Entwicklung entsprechend eine veränderte,
strukturell betrachtet aber die gleiche Gestalt. Der Badeaufenthalt blen-
det den Kurgast aus seinem üblicherweise gelebten Leben aus.

Motive

Im 19. Jahrhundert nimmt die Reiselust zu, verstärkt und verändert
sich. Immer noch ist es nur eine Minderheit, die reist. Die Mehrheit der
Bevölkerung verläßt noch lange nicht den Umkreis des Dorfes, in dem
sie geboren wurde. Erst als die neuen Industriezentren nach Arbeitskräften verlangen, wird sich dieser Tatbestand ändern und eine größere
Wanderung in Gang setzen. Aber auch wenn nur eine Minderheit in der
ersten Häfte des Jahrhunderts zu größeren Reisen aufbricht, ist es
wichtig, sich mit ihren Motiven zu beschäftigen, denn sie verraten ein
besonderes Lebens- und Zeitgefühl, deren Kenntnis uns die Geschichte
des Biedermeier aufschließt.

Was die Menschen zum Aufbruch treibt, ist die leidenschaftliche
Sehnsucht, aus der dumpfen Enge biedermeierlicher Beschränktheit
auszubrechen. Die Verheißungen der Französischen Revolution, die
politischen Hoffnungen auf einen Nationalstaat, der die politische Freiheit seiner Bürger und ihre Rechtssicherheit verbürgte, sie hatten sich
nicht erfüllt, sondern waren ins Gegenteil verkehrt worden. Die alte
Freiheitshoffnung aber lebte unterschwellig weiter. Denn: „Jede revolutionäre Öffnung der Gesellschaftsordnung schließt sich wieder, aber sie
hinterläßt eine Erinnerung, die sich mit der restaurativen Verfestigung
nicht abfinden kann. Eine bleibende Narbe im Bewußtsein, die nie wieder spurlos verheilt."[25] Es bildet sich ein Zeitgefühl heraus, das
Beschränktheit der Verhältnisse überaus sensibel wahrnimmt und daher
Fluchtträume aus sich hervorbringt.

Italiensehnsucht und Orientbegeisterung sind in Poesie und Prosa vielfach bezeugt. Reisen zu den antiken Stätten – zumindest nach Rom und Italien – waren nicht neu. Die adelige Kavalierstour hatte sie als Zentren der Kultur bereits enthalten. Nun erhält die bürgerliche Bildungsreise eine stärkere, geradezu existentielle Orientierung: Die klassische Antike erscheint als unberührte Schönheit, die zur Vollkommenheit geronnene Zeit gegenüber dem heillosen Jetzt.

Je mehr die politischen Hoffnungen versiegen, um so dringender wird der Wunsch, dem engen Käfig zu entkommen. Das Leiden an der sich allzu schnell verändernden Welt, als die Modernisierung erfahren wird, will sich an Bleibendem orientieren. Die Welt, die wir verloren haben, gerät zur verehrungswürdigen Ikone. Nostalgisch verklärend blickt man zurück und erbaut sich aus den antiken Fragmenten ein von allen Schlacken des Lebens gereinigtes Bild, in dem eine vergangene Welt stillgestellt ist. Da sie unverändert sie selbst ist, symbolisiert sie das Bleibende. Ihr gilt die Sehnsucht, die in einer ästhetischen Zuwendung zu den Zeugnissen der Vergangenheit erfüllt werden soll.

Aber auch das Nahe wird unter dem neuen – romantischen – Blick begehrenswert. Im Jahre 1835 erschien ein erfolgreicher Reiseführer, Karl Baedekers ,Rheinreise von Mainz bis Cöln'. Der Rhein wurde schnell zum Ziel der romantischen Reise. Noch schien diese alte Flußlandschaft unberührt von zivilisatorischer Verformung. Burgen und Schlösser waren Überreste einer glanzvollen, fremden und daher faszinierenden Zeit; dem Mittelalter hatte sich das romantische Interesse ohnehin zugewandt. Mythen, Sagen und Legenden umkränzten die verlassenen, verfallenen Gemäuer mit einer Aura. Ritterromane gaben der Phantasie die Namen. Unter dem romantischen Blick begann die vergangene Welt zu leben. Als Gegenwelt zur entstehenden Industriegesellschaft gab sie nichts her. Aber in ihr konnte das Leiden an der Modernisierung eine Weile ausruhen. Dichter und Maler haben diese Rheinromantik in illustrierten Reisebüchern einem größeren Publikum vermittelt. Karl Simrock ging in seinem Reisebuch ,Das malerische und romantische Rheinland' (1836–1840) so weit, seine Darstellung als Äquivalent für eine Reise anzusehen, das einen tatsächlichen Besuch überflüssig mache. „Die Gegend ist so vielfältig beschrieben, abgebildet und dargestellt worden, daß man zuletzt das Postgeld schonen und sie mit gleichem Genuß in seinen vier Wänden bereisen kann."[26] Die tatsächliche Welt schrumpft zum Bild zusammen. Das Leben verflüchtigt sich in einen Gedanken, einen Traum.

Raumerfahrungen

Reisen als die bevorzugte Quelle der Erfahrung – das bedeutet zunächst, Welt zu gewinnen durch die Aneignung des durchmessenen Raumes. Die Weltsicht und Welterkenntnis, die daraus entstehen, sind beeinflußt durch die Art und Weise des Reisens selbst. Ob zu Fuß, zu Pferd, mit der Kutsche oder der Eisenbahn, dem Automobil, dem Schiff, dem Flugzeug gereist wird, immer zeigt sich die Welt anders, gibt einen anderen Ausschnitt preis, läßt nur diese oder jene Perspektive zu.

Die ursprünglichste Fortbewegung geschieht zu Fuß. Wenn im Jahre 1832 in Leipzig ein Reisehandbuch erscheint unter dem Titel: ‚Der Fußreisende, oder was man hat zu thun, um angenehm, nützlich, bequem und sicher reisen zu können‘, ergibt sich daraus, daß Fußwanderungen als eine Reisemöglichkeit betrachtet wurden und in jüngster Zeit – sicher nicht unbeeinflußt vom romantischen Lebensgefühl – zunehmend beliebter geworden sind. Auch andere Reisebücher enthalten praktische Ratschläge für Wanderer. Zu bequemer Kleidung, einem Überhang aus wasserdichtem Material, das gegen Regen und Staub auf sommerlichen Straßen schützen soll, wird geraten. Dazu werden ausgetretene, mit Stahlstiften beschlagene Schuhe empfohlen. Neben Tips, um gegen Räuber bestehen zu können, findet sich noch ein Rat für besondere Gelegenheiten: Mitzunehmen ist auch „ein simpler Frack, um an Orten, wo man sich umsehen oder verweilen will, anständig gekleidet zu erscheinen".[27]

Die Erfahrung einer Fußwanderung hat Johann Gottfried Seume beschrieben in seinem ‚Spaziergang nach Syrakus‘, zu dem er im Jahre 1801 aufbrach. Seine Route führte von Leipzig über Wien, Laibach, Venedig, Rom und Neapel nach Syrakus und wieder zurück über Mailand, Zürich und Paris – eine gewaltige Strecke, die Seume mit ganz geringen Ausnahmen zu Fuß bewältigte. Er war kein empfindsamer Bildungsreisender, der in Italien nach ästhetischen Erlebnissen suchte, aber indem er mit wachen Augen dieses Land durchstreifte, Land und Leute beobachtete und seine Beobachtungen reflektierte, wurde er gebildet. Ehedem vom hessischen Landgrafen nach Kanada verkauft und auf abenteuerliche Weise zurückgekehrt, ging er mit anderen Begriffen, wohl auch mit klarerem Engagement auf seine Italienreise als ein junger Mann, der seine klassischen Studien abschloß. Als er seinen Tornister aus Seehundsfell anschnallte und nach seinem schweren Knotenstock griff, bat er in seinem Reisegebet nicht nur, „daß der Himmel mir geben möchte billige, freundliche Wirte und höfliche Torschreiber von

Leipzig bis nach Syrakus und zurück", sondern auch „daß er mich
behüten möchte vor den Händen der monarchischen und demagogi-
schen Völkerbeglücker, die mit gleicher Despotie uns schlichten Menschen ihr System in die Nase heften, wie der Samojete seinen Tieren
den Ring."²⁸ Sein Gebet wurde erhört, zumindest kehrte er nach manchen Abenteuern, die er kurzweilig schildert, wohlbehalten zurück.
Seine Wanderungen – dieses lange, teilweise mühsame Gehen in fremden Räumen – erschließen ihm eine neue Welt, in der er zwar die vielen, von Italienbegeisterten beschriebenen Wunderwerke anschaut und
seinerseits bewundert, aber doch auf eine eigene Weise erfährt. Auf
Sizilien etwa ist es für ihn, als Fremden, angesichts des wenig ausgebau-
ten Wegenetzes trotz genauer Planung schwer, auf direktem Weg nach
Syrakus zu gelangen. Dafür aber erschließt sich ihm eine urtümliche
Landschaft, die er nicht erwarten konnte. „Aber kaum war ich ein
Stündchen gegangen, als ich in einem ziemlich großen Wald perennie-
render Eichen kam, wo ich alle Spur verlor, einige Stunden in Felsen
und Bergschluchten herumlief, bis ich mich endlich nur mit Schwierigkeit wieder links orientierte, indem ich den Gesichtspunkt nach einer
hohen Felsenspitze nahm."²⁹ So sehr ihm das Wandern über die unaus-
getretenen Pfade auch die Landschaft erschließt, er verliert sich nicht
im romantischen Blick. Das ist ihm wohl auch nicht möglich „bei der
jetzigen ungeheuren Unordnung der Dinge".³⁰ Kritisch und mitleidend
beobachtet er den Hunger und die Armut der Bevölkerung: „... sie bet-
telten nicht, sondern standen mit der ganzen Schau ihres Elends nur
mit Blicken flehend in stummer Erwartung an der Türe. Erst küßte
man das Brot, das ich gab, und dann meine Hand. Ich blickte fluchend
rund um mich her über den reichen Boden, und hätte in diesem Augenblicke alle sizilische Barone und Äbte mit den Ministern an ihrer Spitze
ohne Barmherzigkeit vor die Kartätsche stellen können. Es ist heillos."³¹
Aber kein Aufbegehren, eher „fromme Eselsgeduld".

Seume, der Wanderer, hatte zu Beginn des 19. Jahrhunderts nicht
allein einen geographischen Raum durchmessen, sondern sich Welt als
gesellschaftlichen Kosmos kritisch angeeignet. Ganz anders die Reiseerfahrung bei dem noch bis zur Mitte des 19. Jahrhunderts gängigsten
Verkehrsmittel: der Postkutsche. Sie ermöglicht den Menschen das Reisen, die große Strecken weder zu Fuß noch zu Pferde bewältigen konnten. Aber erst als im 18. Jahrhundert die technischen Voraussetzungen
für eine bessere Federung der Wagen erfüllt waren, war Reisen älteren
Menschen, Frauen und Kindern tatsächlich möglich. Die meisten Kutschen wurden als Berlinen gebaut. Quer zur Fahrtrichtung waren zwei
Sitzbänke für jeweils drei Passagiere eingelassen, die sich gegenüber
saßen. Man konnte durch zwei an den Seiten angeordnete Türen ein-

steigen, die im oberen Teil Fenster hatten. Sie waren mit Ledervorhän-
gen verdeckt, die aufgerollt und zurückgeschlagen werden konnten. So
praktisch die Postkutsche zur Beförderung sein mochte, so wenig war
sie geeignet, die Reise selbst als Welterfahrung zu erleben. Das Ziel
allein war wichtig. Die Unbequemlichkeit der Postkutschenfahrt auf
den holprigen Straßen mit ihren Gefahren machte die Reise zu einem
oft unwillkommenen Abenteuer. So berichtet Johanna Schopenhauer
von einer Fahrt durch Westfalen: „Schritt für Schritt krochen die
Pferde vorwärts, bis endlich unser Wagen es müde wurde. Ein heftiger
Stoß, ein lauter Krach, und da lagen wir, mit einer gebrochenen Achse
bei einbrechender Nacht und heftig strömendem Regen mitten im
Wege."[32] Andere Reisebeschreibungen bestätigen ihren Bericht: Offenbar gehörten zur Biedermeierzeit gebrochene Deichseln und Räder,
gestürzte Pferde, umgeworfene Kutschen zum Reisealltag.

Zum anderen boten die Postkutschen wenig Aussicht. Man nahm die
Außenwelt kaum wahr, sondern war auf die enge Welt der Mitreisenden beschränkt. Zwar gab es englische Wagenmodelle, die über ein
erhöhtes und vorne offenes Kabriolett verfügten, aber in der Regel
waren diese Plätze besonders im Winter sehr kalt und zudem nur über
Tritte und Treppchen erreichbar. So saßen die Reisenden lieber im
Innern des Wagens und warteten das Ende ihrer Reise ab.[33] Hinzu kam,
daß Wohlhabende einen Privatwagen der Ordinari-Post vorzogen, denn,
wie der Aufklärer Friedrich Nicolai in seiner Reisebeschreibung 1783
erklärte: „Auf einer großen Reise ist ein bequemer Reisewagen, was im
menschlichen Leben eine bequeme Wohnung ist."[34] Zu der verhängten
Sicht auf die Außenwelt trat soziale Abkapselung.

Nicolai hatte freilich die Wahl eines privaten Reisewagens nicht
allein mit seinen Annehmlichkeiten begründet, sondern mit der größeren Flexibilität in der Reiseplanung. „Wenn man mit der ordinären Post
reiset, so muß man seinen Weg nach dem Weg derselben, und seinen
Aufenthalt an jedem Ort nach dem Abgange derselben abmessen."[35]
Individuelle Reiseentwürfe, besonders wenn sie mit Geschäftsinteressen
gekoppelt waren, waren schwer in den allgemeinen Fahrplan einzufügen. Nicolai bediente sich daher der Extrapost.

Das heißt aber: Je mehr sich die bürgerliche Gesellschaft mit ihren
Leistungsnormen durchsetzt, wird die Schnelligkeit der Beförderung
allein wichtig. Nicht die Muße, das ruhige Sich-einlassen auf eine
fremde Welt zählen, sondern die rasche problemlose Fahrt zwischen
zwei Zielpunkten. Folgerichtig entwickelt die Post ein neues Verkehrs-
prinzip, das Preußen unter der Bezeichnung „Schnellpost", die übrigen
Länder als „Eilwagen" einführen. Die Ausstattung und Bequemlichkeit
der Wagen wurden verbessert, die Fahrtzeit wurde verringert, die

Pünktlichkeit kontrolliert. Der Fortschritt war unverkennbar und offenbar unaufhaltsam. „Die Reise von Berlin hier her (Paris) ist jetzt mit einer Schnelligkeit möglich", schrieb ein Reisender 1843, „welche die Eindrücke derselben fast der unbestimmten Verworrenheit eines Traumes gleichmacht." Und er schließt mit einem kritischen Vergleich: „Wer da reist, um Eindrücke zu empfangen, wird deren auf kurzen Strecken, langsam (z. B. zu Fuß oder zu Pferde) zurückgelegt, zuverlässig mehr gewinnen, als auf langen durchflogenen, besonders da sich zur Flüchtigkeit der Bilder, in gleichem Maaße die Übersättigung daran gesellt."[36]

Der Eindruck, mit dem Gewinn an Schnelligkeit etwas eingebüßt zu haben, was zuvor das Reiseerlebnis ausgezeichnet hatte, vertiefte sich, als die Eisenbahn eingeführt und zum vorherrschenden Vehikel der Landreisen geworden war. „Wenn wir in der alten Postkutsche saßen, brauchten wir zur Feststellung der Geschwindigkeit keinen Beleg außer uns selbst ... Die lebendige Erfahrung unserer Sinne ließ keinen Zweifel über unsere Geschwindigkeit zu; wir hörten die Geschwindigkeit, wir sahen sie, wir spürten sie als Erregungszustand; diese Geschwindigkeit war nicht das Produkt blinder und empfindungsloser Kräfte, die in keinem Einklang mit uns standen, sondern sie lebte in den feuerigen Augen des edelsten Tieres, in seinen erweiterten Nüstern, seinem Muskelspiel, seinen donnernden Hufen."[37]

Diesem nostalgischen Rückblick trat die Euphorie derer gegenüber, die den Fortschritt des neuen Mediums begrüßten. Eine junge Frau, die mit einer kleinen Gruppe an einer Probefahrt der ersten von C. Stephenson gebauten noch offenen Dampfwagen in England teilgenommen hatte, berichtete begeistert: „Es läßt sich kaum sagen, was man empfindet, wenn man dem Pfeile gleich die Luft durchschneidet; dabei ist die Bewegung völlig gleichmäßig – man könnte ohne Schwierigkeit lesen oder schreiben. Ich erhob mich, die Haare im Wind und konnte kaum genug der frischen Luft bekommen. Auch als ich meine Augen schloß, meinte ich zu fliegen – ein herrliches Gefühl, seltsam und kaum zu beschreiben. Ungewohnt schien dies alles, doch wähnte ich mich sicher und war frei von jeder Furcht."[38]

Mit der Eisenbahn hatte – wie zuvor in der Dampfschiffahrt – die Industrialisierung des Reisens eingesetzt. Dampflokomotive, Räder, Wagen, Schienen – ein Inszenarium, das die Mechanisierung als Produkt der Industrialisierung symbolisierte. Als die erste Bahnlinie von Nürnberg nach Fürth 1835 feierlich eröffnet wurde, beschrieb der Korrespondent der ‚Stuttgarter Morgenblätter' den Dampfwagen, ohne doch, wie er sagte, das Prinzip seiner Bewegung enträtseln zu können. Dann aber kam der große Augenblick: „Der Wagenlenker ließ die Kraft des Dampfes nach und nach in Wirksamkeit treten. Aus dem Schlot fuhren nun die Dampfwolken in gewaltigen Stößen, die sich mit dem schnaubenden Ausatmen eines riesenhaften, antediluvianischen Stieres vergleichen lassen. Die Wagen waren dicht aneinander gekettet und fingen an, sich langsam zu bewegen; bald aber wiederholten sich die Ausatmungen des Schlotes immer schneller, und die Wagen rollten dahin, daß sie in wenigen Augenblicken den Augen der Nachschauenden entschwunden waren. Auch die Dampfwolke, welche lange noch den Weg, den jene genommen, bezeichnete, sank immer tiefer, bis sie auf dem Boden zu ruhen schien; die erste Festfahrt war in neun Minuten vollendet, und somit eine Strecke von 20 000 Fuß zurückgelegt."[39]

Bald verlor die Eisenbahn für die Menschen ihren fremdartigen, geradezu monströsen Charakter, aber wohl nie ihre Faszination. Während ihr technischer und ökonomischer Wert schnell erkannt und dessen weitere Verbesserung angestrebt wurde, blieb zunächst im Hintergrund, wie umwälzend die Eisenbahn das Bewußtsein und die Art der Wahrnehmung veränderte. Der Reisende spürte sich in die Bewegung des Zuges auf eine merkwürdige Weise einbezogen: Das rhythmische Wiegen und Rütteln der Bahnfahrt erregte Wünsche und Ängste. Die Vielfalt der Empfindungen und Eindrücke schienen überhand zu nehmen und eine Nervosität auszulösen, die der Geschwindigkeit der Zeit entsprach.[40] Am nachhaltigsten war wohl die veränderte Wahrnehmung des Raumes. Der Raum wird kleiner, die Entfernungen schrumpfen, neue Räume eröffnen sich. Der Mensch erkennt irritiert, wie seine bisherigen Vorstellungen und Begriffe schwanken. So empfand Heinrich Heine, als 1843 die Fahrverbindung von Paris nach Rouen und Orléans eröffnet wurde, „unheimliches Grauen, wie wir es immer empfinden, wenn das Ungeheuerste, das Unerhörteste geschieht, dessen Folgen unabsehbar und unberechenbar sind". Denn: „Welche Veränderungen müssen jetzt eintreten in unsrer Anschauungsweise und in unseren Vorstellungen! Sogar die Elementarbegriffe von Zeit und Raum sind schwankend geworden. Durch die Eisenbahnen wird der Raum getötet, und es bleibt uns nur noch die Zeit übrig." Die Schrumpfung des Raumes löste in ihm merkwürdige Empfindungen aus: „Mir ist, als kämen die Berge und Wälder aller Länder auf Paris angerückt. Ich rieche schon den Duft der deutschen Linden; vor meiner Tür brandet die Nordsee."[41]

Welcher Raum war es aber, den der Reisende im Zug wahrnahm? Erhielt er überhaupt ein Bild von der Landschaft? Die meisten Fahrgäste beklagten, wie wenig sie von der Welt aufnahmen, die sie im Zug durcheilten. Die Geschwindigkeit, mit der die Einzelheiten der Außenwelt – Wälder, Wiesen, Flüsse, Berge – vor dem Auge des Reisenden auftauchten und wieder verschwanden, verhinderten klare Eindrücke. Der Maler Ludwig Richter, der 1837 zum erstenmal eine Eisenbahnfahrt unternommen hatte, urteilte: „Bäume und Felder sausten wie ein Wassersturz vorüber. Nahe Gegenstände konnte man nicht erkennen, der fernere Horizont allein verschob sich langsamer."⁴² Damit hatte er eine wichtige Beobachtung gemacht, die auch von anderen Reisenden bemerkt und später reflektiert wurde: Der Blick aus dem Abteilfenster erfaßte den Vordergrund nicht, konnte auch wegen der Flüchtigkeit der Bewegung keine Einzelheiten festhalten, sondern er gewann nur einen Überblick. Wolfgang Schivelbusch hat diese Sicht des Eisenbahnreisenden als panoramatischen Blick gekennzeichnet, der eine Welt ohne Tiefendimension, eben nur noch ein „Panorama" wahrnimmt.⁴³

Dennoch tritt der Reisende, der aus seinem Abteilfenster schaut, in einen Zusammenhang zur Szenerie der Landschaft, die sich vor seinem Auge abspielt: sei es, daß er von irgendwelchen Einzelheiten, die er auffaßt, zeichenhaft an etwas erinnert wird, das er träumerisch weiterverfolgt, sei es, daß er die Bilder seines Bewußtseins auf die Welt draußen überträgt und in ihr erfreut wiedererkennt, was er vorher schon wußte. Dieser zweiten Sicht folgte August Strindberg, als er 1885 feststellte: „Es ist ein Aberglaube geworden, daß man vom Zugfenster aus nichts sieht. Wahr ist, daß ein uninteressiertes Auge nur eine Hecke und eine Reihe Telegraphenpfähle erblickt. Nachdem ich mich aber drei Jahre geübt habe, habe ich vom Kupeefenster aus Landschaften, Flora, Bauernhäuser, Werkzeuge . . . ‚referiert' und gezeichnet."⁴⁴

Die Erfahrungen der Reisenden waren nicht unbeeinflußt von der Situation im Abteil, die sie vorfanden. Der Zug enthielt vier Klassen von Waggons unterschiedlicher Ausstattung: In der frühen Zeit der Eisenbahn waren die Wagen erster Klasse dem Vorbild der Postkutschen nachgebaut. Das Abteil hat zu beiden Seiten Türen mit Fenstern. Bänke mit bequemer, weicher Polsterung und Rückenlehnen dienen dem Komfort der Reisenden. Sehr anders sah die Situation für die Reisenden der dritten und vierten Klasse aus. Sie wurden in eine Art Güterwagen eingepfercht, die bisweilen nicht einmal über Sitzplätze verfügten und wenn doch, so handelte es sich um harte Holzbänke. Aber auch die Reisenden der Luxusklasse waren unzufrieden. Sie klagten über ihre Isolation während der Fahrt. Aus Sicherheitsgründen wurden die Abteile häufig vom Schaffner von außen verschlossen, und die Reisenden litten bisweilen an dieser Abgeschlossenheit von der Außenwelt, zumal sie auf Gedeih und Verderb auf ihre Mitreisenden angewiesen waren. Gelegentliche Kriminalfälle waren nicht dazu angetan, solche Ängste zu mindern.

Die Literatur hat freilich eher den Komfort und die Annehmlichkeiten des Reisenden geschildert, der sich, allein im Abteil, zufrieden mit sich und der Welt, von der Eisenbahn durch den Raum gleiten läßt. „Ich reise gern mit Komfort . . .," bekennt der Ich-Erzähler in Thomas Manns Erzählung ‚Das Eisenbahnunglück'. „Ich benützte also den Schlafwagen, hatte mir tags zuvor ein Abteil erster Klasse gesichert und war geborgen." Nachdem sich der Zug in Bewegung gesetzt hat, zieht sich der Erzähler in sein Schlafwagenabteil zurück. „Das Sofa ist mit seidigem lachsfarbenen Stoff überzogen, auf dem Klapptischchen steht der Aschenbecher, das Gas brennt hell. Und rauchend las ich." Später zieht er sich zum Schlafen in das eigentliche Schlafkabinett zurück: „Ein richtiges, luxuriöses Schlafzimmerchen, mit gepreßter Ledertapete, mit Kleiderhaken und vernickeltem Waschbecken. Das untere Bett ist schneeig bereitet, die Decke einladend zurückgeschlagen. Oh große Neuzeit! denke ich. Man legt sich in dieses Bett wie zu Hause, es bebt ein wenig die Nacht hindurch, und das hat zur Folge, daß man am Morgen in Dresden ist."[45] Auch bei einer Reise am Tage sind die Reisenden meist mit sich selbst beschäftigt. Die Reiselektüre hilft, die lange Reisezeit zu überbrücken, oder man döst träumend vor sich hin, wenn nicht der gleichmäßige Rhythmus der Zugbewegung den Fahrenden in den Schlaf wiegt. Neuerdings ist der Walkman als Zugbegleiter des Reisenden hinzugetreten, der diesem ein individuelles Programm aus Musik und Unterhaltung ermöglicht.

Eine solche private Abschottung war in den großräumigen Wagen der dritten und vierten Klasse, in denen sich so viele Reisende drängten, nicht möglich. Zweifellos hat diese Situation viel mehr die Kommunikation unter den Reisenden gefördert oder gar erzwungen, als es in der komfortablen Ruhe der oberen Klasse notwendig oder auch geboten war. „Wie oft . . . habe ich . . . die Reisenden der dritten und vierten Klasse beneidet, aus deren stark besetzten Wagen fröhliches Gespräch und Lachen bis in die Langeweile meiner Isolirzelle hineinklang", klagt ein Reisender am Ende des 19. Jahrhunderts.[46]

Sicherlich gibt es keinen Anlaß, die „ungebrochene Kommunikation" (W. Schivelbusch) des proletarischen Reisepublikums nostalgisch zu verklären und der angeblichen Langeweile des einsamen Lesers im Polster der ersten Klasse gegenüberzustellen. Es gibt wechselnde Situationen mit wechselnden Bedürfnissen, denen der Wunsch nach Einsamkeit und der Wunsch nach Geselligkeit entsprechen. Was sich verändert hat, sind die Bedingungen, sich nach den jeweiligen Bedürfnissen zu verhalten. So bieten heute die modernen Großraumwagen, unabhängig von der Wagenklasse, die technischen Voraussetzungen dafür, die Sitze so einzustellen, daß man sich zu Gesprächen einander zuwenden oder aber mit sich selbst beschäftigen kann. Sie stellen die Bedingungen für einen modernen Lebensstil, beschreiben ihn aber nicht. Darin ähneln sie den Bahnhöfen, die ganz unterschiedliche Formen der Kommunikation erlauben, wie sie Jürgen Habermas beschreibt: „Die Bahnhöfe sind charakteristische Orte für ebenso dichte und abwechslungsreiche wie anonyme und flüchtige Kontakte, also für jenen Typus der reizüberflutenden, aber bewegungsarmen Interaktionen, die das Lebensgefühl der großen Städte prägen sollten."[47]

Konkurrenz erhielt die Eisenbahn im 20. Jahrhundert durch ein neues Fahrzeug, dessen Siegeszug bis heute ungebrochen ist: das Automobil. Wie sehr es in seiner Frühzeit, als noch sehr wenige ein Auto fuhren, gegen die Eisenbahn ausgespielt wurde, zeigt ‚Eine empfindsame Reise im Automobil von Berlin nach Sorrent und zurück an den Rhein' von Otto Julius Bierbaum aus dem Jahre 1903. Er hatte diese Reise mit seiner Frau und einem Chauffeur in einem geliehenen Adler-Phaêton, Baujahr 1902, unternommen, einem Automobil mit einem einzylindrigen Motor, der acht PS leistete. Was einst die Vorzüge der Eisenbahn begründet hatte – ihre schnelle Beförderung zu festgesetzten Zeiten –, wurde nun gegen sie gekehrt. „Die Eisenbahn spannt uns in den Fahrplan, macht uns zu Gefangenen des Reglements, sperrt uns in einen Käfig, den wir nicht einmal öffnen, geschweige denn verlassen dürfen, wenn wir wollen. Zwischen Telegraphendrähten, die wie Symbole dieser Umspinnung unserer persönlichen Freiheit sind, werden wir in einem Tempo, das jede Augenweide unmöglich macht, dahin geschleppt, nicht von einem Ort, sondern von einem Bahnhof zum anderen."[48] Das Automobil ist in allen Gesichtspunkten das Gegenteil: es folgt den individuellen Bedürfnissen der Autoreisenden. „Der Sinn des Automobils ist Freiheit, Besonnenheit, Selbstzucht, Behagen. In ihm lebt die Reisekutsche mit all ihrer Fülle von Poesie wieder auf, nur unendlich bereichert um köstliche Möglichkeiten des intensiveren und gleichzeitig erweiterten Genusses."[49]

Eine so weite Reise im Wagen mit dieser technischen Ausstattung war sicher auch eine sportliche Leistung, aber als solche wollte sie der Autor keineswegs verstanden wissen. Das Automobil, dem er programmatisch den deutschen Ausdruck „Laufwagen" gab, sollte nichts weiter sein als ein Medium intensiverer Reiseerfahrung. Im offenen Wagen ist der Reisende Luft und Sonne ausgesetzt und kann in Ruhe die Landschaft auf sich wirken lassen. Er empfindet das leise Vibrieren des Wagens angenehm und jubelt, wenn das Auto endlich einmal über glatte Straßen fahren kann – „eine wahre Laufwagenlust". Bei einem steileren Anstieg verließen die Insassen den Wagen, überließen ihn dem Chauffeur und gingen lieber zu Fuß, „den Wagen um unser Gewicht zu erleichtern".[50] Trotz aller Merkwürdigkeiten aus der Frühphase des

Autofahrens, trotz der Idealisierung seines „Laufwagens", die uns heute naiv erscheint, wird ein Lebensgefühl durch eine Reiseerfahrung beschrieben, das vielleicht auch dem heutigen Reisenden nicht fremd ist: „Alle Lebenskräfte sind aufgewacht, alles Verhockte, Verstockte, Faule, Grämliche ist weggeblasen, alle guten Geister der Kraft und Gesundheit sind mobil. Bewegung, Kraft- und Saftumsatz, Rhythmus und Raumüberwindung – das hat's getan. Wer die Wollust dieses Dahinrollens kennt, ersehnt sich nicht mehr die Kunst des Fliegens."[51]

Auch wenn heutige Autofahrten oft einen anderen Verlauf nehmen als Bierbaums beschauliche „Reisekur" von 1903 – mit Begleiterscheinungen wie Staus auf den Autobahnen, Benzingestank, Verpestung der Umwelt –, auch der heutige Reisende hat wie damals Bierbaum den Eindruck, seine Reise ganz nach seinen individuellen Bedürfnissen und Plänen zu gestalten, auch wenn er nicht so schnell wie gedacht vorankommt, weil viele andere offenbar denselben individuellen Bedürfnissen und Plänen folgen.

Vom Badekarren zum Strandkorb

So wie die Berge von Alpinisten bezwungen wurden, wurde auch das Meer touristisch vereinnahmt. Berge und Meer wurden zu beliebten Reisezielen. In beiden Fällen wurde das Elementare der Naturkräfte als faszinierend empfunden. Die Wildheit und kraftvolle Ungezähmtheit des Meeres erweckte romantische Empfindungen. In England hatte der Adel das Seebad entdeckt. Das Bürgertum folgte ihm. Deutsche, die die Annehmlichkeiten des Meerbadens in Brighton oder Margate kennengelernt hatten, propagierten den Meeraufenthalt auch in Deutschland. Einer der bekanntesten unter ihnen war der Göttinger Wissenschaftler und Schriftsteller Georg Christoph Lichtenberg, der schon 1793 im ‚Göttinger Taschen-Kalender' gefragt hatte: „Warum hat Deutschland noch kein großes öffentliches Seebad?" Er schildert den „unbeschreiblichen Reiz", den ein Aufenthalt am Meer auf den Reisenden ausübt. „Der Anblick der Meereswogen, ihr Leuchten und das Rollen ihres Donners, der sich auch in den Sommermonaten zuweilen hören läßt, gegen welchen der hochgepriesene Rheinfall wohl bloßer Waschbecken-Tumult ist; die großen Phänomene der Ebbe und Flut, deren Beobachtung immer beschäftiget ohne zu ermüden; die Betrachtung, daß die Welle, die jetzt hier meinen Fuß benetzt, ununterbrochen mit der zusammenhängt, die Otaheite (Tahiti) und China bespült, und die große Heerstraße um die Welt ausmachen hilft; und der Gedanke, dieses sind die Gewässer, denen unsere bewohnte Erdkruste ihre Form zu verdanken hat, nunmehr von der Vorsehung in die Grenzen zurück gerufen,

– alles dieses, sage ich, wirkt auf den gefühlvollen Menschen mit einer Macht, mit der sich nichts in der Natur vergleichen läßt, als etwa der Anblick des gestirnten Himmels in einer heitern Winternacht. Man muß kommen, sehen und hören."⁵²

Um Spaziergänge am Meer zu ermöglichen, wurden in den ehemaligen Fischerdörfern, die sich allmählich zu Seebädern entwickelten, Strandpromenaden ausgebaut und Gehwege direkt am Meer angelegt, die zunächst nur aus Holzbohlen bestanden.

Das Bad im Meer wurde ganz unter therapeutischen Gesichtspunkten betrachtet. Nicht das Schwimmen, das Eintauchen ins Meerwasser stand im Vordergrund. Die komplizierte, aber durchdachte Prozedur vom Badekarren aus beschreibt Lichtenberg genau und anschaulich: „Man besteigt ein zweirädriges Fuhrwerk, einen Karren, der ein von Brettern zusammengeschlagnes Häuschen trägt, das zu beiden Seiten mit Bänken versehen ist. Dieses Häuschen, das einem sehr geräumigen Schäferkarren nicht unähnlich sieht, hat zwei Türen, eine gegen das Pferd und den davorsitzenden Fuhrmann zu, die andere nach hinten. Ein solches Häuschen faßt vier bis sechs Personen, die sich kennen, recht bequem, und selbst mit Spielraum, wo er nötig ist. An die hintere Seite ist eine Art von Zelt befestigt, das wie ein Reifrock aufgezogen und herabgelassen werden kann. Wenn dieses Fuhrwerk, das an den Badorten eine Maschine heißt, auf dem Trocknen in Ruhe steht, so ist der Reifrock etwas aufgezogen, vermittelst eines Seils, das unter dem Dach des Kastens weg nach dem Fuhrmanne hingeht. An der hintern Tür findet sich eine schwebende aber sehr feste Treppe, die den Boden nicht ganz berührt. Über diese Treppe ist ein frei hängendes Seil befestigt, das bis an die Erde reicht und den Personen zur Unterstützung dient, die, ohne schwimmen zu können, untertauchen wollen, oder sich sonst fürchten. In dieses Häuschen steigt man nun, und während der Fuhrmann nach der See fährt, kleidet man sich aus. An Ort und Stelle, die der Fuhrmann sehr richtig zu treffen weiß, indem er das Maß für die gehörige Tiefe am Pferd nimmt, und es bei Ebbe und Flut, wenn man lange verweilt, durch Fortfahren oder Hufen immer hält, läßt er das Zelt nieder. Wenn also der ausgekleidete Badgast alsdann die hintere Tür öffnet, so findet er ein sehr schönes dichtes leinenes Zelt, dessen Boden die See ist, in welche die Treppe führt. Man faßt mit beiden Händen das Seil und steigt hinab. Wer untertauchen will, hält den Strick fest und fällt auf ein Knie, wie die Soldaten beim Feuern im ersten Gliede, steigt alsdann wieder heraus, kleidet sich bei der Rückreise wieder an usw. Es gehört für den Arzt zu bestimmen, wie lange man diesem Vergnügen (denn dieses ist es in sehr hohem Grade), nachhängen darf. Nach meinem Gefühl, war es vollkommen hinreichend, drei bis viermal kurz hintereinander im ersten Gliede zu feuern, und dann auf die Rückreise zu denken."[53]

Diese ausgetüftelte Methode diente unter anderem dazu, den Baden-den vor den Blicken anderer zu schützen, denn man badete nackt, weil man von der unmittelbaren Berührung des Körpers mit dem Meerwas-ser den größten therapeutischen Nutzen erwartete. Diesen Empfehlun-gen der Badeärzte folgte man aber bald nicht mehr. Während das Nacktbaden am Ende des 18. Jahrhunderts kein großes Problem darge-stellt hatte, erstickte die Prüderie des 19. Jahrhunderts jede weitere Dis-kussion darüber. Die Badegäste verbrachten zunächst ihren Strandauf-enthalt in ihrer üblichen Straßenbekleidung. Erst allmählich setzten sich Badekostüme durch, die den Körper vollständig bedeckten. Gebadet wurde, nach Geschlechtern getrennt, in abgeteilten Herren- und Damenbadeanstalten, bekleidet in schwarzen hochgeschlossenen Bade-kostümen. Die Einrichtung von Familienbädern (auf Sylt 1902) galt geradezu als etwas Revolutionäres und wurde für Kampen einige Jahre später mit der „Konzentration des Rettungspersonals und der Ret-tungseinrichtungen", aber auch mit dem „ausdrücklichen Wunsch der Mehrheit unserer bisherigen Badegäste" begründet.[54] Die Lebensre-formbewegung zu Beginn des 20. Jahrhunderts nahm die Anregungen zur freien Körperbewegung im Meer und so auch zum Nacktbaden wieder auf. Nach dem Ersten Weltkrieg wurde an der Nordsee, so in einem Dünengebiet auf der Insel Sylt, nackt gebadet, aber lange blieb diese Form des Badens auf die Anhänger der Freikörperkultur und die Nudistenverbände eingeschränkt. Heute hat das Nacktbaden seine Sek-tenhaftigkeit verloren und ist allgemein akzeptiert. An den Stränden sind spezielle Abschnitte als FKK-Strand reserviert, und die Übergänge zwischen den einzelnen Stränden sind fließend.

Die Seebäder entwickelten sich im 19. Jahrhundert rasch. Der Ausbau des Eisenbahnnetzes trug zu dieser Entwicklung bei. Nord- und Ostsee wurden nun zunächst für den Adel (der aber dem nachdrängenden Touristenstrom an ausländische Küsten, vor allem an die Côte d'Azur auswich) und für das Bürgertum leicht erreichbar. Kurhäuser, Hotels, Konzerthäuser, Spielbanken entstanden, um den Gästen attraktive Annehmlichkeiten zu bieten. Für diejenigen aber, die sich gerne an die am Meer verbrachten Kindheitsferien erinnern, war das Strandleben am wichtigsten. Strandkörbe, Spielen im Sand, der Bau von Burgen waren integrierte Bestandteile aller Ferien am Meer. Seit etwa 1920 wurde das Sonnenbaden modern und veränderte einschneidend das Verhalten der erwachsenen Feriengäste. Den Anstoß dazu gaben Ärzte, die auf die heilsame Wirkung des Sonnenbadens hinwiesen. Aber vermutlich wären ihre Anregungen nicht so bereitwillig aufgegriffen worden, wenn sie

sich nicht günstig in die gesellschaftlichen Veränderungen der Zeit ein-
gefügt hätten. Bisher nämlich hatte Blässe als vornehm gegolten. Sie
bewies, daß man nicht im Freien arbeiten mußte und der Sonne ausgesetzt war. Nun aber hatte die Zahl der Angestellten, die in geschlossenen Räumen arbeiten mußten, so zugenommen, daß – wenn man Wert
auf äußere Unterscheidungen legte – andere Kriterien wichtiger wurden. Nun bewies die sonnengebräunte Haut, daß man Ferien in der
Sonne verbracht hatte, und wurde zum Ausweis neuer Privilegierung.[55]

Der starke Ausbau der Seebäder veränderte ihren ursprünglichen
Charakter und gefährdete ihre natürliche Schönheit, den Strand, die
Dünen, ihre Steil- und Flachküsten. Früh fanden sich einzelne Warner,
die zum Schutz der Natur aufriefen, wie Ferdinand Avenarius, der, aus
der Jugendbewegung kommend, sein Haus in Kampen auf Sylt zu
einem Zentrum künstlerischer Kommunikation machte und die Identi-
tät der Insel retten wollte. Ein „Verein Naturschutz Insel Sylt e. V."
sollte die Zerstörung der Insel verhindern. Einer seiner Mitstreiter,
Knud Ahlborn, kämpfte in den zwanziger Jahren gegen die Zersiedelung der Insel und für die Erhaltung der Heidehochfläche, die „besonders zur Zeit der Blüte mit ihren zauberhaften Blütenflächen und ihrem
Honigduft das Entzücken aller von Naturwerten berührbaren Sommer-
gäste des Nordseebades Kampen" sei.[56]

Die Zersiedelung der Inseln ist trotz aller Mahnungen bis heute weit
fortgeschritten, wahre Betonburgen sind errichtet worden, um möglichst große Kapazität bereitstellen zu können und damit dem Zeichen
der Modernität, wie es sich in den fünfziger Jahren darstellte, zu genügen. Sind diese Bauwut und Zerstörungslust inzwischen zu einem Ende
gekommen? Die Entwicklung ist noch nicht genau abzusehen. Einerseits
findet der Gedanke des Umweltschutzes in der letzten Zeit mehr Gehör,
zumal die zerstörerischen Folgen der gefährlichen Fehlentwicklung
offensichtlich sind, andererseits hat die inzwischen erreichte Überkapa-
zität des Angebots zu Verdiensteinbußen geführt. Möglicherweise wird
dieser kommerzielle Gesichtspunkt ein Einlenken bewirken.

Die Ferienzentren an der schleswig-holsteinischen Küste sind ein illu-
stratives Beispiel für gegenwärtige Tendenzen des Badetourismus in der
Bundesrepublik. Hier sind mit staatlicher Unterstützung große Ferienzentren entstanden, die die bisherige mittelständisch geprägte Touris-
musstruktur völlig verändert haben. Der Fremdenverkehr wird nun
weitgehend von kapitalkräftigen Großkonzernen beherrscht. Während
der kritische Betrachter die künstliche Betonatmosphäre angewidert
ablehnt,[57] geben Umfragen unter den Feriengästen ein anderes, interes-
santes Bild.[58] Die meisten Gäste waren mit ihrem Urlaub sehr zufrieden.
Der Ferienort mit seinen Angeboten war lediglich ein Rahmen, inner-

halb dessen die Reisenden, meist Familien, ihren eigenen Wünschen nachgingen. Sie freuten sich der Ungebundenheit ihrer Ferienexistenz, wollten schlafen, spazierengehen, am Strand liegen, Bücher lesen. Die Außenwelt war ihnen nicht so wichtig, Kontakte nach draußen, neue Bekanntschaften suchten sie nicht. Sie freuten sich, mehr Zeit für den Partner zu haben und mit ihren Kindern spielen zu können. Individualisten sind es wohl, die außerhalb der eigentlichen Saison ans Meer fahren und an leeren Stränden sich zu erinnern suchen, was der Anblick des Meeres einmal bedeutet hat.

Sommerfrische

Lange Zeit blieben große Ferienreisen mit längeren Aufenthalten am Meer auf begüterte Familien beschränkt. Gegen Ende des 19. Jahrhunderts waren es zunächst die Beamten und Angestellten, denen Urlaub gewährt wurde. Ihre begrenzten finanziellen Mittel erlaubten ihnen keine große Ferienreise. Sie schufen sich statt dessen eine deutsche Form der Erholung, die Sommerfrische. Schon das Wort hat einen bestimmten Klang, der diese Ferien charakterisiert: Sie wurden in frischer Luft verbracht, meist in ländlichen Gebieten bei einfacher, karger Lebensführung. Die geringen Mittel für die Ferienreise begrenzten die Reisevorhaben, aber diese Voraussetzung wurde positiv gewendet: Die Ferien sollten als Gegenwelt zur Arbeitswelt gelebt werden und daher naturnah, ländlich und stadtfern, einfach und gesund verbracht werden. Beliebte Reiseziele waren die deutschen Mittelgebirge: Harz, Thüringer Wald, Sächsische Schweiz und Riesengebirge, die den Vorzug hatten, nicht allzu weit von den städtischen Regionen entfernt und leicht mit der Eisenbahn erreichbar zu sein.

Die autobiographische Literatur enthält viele glückliche Erinnerungen an solche Kindheitsferien. Schon die großen Gepäckstücke, Körbe und Koffer, waren glückverheißende Vorboten wie „unsere mächtigen Schließkörbe aus dickem Weidengeflecht, innen völlig mit Wachstuch ausgeschlagen, durch eine Eisenstange mit Vorhängeschlössern gesichert". Dann fuhr man mit der Eisenbahn, für die Kinder ein ungewohntes und daher um so herrlicheres Abenteuer, und mußte meist von der letzten Bahnstation abgeholt und eventuell mit einem Pferdefuhrwerk zum Ferienziel gebracht werden. Dieses Ferienziel war sehr oft das Dorf mit der ländlichen Verwandtschaft, aus der die Familie stammte. Die Ferien bei den Großeltern zu verbringen, das bedeutete auch, die Familienbeziehungen nicht abreißen zu lassen und den Kindern die Erfahrung des ländlichen Lebens ihrer Vorfahren näherzubringen. Die Sommerferien auf dem Lande wurden zum festen Bestandteil des kindlichen Lebens. Aber auch dort, wo keine familiären Bindungen vorhanden waren, erlebten die Kinder ihre Ferien in einer Kontinuität. Die meisten Sommerfrischler kehrten immer wieder an denselben Ferienort zurück und entwickelten enge Beziehungen zu ihren Wirtsleuten. Die Gasthöfe und Pensionen hatten freundliche Namen, wie „Haus Erika" oder „Pension Immerruh". Glückliche Kindheitserinnerungen beziehen sich auf den „Goldenen Stern":

„Es war eines jener behäbigen, dunklen, nahrhaft duftenden, uralten Gasthäuser, wie es sie noch ab und zu in kleinen Landstädten gibt: Posthalterei, Umspann, Brauerei, alles auf enger Scholle beieinander. Die Gastzimmer hatten breite Betten und riesige Federkissen, in denen man beinahe versank, mattgoldene Wandspiegel, deren Glas schon ein wenig blind war, geschweifte Tische mit Plüschdecken und mächtigen geschliffenen Wasserkaraffen. Im Honoratiorenzimmer saßen abends die älteren Herren, Ärzte, Apotheker, höhere Beamte vom Landratsamt und schöppelten den einheimischen Glanwein, der im Großhandel keine eigene Marke war, sondern mit den bekannten Mosel-Saar-Ruwer-Sorten gleichsam zusammenströmte. Viele Stallungen und Remisengebäude ringsum, das Ganze begrenzt und eingebaut in die alte, vieltürmige Mauer, die noch das Städtchen umhegte, überall Gewinkel und Gewirr, wohlvertraut und doch immer wieder neu: unser Kindheitsparadies für die nächsten Wochen."[59]

Die organisierte Freizeit: „Kraft durch Freude"

Die Sommerfrische war ein individuelles und einfaches Ferienvergnügen gewesen. Dennoch waren Arbeiter in den zwanziger Jahren mehr oder minder vom Tourismus ausgeschlossen. Zwar enthielten die meisten Tarifverträge auch Urlaubsregelungen für Arbeiter, aber viele konnten ihren Urlaubsanspruch nicht wahrnehmen, und selbst wenn sie es taten, reichte der Lohn in der Regel nicht aus zur Finanzierung einer Ferienreise. Zwar hatte sich neben der bürgerlichen Jugendbewegung auch eine Arbeiterjugendbewegung entwickelt, die das Wandern liebte und Fahrten durchführte. Die geringe Freizeit der jungen Arbeiter ließ aber meist nur kleinere Unternehmungen am Wochenende zu. Der Touristenverein „Naturfreunde" organisierte Wanderfahrten, blieb aber doch eine Randerscheinung. Daher mußte die Ankündigung der Nationalsozialisten, jeder deutsche Arbeiter solle in jedem Jahr für zehn Tage mit seiner Familie in den Urlaub fahren dürfen, geradezu sensationell wirken.[60]

Die Organisation, die dieses Unternehmen planen und durchführen sollte, erhielt den Namen „Nationalsozialistische Gemeinschaft Kraft durch Freude" und wurde der „Deutschen Arbeitsfront" angegliedert, die nach der Zerschlagung der Gewerkschaften an deren Stelle gesetzt worden war. Die Gründung der KdF gehörte in den Bereich der Arbeitspolitik des Dritten Reiches und wurde zum Aushängeschild dieser Politik. Zwei Ziele ließen sich mit dieser Unternehmung zugleich verwirklichen: Sie war für die Nationalsozialisten ein exzellentes propagandistisches Mittel, um den Widerstand unter den Arbeitern zu überwinden und eine neue Anhängerschaft zu gewinnen. Nebenbei fand das beschlagnahmte Vermögen der Gewerkschaften eine günstige Verwendung: Mit seiner Hilfe wurde die Finanzierung geregelt.[61] Die neue Organisation bot ein umfassendes Programm zur Freizeitgestaltung an: Theater, Konzerte und Ausstellungen, Sport- und Wandergruppen, Volkstänze, Filmvorstellungen, Kurse zu allen möglichen Themen. Im Vordergrund stand jedoch das Reiseangebot, eine Art subventionierter Tourismus, der der Deutschen Reichsbahn und vielen Hotelbesitzern gute Gewinne verschaffte. Die Organisation konnte eine optimale Ausnutzung der Kapazitäten garantieren und durch die große Zahl der Reisenden Preisnachlässe beanspruchen. Viele Reisen fanden im Frühjahr und Herbst statt, zu einer Zeit, in der der Tourismus brachlag und Züge und Hotels leer standen. Die Erweiterung der Saison kam den Ferienorten zugute. Hinzu kam, daß viele Reiseziele in wirtschaftlichen Problemregionen lagen: Eifel, Schwäbisches Allgäu, Bayerischer Wald, die sich durch den wachsenden Tourismus etwas erholen konnten.[62] Durch diese Maßnahmen konnten die Reisekosten niedrig gehalten werden, und der günstige Preis war es, dem KdF seine Popularität verdankte. Ein achttägiger Urlaub an der Ostsee kostete den Touristen 230 RM. Dieser Preis umfaßte Fahrt, Unterkunft, Verpflegung und Unterhaltungsveranstaltungen. Eine solche Summe war bei einem durchschnittlichen Monatsverdienst der meisten Teilnehmer von 150 RM nicht unerschwinglich.[63]

Dieses Programm zur Organisierung der Freizeit war ein Bestandteil der Sozialpolitik des Dritten Reiches. Es diente zunächst und vor allem der Reproduktion der erschöpften Arbeitskraft. Die hohen Anforderungen, die die Mechanisierung der Arbeit an den einzelnen Arbeiter stellte, drohten seine physischen und psychischen Kräfte zu lähmen. Um sie für weitere Anforderungen zu erhalten, mußten Zeiten der Ruhe und Entspannung eingelegt werden. „KdF überholt jede Arbeitskraft von Zeit zu Zeit, genauso wie man den Motor eines Kraftwagens nach einer gewissen gelaufenen Kilometerzahl überholen muß", erklärte Robert Ley, der Leiter der Deutschen Arbeitsfront, dem KdF unterstellt war.[64]

Daneben zählte die propagandistische Wirkung: KdF sollte das Programm der Volksgemeinschaft zur Anschauung bringen. Vor allem der Massentourismus ins Ausland sollte diesen Eindruck hervorrufen. Der Arbeiter sollte davon überzeugt werden, daß ihm im Nationalsozialismus besondere Wertschätzung gehöre, und sich daher ans Regime binden. „Der Arbeiter sieht, daß wir es mit der Hebung jener gesellschaftlichen Stellung ernst meinen", erklärte Robert Ley. „Er sieht, daß wir als Aushängeschild für das neue Deutschland nicht den sogenannten ‚Gebildeten‘ hinausschicken, sondern ihn, den deutschen Arbeiter, als Repräsentanten der Welt zeigen."[65] Dieser Eindruck wurde dadurch verstärkt, daß die neuen Schiffe der NS-Organisation KdF mit nur einer Klasse gebaut wurden und nicht allein Arbeitern, sondern auch anderen Bevölkerungsgruppen offenstanden.

Es gab noch einen weiteren wichtigen Grund für die Nationalsozialisten, sich der Freizeitgestaltung der Bevölkerung anzunehmen. Denn was würde der Arbeiter mit seiner Freizeit anfangen, wenn er sich selbst überlassen bliebe? Die offenbar zu allen Zeiten vorhandene Skepsis gegenüber der Fähigkeit der Menschen und speziell der Arbeiter, ihr Leben sinnvoll zu leben, wenn sie selbst entscheiden dürfen, worin für sie der Sinn des Lebens besteht, hatte im Nationalsozialismus eine spezielle ideologische Stoßrichtung. Es müsse verhindert werden, so hieß es, daß die vermehrte Freizeit Langeweile hervorbringe und „dumme, hetzerische, ja letzten Endes verbrecherische Ideen und Gedanken" entstehen lasse.[66] Auch das KdF-Programm stand im Zusammenhang des totalen Anspruchs des Staates. Nur der Schlaf sei noch Privatsache, erklärte Ley. „Privatleute haben wir nicht mehr. Die Zeit, wo jeder tun und lassen konnte, was er wollte, ist vorbei."[67]

Aber dieses Programm eines vormodernen Lebensstils war letztlich zum Scheitern verurteilt. Selbst wenn die Teilnehmer an den beliebten Kreuzfahrten auf den Schiffen dem Unterhaltungsprogramm und seinem ideologischen Einfluß ausgesetzt waren und oft nicht einmal zu Ausflügen an Land gelassen wurden, ist nicht sicher, daß sie als glühende Nationalsozialisten zurückgekehrt sind. Ideologen überschätzen meist den Erfolg ihrer Indoktrinierung. Die meisten Reisenden nahmen ein attraktives Reiseangebot wahr. Wie weit sie sich ideologisch beeinflussen ließen, ist nicht nachprüfbar.

Massentourismus und Individualität

Obgleich der Tourismus heute eine Massenerscheinung ist und eine gewinnträchtige Industrie sich seiner annimmt, hat das Reiseverhalten doch keine grundsätzlichen Innovationen mehr erlebt, sondern es folgt weitgehend Modellen, die in früheren Epochen ausgebildet worden sind, als das Reisen noch auf eine Minderheit der Bevölkerung beschränkt war. Die Erweiterung der technischen und wirtschaftlichen Möglichkeiten hat lediglich den Massentourismus hervorgebracht, d. h. sehr viele Menschen reisen. Selbst die Pauschalreise, die man gerne, wenn auch zu unrecht, mit dem Massentourismus assoziiert, ist keine Erfindung der sechziger Jahre, als der Tourismus in der Bundesrepublik seinen Aufschwung nahm, sondern geht auf das Modell von Thomas Cook zurück, der im Jahre 1841 eine erste Reise für die Mitglieder seines Temperenzler-Vereins von Loughborough und Leicester organisierte. Wenige Jahre später gründete er sein Reisebüro. In Deutschland wurde die Idee 1863 aufgegriffen. Das Reisebüro der Brüder Stangen führte Gesellschaftsreisen durch. Eine Gruppenreise nach Palästina war die erste große Gesellschaftsreise, die dieses Reisebüro organisierte. Nach Cooks Vorbild wurde dazu ein Couponsystem für Bahnkarten und Hotelübernachtungen benutzt, das bald nachgeahmt wurde.[68] „Mit den modernen Reisebüros sind diese verschiedenen Ansätze des modernen Massentourismus und der Ferienindustrie heute zu einem differenzierten Angebot verknüpft worden: von Bärenjagden in den Karpaten über Fotosafaris in Afrika (als Fortführung der Jagdreisen), über Weltreisen mit Düsenklippern und komfortablen Passagierschiffen (als eigentliche Fortführung von Cooks Reisen), Ferien auf Mallorca und Teneriffa (als bürgerliche Badereise), Pensionsaufenthalt in Oberbayern (als Fortführung der ‚Sommerfrische‘), zu Jugendfahrtendiensten und Bildungsreisen."[69] Wenn auch aus dieser Aufzählung die Vielfalt des Reiseangebots hervorgeht, ist doch das Angebot selbst standardisiert. Nur so sind die kalkulierten Preise einzuhalten und ist die Pauschalreise zu einem Preis anzubieten, der von genügend Interessenten bezahlt werden kann. Hans Magnus Enzensberger hat dieses Prinzip, das auf Cooks Konzept zurückgeht, auf die Formel: Normung, Montage und Serienfertigung gebracht.[70] „Normung" der Reiseziele, „Montage" der einzelnen Reiseziele zu einer Route, Herstellung der Serie in Gestalt der Gesellschaftsreise. „Alles war fortan inbegriffen, die Reise wurde fertig montiert und verpackt geliefert", resümiert Enzensberger und fügt kritisch-bedauernd hinzu: „Das Abenteuer war zum Präparat geworden, bei dem jedes Risiko ausgeschlossen war."[71] Hat der Massentourismus in dieser Form der organisierten Reise die Individualisierung als Kennzeichen modernen Lebensstils abgelöst?

Davon kann keine Rede sein. Massentourismus bedeutet, daß Tourismus ein weit verbreitetes Phänomen ist, dem in der Tat massenhaft nachgegangen wird. Massentourismus ist aber nicht mit organisierten Reisen, mit Gesellschaftsreisen, gleichzusetzen. Nur etwa ein Drittel aller Reisen wird bei Reisebüros gebucht und von den großen Touristikfirmen organisiert. Bei einer langfristigen Beobachtung des Reiseverhaltens zeigt sich eine charakteristische Entwicklung: Bei ihren ersten Auslandsreisen nehmen die Reisenden gerne die Hilfe eines Reisebüros in Anspruch. Erste Erfahrungen einer Auslandsreise sammeln viele bei einer Gesellschaftsreise. Mit den gesammelten Erfahrungen fühlen sich dann die Reisenden kompetent und planen künftige Reisen selbst. Das Reisebüro ist dann nur noch für die Besorgung des Flugtickets zuständig. Erst wenn neue ferne Reiseziele – in Afrika, Asien oder auch in osteuropäischen Ländern – gesucht und erprobt werden, wählt man in der Regel wieder die von einem Touristikunternehmen angebotene Organisation.[72]

Das Phänomen des Reisens und das Reiseverhalten ist vielfältiger, als es aus der Sicht der Tourismusindustrie erscheint. Das Unbehagen an organisierten Reisen und der daraus folgende Versuch, sich äußerer Verplanung durch stärker individuelle Lösungen zu entziehen, sind Folgen der Erfahrungen in der Berufswelt. Vom Urlaub wird eine Distanz zum Arbeitsleben erwartet. Muß man sich jedoch auch während der Urlaubsreise dem Diktat der Organisation beugen, empfindet man beide Welten – Arbeit und Freizeit – nicht mehr deutlich genug voneinander geschieden. Die in der Werbung als die „schönsten Wochen des Jahres" gepriesene Ferienzeit soll nach den Wünschen der Reisenden Freiheit vom Zwang des Arbeitslebens und damit Raum für eigene Lebensgestaltung sein.

Der stark ausgeweitete Ferntourismus zu exotischen Ferienplätzen ist eine – wenn auch in der Regel unvollkommene – Lösung für dieses Dilemma: Man sucht die Gegenwelt zum heimischen Alltag in der Originalität des Reiseziels: Kenia und Thailand sind weniger „abgereist" als Mallorca und Teneriffa. Aber abgesehen davon, daß sich das sehr bald ändern wird, weil jedes neue Reiseziel, von der Touristikindustrie vermarktet, sehr schnell zum Modetip avanciert, sind solche Reisen trotz exotischer Ziele Serienfabrikate. Der Tourist unterliegt der Organisation.

Ein anderer Versuch, den Urlaub nach eigenen Wünschen und Bedürfnissen zu gestalten, meint eine veränderte Lebensführung: Dem von der modernen Zivilisation dominierten Lebensstil des Alltags soll in den Ferien das „andere Leben" in der Form des zivilisationsfernen „einfachen Lebens" entgegengesetzt werden. Wanderferien der Jugendbewegung leben periodisch wieder auf. Die Campingbewegung hatte ihre Ursprünge in solchen programmatischen Vorstellungen. Inzwischen ist auch sie eingezäunt worden. Niemand darf in der freien Natur sein Zelt aufschlagen, sondern muß einen dafür eingerichteten Campingplatz aufsuchen, der wiederum Leben reguliert und organisiert. Die

meisten Urlauber aber folgen nicht bestimmten Programmen, wenn sie mit Zelt und Wohnwagen aufbrechen, sondern sehen in dieser Form des Reisens eine finanzierbare Möglichkeit, mit ihrer Familie Ferien zu verbringen. Ähnliches gilt für die steigende Zahl der Reisenden, die Ferienhäuser oder Ferienwohnungen mieten. Diese sind billiger als die klassischen Beherbergungsquartiere wie Hotels und Pensionen und las-sen den Familien die Freiheit, ihre Tage so zu verbringen, wie sie es wünschen.[73] Die Ferien werden nicht als Gegenwelt zum Alltag erlebt, sondern als Weiterentwicklung üblicherweise gelebten Lebens, dies aber in einer Umwelt, die freiere Verkehrsformen, ungezwungeneres Verhal-ten und vorbehaltlosere, emotionalere Kontakte erlaubt, als es im All-tag der Arbeitswelt möglich ist.[74] Nicht das ganz andere Leben wird gewünscht, sondern dieses Leben – aber intensiver gelebt, als es in der Hektik des Alltags möglich ist.

III. Konsumgesellschaft und Lebensstil – einige Anmerkungen

Zeitgenössische Beobachter charakterisieren die Gesellschaft der Bundesrepublik gerne als Freizeitgesellschaft oder auch als Konsumgesellschaft. Das ist in der Regel kritisch und abwertend gemeint. Freizeitgesellschaft – das bedeutet: In dieser Gesellschaft hat sich der Anteil der Freizeit zuungunsten der Arbeitszeit kontinuierlich erhöht. Obgleich dieser Tatbestand objektive Ursachen hat – aufgrund der technischen Entwicklung werden in sehr viel weniger Zeit als vor etwa vierzig Jahren sehr viel mehr Güter erzeugt, so daß nicht genug Arbeit vorhanden ist –, enthält der Begriff Freizeitgesellschaft dennoch einen denunziatorischen Klang, so als fehle der Bevölkerung die rechte Arbeitsgesinnung. Auch die Bezeichnung „Konsumgesellschaft" fügt sich in ein vergleichbares Vorverständnis ein. Sie beschreibt einmal einen nachprüfbaren Tatbestand – den gesteigerten Konsum – und kritisiert zugleich eine Werthaltung, die sich am Konsum orientiert. Da sich Lebensstile auch im Konsumverhalten aussprechen, wie die Geschichte der Ernährung, des Wohnens, der Freizeit und des Reisens anschaulich macht, müssen die Zusammenhänge von Konsumgesellschaft und Lebensstil noch einmal bedacht werden.

Statistische Erhebungen weisen für den Zeitraum von 1953 bis 1986 eine nahezu kontinuierliche Erhöhung des Lebensstandards der privaten Haushalte auf. Mit Ausnahme der Jahre 1981 und 1982 ist der private Verbrauch gestiegen.[1] Bei einer genaueren Analyse des Konsumverhaltens wird deutlich, daß der Substitutionsvorgang eine bedeutende Rolle spielt. Er ist besonders eindrucksvoll an Veränderungen in der Wahl der Nahrungs- und Genußmittel zu beschreiben. Während der Verzehr von Fleisch im Zeitraum beträchtlich anstieg, ging der Konsum von Kartoffeln und Getreideerzeugnissen, die vor allem in Notzeiten die Grundnahrung bilden, erheblich zurück. Auch die Genußmittel sind im untersuchten Zeitraum immer mehr zum Bestandteil des täglichen Konsums geworden. Die wirtschaftlichen Daten weisen für das Jahr 1985/86 einen Weinverbrauch pro Einwohner von dreiundzwanzig Litern aus; er ist seit 1950/51 um das Vierfache gestiegen. Unter den stetig gewachsenen Aufwendungen für Freizeitgüter und Urlaub nimmt das Auto einen wichtigen Platz ein. Trotz der Verteuerungen der Fahrzeuge und des Benzins hat sich der Bestand an privaten Autos vergrößert, von 17 Millionen im Jahre 1973, dem Jahr des Ölpreisschocks, auf 25,8 Millionen im Jahre 1985. Solche Zahlen blenden leicht soziale Differenzierungen aus, denn während rein rechnerisch nach dieser Statistik ein jeder Haushalt über ein Auto verfügen könnte, ist das doch nur bei den Haushalten mit höherem Einkommen der Fall. Immerhin aber geben inzwischen 31,3 Prozent der Haushalte mit niedrigem Einkommen einen beachtlichen Teil dieses Geldes für ein Kraftfahrzeug aus.

Derartige Statistiken sind wichtig, weil sie Zeichen für eine veränderte Lebensführung sind. Offenbar haben die Menschen bei der Planung ihrer Ausgaben andere Prioritäten gesetzt als vor dreißig Jahren. Läßt sich daran ein gestiegener Wohlstand erkennen, der es erlaubt, nachdem die Grundbedürfnisse erfüllt sind, an einen zunächst noch bescheidenen Luxuskonsum zu denken? Oder werden die Ausgaben von ganz anderen Überlegungen und Motiven gesteuert: Gibt es bestimmte Güter – das Auto und die Ferienreise gehören dazu –, die nicht allein aus unmittelbaren Nützlichkeitserwägungen begehrt werden, sondern die eine Bedeutung für das Selbstbewußtsein und das Lebensgefühl der Menschen haben, die weit über den unmittelbaren, in Zahlen meßbaren Nutzen hinausgeht? Weil andere als rein ökonomische Erwägungen ein solches Konsumverhalten steuern, sind Menschen bereit, einen, verglichen mit ihrem Gesamteinkommen, unangemessen hohen Anteil ihres monatlichen Budgets für bestimmte Güter wie das Auto auszugeben.

Thorstein Veblen[2] hat mit seiner These vom „demonstrativen Konsum" ein Deutungsmuster entwickelt, das hier hypothetisch eingeführt werden kann, um den Zusammenhang von Konsum und Lebensstil zu erklären. Offenbar folgt das Konsumverhalten bestimmten gesellschaftlichen Normen. Nicht so sehr der kostbare Gegenstand, den man erwirbt, verschafft Befriedigung, sondern das Zeichen, das man mit seinem Besitz setzen kann, schafft das Prestige, um das es allein geht. Solche Zeichen aber muß man setzen, der Konsum muß demonstrativ sein, um die eigene Zugehörigkeit zu jenen zu dokumentieren, die sich über ihren Reichtum als tonangebende Schicht der Gesellschaft definieren. Worin die Norm inhaltlich besteht, deren Erfüllung Prestige verheißt und gesellschaftliche Reputation begründet, ist nicht ein für allemal festgelegt, aber sie beschreibt, auf welche Weise der einzelne dem Standard der Wohlanständigkeit entsprechen muß, der in der jeweiligen Gesellschaft gültig ist. Das Konsumverhalten der Bürger ist auf diese Maxime der Wohlanständigkeit ausgerichtet.

Betrachtet man unter diesem Aspekt die Entwicklung des Konsumverhaltens in der Bundesrepublik, erscheinen die fünfziger Jahre als eine entscheidende Wendemarke. Der wirtschaftliche Aufstieg, der nach der Währungsreform und der wirtschaftspolitischen Entscheidung für ein neoliberales Konzept in der Variante der „sozialen Marktwirt-

schaft" allmählich einsetzte, hat den Konsens einer zunächst abwarten-
den Bevölkerung mit der neuen politischen Ordnung herbeigeführt
oder doch zumindest sehr erheblich unterstützt. Während die Erfahrung der jüngsten Vergangenheit als niederdrückende Belastung empfunden wurde, der man sich lieber entzog als sich ihr durch Aufklä-
rungsarbeit zu stellen, wurden die wirtschaftliche Erholung und die
Verbreitung eines zunächst noch bescheidenen Wohlstandes wesentliche, entlastende Faktoren, die den eingeschlagenen politischen Weg
legitimierten. „Die Fixierung der öffentlichen Meinung auf die Maximierung von Wohlstand und Konsumgütern, bei gleichzeitigem
Zurücktreten grundlegender geistiger Auseinandersetzungen"[3] war eine
Folge dieser psychosozialen Disposition. Das Selbstverständnis der
Deutschen während der fünfziger und zu Beginn der sechziger Jahre
definierte sich durch den Gewinn materiellen Wohlstands, der sich im
Konsumverhalten niederschlug. Freilich war das Einkommen der breiten
Bevölkerung noch gering und die Befriedigung elementarer Existenz-
bedürfnisse – Ernährung, Bekleidung, Wohnen – vordringlich. Pre-
stigeobjekte, wie etwa ein Auto, waren für die Mehrheit vorerst noch
unerschwinglich. Aber nicht die reale Einkommenssituation und die reale
Kaufkraft waren die entscheidenden Voraussetzungen für die Bedeutung
des Konsums als Orientierungsfaktor. Konsum, die Maximierung des
Konsums und als Folge davon der allgemeine und der persönliche Wohlstand als Zielperspektive gewannen den Rang einer Ideologie, die in einer
Phase, da man meinte, frei von Ideologien zu sein, diese leer gewordene
Stelle einnahm. Der allmähliche und dann kontinuierliche Anstieg der
Realeinkommen bei hoher Beschäftigung trotz ständiger Preissteigerun-
gen bestätigte den Glauben an den unaufhaltsamen wirtschaftlichen
Aufstieg durch ständiges Wirtschaftswachstum. Die Konsumziele schienen erreichbar; ein Slogan wie „Luxus von der Stange" traf auf ein auf-
nahmebereites und gläubiges Publikum. Schon wurde von aufmerksamen Beobachtern mit Sorge festgestellt, wie sehr die Bevölkerung, vom
Schein der Warenwelt geblendet, dem Konsum anheimfiel. „Der Appell
des Bundespräsidenten, sich nicht dem modischen Schein der Waren zu
ergeben, formulierte einen bildungsbürgerlichen Vorbehalt gegen eine
neue Konsumentenfähigkeit, auf die der sich entfaltende freie Markt vor
allem setzte, auf die Bereitschaft nämlich, jenem Scheinwert der Ware,
der durch eine ‚Komposition aus Formen und Farben' zustande kam, den
Vorzug zu geben gegenüber dem realen, substantiellen Gebrauchswert
der Waren."[4] Der Markt war auf die Konsumhaltung angewiesen, die
bildungsbürgerliche Kritik beklagte. Die Konsumgesellschaft brauchte
andererseits den expandierenden Markt, der das ihren Konsumwünschen
angemessene Warenangebot bereithielt.

Diese Interessenidentität zerbrach in den siebziger Jahren. Die schwankende Wirtschaftskonjunktur und das zunehmende Arbeitsplatzrisiko haben zu einer Verunsicherung des naiven Glaubens an die Beständigkeit und den Segen des Wirtschaftswachstums geführt. Eine jüngere Generation, nicht mehr lebensgeschichtlich geprägt von den Entbehrungen des Krieges und an einen gewissen Lebensstandard gewöhnt, definierte ihr Selbstverständnis nicht mehr durch den erreichten materiellen Wohlstand. Sie verurteilte ihn sogar oft aus moralischen Erwägungen, indem sie die Leistungen, die ihn angeblich hervorgebracht hatten, in einen kritischen Zusammenhang mit dem Elend der Dritten Welt stellte. Nicht Konsum um jeden Preis sollte die Parole sein, sondern die nüchtern-kritische Überprüfung der Konsumwünsche: waren es reale Bedürfnisse, die erfüllt werden sollten, oder lediglich solche, die die Werbung eingeredet hatte? Statt der bisher geltenden Normen, die das Konsumverhalten geregelt hatten, setzte sie andere: mehr Lebensqualität, einen Lebensstil, der auf einer gesunden, einfacheren Lebensführung beruht und stärker die menschlichen Beziehungen in ihrer Emotionalität und Intensität hervorhebt, der Werte wie Solidarität und politisches Engagement ins öffentliche Bewußtsein rückt.

Ändern sich die Normen des Konsumverhaltens, gewinnen andere, in diesem Falle nicht-materielle Werte an Handlungsrelevanz, verliert der „demonstrative Konsum" seine Orientierungsfunktion. Das ist an der veränderten Stellung der Frau abzulesen. In der Gesellschaft, die Thorstein Veblen beschreibt, ist der Frau eine abgeleitete Aufgabe zugeteilt. Sie hat – um ihren Mann und die Stellung ihrer Familie angemessen zu repräsentieren – der „stellvertretenden Muße" zu huldigen. „Es erscheint heute keineswegs ungewöhnlich", schreibt Veblen, „wenn sich der Mann mit größtem Eifer der Arbeit widmet, damit seine Frau in angemessener Weise jenen Aufwand an stellvertretender Muße treiben kann, den das allgemeine Urteil der Zeit verlangt".[5] Mit dieser dekorativen Rolle, die den Frauen die eigene Erwerbsarbeit verbietet, um nach außen zu dokumentieren, daß sie es nicht nötig haben, zum Familieneinkommen beizutragen, sind die Frauen nicht mehr zufrieden. Obgleich sie in ihrer Mehrzahl diese Rolle weiterhin leben, weil sie aus allen möglichen Gründen auf dem begrenzten Arbeitsmarkt keine Möglichkeit sehen, eine befriedigende Stellung zu finden, verliert doch die Ideologie, die sie in ihrer Familienposition festhalten will, immer mehr an allgemeiner Geltung.

Es wäre aber verfehlt anzunehmen, die Identifikation mit nicht-materiellen Werten sei heute allgemein. Die Hypothese ist nicht abwegig, diese Identifikation trete erst dann ein, wenn eine gewisse Sättigung materieller Bedürfnisse erfolgt sei, und sie sei folglich eher ein

Mittelschichtenphänomen. Für jemanden, der am Rande des Existenz-
minimums lebe, seien Konsumwünsche wichtig und selbstverständlich.
Daraus würde folgen, daß der Konsum sozial determiniert ist.

Die große Untersuchung, die Pierre Bourdieu auf der Grundlage
einer Auswertung von Daten zur französischen Gesellschaft als „Kritik
der gesellschaftlichen Urteilskraft" vorgestellt hat, kommt zu diesem
Urteil.[6] Das bedeutet freilich nicht, daß der sich im Konsumverhalten
äußernde Lebensstil vom Einkommen abhängig ist – es gibt genügend
Beispiele, die zeigen, daß Facharbeiter mit einem höheren Einkommen
als die unteren Angestellten doch einem „populären" Geschmack verhaftet bleiben, während die Angestellten trotz ihres bescheidenen Einkommens beispielsweise eine Eß- und Trinkkultur pflegen, die jener der
Gymnasiallehrer und Universitätsprofessoren vergleichbar ist.[7] Nicht
das Einkommen ist für diese Unterschiede entscheidend, vielmehr der
durch Sozialisationserfahrungen geprägte Geschmack. Daß ein bestimmter Geschmack nicht unmittelbar gegeben ist, wird man gerne
zugeben. Der Geschmack bildet sich mit der Zeit und den Erfahrungen
heraus. Bourdieu geht weiter, ist präziser und sieht im Geschmack das
Ergebnis von Konditionierungen. „Der Geschmack ist AMOR FATI,
Wahl des Schicksals, freilich eine unfreiwillige Wahl, durch Lebensum-
stände geschaffen, die alles außer der Entscheidung für den ‚Notwen-
digkeits-Geschmack' als pure Träumerei ausschließen."[8] In den diversen
Ausdrucksformen des Lebensstils – Ernährung, Wohnen, Freizeit, Reisen – wurden solche Unterschiede immer wieder deutlich. Obgleich wir
über keine ähnlich detaillierten Umfrageergebnisse zu dieser Thematik
für die deutsche Gesellschaft der Gegenwart verfügen, wie sie Bourdieu
für Frankreich zur Verfügung standen, fragt es sich, ob diese Unterscheidungen nach sozialen Kriterien in dieser Rigidität noch möglich
sind. Es ist nicht so, daß es keine Unterschiede gäbe, aber die Normen,
die das Handeln und so auch das Konsumverhalten leiten, sind dabei,
ihre verordnete Verbindlichkeit einzubüßen – ungleiche Konsumstile
haben „bei aller demonstrativer Unterschiedlichkeit die klassenkulturel-
len Attribute abgelegt."[9]

Zwar wird heute nicht überholt sein, was zu den Besucherstrukturen
von Museen und Ausstellungen in den siebziger Jahren gesagt wurde.
Sie wurden weitgehend von bildungsbürgerlichen Schichten dominiert.[10] Das verwundert nicht, weil ein bestimmtes Verständnis der Kul-
tursymbole Voraussetzung für kulturelle Teilhabe ist, da die ausgestell-
ten Objekte auf einen Bedeutungskontext verweisen, den man schon
kennen muß, will man die einzelnen Exponate würdigen.[11] Zweifellos
liegen die deutlichsten Unterschiede des Lebensstils gerade in der kulturellen Praxis, wenn sie auch ihre klassenspezifischen Begründungen ver-

lieren. Eine didaktische Reflexion der Präsentation, die Werbung in den Medien, vermehrte Führungen durch die Ausstellungen für Schulklassen, Volkshochschulen, Gruppen, haben eine größere Offenheit bewirkt. Wenn sich die Vorstellung verliert, diese Orte seien als Musentempel nur für eine bestimmte Bildungsschicht der Bevölkerung eingerichtet und ‚es gehöre sich nicht' für andere Schichten, dorthin zu gehen, verlieren auch diese unterscheidenden Normen an handlungsrelevanter Bedeutung.

Es fragt sich daher, ob die Differenzen im Lebensstil nicht andere als klassenspezifische Gründe haben, besonders nachdem die noch in den zwanziger Jahren blühende Arbeiterkultur nach dem Zweiten Weltkrieg nicht mehr auflebte und in der entstehenden Massengesellschaft aufging. Unter den möglichen Erklärungen für diesen Vorgang ist der fortgeschrittene Prozeß der Urbanisierung mit ihren Folgen von besonderer Bedeutung: „Die Großstadt schuf, tendenziell schichtübergreifend, die Mieter- und Konsumentengesellschaft. Sie plante und institutionalisierte die Freizeit, das Wochenende. Sie ermöglichte Massenanhängerschaften abseits von Klassenbeziehungen, darunter den Fußballverein, den Karneval, das städtische Traditionsfest. Die überlokale Ausweitung der Medien hat diese Entwicklung grundsätzlich erweitert und vertieft ...“[12] Mit der Auflösung des traditionellen Arbeitermilieus verlieren die klassenspezifischen Ursachen für Unterscheidungen des Lebensstils an Bedeutung. Der Kontinuitätsbruch ereignete sich in den sechziger Jahren, in denen sich nicht allein das sozialdemokratische Arbeitermilieu, sondern auch das katholisch geprägte Milieu auflöste. Die ehemaligen schichttypischen Lebensmuster von Arbeitern wurden individualisiert.[13] Andere Faktoren traten an ihre Stelle, etwa Generationserfahrungen oder die jeweilige Stellung im Lebenszyklus. Daß in der Jugend und im Alter – um die Extreme zu nennen – andere Lebensbedürfnisse im Vordergrund stehen, die sich in spezifischen Formen auch der Lebensführung äußern, ist unbestritten. Diese Interessen allein genügen freilich nicht, um Generationserfahrungen zu begründen. Das ist vielmehr durch gewaltige und auch gewaltsame zeitgeschichtliche Ereignisse geschehen, die in das Leben jedes einzelnen eingreifen. So haben Erfahrungen der nationalsozialistischen Herrschaft, des Krieges, der Nachkriegszeit zu Gemeinsamkeiten geführt, die entscheidend auf Lebensplanungen, Wertorientierungen und Zukunftsperspektiven gewirkt haben. In unterschiedlicher Ausprägung bei den Älteren, die den Untergang der Weimarer Republik beklagten, den sie nicht hatten aufhalten können, und ihr Selbstverständnis weitgehend aus dieser versunkenen Epoche herleiteten, das sie als erfahrungsgesättigtes Wissen in den neuen Staat einbrachten; bei den Frauen, die ungefragt die Lasten hatten tragen müssen, die in der Ausnahmesituation von Krieg und Nachkriegszeit ungewohnte Lebensformen hatten erproben können, die ihr traditionelles Rollenverständnis in Frage stellten; enttäuschte und desillusionierte Nationalsozialisten, im Widerstand gegen den National-sozialismus gedemütigte, geschundene, in Leiden und Solidarität erfah-rene und gestärkte Verfolgte; Vertriebene, Entwurzelte, die sich in einer Fremde einleben mußten, die sie mit der Utopie der verlorenen Heimat ausstatteten; und schließlich die jungen Flakhelfer, die als „skeptische Generation" einen neuen – von Ideologien möglichst unberührten – Weg suchten.

Keine ähnlich umwälzende Zeiterfahrung hat die Nachkriegswelt in Deutschland mehr betroffen. Und doch gab es im Laufe der vergange-nen vierzig Jahre eine Generation, die sich in ihrem Selbstverständnis, ihrem Zeitgefühl, ihren politischen und kulturellen Orientierungen und auch in ihrer Lebenspraxis deutlich als eine gemeinsame Generation empfand und auch als solche von der Gesellschaft erkannt wurde: die 68er Generation. Sie hat die kurze Phase ihres spektakulären Auftretens in der Öffentlichkeit und ihrer raschen, unmittelbaren Wirksamkeit überdauert. Nicht unbedingt ihre politischen Ziele oder Erfolge im „Gang durch die Institutionen" sind es, die diesen Zusammenhalt her-stellen, viel eher ist wohl eine Gemeinsamkeit gerade des Lebensstils – diese unverkennbare Mischung aus kritischer Einstellung gegenüber Autoritäten, Aufklärungspathos, Selbstbewußtsein und Selbstzweifel, Beziehungsromantik und Neigung zu unangepaßten, lässigen, leicht vergammelten Gewohnheiten – die Ursache dafür, daß jeder nun lang-sam ergrauende „68er" in einer Gesellschaft sehr bald Angehörige sei-ner „Generation" erkennt. Nicht die Tatsache, bestimmten Jahrgängen anzugehören, also etwa zwischen 1940 und 1950 geboren zu sein, ist entscheidend, sondern gemeinsame Erfahrungen und eine vergleichbare Deutung dieser Erfahrungen begründen den Zusammenhalt dieser Generation. Sie hat noch ein weiteres Charakteristikum, das sie als unverkennbare Einheit ausweist: Viele von ihnen gingen als Lehrer und Universitätsprofessoren in die expandierenden Bildungsinstitutionen. Nicht allein der günstige Arbeitsmarkt, auch die Euphorie, an der Ent-wicklung eines neuen Menschen und einer neuen Gesellschaft mitzuwir-ken, haben sie zu diesem Lebensweg ermutigt. Mensch und Gesellschaft zeigten sich ihren Mühen gegenüber sperrig und störrisch. Frustriert und enttäuscht neigen diese „68er" dazu, die undankbare Jugend mit der Hoch-Zeit ihrer Geschichte zu konfrontieren und – zu langweilen. Diese Jugend erkennt sehr schnell und leicht spöttisch in ihren Lehrern eine Generation und wehrt sich gegen deren Leitbilder, so wie sich die „68er" gegen die Leitbilder der muffigen Nachkriegswelt gewehrt hatten.

Außer der Generationserfahrung hat auch die Stellung im Lebenszyklus einen wichtigen Einfluß auf die jeweilige Lebenspraxis.[14] Die Lebensform, die von den Notwendigkeiten des Lebenszyklus her gerade erzwungen wird, hat keinen dauerhaften Bestand. Ändert sich die Phase im Lebenszyklus, ändern sich meist auch die Ausdrucksformen der Lebenspraxis. Das ist im Freizeitverhalten signifikant nachzuweisen. Hier lassen sich mit dem Konzept des Lebenszyklus Unterscheidungen treffen. Freizeitverhalten wird anders aussehen je nachdem, ob es sich um Verheiratete ohne Kinder, Verheiratete mit Vorschulkindern, mit Grundschulkindern, mit Kindern im Jugendalter, nach dem Auszug der Kinder aus der elterlichen Wohnung oder ob es sich um Alleinstehende handelt.[15] Kein Zweifel, daß Frauen immer noch sehr viel stärker als die Männer vom Familienrhythmus bestimmt werden. Wollen sie wie die Männer ein ihren Begabungen und Neigungen entsprechendes Leben führen, wird es ihnen oft noch allein überlassen, wie sie diese verschiedenen Lebenssphären miteinander verbinden. Ganz allmählich jedoch brechen alte Orientierungsmuster auf und geben Raum für mehr Partnerschaft. An solchen Beispielen wird deutlich, daß der Lebensstil nicht von einzelnen genau definierbaren Faktoren abhängt, sondern aus der Lebenssituation zu erklären ist. Sie wird für viele Menschen ganz unterschiedlich aussehen. Dennoch lassen sich einige Konstanten ausmachen und in allgemeinen Aussagen zusammenfassen.[16]

Die Entwicklung zur Individualisierung, die wir im 18. Jahrhundert bereits angedeutet fanden, hat in den letzten vierzig Jahren ihren Durchbruch erlebt. Hatten lange noch die sozialen Klassen einen Bezugsrahmen gegeben, in der der einzelne seinen Platz und eine Weltdeutung finden konnte, ist dieser Halt mit der Auflösung von Klassenbindungen und sozialen Milieus nicht mehr gegeben. Auch die Familie hat ihre ursprüngliche Bedeutung verloren. Die Individualisierung ist insoweit vollständig, als sich der einzelne tatsächlich allein in der Welt wiederfindet. Diese Welt stellt sich ihm aber als eine institutionell standardisierte Ordnung vor. Er hat einen Lebenslauf zu „absolvieren", vom Kindergarten über Grundschule, Gymnasium, Hochschule, vom Beginn der Erwerbsarbeit bis zum Ruhestand. Er ist abhängig von Regelungen des Bildungssystems, des Arbeitsrechts und der Arbeitspolitik, der Sozialpolitik und der Versorgung. Diese Regelungen sind auf Normal-Biographien zugeschnitten. Es scheint so, daß der einzelne sich in diese institutionell standardisierten Muster einzufügen hat.

Aber selbst das geht nicht. Das Gefühl, in ein Kollektivschicksal eingebettet zu sein, könnte eine gewisse Entlastung bedeuten. „Individualisierung bedeutet in diesem Sinne, daß die Biographie der Menschen aus vorgegebenen Fixierungen herausgelöst, offen, entscheidungsabhängig und als Aufgabe in das Handeln jedes einzelnen gelegt wird. Die Anteile der prinzipiellen entscheidungsverschlossenen Lebensmöglichkeiten nehmen ab, und die Anteile der entscheidungsoffenen, selbst herzustellenden Biographie nehmen zu. Individualisierung von Lebenslagen und -verläufen heißt also: Biographien werden ,selbstreflexiv', sozial vorgegebene wird in selbst hergestellte und herzustellende Biographie transformiert. Die Entscheidungen über Ausbildung, Beruf, Arbeitsplatz, Wohnort, Ehepartner, Kinderzahl usw. mit all ihren Unterunterentscheidungen können nicht nur, sondern müssen getroffen werden. Selbst dort, wo die Rede von ,Entscheidungen' ein zu hochtrabendes Wort ist, weil weder Bewußtsein noch Alternativen vorhanden sind, wird der einzelne die Konsequenzen aus seinen nicht getroffenen Entscheidungen ,ausbaden' müssen."[17] Folgerungen aus diesen Überlegungen sind grundlegend für die Problematik des Lebensstils. Die gegenwärtige Gesellschaft ist gekennzeichnet durch eine Vielfalt nebeneinander bestehender alternativer Lebensstile, unter denen eine individuell bestimmte Wahlfreiheit möglich und notwendig ist. Man könnte, in eine modische Diskussion einstimmend, darin ein Merkmal der „Postmoderne" sehen. Eine historische Betrachtung, die diese Gegenwart in einen langfristigen historischen Prozeß einordnet, wird vielmehr in dieser Entwicklung eher die Einlösung von Teilen jenes Programms der Moderne erkennen, wie es im 18. Jahrhundert formuliert worden ist.

Abkürzungen

AfS   Archiv für Sozialgeschichte

FAZ   Frankfurter Allgemeine Zeitung

GG   Geschichte und Gesellschaft

KBzV   Kieler Blätter zur Volkskunde

SOWI   Sozialwissenschaftliche Informationen zu Unterricht und Studium

VSWG   Vierteljahresschrift für Sozial- und Wirtschaftsgeschichte

ZfV   Zeitschrift für Volkskunde

Anmerkungen

Einleitung

[1] M. E. Sobel, Lifestyle and Social Structure. Concepts, Definitions, Analyses, New York 1981, 1.

[2] W. Tokarski/P. Uttitz, Lebensstil – Eine Perspektive für die Freizeitforschung? in: H. W. Franz (Hg.), 22. deutscher Soziologentag 1984 Dortmund. Beiträge der Sektions- und Ad-hoc-Gruppen, Opladen 1985, 519.

[3] Zu diesen theoretischen Schwierigkeiten vgl. H. U. Wehler, Deutsche Gesellschaftsgeschichte, Bd. 1, München 1987, 6–12.

[4] M. Weber, Wirtschaft und Gesellschaft. Grundriß der verstehenden Soziologie, Studienausgabe, Tübingen 1985⁵, 534–539.

[5] R. M. Berdahl, Anthropologie und Geschichte: Einige theoretische Perspektiven und ein Beispiel aus der preußisch-deutschen Geschichte, in: R. Berdahl u. a. (Hg.), Klassen und Kultur. Sozialanthropologische Perspektiven in der Geschichtsschreibung, Frankfurt 1982, 266.

[6] G. Portele, Habitus und Lernen, in: E. Libau/S. Müller-Rolli (Hg.), Lebensstil und Lernform. Zur Kultursoziologie Pierre Bourdieus, Neue Sammlung 3/85, 298–313.

[7] P. Bourdieu, Zur Soziologie der symbolischen Formen, Frankfurt 1974, 143.

[8] P. Bourdieu, Die feinen Unterschiede. Kritik der gesellschaftlichen Urteilskraft, Frankfurt 1982, 282 f.

[9] M. E. Sobel, Lifestyle, 28 ff.

[10] A. Hahn, Soziologische Relevanzen des Stilbegriffs, in: H. U. Gumbrecht/K. L. Pfeiffer (Hg.), Stil. Geschichten und Funktionen eines kulturwissenschaftlichen Diskurselements, Frankfurt 1986, 609.

[11] H. G. Soeffner, Stil und Stilisierung. Punk oder die Überhöhung des Alltags, in: H. U. Gumbrecht, Stil, 319.

[12] „Culture or subculture implies a degree of consensus with respect to meanings that is not always approached by the sharers of a Life-style. However, during a period of cultural transition life-styles will proliferate more rapidly than cultural systems of value. Therefore, widespread and enduring life-styles may profitably be studied for as to the direction of emerging culture." (B. D. Zablocki/R. M. Kanter, The Differentiation of Life-styles. Annual Review 1976, 271.

[13] R. M. Berdahl, Anthropologie und Geschichte, 268 f.

[14] K. Fohrbeck, Lebensformen, Life-Style, Stil: zwischen Kult und Kommerz, in: Bazon Brock/H. U. Reck (Hg.), Stilwandel als Kulturtechnik, Kampfbegriff, Lebensform oder Systemstrategie in Werbung, Design, Architektur, Mode, Köln 1986, 77.

[15] H. R. Jauss, Literaturgeschichte als Provokation, Frankfurt 1970², 30. Zum Zusammenhang: H. U. Gumbrecht, Artikel: Modern, Modernität, Moderne, in: O. Brunner u. a. (Hg.), Geschichtliche Grundbegriffe. Historisches Lexikon zur politisch-sozialen Sprache in Deutschland, Bd. 4, Stuttgart 1978, 93–131.

[16] J. Habermas, Der philosophische Diskurs der Moderne. 12 Vorlesungen, Frankfurt 1985, 26 ff.

[17] Vgl. auch: R. Münch, Die Kultur der Moderne, Bd. 1, Frankfurt 1986, 12.
[18] Dazu vgl. J. Schutte/P. Sprengel, Die Berliner Moderne, 1885–1914, Stuttgart 1987, 13.
[19] Abgedruckt in: Die Berliner Moderne, 187.
[20] P. Koslowski, Die postmoderne Kultur. Gesellschaftlich-kulturelle Konsequenzen der technischen Entwicklung, München 1987, 24 ff.

Kapitel I.

1. Voraussetzungen: Von der ständischen Gesellschaft zur Industriegesellschaft

[1] Vgl. als exemplarischen Text die von R. Koselleck programmatisch verfaßte Einleitung in: Geschichtliche Grundbegriffe. Historisches Lexikon zur politisch-sozialen Sprache in Deutschland, Bd. 1, Stuttgart 1972, XIII–XXVII.
[2] Vgl. K. O. Freiherr v. Aretin, Heiliges Römisches Reich 1776–1806. Reichsverfassung und Staatssouveränität, Teil I, Wiesbaden 1967, bes. 94–96.
[3] J. J. Moser, Von den Kayserlichen RegierungsRechten und Pflichten. Erster Theil, Frankfurt 1772, 31. Dazu: U. A. J. Becher, Politische Gesellschaft. Studien zur Genese bürgerlicher Öffentlichkeit in Deutschland, Göttingen 1978, 29–44, bes. 36 f.
[4] Vgl. Statsanzeigen, 15, 1790, 386 f. Dazu: U. A. J. Becher, Politische Gesellschaft, 186, 196.
[5] Vgl. die Einleitung von R. Koselleck in: Geschichtliche Grundbegriffe. Historisches Lexikon zur politisch-sozialen Sprache in Deutschland, Band 1, Stuttgart 1972, XIII–XXVII.
[6] Vgl. den starken Anstieg der autobiographischen Literatur mit ihren signifikanten Abweichungen vorgegebener Muster, durch die der Subjektivität stärkere Artikulationsmöglichkeiten eingeräumt werden. Dazu: G. Niggl, Geschichte der deutschen Autobiographie im 18. Jahrhundert. Theoretische Grundlegung und literarische Entfaltung, Stuttgart 1977.
[7] Wie etwa die Autobiographie von Adam Bernd, die eine Kette sich wiederholender Krankengeschichten darstellt.
[8] Aus der umfangreichen Forschungsliteratur zu den Reisebeschreibungen im 18. Jahrhundert seien hier exemplarisch genannt: R. R. Wuthenow, Die erfahrene Welt. Europäische Reiseliteratur im Zeitalter der Aufklärung, Frankfurt 1980; H. E. Bödeker, Reisebeschreibungen im historischen Diskurs der Aufklärung, in: H. E. Bödeker u. a. (Hg.), Aufklärung und Geschichte. Studien zur deutschen Geschichtswissenschaft im 18. Jahrhundert (Veröffentlichungen des Max-Planck-Instituts für Geschichte 81) Göttingen 1986, 276–298.
[9] H. U. Wehler, Deutsche Gesellschaftsgeschichte, Bd. 1, 303 ff.; R. Schenda, Volk ohne Buch. Studien zur Sozialgeschichte der populären Lesestoffe 1770–1901, München 1977², 433 f.; R. Engelsing, Der Bürger als Leser. Lesergeschichte in Deutschland, 1500–1800, Stuttgart 1974, 182–276.
[10] H. Kiesel/P. Münch, Gesellschaft und Literatur im 18. Jahrhundert. Voraussetzungen und Entstehung des literarischen Marktes in Deutschland, München 1977.
[11] M. Prüsener, Lesegesellschaften im 18. Jahrhundert. Ein Beitrag zur Lesergeschichte, Frankfurt 1972.
[12] Zit. nach: H. G. Göpfert, Lesegesellschaften im 18. Jahrhundert, in: F. Kopitzsch (Hg.), Aufklärung, Absolutismus und Bürgertum in Deutschland, München 1976, 405.

[13] Auf die Vielfalt der neuen Gesellungsformen als Organisation der neuen Gesellschaft macht aufmerksam: U. Im Hof, Das gesellige Jahrhundert. Gesellschaft und Gesellschaften im Zeitalter der Aufklärung, München 1982.

[14] Vgl. hierzu U. A. J. Becher, A. L. v. Schlözer – Analyse eines historischen Diskurses, in: H. E. Bödeker u. a. (Hg.), Aufklärung und Geschichte, 344–362.

[15] Ein außerordentlich lebendiges und kenntnisreiches Bild zeichnet A. Borst, Lebensformen im Mittelalter, Frankfurt 1979, 31.

[16] Vgl. ebd., 333.

[17] Vgl. ebd., 280.

[18] R. Vierhaus, Deutschland im Zeitalter des Absolutismus (Deutsche Geschichte, Bd. 6), Göttingen 1978, 141 ff.

[19] So der Titel der bedeutenden Untersuchung von P. Kriedte/H. Medick/J. Schlumbohm, Industrialisierung vor der Industrialisierung. Gewerbliche Warenproduktion auf dem Lande in der Formationsperiode des Kapitalismus, Göttingen 1978.

[20] Vgl. ebd., 98.

[21] Mit „Vorform der industriellen Arbeitsorganisation" soll keiner Stufenfolge vom Handwerk und dem Verlag über die Manufaktur zur Industriefabrik das Wort geredet werden, die H. U. Wehler mit Recht abweist. Vgl. H. U. Wehler, Deutsche Gesellschaftsgeschichte Bd. 1, bes. 112 ff. In meinen Überlegungen geht es um die Wirkung der neuen Arbeitsform Manufaktur auf das Leben der Menschen.

[22] R. Vierhaus, Deutschland im Zeitalter des Absolutismus, 42.

[23] E. J. Hobsbawm, Industrie und Empire I. Britische Wirtschaftsgeschichte seit 1750, Frankfurt 1974[4], 86.

[24] Grundlegend hierzu: W. Abel, Massenarmut und Hungerkrisen im vorindustriellen Europa, Hamburg-Berlin 1974; zusammenfassend: D. Langewiesche, Europa zwischen Restauration und Revolution, 1815–1849 (Grundriß der Geschichte, Bd. 13), München 1985, 22–30.

[25] R. Rürup, Deutschland im 19. Jahrhundert 1815–1871 (Deutsche Geschichte, Bd. 8) Göttingen 1984, 81 ff.

[26] W. W. Rostow, The Stages of Economic Growth. Noncommunist Manifesto, Cambridge Mass. 1960; deutsch: Studien wirtschaftlichen Wachstums. Eine Alternative zur marxistischen Entwicklungstheorie, Göttingen 1967[2].

[27] Eine gute Übersicht gibt R. Spree, Die Wachstumszyklen der deutschen Wirtschaft von 1840–1880, mit einem konjunkturstatistischen Anhang, Berlin 1977.

[28] Vgl. hierzu die programmatische Schrift von L. A. v. Rochau, Grundsätze der Realpolitik, angewendet auf die staatlichen Zustände Deutschlands (1853/1969), hg. v. H. U. Wehler, Frankfurt 1972.

[29] So etwa Charles Morazé in seinem dem 19. Jahrhundert gewidmeten Buch mit dem Titel: „Les bourgeois conquérants" (1957).

[30] Vgl. hierzu R. Engelsing, Sozial- und Wirtschaftsgeschichte Deutschlands, Göttingen 1973, 143–151.

[31] Vgl. ebd., 145.

[32] So die These von Rudolf Stadelmann in seinem Buch „Soziale und politische Geschichte der Revolution von 1848, München 1948. Hier zit. nach: Soziale Ursachen der Revolution von 1848, in: H. U. Wehler (Hg.), Moderne deutsche Sozialgeschichte, Köln 1976[5], 148 f.

[33] E. J. Hobsbawm, Die Blütezeit des Kapitals. Eine Kulturgeschichte der Jahre 1848–1875, Frankfurt 1980, 305 f.

[34] G. W. F. Hegel, Grundlinien der Philosophie des Rechts (1821). § 238 „Zunächst ist die Familie das substantielle Ganze, dem die Vorsorge für diese besondere Seite des Individuums sowohl in Rücksicht der Mittel und Geschicklichkeiten, um aus

dem allgemeinen Vermögen sich erwerben zu können, als auch seiner Subsistenz und Versorgung im Falle eintretender Unfähigkeit, angehört. Die bürgerliche Gesellschaft reißt aber das Individuum aus diesem Bande heraus, entfremdet dessen Glieder einander, und anerkennt sie als selbständige Personen; ... so ist das Individuum Sohn der bürgerlichen Gesellschaft geworden, die ebenso sehr Ansprüche an ihn, als er Rechte auf sie hat."

[35] E. J. Hobsbawm, Die Blütezeit des Kapitals, 302 ff.

[36] Zur Problematik der Angestellten sind vor allem mehrere Veröffentlichungen von J. Kocka zu nennen, unter ihnen bes.: Unternehmensverwaltung und Angestelltenschaft am Beispiel Siemens 1847–1914, Stuttgart 1969. Eine gute Zusammenfassung in: Klassengesellschaft im Krieg (Kritische Studien zur Geschichtswissenschaft, Bd. 8) Göttingen 1973, 65 ff.

[37] R. König, Menschheit auf dem Laufsteg. Die Mode im Zivilisationsprozeß, München 1985, 32.

[38] R. Dahrendorf, Gesellschaft und Demokratie in Deutschland (1965), München 1974³; D. Schoenbaum, Hitler's Social Revolution. Class and Status in Nazi Germany 1933–1939; deutsch: Die braune Revolution. Eine Sozialgeschichte des Dritten Reiches, München 1980.

[39] Vgl. die kritisch abwägende Interpretation im Nachwort von H. Mommsen zu D. Schoenbaums Buch, 352–368.

[40] So H. Mommsen, 361.

[41] So J. Habermas, Legitimationsprobleme im Spätkapitalismus, Frankfurt 1977⁴, 99.

[42] Beispielhaft hierfür: M. Foucault, Von der Subversion des Wissens, hg. v. W. Seitter, München 1974; J. Derrida, Die Schrift und die Differenz, Frankfurt 1985. Interpretierend, kritisch anregend hierzu: J. Habermas, Der philosophische Diskurs der Moderne. 12 Vorlesungen, Frankfurt 1985.

[43] So etwa D. Bell, Die nachindustrielle Gesellschaft, Frankfurt 1976².

[44] Vgl. ebd., 374.

Kapitel I.

2. Kulturelle Normen, Orientierungen, Verhaltensformen 1800–1985

[1] N. Hinske (Hg.), Was ist Aufklärung? Beiträge aus der berlinischen Monatsschrift, Darmstadt 1973, 452–465.

[2] Vgl. auch den Katalog zur Ausstellung im Münchner Stadtmuseum: „Biedermeiers Glück und Ende ... die gestörte Idylle 1815–1848" (Hg. von H. Ottomeyer in Zusammenarbeit mit U. Laufer) 1987.

[3] Aus: Deutsche Gedichte. Ausgewählt und eingeleitet von K. Krolow, Frankfurt 1983³, Bd. 2, 503.

[4] Aus: W. Helbich (Hg.), „Amerika ist ein freies Land ..." Auswanderer schreiben nach Deutschland, Darmstadt 1985, 27.

[5] K. Eder, Geschichte als Lernprozeß? Zur Pathogenese politischer Modernität in Deutschland, Frankfurt 1985, 108.

[6] Deutsche Gedichte, Bd. 2, 241.

[7] J. G. Droysen, Historik (Textausgabe von P. Leyh), Stuttgart-Bad Cannstatt 1977, 447.

[8] So J. Habermas, Moderne und postmoderne Architektur, in: ders., Die Neue Unübersichtlichkeit. Kleine Politische Schriften V, Frankfurt 1985, 11–29, hier: 19.

⁹ G. Bollenbeck, Stilinflation und Einheitsstil. Zur Funktion des Stilbegriffs in den Bemühungen um eine industrielle Ästhetik, in: H. U. Gumbrecht/K. L. Pfeiffer (Hg.), Stil, Frankfurt 1986, 222.

¹⁰ Als ein besonders bekanntes Beispiel kann die Patriotische Gesellschaft von Hamburg gelten. Vgl. hierzu: O. Brunner, Neue Wege der Verfassungs- und Sozialgeschichte, Göttingen 1968², 335–344.

¹¹ U. Im Hof, Das gesellige Jahrhundert, München 1982, 105–178.

¹² H. G. Göpfert (Hg.), Lesegesellschaften und bürgerliche Emanzipation, München 1980.

¹³ J. Rüsen, Die Uhr, der die Stunde schlägt. Geschichte als Prozeß der Kultur bei J. Burckhardt, in: K. G. Faber/Ch. Meier, Historische Prozesse (Beiträge zur Historik, Bd. 2), München 1978, 186–217.

¹⁴ W. Lepenies, Melancholie und Gesellschaft, Frankfurt 1981², 83.

¹⁵ Zur Kritik an der These von W. Lepenies vgl. G. v. Graevenitz, Innerlichkeit und Öffentlichkeit. Aspekte deutscher „bürgerlicher" Literatur im 18. Jahrhundert, in: Deutsche Vierteljahrsschrift für Literaturwissenschaft und Geistesgeschichte, 49, 1975 (Sonderheft: Das 18. Jahrhundert), 1–82, bes. 74.

¹⁶ J. G. Fichte, Die Bestimmung des Menschen (1800), neu hg. v. F. Medicus, Leipzig 1934⁴, 32. Hier zit. nach: W. Lepenies, Melancholie und Gesellschaft, 110.

¹⁷ Aus der großen Zahl der Schriften seien genannt: Johann Samuel Fest, Biographische Nachrichten und Bemerkungen über sich selbst, Leipzig 1797. Johann David Michaelis, Lebensbeschreibung, Leipzig 1793. Johann Salomo Semler, Lebensbeschreibung von ihm selbst abgefaßt, 1781.

¹⁸ Charakteristisch für diese Art der Selbstinterpretation ist die Lebensbeschreibung von A. Bernd.

¹⁹ W. Lepenies, Melancholie und Gesellschaft, 97.

²⁰ Zit. nach: P. Schmid, Zeit des Lesens - Zeit des Fühlens. Anfänge des deutschen Bildungsbürgertums. Ein Lesebuch, Berlin 1985, 78.

²¹ F. Schiller in einem Brief vom 14. 4. 1783 an Reinwald, zit. nach P. Schmid, 150 f.

²² So W. Benjamin, Der Flaneur (1938), in: G. Stein, Dandy, Snob, Flaneur. Exzentrik und Dekadenz. Kultfiguren und Sozialcharaktere des 19. und 20. Jahrhunderts, Bd. 2, Frankfurt 1985, 129.

²³ Ch. Baudelaire, Der Dandy (1868), in: G. Stein, Dandy, Snob, Flaneur, 42.

²⁴ So A. Hauser in seinem Werk „Sozialgeschichte der Kunst und Literatur", hier zit. nach G. Stein, 10.

²⁵ Vgl. Ch. Baudelaire, Der Dandy, in: G. Stein, Dandy, Snob, Flaneur, 10.

²⁶ So der Titel des 3. Bd.: G. Stein, Kultfiguren und Sozialcharaktere des 19. und 20. Jahrhunderts, mit dem Untertitel: Sexualität und Herrschaft, Frankfurt 1985.

²⁷ Für diese Zusammenhänge vgl. das Vorwort von G. Stein, Femme Fatale –. Vamp – Blaustrumpf, 12.

²⁸ Ph. Ariès, Eine Geschichte der Privatheit, in: Ästhetik und Kommunikation. Beiträge zur politischen Erziehung. Themenheft: Intimität, Jg. 15, 57–58, 1985, 11–20.

²⁹ R. Corbin, Pesthauch und Blütenduft. Eine Geschichte des Geruchs, Berlin 1984.

³⁰ Ph. Ariès, Eine Geschichte der Privatheit, 14.

³¹ W. Lepenies, Melancholie und Gesellschaft, 95.

³² Vgl. hierzu: J. L. Flandrin, Familien. Soziologie-Ökonomie-Sexualität, Frankfurt 1978, 187 ff.

³³ So P. Borscheid, Geld und Liebe. Zu den Auswirkungen des Romantischen auf die Partnerwahl im 19. Jahrhundert, in: P. Borscheid/H. J. Teuteberg (Hg.), Ehe, Liebe, Tod. Zum Wandel der Familie, der Geschlechts- und Generationsbeziehungen in der Neuzeit, Münster 1983, 113.

[34] N. Luhmann, Liebe als Passion. Zur Codierung von Intimität, Frankfurt 1984[4], 178.

[35] Vgl. ebd., 170.

[36] Zu diesen Entwicklungen: I. Weber-Kellermann, Die deutsche Familie. Versuch einer Sozialgeschichte, Frankfurt 1974, 106 f.

[37] Genauer dazu: N. Luhmann, Liebe als Passion, 172.

[38] Sehr informativ hierzu: M. Freudenthal, Bürgerlicher Haushalt und bürgerliche Familie vom Ende des 18. bis zum Ende des 19. Jahrhunderts, in: H. Rosenbaum (Hg.), Seminar: Familie und Gesellschaftsstruktur. Materialien zu den sozioökonomischen Bedingungen von Familienformen, Frankfurt 1978, 375–398. R. Sieder, Sozialgeschichte der Familie, Frankfurt 1987, 125–129.

[39] U. Frevert, Frauen-Geschichte. Zwischen Bürgerlicher Verbesserung und Neuer Weiblichkeit, Frankfurt 1986, 63.

[40] Zit. v. K. Hausen in ihrem grundlegenden Aufsatz: Die Polarisierung der ‚Geschlechtscharaktere‘. Eine Spiegelung der Dissoziation von Erwerbs- und Familienleben, in: H. Rosenbaum (Hg.), Seminar: Familie und Gesellschaftsstruktur. Materialien zu den sozioökonomischen Bedingungen von Familienformen, Frankfurt 1978, 171.

[41] P. Ariès, Geschichte der Kindheit, München 1975, 514 u. 548 ff.

[42] „Jahrhundert des Kindes" ist der Titel eines vielgelesenen Buches der schwedischen Pädagogin Ellen Key, das 1902 in deutscher Sprache erschien. J. Hardach-Pinke, Kinderalltag: Aspekte von Kontinuität und Wandel der Kindheit in autobiographischen Zeugnissen 1700 bis 1900, Frankfurt 1981; dies., Deutsche Kindheiten, 1978.

[43] Vgl. hierzu: D. Richter, Das Fremde Kind. Zur Entstehung der Kindheitsbilder des bürgerlichen Zeitalters, Frankfurt 1987, 230 f., die Lenz-Novelle von G. Büchner interpretierend. „Die Hoffnung auf die befreiende Kraft der Erziehung im Gang historischer Umwälzungen und die aufgeklärte Einsicht in die Möglichkeit der Veränderung der Verhältnisse - beide gehen in den ‚romantischen Blick‘ auf die ‚bessere‘ Kindheit ein. So erscheint Kindheit als *unendliche Möglichkeit,* Erwachsensein als *begrenzte Wirklichkeit."* (250 ff.).

[44] T. Mann, Buddenbrooks, Verfall einer Familie, Frankfurt 1981, 534.

[45] St. Zweig, Die Welt von Gestern, Erinnerungen eines Europäers, Frankfurt 1970 (Ausgabe 1986), 90.

[46] Vgl. ebd., 91 f.

[47] Die wichtigste Literatur findet sich bei: U. Herrmann (Hg.), Bibliographie zur Geschichte der Kindheit, Jugend und Familie, München 1980.

[48] Die Zahlen nach: M. Mitterauer, Sozialgeschichte der Jugend, Frankfurt 1986, 230.

[49] Die Anfangsgeschichte wird knapp erzählt von W. Mogge. Bilder aus dem Wandervogel Leben. Die bürgerliche Jugendbewegung in Fotos von Julius Groß, Köln 1986, 44.

[50] L. Klages, Mensch und Erde (1917), in: W. Mogge, Wandervogel, 44.

[51] P. Natorp, Aufgaben und Gefahren unserer Jugendbewegung (1913), in: W. Mogge, Wandervogel, 96.

[52] M. Mitterauer, Sozialgeschichte der Jugend, 223.

[53] Zit. nach C. Hepp, Avantgarde, Moderne Kunst, Kulturkritik und Reformbewegungen nach der Jahrhundertwende, München 1987, 38.

[54] Die Zahlen zit. von C. Hepp, Avantgarde, 29.

[55] Vgl. ebd., 30.

[56] M. Mitterauer, Sozialgeschichte der Jugend, 224; J. Reulecke, Männerbund versus Familie. Bürgerliche Jugendbewegung und Familie in Deutschland im ersten Drit-

tel des 20. Jhs., in: Th. Koebner, „Mit uns zieht die neue Zeit". Der Mythos
Jugend, Frankfurt 1985, 199–223.

[57] C. Hepp, Avantgarde, 30.

[58] M. Mitterauer, Sozialgeschichte der Jugend, 225 f.

[59] So sehr treffend W. Helwig, Die Blaue Blume des Wandervogels. Vom Aufstieg,
Glanz und Sinn einer Jugendbewegung, Gütersloh 1960, 143 f., zit. nach
W. Mogge, Wandervogel, 52.

[60] K. Mann, Der Wendepunkt. Ein Erlebnisbericht (1949), München 1981, 114 f.

[61] So auch A. Klönne, Jugend im Dritten Reich. Die Hitler-Jugend und ihre Gegner,
Düsseldorf 1982, 102.

[62] Für diese Entwicklung: M. Mitterauer, Sozialgeschichte der Jugend, 228 ff.,
A. Klönne, Jugend im Dritten Reich, 93 f.

[63] A. Hitler, Mein Kampf, München 1935, 455.

[64] I. Weber-Kellermann, Die deutsche Familie, Frankfurt 1974, 185.

[65] D. Winkler, Frauenarbeit im „Dritten Reich", Hamburg 1977, 42.

[66] Solche Bewußtseinsveränderungen spiegeln sich in den Nachkriegserfahrungen
von Frauen. M. Schmidt, Im Vorzimmer. Arbeitsverhältnisse von Sekretärinnen
und Sachbearbeiterinnen bei Thyssen nach dem Krieg, in: L. Niethammer (Hg.),
„Hinterher merkt man, daß es richtig war, daß es schiefgegangen ist". Nachkriegserfahrungen im Ruhrgebiet, Berlin 1983, 191–232.

[67] Vgl. auch U. Frevert, Frauen-Geschichte, 242 f.

[68] L. Rinser, Den Wolf umarmen, Frankfurt 1981, 396.

[69] H. Schelsky, Wandlungen der deutschen Familie in der Gegenwart, Dortmund
1960, 344.

[70] Bestärkend wirkten sich hier die zahlreichen Familien-Serien des Fernsehens aus.

[71] So U. Frevert, Frauen-Geschichte, 254.

[72] I. Langer, Familienpolitik – ein Kind der fünfziger Jahre, in: Perlonzeit. Wie die
Frauen ihr Wirtschaftswunder erlebten, Berlin 1986², 109–117.

[73] I. Weber-Kellermann, Kindheit der fünfziger Jahre, in: D. Bänsch (Hg.), Die fünfziger Jahre. Beiträge zu Politik und Kultur, Tübingen 1985, 163–183, bes. 167 ff.

[74] Die Zahl der Scheidungen stieg von 19 271 im Jahre 1961 auf 86 614 im Jahre
1972, nahm also um 75% in elf Jahren zu; nach: I. Langer, Familienpolitik, 110;
R. Sieder, Sozialgeschichte der Familie, 236–242.

[75] Die Zahlen bei: U. Frevert, Frauen-Geschichte, 258.

[76] Vgl. E. Noelle-Neumann/E. Piel (Hg.), Eine Generation später, BRD 1953–1979,
München 1983, 126: „Vielleicht wird in historischer Perspektive einmal als wich-
tigster Befund dieser Langzeit-Studie gelten, wie sich in der Zeit zwischen 1953
und 1979 das Selbstbewußtsein und die Verhaltensweisen der Frauen verändert
haben. Vom Anfang dieses Berichts an fanden wir Anzeichen dafür. Der weiter
gewordene Freundes- und Bekanntenkreis, der größere Interessenhorizont, die
häufigeren Erfahrungen im Berufsleben haben, soweit bisher erkennbar, nicht zu
einer Entfremdung zwischen Männern und Frauen geführt. Frauen sind für Männer wichtigere Gesprächspartner als 1953."

[77] Vgl. die Angaben in: Datenreport 1985, Zahlen und Fakten über die Bundesrepublik Deutschland. Statistisches Bundesamt, Schriftenreihe der Bundeszentrale für
politische Bildung, Bonn, Bd. 226, 449 f.

[78] Vgl. auch: I. Weber-Kellermann, Die deutsche Familie, 204–222. Eine sehr präzise
Analyse gegenwärtiger Familienbeziehungen gibt U. Beck, Risikogesellschaft. Auf
dem Weg in eine andere Moderne, Frankfurt 1986, 194 ff.

[79] A. Bangert, Der Stil der 50er Jahre, Bd. 2: Design und Kunsthandwerk, München
1983, 14 f.

[80] Zit. von A. Bangert, Der Stil der 50er Jahre, 11.

[81] So H. Meulemann, Wertwandel in der Bundesrepublik zwischen 1950 und 1980: Versuch einer zusammenfassenden Deutung vorliegender Zeitreihen, in: D. Oberndörfer/H. Rettinger/K. Schmitt (Hg.), Wirtschaftlicher Wandel, religiöser Wandel und Wertwandel. Folgen für das politische Verhalten in der Bundesrepublik Deutschland, Berlin 1985, 403.

[82] Vgl. hierzu die Interpretation von H. Meulemann, Wertwandel in der Bundesrepublik, 400–406.

[83] Vgl. W. Engels, Wachstum und Lebensqualität – ein Widerspruch? in: E. Noelle-Neumann/H. Piel (Hg.), Eine Generation später, 34 f.

[84] Datenreport 1985, Tabelle 4, 411 f.

[85] Datenreport 1985, 422.

Kapitel II.

1. Ernährung

[1] Zitiert nach: E. Weyrauch, Mahl-Zeiten. Beobachtungen zur sozialen Kultur des Essens in der Ständegesellschaft, in: A. E. Imhof (Hg.), Leib und Leben in der Geschichte der frühen Neuzeit (Berliner Historische Studien, Bd. 9), Berlin 1983, 114.

[2] G. Simmel, Soziologie der Mahlzeit, in: ders., Brücke und Tor, Stuttgart 1957, 245 f.

[3] N. Elias, Über den Prozeß der Zivilisation, Bd. 1, Frankfurt 1976, 140.

[4] G. Wiegelmann, Tischsitten. Essen aus einer gemeinsamen Schüssel. Atlas der deutschen Volkskunde, Neue Folge, Erläuterungen, Bd. II, Marburg 1966–1982, 225–249.

[5] P. Bourdieu, Die feinen Unterschiede. Kritik der gesellschaftlichen Urteilskraft, Frankfurt 1982, 292 f.

[6] M. Scharfe, Die groben Unterschiede. Not und Sinnesorganisation: Zur historisch-gesellschaftlichen Relativität des Genießens beim Essen, in: U. Jeggle (Hg.), Tübinger Beiträge zur Volkskultur, Tübingen 1986, bes. 21–24.

[7] G. Wiegelmann, Alltags- und Festspeisen, Wandel und gegenwärtige Stellung, Marburg 1967; ders., Der Wandel von Speisen- und Tischkultur im 18. Jahrhundert, in: E. Hinrichs/G. Wiegelmann (Hg.), Sozialer und kultureller Wandel in der ländlichen Welt des 18. Jahrhunderts (Wolfenbütteler Forschungen, Bd. 19), Wolfenbüttel 1982, 152 f.

[8] „Each meal is a structured social event which structures others in its own image." So „entziffert" die englische Sozialanthropologin Mary Douglas das Mahl, zit. von U. Tolksdorf, Grill und Grillen oder: die Kochkunst der mittleren Distanz. Ein Beschreibungsversuch, in: KBzV 5, 1973, 113.

[9] U. Tolksdorf, Ein systemtheoretischer Ansatz in der ethnologischen Nahrungsforschung, in: KBzV 4, 1972, 56.

[10] Tolksdorf, Grill und Grillen, 129.

[11] Wiegelmann, Der Wandel von Speisen- und Tischkultur, 153.

[12] Abbildungen und Erläuterungen bei: W. Schivelbusch, Das Paradies, der Geschmack und die Vernunft. Eine Geschichte der Genußmittel, München 1980, 96–103.

[13] Vgl. ebd., 45.

[14] Vgl. ebd., 46.

[15] Vgl. ebd., 67.

[16] St. Zweig, Die Welt von Gestern, Frankfurt 1970 (Ausg. 1986), 56 f.

[17] Schivelbusch, Das Paradies, 83.

[18] Wiegelmann, Der Wandel von Speisen- und Tischkultur, 154 f.

[19] P. Albrecht, Kaffee. Zur Sozialgeschichte eines Getränks, Braunschweig 1980, 48 f.

[20] Zit. nach H. J. Teuteberg, Die Eingliederung des Kaffees in den täglichen Getränkekonsum, in: H. J. Teuteberg/G. Wiegelmann (Hg.), Unsere tägliche Kost (Studien zur Geschichte des Alltags, Bd. 6), Münster 1986, 192.

[21] Vgl. ebd., 192.

[22] Zit. nach P. Albrecht, Kaffee, 53.

[23] Teuteberg, Die Eingliederung des Kaffees, 200.

[24] Teuteberg, Die Eingliederung des Kaffees, 197.

[25] Wiegelmann, Der Wandel von Speisen- und Tischkultur, 154.

[26] H. J. Teuteberg/G. Wiegelmann, Der Wandel der Nahrungsgewohnheiten unter dem Einfluß der Industrialisierung, Göttingen 1972, 279 f.

[27] M. Mende, Rübenzucker: Die Industrialisierung von Ackerbau und Mahlzeiten im 19. Jahrhundert. Regionale Beispiele, in: SOWI 14, 1985, 106.

[28] S. W. Mintz, Die süße Macht, Kulturgeschichte des Zuckers, Frankfurt 1987, 227.

[29] Wiegelmann, Der Wandel von Speisen- und Tischkultur, 159.

[30] Wiegelmann, Die tägliche Kost, 327.

[31] Schivelbusch, Das Paradies, 187 ff.

[32] Zit. von Teuteberg in: Der Wandel der Nahrungsgewohnheiten, 40.

[33] Vgl. ebd., 42.

[34] Einen guten Überblick gibt Teuteberg, Veränderungen des Nahrungsspielraums, in: Teuteberg/Wiegelmann, Der Wandel der Nahrungsgewohnheiten, bes. 66 ff.

[35] H. J. Teuteberg, Die tägliche Kost unter dem Einfluß der Industrialisierung, in: Teuteberg/Wiegelmann, Unsere tägliche Kost, 356.

[36] Teuteberg/Wiegelmann, Der Wandel der Nahrungsgewohnheiten, 75 f.

[37] G. Wiegelmann, Tendenzen kulturellen Wandels in der Volksnahrung des 19. Jahrhunderts, in: E. Heischkel-Artelt (Hg.), Ernährung und Ernährungslehre im 19. Jahrhundert, Göttingen 1976, 12 f.

[38] Th. Mann, Buddenbrooks, Frankfurt 1981 (Frankfurter Ausgabe), 554.

[39] Vgl. ebd., 36 f.

[40] Zit. nach: W. Artelt, Die deutsche Kochbuchliteratur des 19. Jahrhunderts, in: E. Heischkel-Artelt, Ernährung, 355 f.

[41] Berlin 1979 (Nachdruck der Ausgabe von 1839), 211.

[42] Vgl. ebd., 82 f.

[43] Wiegelmann, Tendenzen, 17.

[44] Teuteberg/Wiegelmann, Der Wandel der Nahrungsgewohnheiten, 77 f.

[45] P. Amadeus, Der gedeckte Tisch. Ein Beweis für Feinschmecker, Marbach 1958, zit. von: C. D. Rath, Reste der Tafelrunde. Das Abenteuer der Eßkultur, Reinbek 1984, 249.

[46] Vgl. ebd., 254 f.

[47] Teuteberg/Wiegelmann, Der Wandel der Nahrungsgewohnheiten, 79.

[48] Vgl. ebd., 84 f.

[49] H. Böll, Das Brot der frühen Jahre (1953), in: H. Böll, Werke, Romane und Erzählungen 3, 1954–1959 (Hg. v. B. Balzer), Köln 1977, 102 f.

[50] W. Protzner, Vom Hungerwinter bis zum Beginn der „Freßwelle", in: Ders., (Hg.), Vom Hungerwinter zum kulinarischen Schlaraffenland. Aspekte einer Kulturgeschichte des Essens in der Bundesrepublik Deutschland, Wiesbaden 1987, 25.

[51] Vgl. ebd., 25.

[52] H. Winkel, Vom Gourmand zum Gourmet, in: W. Protzner, Hungerwinter, 34.

[53] Wie auch die anderen Beispiele vgl. ebd., 36.

[54] U. Tolksdorf, Der Schnellimbiß und The World of Ronald McDonald, in: KBzV 13, 1981, 140.

[55] Rath, Reste der Tafelrunde, 200.

[56] Tolksdorf, Der Schnellimbiß, 139.

[57] Zit. bei Rath, Reste der Tafelrunde, 209 f.

[58] Vgl. ebd., 201.

[59] FAZ 30. 8. 1979, zit. von Rath, 202.

[60] Mary Douglas, Ritual, Tabu und Körpersymbolik. Sozialanthropologische Studien in Industriegesellschaft und Stammeskultur, Frankfurt 1981, 107.

[61] Frankfurter Vorlesungen, 1966, zit. von Tolksdorf, Der Schnellimbiß, 117.

[62] Neuform-Kurier 10, 1987.

[63] K. Laermann, Kommunikation an der Theke. Über einige Interaktionsformen in Kneipen und Bars, in: Materialien zu einer Soziologie des Alltags, Kölner Zeitschrift für Soziologie und Sozialpsychologie, Sonderheft 20/1978, 427.

[64] So auch F. Dröge/T. Krämer-Badoni, Die Kneipe. Zur Soziologie einer Kulturform, Frankfurt 1987, 230, wenn sie sich auch von der Bezeichnung „männerbündisch" distanzieren.

[65] Laermann, Kommunikation, 425.

[66] Vgl. hierzu: Dröge/Krämer-Badoni, Die Kneipe, 270–280.

[67] Vgl. ebd., 274.

[68] H. Maier-Leibnitz, Kochbuch für Füchse, München 1985.

[69] E. Casty, Geliebte Küche, Ein Kochbuch für Leute mit Geschmack, Küsnacht 1985².

[70] Rath, Reste der Tafelrunde, 168.

[71] In seinem Aufsatz: Grill und Grillen oder: Die Kochkunst der mittleren Distanz, 113–133.

[72] Rath, Reste der Tafelrunde, 166 f.

Kapitel II.

2. Wohnen

[1] N. Praz, Die Inneneinrichtung von der Antike bis zum Jugendstil, München 1965, 21.

[2] W. Braunfels, Die Kunst im Heiligen Römischen Reich Deutscher Nation, Bd. 1, München 1979, 89–94.

[3] Neben Braunfels vgl. L. Benevolo, Die Geschichte der Stadt, Frankfurt 1963, 871.

[4] J. Reulecke, Geschichte der Urbanisierung in Deutschland, Frankfurt 1985, 14.

[5] Vgl. ebd., 15.

[6] Einen guten Überblick gibt W. Köllmann, Von der Bürgerstadt zur Regional-„Stadt". Über einige Formwandlungen der Stadt in der deutschen Geschichte, in: J. Reulecke (Hg.), Die deutsche Stadt im Industriezeitalter, Wuppertal 1980, 15–30.

[7] W. Pöls (Hg.), Deutsche Sozialgeschichte. Dokumente und Skizzen, Bd. 1, 1815–1870, 1979³, 16–18.

[8] Vgl. hierzu und zu den folgenden Ausführungen: A. Corbin, Pesthauch und Blütenduft. Eine Geschichte des Geruchs, Berlin 1982. Weitere Literatur ebd., 305 f., A. 8.

⁹ Vgl. ebd., 122.

¹⁰ W. Sachse, Wohnen und soziale Schichtung in Göttingen im 18. Jahrhundert, in: H. J. Teuteberg (Hg.), Homo habitans. Zur Sozialgeschichte des ländlichen und städtischen Wohnens in der Neuzeit, Münster 1985, 146.

¹¹ A. Corbin, Pesthauch und Blütenduft, 114 f.

¹² Vgl. ebd., 137.

¹³ Vgl. P. Ariès, Geschichte der Kindheit, München 1975, 548 ff.

¹⁴ E. Meier-Oberist, Kulturgeschichte des Wohnens im abendländischen Raum, Hamburg 1956, 171 f.

¹⁵ Vgl. hierzu: G. Benker, Bürgerliches Wohnen. Städtische Wohnkultur in Mitteleuropa von der Gotik bis zum Jugendstil, München 1984, 33.

¹⁶ So im Titel einer Ausstellung, die im Jahre 1987 im Münchner Stadtmuseum stattfand: Biedermeiers Glück und Ende ... die gestörte Idylle 1815–1848.

¹⁷ H. Cinnkann, Mainzer Möbelschreiner der ersten Hälfte des 19. Jahrhunderts (Schriften des Historischen Museums Frankfurt a. Main 17), Frankfurt 1985, 148.

¹⁸ H. Ottomeyer, Von Stilen und Ständen in der Biedermeierzeit, in: Biedermeiers Glück und Ende, 102.

¹⁹ Zitiert von G. Benker, Bürgerliches Wohnen, 52.

²⁰ A. Stifter, Der Nachsommer, München 1987⁶, 7 f.

²¹ Th. Fontane, Meine Kinderjahre, Frankfurt 1983, 62.

²² Ottomeyer, Von Stilen und Ständen, 116.

²³ Vgl. ebd., 116.

²⁴ Meier-Oberist, Kulturgeschichte des Wohnens, 250 f.

²⁵ Die Abbildung des Aquarells bei Meier-Oberist, Kulturgeschichte des Wohnens, 251.

²⁶ W. von Kügelgen, Jugenderinnerungen eines alten Mannes, Zürich 1970, 570.

²⁷ Stifter, Der Nachsommer, 81.

²⁸ Benker, Bürgerliches Wohnen, 57.

²⁹ Ottomeyer, Von Stilen und Ständen, 116.

³⁰ Meier-Oberist, Kulturgeschichte des Wohnens, 262.

³¹ Ottomeyer, Von Stilen und Ständen, 109.

³² Meier-Oberist, Kulturgeschichte des Wohnens, 254.

³³ Jens Peter Jacobsen, Niels Lyhne, zit. von Meier-Oberist, Kulturgeschichte des Wohnens, 247.

³⁴ Abbildung ebd., 248.

³⁵ Praz, Die Inneneinrichtung, 330.

³⁶ Eine bildliche Darstellung bei Benker, Bürgerliches Wohnen, 56. Fig. 32 zeigt eine Küche um die Mitte des 19. Jahrhunderts.

³⁷ H. Rosenbaum (Hg.), Seminar: Familie und Gesellschaftsstruktur. Materialien zu den sozioökonomischen Bedingungen von Familienformen, Frankfurt 1978, 375–398.

³⁸ Benker, Bürgerliches Wohnen, 55 f.

³⁹ H. J. Teuteberg/C. Wischermann, Wohnalltag in Deutschland, 1850–1914, Bilder-Daten-Dokumente, Münster 1985, 81.

⁴⁰ Jules Michelet, Le Peuple, zit. von W. Schivelbusch, Lichtblicke. Zur Geschichte der künstlichen Helligkeit im 19. Jahrhundert, München 1983, 128.

⁴¹ Vgl. ebd., 138.

⁴² W. Benjamin, Das Passagenwerk, Bd. 1, Frankfurt 1983, 532.

⁴³ Eduard Devrient. Briefe aus Paris, Berlin 1840, zit. v. Benjamin, 92.

⁴⁴ Schivelbusch, Lichtblicke, 143.

⁴⁵ Benjamin, Das Passagenwerk, Bd. 1, 512.

[46] W. Hävernick, Wohnung und Lebensweise einer Hamburger Familie des oberen Mittelstandes, in: Teuteberg/Wischermann, Wohnalltag, 81.

[47] E. Engel, Die Wohnungsfrage eine Eisenbahnfrage, in: Teuteberg/Wischermann, Wohnalltag, 80.

[48] Vgl. ebd., 81.

[49] Vgl. ebd.

[50] So der konservative protestantische Initiator der deutschen Reformbestrebungen Victor Aimé Huber, vgl. Teuteberg/Wischermann, Wohnalltag, 244.

[51] G. Schmoller, 1887, zit. nach C. Wischermann, „Familiengerechtes Wohnen": Anspruch und Wirklichkeit in Deutschland vor dem Ersten Weltkrieg, in: Teuteberg, Homo habitans, 169.

[52] Vgl. ebd., 172.

[53] K. Schwarz, Der Bremer Wohnungsmarkt um die Mitte des 18. Jahrhunderts, in: VSWG 55, 1968, 193–213.

[54] Meier-Oberist, Kulturgeschichte des Wohnens, 233.

[55] C. Wischermann, Wohnen in Hamburg vor dem Ersten Weltkrieg, Münster 1983, 132.

[56] Vgl. ebd., 134.

[57] Vgl. ebd., 140.

[58] F. J. Brüggemeier/L. Niethammer, Schlafgänger, Schnapskasinos und schwerindustrielle Kolonie. Aspekte der Arbeiterwohnungsfrage im Ruhrgebiet vor dem Ersten Weltkrieg, in: J. Reulecke/W. Weber (Hg.), Fabrik, Familie, Feierabend. Beiträge zur Sozialgeschichte des Alltags im Industriezeitalter, Wuppertal 1978, 144.

[59] W. Kaisen, Meine Arbeit, mein Leben, München 1967, 11 f., zit. bei L. Niethammer, Wie wohnten Arbeiter im Kaiserreich? In: AfS 16, 1976, 114.

[60] P. Göhre, Drei Monate Fabrikarbeiter und Handwerksbursche, Leipzig 1891, nach: Teuteberg/Wischermann, Wohnalltag, 265 f.

[61] Vgl. für diese Entwicklung ebd., 244–249.

[62] L. Niethammer, Wie wohnten Arbeiter im Kaiserreich? In: AfS 16, 1976, 119. Näheres über Schlafgänger vgl. ebd. 115–122.

[63] Vgl. ebd., 125.

[64] Vgl. ebd., 127.

[65] Vgl. dazu E. Gransche u. F. Rothenbacher, Wohnbedingungen in der zweiten Hälfte des 19. Jahrhunderts, 1861–1910, in: GG 14, 1988, 64–85.

[66] R. Sieder, Sozialgeschichte der Familie, Frankfurt 1987, 140.

[67] Meier-Oberist, Kulturgeschichte des Wohnens, 268 f.

[68] Als Beispiel vgl. den Grundriß einer solchen Wohnung in: Benker, Bürgerliches Wohnen, 63 (Fig. 35).

[69] H. Müller, Dienstbare Geister. Leben und Arbeitswelt städtischer Dienstboten (Schriften des Museums für Deutsche Volkskunde, Berlin, Bd. 6), Berlin 1981, 184.

[70] H. Kronberger-Frentzen, Eine glückliche Kindheit, Hamburg 1948, 21 f.

[71] Benker, Bürgerliches Wohnen, 62.

[72] Kronberger-Frentzen, Eine glückliche Kindheit, 22 f.

[73] Benker, Bürgerliches Wohnen, 62.

[74] Benjamin, Das Passagenwerk, 1. Bd., Frankfurt 1983, 288.

[75] Vgl. ebd., 298.

[76] J. M. Fischer, Imitieren und Sammeln. Bürgerliche Möblierung und künstlerische Selbstinszenierung, in: H. U. Gumbrecht/K. L. Pfeiffer (Hg.), Stil. Geschichten und Funktionen eines kulturwissenschaftlichen Diskurselements, Frankfurt 1986, 384.

[77] Vgl. ebd., 372.

[78] Vgl. ebd., 375.

[79] E. J. Hobsbawm, Die Blütezeit des Kapitals. Eine Kulturgeschichte der Jahre 1848–1875, Frankfurt 1980, 288.

[80] J. M. Fischer, Imitieren und Sammeln, 377.

[81] Benker, Bürgerliches Wohnen, 67.

[82] Vgl. zu diesem Titelblatt: G. Bollenbeck, Stilinflation und Einheitsstil. Zur Funktion des Stilbegriffs in den Bemühungen um eine industrielle Ästhetik, in: Gumbrecht/Pfeiffer, Stil, 216.

[83] Harry Graf Kessler, Tagebücher 1918–1937, Frankfurt 1961, 622.

[84] Als ein Beispiel kann das von Henry van de Velde entworfene Eßzimmer von Karl Osthaus, Hagen, gelten. Vgl. die Abbildung bei Meier-Oberist, Kulturgeschichte des Wohnens, 298.

[85] Vgl. C. Hepp, Avantgarde. Moderne Kunst, Kulturkritik und Reformbewegungen nach der Jahrhundertwende, München 1987, 160.

[86] Benker, Bürgerliches Wohnen, 79.

[87] Kessler, Tagebücher, 477.

[88] Praz, Die Inneneinrichtung, 381.

[89] Vgl. hierzu Hepp, Avantgarde, 167–171; H. Wichmann, Aufbruch zum neuen Wohnen, Basel 1978, 80–89.

[90] Benker, Bürgerliches Wohnen, 78.

[91] Benevolo, Die Geschichte der Stadt, 909.

[92] Vgl. ebd., 945.

[93] D. J. K. Peukert, Die Weimarer Republik. Krisenjahre der klassischen Moderne, Frankfurt 1987, 181–185.

[94] Neue Heimat (Hg.), „So möchte ich wohnen". Ergebnisse einer wohnungswirtschaftlichen Befragung der Bevölkerung in elf deutschen Städten, Bd. 1, Hamburg 1955, zit. nach: C. Borngräber, Nierentisch und Schippendale. Hinweise auf Architektur und Design, in: D. Bänsch (Hg.), Die fünfziger Jahre. Beiträge zu Politik und Kultur, Tübingen 1985, 254.

[95] Vgl. ebd., 228.

[96] Vgl. ebd., 237 f.

[97] Vgl. ebd., 245 ff.

[98] Vgl. ebd., 239.

[99] Vgl. ebd., 227.

[100] E. Noelle/E. Neumann (Hg.), Jahrbuch der öffentlichen Meinung 1947–1955, Allensbach 1956, 107.

[101] So Egon Friedell, Kulturgeschichte der Neuzeit, Bd. 2, München 1986[6], 1301.

[102] Vgl. H. Koelbl/M. Sack, Das deutsche Wohnzimmer, München 1980, 18.

[103] Hierzu: M. Warnke, Zur Situation der Couchecke, in: J. Habermas (Hg.), Stichworte zur „Geistigen Situation der Zeit", 2. Bd. Politik und Kultur, Frankfurt 1979, 673–687.

[104] Vgl. ebd., 683.

[105] H. Kentler, Die Wohngruppe als gesellschaftliche Institution, in: J. Feil (Hg.), Wohngruppe, Kommune, Großfamilie. Gegenmodell zur Kleinfamilie, Reinbek 1972, 9.

[106] H. Berndt, Kommune und Familie, in: Kursbuch 17, Juni 1969, 133.

[107] F. Graf, Lernziel: Wohnen. Bericht über eine Wohngemeinschaft, in: Kursbuch 37, Oktober 1974, 146.

[108] Graf, Lernziel: Wohnen, 148 f.

[109] Vgl. ebd., 154.

[110] Vgl. ebd., 163.

[111] R. Just, Die immer deutlicher hervortretenden „zwei Seiten" des Wohngemeinschaftslebens. Der Wandel der WG-Szene vor und nach dem Stichtag 30, in: P. Roos (Hg.), Trau keinem über dreißig. Eine Generation zwischen besetzten Stühlen, Köln 1980, 202.

[112] Vgl. ebd., 208.

[113] Vgl. Datenreport 1985. Zahlen und Fakten über die Bundesrepublik Deutschland. Statistisches Bundesamt, Schriftenreihe der Bundeszentrale für politische Bildung, Bd. 226, Bonn 1985, 44 f.

[114] Koelbl/Sack, Das deutsche Wohnzimmer, 132.

Kapitel II.

3. Freizeit

[1] Die Unterscheidung trifft E. Scheuch, Soziologie der Freizeit, in: R. König, Handbuch der empirischen Sozialforschung, 2. Bd., Stuttgart 1969, 777.

[2] Vgl. W. Nahrstedt, Die Entstehung der Freizeit, dargestellt am Beispiel Hamburgs, Göttingen 1972, 284–289.

[3] Freilich muß differenzierend hinzugefügt werden, daß all jenen, die bis heute keine strikte Trennung von Berufs- und Privatsphäre kennen – das gilt für die bäuerlichen Familienbetriebe, aber auch für Hausfrauen und akademische Berufe, die ihre Arbeit am häuslichen Schreibtisch verrichten –, die „vorindustrielle" Tageseinteilung erhalten geblieben ist.

[4] L. Preller, Sozialpolitik in der Weimarer Republik, Düsseldorf 1978, 146–149.

[5] Vgl. ebd., 150.

[6] So Detlev J. K. Peukert, Die Weimarer Republik, Frankfurt 1987, 177.

[7] W. Nahrstedt, Die Entstehung der Freizeit, 290; für den Zusammenhang: 289–291.

[8] Th. W. Adorno, Freizeit, in: ders., Stichworte. Kritische Modelle 2, Frankfurt 1969^2, 57–67.

[9] Vgl. Historisches Wörterbuch der Philosophie, Bd. 6, Darmstadt 1984, Sp. 257–260, bes., Sp. 259.

[10] Th. Litt, Das Bildungsideal der deutschen Klassik und die moderne Arbeitswelt, Bochum 1962^2.

[11] W. Nahrstedt, Die Entstehung der Freizeit, 192.

[12] E. Schön, Der Verlust der Sinnlichkeit oder: Die Verwandlungen des Lesers. Mentalitätswandel um 1800 (Sprache und Geschichte, Bd. 12), Stuttgart 1987, 250.

[13] Vgl. ebd., 243.

[14] Vgl. ebd.

[15] F. Baldinger, Lebensbeschreibung von ihr selbst verfaßt, Offenbach 1791, 25.

[16] Vgl. aus der umfangreichen Literatur im Überblick: H. Kiesel/P. Münch, Gesellschaft und Literatur im 18. Jahrhundert. Voraussetzungen und Entstehung des literarischen Marktes in Deutschland, München 1977; R. Grimminger (Hg.), Die Aufklärung bis zur Französischen Revolution (Sozialgeschichte der deutschen Literatur vom 16. Jahrhundert bis zur Gegenwart, Bd. 3), München 1980.

[17] Genaue Zahlen über den Stand der Alphabetisierung sind nicht vorhanden. Die bisherigen Untersuchungen belegen einen Anstieg der Lesefähigkeit im 18. Jahrhundert. In der ersten Hälfte des Jahrhunderts konnten wohl nur zehn Prozent

der erwachsenen Bevölkerung lesen. Seit den siebziger Jahren verdoppelte sich dieser Anteil. Bis 1800 stieg er auf fünfundzwanzig Prozent an, unter denen sich viele hunderttausend Menschen mit festen Lesegewohnheiten befanden. (H. U. Wehler, Deutsche Gesellschaftsgeschichte, 1. Bd., 1700–1815, München 1987, 303.) Zur Lektüre des „gemeinen" Mannes: vgl. R. Schenda, Volk ohne Buch. Studien zur Sozialgeschichte der populären Lesestoffe, 1770–1910, München 1977[2], 433 f.

[18] Zit. bei E. Schön, Der Verlust der Sinnlichkeit, 113.

[19] Nahrstedt, Die Entstehung der Freizeit, 180.

[20] Es handelt sich bei diesem Bild um ein Kupfer von Dequevauvilliers nach einem Gemälde von Lavreince „Assemblée au Salon". Hinweis von E. Schön, Der Verlust der Sinnlichkeit, 355, A. 78.

[21] So der Titel des den Gesellschaften des 18. Jahrhunderts gewidmeten Buches von Ulrich Im Hof, Das gesellige Jahrhundert. Gesellschaft und Gesellschaften im Zeitalter der Aufklärung, München 1982.

[22] Neben Im Hof, 123–134, immer noch grundlegend: M. Prüsener, Lesegesellschaften im 18. Jahrhundert. Ein Beitrag zur Lesegeschichte, Frankfurt a. M. 1972. Neuerdings kurzgefaßt: R. van Dülmen, Die Gesellschaft der Aufklärer. Zur bürgerlichen Emanzipation und aufklärerischen Kultur in Deutschland, Frankfurt 1986, 42–90.

[23] van Dülmen, Die Gesellschaft der Aufklärer, 86.

[24] P. Schleuning, Das 18. Jahrhundert: Der Bürger erhebt sich, Reinbek 1984, 125. Hinweise auch bei: E. Preußner, Die bürgerliche Musikkultur. Ein Beitrag zur deutschen Musikgeschichte des 18. Jahrhunderts, Hamburg 1935, 32 f.

[25] Schleuning, Das 18. Jahrhundert, 120 f.

[26] Vgl. ebd., 125.

[27] Vgl. ebd., 203 f.

[28] H. Herz, In Erinnerungen, Briefen und Zeugnissen, Frankfurt 1984, 82.

[29] Vgl. ebd., 233.

[30] Vgl. dazu: Preußner, Die bürgerliche Musikkultur, 43.

[31] Vgl. ebd., 42.

[32] K. G. Fellerer, Studien zur Musik des 19. Jahrhunderts, Bd. 1: Musik und Musikleben im 19. Jahrhundert, Regensburg 1984, 18 f.

[33] Vgl. ebd., 40 f.

[34] Vgl. ebd., 51.

[35] Vgl. ebd., 287.

[36] R. Huch, Autobiographische Schriften. Gesammelte Werke, 11. Bd., Köln o. J., 32.

[37] Ein Abdruck bei: I. Weber-Kellermann, Das Weihnachtsfest. Eine Kultur- und Sozialgeschichte der Weihnachtszeit, München 1987[2], 14.

[38] T. Nipperdey, Deutsche Geschichte 1800–1866. Bürgerwelt und starker Staat, München 1986, 549.

[39] R. Huch, Autobiographische Schriften, 35.

[40] T. Mann, Buddenbrooks, 543 f.

[41] Hierzu genauer: I. Weber-Kellermann, Das Weihnachtsfest, 121 ff.

[42] T. Mann, Buddenbrooks, 546.

[43] I. Weber-Kellermann, Das Weihnachtsfest, 6.

[44] Die Belastung, die es bedeutete, dem Weihnachtsideal auch unter unerträglichen Verhältnissen entsprechen zu müssen, ist in der autobiographischen Literatur öfter zum Ausdruck gekommen. Ein besonders trauriges Beispiel schildert Adelheid Popp, Jugend einer Arbeiterin (1909), Berlin 1977, 26.

[45] Zit. nach I. Weber-Kellermann, Das Weihnachtsfest, 88.

[46] Über den Zusammenhang beider Sphären vgl. H. Bausinger, Anmerkungen zum Verhältnis von öffentlicher und privater Festkultur, in: D. Düding/P. Friedemann/P. Münch (Hg.), Öffentliche Festkultur. Politische Feste in Deutschland von der Aufklärung bis zum Ersten Weltkrieg, Reinbek 1988, 390–404, bes. 400.

[47] Vgl. zum Hambacher Fest selbst und seinem politischen Kontext: T. Nipperdey, Deutsche Geschichte, 369 ff.; H. U. Wehler, Deutsche Gesellschaftsgeschichte, 2. Bd.: Von der Reformära bis zur industriellen und politischen „deutschen Doppelrevolution" 1815–1845/49, München 1987, 363–67. Zum Liberalismus als Träger des Festes vgl. den von Lothar Gall herausgegebenen Sammelband: Liberalismus, Königstein 1980², der die neuere Forschung zum Liberalismus dokumentiert.

[48] Vgl. zu den verschiedenen Artikulationsformen: C. Foerster, Das Hambacher Fest 1832. Volksfest und Nationalfest einer oppositionellen Massenbewegung, in: Düding/Friedemann/Münch, Öffentliche Festkultur, 113–131.

[49] Vgl. ebd., 117.

[50] K. Gutzkow, Das Gutenbergfest 1837 in Mainz, in: H. J. Simm (Hg.) Feiern und Feste. Ein Lesebuch, Frankfurt 1988, 162 f.

[51] Dazu: K. G. Faber, Deutsche Geschichte im 19. Jahrhundert. Restauration und Revolution (Handbuch der deutschen Geschichte, hg. v. L. Just, Bd. 3/I b), Wiesbaden 1979, 166 f.

[52] Vgl. L. Haupts, Die Kölner Dombaufeste 1842–1880 zwischen kirchlicher, bürgerlich-nationaler und dynastisch-höfischer Selbstdarstellung, in: Düding/Friedemann/Münch, Öffentliche Festkultur, 191–211.

[53] Zur Situation der Arbeiter und zum folgenden vgl. D. Langewiesche/K. Schönhoven (Hg.), Arbeiter in Deutschland. Studien zur Lebensweise der Arbeiterschaft im Zeitalter der Industrialisierung, Paderborn 1981, vor allem die Einleitung: Zur Lebensweise von Arbeitern in Deutschland im Zeitalter der Industrialisierung.

[54] Angaben nach: A. Lüdtke, Arbeitsbeginn, Arbeitspausen, Arbeitsende. Skizzen zur Bedürfnisbefriedigung und Industriearbeit im 19. und frühen 20. Jahrhundert, in: G. Huck (Hg.), Sozialgeschichte der Freizeit. Untersuchungen zum Wandel der Alltagskultur in Deutschland, Wuppertal 1980, 99.

[55] Hierzu auch: R. Braun, Die Fabrik als Lebensform, in: R. van Dülmen/N. Schindler (Hg.), Volkskultur. Zur Wiederentdeckung des vergessenen Alltags, Frankfurt 1984, 299–351, bes. 301 ff. u. 304.

[56] Hierzu: J. Reulecke, Vom blauen Montag zum Arbeiterurlaub. Vorgeschichte und Entstehung des Erholungsurlaubs für Arbeiter vor dem Ersten Weltkrieg, in: AfS 18, 1976, 205–248, bes. 213 ff.

[57] Vgl. hierzu: C. Korff, „Heraus zum 1. Mai". Maibrauch zwischen Volkskultur, bürgerlicher Folklore und Arbeiterbewegung, in: v. Dülmen/Schindler, Volkskultur, 246–281.

[58] Vgl. hierzu und zum folgenden: A. Herzig, Die Lassalle-Feiern in der politischen Festkultur der frühen deutschen Arbeiterbewegung, in: Düding/Friedemann/Münch, Öffentliche Festkultur, 321–333.

[59] Nach G. Korff, Volkskultur und Arbeiterkultur. Überlegungen am Beispiel der sozialistischen Maifeiertradition, in: GG 5, 1979, 96.

[60] Vgl. auch V. Lidtke, Lieder der deutschen Arbeiterbewegung, 1864–1914, in: GG 5, 1979, 54–82, hier: 68.

[61] E. Lerch, Die Maifeiern der Arbeiter im Kaiserreich, in: Düding/Friedemann/Münch, Öffentliche Festkultur, 352–372, bes. 362 ff.

[62] W. Laqueur, Weimar. Die Kultur der Republik, Frankfurt 1974, 279.

[63] K. Mann, Der Wendepunkt. Ein Lebensbericht, (1949), München 1981, 143 f.

⁶⁴ Hierzu: W. Laqueur, Weimar, 283; J. Schebera, Damals im Romanischen Café. Künstler und ihre Lokale im Berlin der Zwanziger Jahre, Braunschweig 1988.

⁶⁵ K. Mann, Der Wendepunkt, 148 f.

⁶⁶ H. Reiser (1925), zit. von D. Peukert, Die Weimarer Republik. Krisenjahre der klassischen Moderne, Frankfurt 1987, 169.

⁶⁷ Vgl. für diese Zusammenhänge ebd., 173 ff.

⁶⁸ Die Zahlen vgl. ebd., 176.

⁶⁹ U. Jeggle, Im Schatten des Körpers. Vorüberlegungen zu einer Volkskunde der Körperlichkeit, in: ZfV 76, 1980, 177.

⁷⁰ C. Graf von Krockow, Sport und Industriegesellschaft, München 1972, 94.

⁷¹ Vgl. auch: A. E. Imhof, Geschichte der Sexualität – Sexualität in der Geschichte, in: C. Wulf (Hg.), Lust und Liebe. Wandlungen der Sexualität, München 1985, 187 f.

⁷² Zit. nach: U. Frevert, Krankheit als politisches Problem 1770–1880. Soziale Unterschichten in Preußen zwischen medizinischer Polizei und staatlicher Sozialversicherung (Kritische Studien zur Geschichtswissenschaft, Bd. 62), Göttingen 1984, 31. Zu diesem Zusammenhang vgl. bes. 28–36.

⁷³ H. Eichberg, Leistung, Spannung, Geschwindigkeit. Sport und Tanz im gesellschaftlichen Wandel des 18. und 19. Jahrhunderts (Stuttgarter Beiträge zur Geschichte und Politik, Bd. 12), Stuttgart 1978, 299.

⁷⁴ Hierzu vgl. auch weitere Veröffentlichungen von H. Eichberg: Der Umbruch des Bewegungsverhaltens. Leibesübungen, Spiele und Tänze in der Industriellen Revolution, in: A. Nitschke, Verhaltenswandel in der Industriellen Revolution. Beiträge zur Sozialgeschichte, Stuttgart 1975, 118–135. Und: Zivilisation und Breitensport. Die Veränderung des Sports ist gesellschaftlich, in: C. Huck, Sozialgeschichte der Freizeit, 77–93.

⁷⁵ C. Graf von Krockow, Sport, Gesellschaft, Politik. Eine Einführung, München 1980, 15.

⁷⁶ Vgl. ebd., 19 ff.

⁷⁷ G. Lüschen, Sport und Kultur, in: E. Scheuch/R. Meyersohn (Hg.) Soziologie der Freizeit, Köln 1972, 290–303; H. W. Prahl, Freizeitsoziologie. Entwicklungen – Konzepte – Perspektiven, München 1977, 99–107.

⁷⁸ C. Graf von Krockow, Sport, Gesellschaft, Politik, 49.

⁷⁹ W. von Kügelgen, Jugenderinnerungen eines alten Mannes, Zürich 1978, 499 u. 502.

⁸⁰ G. Herre, Arbeitersport, Arbeiterjugend und Obrigkeitsstaat 1893–1914, in: C. Huck, Soziologie der Freizeit, 187–205; H. Ueberhorst, Die Arbeitersportbewegung in Deutschland (1893–1933), in: D. Petzina (Hg.), Fahnen, Fäuste, Körper. Symbolik und Kultur der Arbeiterbewegung, Essen 1988, 61–67.

⁸¹ Zit. bei Herre, Arbeitersport, 204 f.

⁸² E. Noelle-Neumann/E. Piel (Hg.), Eine Generation später. Bundesrepublik Deutschland 1953–1979, München 1983, Tabellen 171 u. 177.

⁸³ Nach: Statistisches Bundesamt (Hg.), Datenreport 1987. Zahlen und Fakten über die Bundesrepublik Deutschland, Schriftenreihe der Bundeszentrale für politische Bildung, Bd. 257, Bonn 1987, 147.

⁸⁴ J. Palm, Freizeitsport im Verein, zit. von Krockow, Sport, Gesellschaft, Politik, 107.

⁸⁵ Hierzu: W. B. Lerg, Rundfunkpolitik in der Weimarer Republik, München 1980.

⁸⁶ Zahlen vgl. ebd., 116 u. 145.

⁸⁷ E. K. Scheuch, Soziologie der Freizeit, in: R. König (Hg.), Handbuch der Empirischen Sozialforschung, 2. Bd., Stuttgart 1969, 787 u. 791–793.

⁸⁸ In der Ausgabe: Berlin 1924, 835.

[89] Die ästhetischen Funktionen der Massenmedien, ganz besonders der Schallplatte, sind neben ihren sozialen Funktionen zu wenig untersucht worden. Vgl. die Kritik bei R. Silbermann/H. O. Luthe, Massenkommunikation, in: R. König (Hg.), Handbuch der empirischen Sozialforschung, 717. Für die geringe Aufmerksamkeit, die der Musik als Freizeitbeschäftigung in der Forschung geschenkt wird, spricht, daß in den Veröffentlichungen wie „Datenreport" nur ganz belanglose und wenig aussagekräftige Angaben vorhanden sind.

[90] T. W. Adorno, Freizeit, 58.

[91] Aus: Der neue Rundfunk 1. Nr. 22 v. 29. 8. 1926, zit. in: P. Dahl, Arbeitersender und Volksempfänger. Proletarische Radiobewegung und bürgerlicher Rundfunk bis 1945, Frankfurt 1978, 156.

[92] E. K. Scheuch, Soziologie der Freizeit, 792.

[93] P. Dahl, Radio. Sozialgeschichte des Rundfunks für Sender und Empfänger, Reinbek 1983, 48 ff.

[94] Zit. vgl. ebd., 31.

[95] Lerg, Rundfunkpolitik, 269 f. Für die Vorgeschichte 223–278.

[96] Vgl. ebd., 35 f.

[97] Zit. bei P. Dahl, Arbeitersender, 155.

[98] Vgl. ebd., 154.

[99] Vgl. ebd., 108.

[100] R. Diller, Rundfunkpolitik im Dritten Reich, München 1980, 10.

[101] P. Dahl, Radio, 163.

[102] Nach P. Dahl, Arbeitersender, 114 f.

[103] P. Dahl, Radio, 163.

[104] R. Diller, Rundfunkpolitik im Dritten Reich, 308.

[105] Vgl. ebd., 316.

[106] M. Boveri, Tage des Überlebens. Berlin 1945, München 1985, 48.

[107] K. Berg/M. L. Kiefer (Hg.), Massenkommunikation II. Eine Langzeitstudie zur Mediennutzung und Medienbewertung 1964–1980, Frankfurt 1982, 121 ff.

[108] Vgl. ebd., 122.

[109] Datenreport 1987, 138.

[110] Berg/Kiefer, Massenkommunikation II, 16 f.

[111] E. K. Scheuch, Soziologie der Freizeit, 798.

[112] Vgl. auch: H. T. Himmelweit, Wirkungen des Fernsehens, in: Scheuch/Meyersohn, Soziologie der Freizeit, 282.

[113] N. Postman, Wir amüsieren uns zu Tode, Frankfurt 1985 u. N. Postman, Das Verschwinden der Kindheit, Frankfurt 1983.

[114] Berg/Kiefer, Massenkommunikation II, 120 ff. (Mit Zahlen und Interpretationen.)

[115] Vgl. hierzu: D. Prokop, Faszination und Langeweile. Die populären Medien, Stuttgart 1979, 101–138, mit interessanten Hinweisen zur Differenzierung des Fernsehpublikums; H. W. Opaschowski/G. Raddatz, Freizeit im Wertewandel. Die neue Einstellung zu Arbeit und Freizeit (Schriftenreihe zur Freizeitforschung, Bd. 4), Hamburg 1982, 20 ff.

[116] Berg/Kiefer, Massenkommunikation II, 132.

[117] Vgl., z. B. Datenreport 1987, 458: Subjektives Wohlbefinden bezieht sich gleichermaßen auf den Beruf wie auf den Freizeitbereich.

[118] So werden die entsprechenden Umfrageergebnisse von Frau Noelle-Neumann gedeutet: „Interesse als Grundstimmung gegenüber dem Beruf nimmt ab". (111) Einschränkungen dagegen bei: C. Watrin, vgl. ebd., 65. Alle Stellungnahmen im Band: Noelle-Neumann/Piel (Hg.), Eine Generation später.

[119] Vgl. auch: E. K. Scheuch, Soziologie der Freizeit, 789 ff.

[120] H. Lüdtke, Freizeit in der Industriegesellschaft. Emanzipation oder Anpassung? Opladen 1975², 61.

[121] H. W. Prahl, Freizeitsoziologie, 91. Zur Beweisführung: 82–91.

Kapitel II.

4. Reisen

[1] E. Noelle-Neumann u. E. Piel (Hg.), Eine Generation später. BRD 1953–1979, München 1983, 319, Anm. 118 T 46, 119.

[2] Datenreport 1947, T 6, 144.

[3] H. W. Prahl/A. Steinecke, Der Millionen-Urlaub. Von der Bildungsreise zur totalen Freizeit, Darmstadt 1979, 9.

[4] H. M. Enzensberger, Eine Theorie des Tourismus, in: ders., Einzelheiten I. Bewußtseins-Industrie, Frankfurt 1976, 204.

[5] Vgl. ebd., 192.

[6] F. Kafka, Der Aufbruch, zit. bei Prahl/Steinecke, Der Millionen-Urlaub, 9.

[7] Zu der Bedeutung dieses Topos und seiner Umdeutung bei Voltaire: „L'enfant prodigue" und Laurence Sterne, die die Entdeckung des Reisens auf ihre Weise einleiten vgl. K. Laermann, Raumerfahrung und Erfahrungsraum. Einige Überlegungen zu Reiseberichten aus Deutschland vom Ende des 18. Jahrhunderts in: H. J. Piechotta (Hg.), Reise und Utopie. Zur Literatur der Spätaufklärung, Frankfurt 1976, 57–97, hier: 57–61.

[8] Für diese Veränderungen vgl. H. Witthöft, Reiseanleitungen, Reisemodalitäten, Reisekosten im 18. Jahrhundert, in: B. I. Krasnobaiv/G. Robel/H. Zeman, Reisen und Reisebeschreibungen im 18. und 19. Jahrhundert als Quellen der Kulturbeziehungsforschung, Berlin 1980, 39–50.

[9] Vgl. W. Bonss, Die Einübung des Tatsachenblicks. Zur Struktur und Veränderung empirischer Sozialforschung, Frankfurt 1982.

[10] A. L. v. Schlözer, Vorlesungen über Land- und Seereisen, (WS 1795/96), hg. von W. Ebel, Göttingen 1964², 54.

[11] H. E. Bödeker, Reisebeschreibungen im historischen Diskurs der Aufklärung, in: H. E. Bödeker u. a. (Hg.), Aufklärung und Geschichte, Göttingen 1986, 277–298; W. E. Stewart, Gesellschaftspolitische Tendenzen in der Reisebeschreibung des ausgehenden 18. Jahrhunderts, in: W. Griep/H. W. Jäger (Hg.), Reise und soziale Realität am Ende des 18. Jahrhunderts, Heidelberg 1983, 32–47.

[12] R. R. Wuthenow, Die erfahrene Welt. Europäische Reiseliteratur im Zeitalter der Aufklärung, Frankfurt 1980, 39.

[13] Brief G. Forsters an Spener, 1790. Vgl. H. Peitsch, Georg Forsters „Ansichten vom Niederrhein". Zum Problem des Übergangs vom bürgerlichen Humanismus zum revolutionären Demokratismus, Frankfurt 1978, 120.

[14] Zitate bei R. R. Wuthenow, Die erfahrene Welt, 305.

[15] Georg Forster, Reise um die Welt (1777), Vorrede zur Ausgabe Frankfurt 1983 (Inseltaschenbuch 757), 17.

[16] Vgl. grundsätzlich: U. Bitterli, Die „Wilden" und die „Zivilisierten": Grundzüge einer Geistes- und Kulturgeschichte der europäisch-überseeischen Begegnung, München 1976.

[17] G. Forster, Reise um die Welt, 241.

[18] Vgl. ebd., 179.

[19] Vgl. ebd., 180.

[20] J. Urzidil, Goethe in Böhmen, Zürich 1981³.

[21] J. Göres (Hg.), „Was ich dort gelebt, genossen . . .“ Goethes Badeaufenthalte 1785–1823. Gesellschaft-Werkentwicklung-Zeitereignisse, Königstein 1982, 15.

[22] J. W. v. Goethe, Dichtung und Wahrheit, 2. Teil, 8. Buch (Goethes Werke, 5. Bd.), Frankfurt 1965, 297.

[23] Vgl. für Norddeutschland: R. P. Kuhnert, Urbanität auf dem Lande. Badereisen nach Pyrmont im 18. Jahrhundert (Veröffentlichungen des Max-Planck-Instituts für Geschichte 77), Göttingen 1984.

[24] Goethe an Charlotte von Stein, 1808, zit. nach: J. Göres, Goethes Badeaufenthalte, Deckblatt.

[25] H. M. Enzensberger, Eine Theorie des Tourismus, 189.

[26] G. Albrod, Der Rhein im illustrierten Reisebuch des 19. Jahrhunderts, Diss. Aachen 1984, 49.

[27] Nach H. Krohn, Welche Lust gewährt das Reisen mit Kutsche, Schiff und Eisenbahn, München 1985, 24 ff.

[28] J. G. Seume, Spaziergang nach Syrakus im Jahre 1802, München 1985, 1.

[29] Vgl. ebd., 138 f.

[30] Vgl. ebd., 216.

[31] Vgl. ebd., 125.

[32] Zit. nach H. Krohn, Welche Lust gewährt das Reisen, 51.

[33] Vgl. ebd., 53.

[34] Zit. nach K. Beyrer, Die Postkutschenreise (Untersuchungen des Ludwig-Uhland-Instituts der Universität Tübingen, Bd. 66), Tübingen 1985, 139.

[35] Beyrer, Postkutschenreise 231.

[36] Vgl. ebd., 248.

[37] So Thomas de Quincey, zit. bei: W. Schivelbusch, Geschichte der Eisenbahnreise. Zur Industrialisierung von Raum und Zeit im 19. Jahrhundert, Frankfurt 1979, 17.

[38] H. Krohn, Welche Lust gewährt das Reisen, 82.

[39] Vgl. ebd., 118.

[40] P. Gay, Erziehung der Sinne. Sexualität im bürgerlichen Zeitalter, München 1986, 75.

[41] Schivelbusch, Geschichte der Eisenbahnreise, 38 f.

[42] H. Krohn, Welche Lust gewährt das Reisen, 120.

[43] W. Schivelbusch, Geschichte der Eisenbahnreise, 58 ff.

[44] Vgl. ebd., 51.

[45] T. Mann, Das Eisenbahnunglück, in: ders., Frühe Erzählungen, Frankfurt 1981, 530–540.

[46] W. Schivelbusch, Geschichte der Eisenbahnreise, 64 f.

[47] J. Habermas, Moderne und postmoderne Architektur, in: ders., Die Neue Unübersichtlichkeit, Frankfurt 1985, 16.

[48] O. J. Bierbaum, Eine empfindsame Reise im Automobil von Berlin nach Sorrent und zurück an den Rhein. In Briefen an Freunde beschrieben. Neuausgabe nach der Erstausgabe von 1903, München 1979, 235.

[49] Vgl. ebd., 234.

[50] Vgl. ebd., 54.

[51] Vgl. ebd., 229.

[52] In: G. Ch. Lichtenberg, Schriften und Briefe, 2. Bd., Frankfurt 1983, 266.

[53] Vgl. ebd., 267.

[54] R. Spreckelsen, Nordseebad Kampen auf Sylt. Die Geschichte des Bades, Hamburg 1978, 32.

[55] Prahl/Steinecke, Millionen-Urlaub, 31 f.
[56] R. Spreckelsen, Nordseebad Kampen auf Sylt, 47.
[57] So etwa Prahl/Steinecke, Millionen-Urlaub, 38 ff.
[58] Vgl. die Untersuchungen des Studienkreises für Tourismus, beispielhaft: L. Berndt/B. Kellermann, Urlaub am Weißenhäuserstrand. Bericht über eine Befragung von Urlaubern in einem Ferienzentrum an der Ostsee, Starnberg 1973, dies., Urlaub auf Fehmarn. Eine vergleichende soziologische Untersuchung in einem neuen Ferienzentrum und in alten Ferienorten auf der Insel Fehmarn, Starnberg 1976.
[59] H. Kronberger/Frentzen, Eine glückliche Kindheit, Hamburg 1948, 51 f.
[60] H. Spode, „Der deutsche Arbeiter reist". Massentourismus im Dritten Reich, in: G. Huck, Sozialgeschichte der Freizeit, Wuppertal 1980, 289.
[61] D. Schoenbaum, Die braune Revolution. Eine Sozialgeschichte des Dritten Reiches, München 1980, 143.
[62] Prahl/Steinecke, Millionen-Urlaub, 176.
[63] Die Zahlen vgl. ebd., 171.
[64] H. Spode, Der deutsche Arbeiter reist, 291.
[65] Schoenbaum, Die braune Revolution, 144.
[66] Spode, Der deutsche Arbeiter reist, 291.
[67] Schoenbaum, Die braune Revolution, 146.
[68] H. Krohn, Welche Lust gewährt das Reisen, 347.
[69] E. K. Scheuch, Ferien und Tourismus als neue Formen der Freizeit, in: ders./ R. Meyersohn (Hg.), Soziologie der Freizeit, Köln 1972, 306.
[70] H. M. Enzensberger, Eine Theorie des Tourismus, 196 ff.
[71] Vgl. ebd., 198.
[72] Dazu E. K. Scheuch, Ferien und Tourismus, 310.
[73] Die Zahlen über die steigende Beliebtheit dieser Urlaubsform in: Datenreport 1987, 145.
[74] H. Lüdtke, Freizeit in der Industriegesellschaft, 53.

Kapitel III.
Konsumgesellschaft und Lebensstil – einige Anmerkungen

[1] Für Zahlen und Zahlenvergleiche im Zeitraum vgl. Datenreport 1987, 104–116.
[2] T. Veblen, Theorie der feinen Leute. Eine ökonomische Untersuchung der Institutionen (1899), München 1981.
[3] W. J. Mommsen, „Wir sind wieder wer". Wandlungen im politischen Selbstverständnis der Deutschen, In: J. Habermas, Stichworte zur „Geistigen Situation der Zeit", 1. Bd.: Nation und Republik, Frankfurt 1979, 185–209, hier: 198.
[4] M. Warnke, Von der Gegenständlichkeit und der Ausbreitung des Abstrakten, in: D. Bänsch (Hg.), Die fünfziger Jahre. Beiträge zu Politik und Kultur, Tübingen 1985, 217.
[5] T. Veblen, Theorie der feinen Leute, 71.
[6] P. Bourdieu, Die feinen Unterschiede. Kritik der gesellschaftlichen Urteilskraft, Frankfurt 1982.
[7] Vgl. ebd., 289.
[8] Vgl. ebd., 290.
[9] U. Beck, Risikogesellschaft. Auf dem Weg in eine andere Moderne, Frankfurt 1986, 125.

[10] Vgl. H. Treinen, Das Problem des Schaumuseums in soziologischer Sicht, in: Museologie. Bericht über ein internationales Symposion, Köln 1973, III; Ders., Ansätze zu einer Soziologie des Museumswesens, in: G. Albrecht/H. Daheim/ F. Sack (Hg.), Soziologie, Sprache, Bezug zur Praxis. Verhältnis zu anderen Wissenschaften (R. König zum 65. Geburtstag), Opladen 1973, 340.

[11] U. A. J. Becher, Geschichte als „Schöner Leben"? Fragen an einen Geschichtsverein, in: G. Huck, Sozialgeschichte der Freizeit, Wuppertal 1980, 329 ff.

[12] K. Tenfelde, Überholt von der demokratischen Massengesellschaft. Vom Ende und Erbe der Arbeiterkultur, FAZ, 7. März 1988.

[13] Zu diesem Prozeß der Entproletarisierung des Arbeiterlebens und seine Individualisierung vgl. J. Mooser, Arbeiterleben in Deutschland 1900–1970, Frankfurt 1984, 224–236.

[14] Vgl. freilich die Differenzierungen bei B. D. Zablocki/R. M. Kanter, The Differentiation of Life-Styles, Annual Review 1976, 280 f.

[15] W. Tokarski/R. Schmitz-Scherzer, Freizeit, Stuttgart 1985, 182.

[16] Zum Nachfolgenden sehr viel umfassender und genauer: U. Beck, Risikogesellschaft, 208–219.

[17] Vgl. ebd., 216 f.

Auswahlbibliographie

Allgemeine Abhandlungen und Darstellungen

Beck, U., Risikogesellschaft. Auf dem Weg in eine andere Moderne, Frankfurt 1986.

Benedict, R., Urformen der Kultur, Reinbek bei Hamburg 1960.

Bourdieu, P., Die feinen Unterschiede. Kritik der gesellschaftlichen Urteilskraft, Frankfurt 1982.

Bourdieu, P., Zur Soziologie der symbolischen Formen, Frankfurt 1974.

Doerry, M., Übergangsmenschen. Die Mentalität der Wilhelminer und die Krise des Kaiserreichs, Weinheim 1986.

Eder, K., Geschichte als Lernprozeß? Zur Pathogenese politischer Modernität in Deutschland, Frankfurt 1985.

Friedell, E., Kulturgeschichte der Neuzeit: Die Krisis der europäischen Seele von der schwarzen Pest bis zum 1. Weltkrieg, München 1960.

Glaser, H., Aus den Trümmern der Postmoderne: Zur Kulturgeschichte der Bundesrepublik Deutschland, München 1986.

Glaser, H., Maschinenwelt und Alltagsleben: Industriekultur in Deutschland vom Biedermeier bis zur Weimarer Republik, Hamburg 1981.

Gumbrecht, H. U./Pfeiffer, K. L. (Hg.), Stil. Geschichten und Funktionen eines kulturwissenschaftlichen Diskurselements, Frankfurt 1986.

Hamann, R./Hermand, J., Epochen deutscher Kultur von 1870 bis zur Gegenwart, Frankfurt 1977.

Hobsbawm, E. J., Die Blütezeit des Kapitals. Eine Kulturgeschichte der Jahre 1848–1875, Frankfurt 1980.

Kuczynsky, J., Geschichte des Alltags des deutschen Volkes, 6 Bde., Köln 1981–85.

Materialien zur Soziologie des Alltags. Sonderheft der Kölner Zeitschrift für Soziologie und Sozialpsychologie, 20/1986.

Münch, R., Die Kultur der Moderne, 2 Bde., Frankfurt 1986.

Treue, W., Kulturgeschichte des Alltags, München 1952.

Weber, M., Gesammelte Aufsätze zur Religionssoziologie, 1–3, Tübingen 1978.

Weber, M., Wirtschaft und Gesellschaft. Grundriß der verstehenden Soziologie (Studienausgabe), Tübingen 1985[5].

Ernährung

Albrecht, P., Kaffee. Zur Sozialgeschichte eines Getränks, Braunschweig 1980.

Dröge, F./T. Krämer-Badoni, Die Kneipe. Zur Soziologie einer Kulturform, Frankfurt 1987.

Rath, C. D., Reste der Tafelrunde. Das Abenteuer der Eßkultur, Reinbek 1984.

Schivelbusch, W., Das Paradies, der Geschmack und die Vernunft. Eine Geschichte der Genußmittel, München 1980.

Teuteberg, J./Wiegelmann, G. (Hg.), Unsere tägliche Kost (Studien zur Geschichte des Alltags, Bd. 6), München 1986.

Teuteberg, J./Wiegelmann, G., Der Wandel der Nahrungsgewohnheiten unter dem Einfluß der Industrialisierung, Göttingen 1972.
Wiegelmann, G., Alltags- und Festspeisen. Wandel und gegenwärtige Stellung, Marburg 1967.

Wohnen

Benevolo, L., Die Geschichte der Stadt, Frankfurt 1983.
Benker, G., Bürgerliches Wohnen. Städtische Wohnkultur in Mitteleuropa von der Gotik bis zum Jugendstil, München 1984.
Meier-Oberist, E., Kulturgeschichte des Wohnens im abendländischen Raum, Hamburg 1956.
Niethammer, L., Wohnen im Wandel, Wuppertal 1979.
Praz, M., Die Inneneinrichtung von der Antike bis zum Jugendstil, München 1965.
Reulecke, J. (Hg.), Die deutsche Stadt im Industriezeitalter, Wuppertal 1980.
Reulecke, J., Geschichte der Urbanisierung in Deutschland, Frankfurt 1985.
Teuteberg, H. J. (Hg.), Homo habitans. Zur Sozialgeschichte des ländlichen und städtischen Wohnens in der Neuzeit, Münster 1985.
Teuteberg, H. J./Wischermann, C., Wohnalltag in Deutschland 1850–1914. Bilder-Daten-Dokumente, Münster 1985.

Freizeit

Huck, G., Sozialgeschichte der Freizeit. Untersuchungen zum Wandel der Alltagskultur in Deutschland, Wuppertal 1980.
Lüdtke, H., Freizeit in der Industriegesellschaft, Emanzipation oder Anpassung? Opladen 1975[2].
Nahrstedt, W., Die Entstehung der Freizeit, dargestellt am Beispiel Hamburgs, Göttingen 1972.
Opaschowski, H. W./Raddatz, G., Freizeit im Wertewandel, (Schriftenreihe zur Freizeitforschung, Bd. 4), Hamburg 1982.
Prahl, H. W., Freizeitsoziologie. Entwicklungen – Konzepte – Perspektiven, München 1977.
Prahl, H. W./Steinecke, A., Der Millionen-Urlaub. Von der Bildungsreise zur totalen Freizeit, Darmstadt 1979.
Scheuch, E., Soziologie der Freizeit, in: König, R. (Hg.), Handbuch der empirischen Sozialforschung, Bd. 2, Stuttgart 1969.
Scheuch, E./Meyersohn, R., Soziologie der Freizeit, 1972.
Tokarski, W./Schmitz-Scherzer, R., Freizeit, Stuttgart 1985

Reisen

Beyrer, K., Die Postkutschenreise (Untersuchungen des Ludwig-Uhland-Instituts der Universität Tübingen, Bd. 66), Tübingen 1985.

Bierbaum, O. J., Eine empfindsame Reise im Automobil von Berlin nach Sorrent und zurück an den Rhein. In Briefen an Freunde beschrieben (1903), München 1979.

Brandt, L./Kellermann, B., Urlaub am Weißenhäuser Strand. Bericht über eine Befragung von Urlaubern in einem Ferienzentrum an der Ostsee, Starnberg 1973.

Brandt, L./Kellermann, B., Urlaub auf Fehmarn. – Eine vergleichend soziologische Untersuchung in einem Ferienzentrum und in alten Ferienorten auf der Insel Fehmarn, Starnberg 1976.

Enzensberger, H. M., Eine Theorie des Tourismus, in: ders., Einzelheiten I, Bewußt-seins-Industrie, Frankfurt 1976.

Griep, W./Jäger, H. W. (Hg.), Reise und soziale Realität am Ende des 18. Jahrhunderts, Heidelberg 1983.

Krohn, H., Welche Lust gewährt das Reisen mit Kutsche, Schiff und Eisenbahn, München 1985.

Kuhnert, R. P., Urbanität auf dem Lande. Badereisen nach Pyrmont im 18. Jahrhundert (Veröffentlichungen des Max-Planck-Instituts für Geschichte, 77) Göttingen 1984.

Prahl, H. W./Steinecke, A., Der Millionen-Urlaub. Von der Bildungsreise zur totalen Freizeit, Darmstadt 1979.

Schivelbusch, W., Geschichte der Eisenbahnreise. Zur Industrialisierung von Raum und Zeit im 19. Jahrhundert, Frankfurt 1979.

Wuthenow, R. R., Die erfahrene Welt. Europäische Reiseliteratur im Zeitalter der Aufklärung, Frankfurt 1980.

Kultur und Alltag

Ingeborg Weber-Kellermann
Landleben im 19. Jahrhundert
1987. 462 Seiten mit 183 Abbildungen. Leinen

Hans-Ulrich Wehler
Deutsche Gesellschaftsgeschichte
Band 1: 1700 bis 1815
Vom Feudalismus des Alten Reiches bis zur Defensiven Modernisierung
der Reformära
1987. XII, 676 Seiten. Leinen
Band 2: 1815 bis 1845/49
Von der Reformära bis zur industriellen und politischen
„Deutschen Doppelrevolution"
1987. XII, 914 Seiten. Leinen

Deutsche Sozialgeschichte 1815–1870
Dokumente und Skizzen
Herausgegeben von Werner Pöls
3. Auflage. 1979. XVII, 398 Seiten. Leinen
Beck'sche Sonderausgaben

Deutsche Sozialgeschichte 1870–1914
Dokumente und Skizzen
Herausgegeben von Gerhard A. Ritter und Jürgen Kocka
3., durchgesehene Auflage. 1982. X, 485 Seiten. Leinen
Beck'sche Sonderausgaben

Wolfgang Ruppert
Die Arbeiter
Lebensformen, Alltag und Kultur von der Frühindustrialisierung
bis zum „Wirtschaftswunder"
1986. 512 Seiten mit 135 Abbildungen. Leinen

Richard van Dülmen
Kultur und Alltag in der Frühen Neuzeit
16. bis 18. Jahrhundert
Band I
Das Haus und seine Menschen
1990. Etwa 350 Seiten mit 63 Abbildungen im Text. Leinen

Verlag C. H. Beck München